普通高等院校"十三五"规划教材

经济法概论

第二版

陈　昌　孙学辉 ◎ **主　编**
张　眉　罗　胜　郭　旭 ◎ **副主编**
代　磊　孙　颖　黎华梅
　　　　姜　洋　韩莉萍 ◎ **参　编**

清华大学出版社
北　京

内 容 简 介

本书是根据最新经济法律制度编写的经济法教材。全书共十四章，详细讲解了经济法的基础知识，循序渐进，注重各章之间的内在联系。各章内容既相互独立，又相互结合，构成一个完整的经济法体系。考虑到经济类专业学生缺少法学基础，本书参照各类经济法资格考试教材和权威教材，对基本法学知识做了简单概括，重点介绍与经济类其他课程相衔接的财经法律制度，涵盖了经济法所涉及的基本内容。力求既把有关实务与方法讲清、讲透，又对有关问题做一定的理论分析，使读者掌握其实质所在。

本书适合高等院校经济类专业学生学习经济法专业知识使用，还可以作为广大实务工作者自学或进修"经济法"课程的参考用书。

本书封面贴有清华大学出版社防伪标签，无标签者不得销售。
版权所有，侵权必究。举报：010-62782989，beiqinquan@tup.tsinghua.edu.cn。

图书在版编目(CIP)数据

经济法概论 / 陈昌，孙学辉主编．—2版．—北京：清华大学出版社，2019.11(2023.7 重印)
（普通高等院校"十三五"规划教材）
ISBN 978-7-302-53789-2

Ⅰ.①经… Ⅱ.①陈… ②孙… Ⅲ.①经济法-中国-高等学校-教材 Ⅳ.①D922.29

中国版本图书馆 CIP 数据核字(2019)第 199946 号

责任编辑：刘志彬
封面设计：李伯骥
责任校对：宋玉莲
责任印制：丛怀宇

出版发行：清华大学出版社
网　　址：http://www.tup.com.cn，http://www.wqbook.com
地　　址：北京清华大学学研大厦A座　　　　邮　编：100084
社 总 机：010-83470000　　　　　　　　　　邮　购：010-62786544
投稿与读者服务：010-62776969，c-service@tup.tsinghua.edu.cn
质量反馈：010-62772015，zhiliang@tup.tsinghua.edu.cn

印 装 者：三河市龙大印装有限公司
经　　销：全国新华书店
开　　本：185mm×260mm　　印　张：20　　字　数：499千字
版　　次：2016年7月第1版　2019年11月第2版　印　次：2023年7月第8次印刷
定　　价：56.00元

产品编号：085111-01

Preface 前言

我国的经济体制改革尚处于深化阶段，作为确定改革成果的经济立法必然受到影响并不断做出修改和补充。经济法在企业经营决策中发挥着越来越大的作用。"经济法"课程是经济类专业的主干专业课。本书吸收了近几年我国经济法理论的最新研究成果，在认真总结经济法教学实践的基础上，按照高等院校经济类专业课程教育的基本特征和教学要求编写而成。

本书的主要特色体现在以下几个方面。

第一，注意吸纳经济法发展的最新成果，既注重体现有关新的要求及当前的实践，又着眼于经济法法律制度的发展变化，兼顾现实性和前瞻性。本书反映了我国在经济法的实践、科研和教学方面的优秀理论、方法和经验等成果，力求理论与实务相结合，提供更丰富的信息量和参考价值。

第二，在基本理论方面，突出经济法应用能力的培养，以国家最新公布的经济法律、法规为依据，力求实现教学内容的实用性和可操作性，做到理论联系实际，尽可能吸收我国经济法理论研究的最新成果。

第三，在实务上，围绕教材内容，精心设计了大量案例，使内容通俗易懂，便于学习者掌握经济法知识的要点。每章后面都附有与实际工作接近的复习思考题，并配有复习思考题解析的网上资源和教学课件，有利于学生课后复习巩固所学内容，便于开展启发式、探讨式教学和学习。

本书相关内容参考了大量的图书，在此对编著者表示谢意。由于编写时间仓促和编者水平有限，书中难免有不当之处，敬请广大读者和同行提出宝贵意见。

Contents 目 录

第一章 经济法基础理论

学习目标	1
第一节 经济法概述	1
第二节 经济法律关系	6
第三节 相关经济法律制度	9
第四节 经济法律责任	20
复习思考题	21

第二章 经济纠纷的解决

学习目标	24
第一节 经济纠纷的解决方式	24
第二节 经济仲裁	25
第三节 经济诉讼	30
复习思考题	39

第三章 个人独资企业法和合伙企业法

学习目标	42
第一节 个人独资企业法	42
第二节 合伙企业法	45
复习思考题	52

第四章 公 司 法

| 学习目标 | 56 |

第一节 公司法概述	56
第二节 有限责任公司	61
第三节 股份有限公司	67
第四节 公司债券和公司的财务、会计	73
第五节 公司的合并、分立、变更和终止	75
复习思考题	77

第五章 企业破产法

学习目标	81
第一节 企业破产法概述	81
第二节 破产申请的提出和受理	83
第三节 破产管理人与债务人财产	86
第四节 债权人会议	91
第五节 重整与和解制度	93
第六节 破产清算程序	96
复习思考题	98

第六章 合同法

学习目标	101
第一节 合同法概述	101
第二节 合同的订立	103
第三节 合同的效力	108
第四节 合同的履行	111
第五节 合同的变更和转让	114
第六节 合同的权利义务终止	117
第七节 违约责任	120
复习思考题	122

第七章 票据法

学习目标	127
第一节 票据法概述	127
第二节 汇票	133

第三节 本票 ………………………………………………………… 140
第四节 支票 ………………………………………………………… 142
复习思考题 …………………………………………………………… 144

第八章 市场规制法

学习目标 ……………………………………………………………… 148
第一节 反不正当竞争法律制度 …………………………………… 148
第二节 反垄断法律制度 …………………………………………… 152
第三节 消费者权益保护法 ………………………………………… 157
第四节 产品质量法 ………………………………………………… 163
复习思考题 …………………………………………………………… 168

第九章 会计法律制度

学习目标 ……………………………………………………………… 171
第一节 会计法律制度概述 ………………………………………… 171
第二节 企业会计法律制度 ………………………………………… 177
第三节 注册会计师法律制度 ……………………………………… 196
复习思考题 …………………………………………………………… 203

第十章 银行业法

学习目标 ……………………………………………………………… 208
第一节 中国人民银行法 …………………………………………… 208
第二节 银行业监督管理法 ………………………………………… 211
第三节 商业银行法 ………………………………………………… 215
复习思考题 …………………………………………………………… 221

第十一章 证券法

学习目标 ……………………………………………………………… 224
第一节 证券法概述 ………………………………………………… 224
第二节 证券发行 …………………………………………………… 227

第三节 证券交易 ………………………………………………………… 232
第四节 相关的证券机构 ………………………………………………… 237
复习思考题 ………………………………………………………………… 242

第十二章 保险法律制度

学习目标 ……………………………………………………………………… 245
第一节 保险法概述 ………………………………………………………… 245
第二节 人身保险合同 ……………………………………………………… 247
第三节 财产保险合同 ……………………………………………………… 250
第四节 保险业法律制度 …………………………………………………… 255
复习思考题 …………………………………………………………………… 259

第十三章 税　　法

学习目标 ……………………………………………………………………… 263
第一节 税法概述 …………………………………………………………… 263
第二节 税收征收管理法 …………………………………………………… 277
复习思考题 …………………………………………………………………… 283

第十四章 劳 动 法

学习目标 ……………………………………………………………………… 286
第一节 劳动法概述 ………………………………………………………… 286
第二节 劳动合同法 ………………………………………………………… 289
第三节 劳动基准法 ………………………………………………………… 299
第四节 劳动争议 …………………………………………………………… 304
复习思考题 …………………………………………………………………… 307

参考文献 ……………………………………………………………………… 311

第一章 经济法基础理论

> **学习目标**

1. 了解经济法的产生与发展；理解经济法的概念、特点和调整对象；掌握经济法的渊源；理解经济法与相关法律部门的关系。
2. 理解经济法律关系概念；掌握经济法律关系的要素；熟悉经济法律关系的产生、变更和终止。
3. 了解民事法律行为的概念和特征；掌握各种民事行为种类和法律效果；掌握代理权的行使；了解物权分类，掌握物权效力；了解债的分类、保全和担保。
4. 掌握经济法律责任原则及承担经济法律责任形式等，便于学习和理解以后各章法律制度和法律知识。

第一节 经济法概述

一、经济法的产生与发展

经济法是在从自由资本主义经济过渡到垄断资本主义经济的过程中，国家为了应对经济发展中出现的市场失灵和经济危机等问题产生的。如美国1890年通过的规范托拉斯行为的《谢尔曼法》、德国1896年通过的规范不正当竞争行为的《反不正当竞争法》等，都是经济法产生初期的重要立法。此外，在第一次世界大战期间所产生的一些"战时统制法"，如德国1919年的《煤炭经济法》等，以及在1929年大萧条以后所产生的"危机对策法"，如美国1933年的《证券法》等，都体现了国家对市场经济活动的干预、协调，它们都是经济法领域的重要立法。经济法以"国家之手"和"市场之手"的结合来配置资源，任何国家，只要是搞现代市场经济，就离不开宏观调控和市场规则，就需要有相关的经济法规范。

在我国，经济法的真正发展是在改革开放以后，经历两个阶段：

第一个阶段(1978—1992)，是我国经济体制改革的初始阶段，这时期中国经历了从计划经济体制向市场经济体制的转变过程，是经济法产生和初步发展的时期；

第二阶段(1992年至今),是我国经济法勃兴和走向成熟的时期。2008年十一届全国人大第一次会议上,全国人大常委会的工作报告宣布中国特色社会主义法律体系已经基本形成,中国的法律体系大体由在宪法统领下的宪法相关法、民商法、行政法、经济法、社会法、刑法、诉讼与非诉讼程序法七个部门构成。其中,经济法排在第四位,显示经济法已发展为我国法律体系中的一个独立的、重要的法律部门。

二、经济法的概念及其特点

(一) 经济法的概念

法律的调整对象是社会关系。因此,从法学视角来界定经济,"经济"就是指人们围绕社会物质财富的生产、交换、分配和消费过程所进行的各种社会关系的总和。

经济法是指调整宏观调控关系和市场规制关系的法律规范的总称。主要是国家为了克服市场调节的盲目性和局限性而制定的调整全局性的、社会公共性的、需要由国家干预的经济关系的法律规范的总称。这里所说的"干预",是指国家作为一种外在力量,主要采取间接的法律手段,对社会经济生活所进行的计划、组织、管理、调节和监督。

(二) 经济法的特点

▶ 1. 经济性

经济法是针对直接物质生产领域,并具有经济目的性。经济法的经济性的重要表现是经济法往往把经济制度、经济活动规则的内容和要求直接规定为法律。

▶ 2. 平衡协调性

所谓平衡协调,是指经济法的立法和执法从整个国民经济的协调发展和社会经济利益出发,来调整具体经济关系,协调经济利益关系,以促进、引导或强制实现社会整体目标与个体利益目标的统一。政府对市场的干预必须有所为、有所不为,实行有限干预原则,要求政府对市场的干预合法、合理、合经济规律。

▶ 3. 社会本位性

经济法以社会利益和社会责任为最高准则,立足社会整体,以大多数人的意志和利益为重,属于社会本位法。维护市场公平竞争。

▶ 4. 综合性

经济法是介于公法和私法之间,并对之进行平衡协调的以公为主、公私兼顾的新型的法。经济法一方面通过具体制度和规范,分别细致地调整各种经济关系;另一方面在总体上对经济关系进行系统、综合的调整。

三、经济法和调整经济的法的区别

(一) 法律对经济关系的调整阶段

调整经济是法律的一项重要功能,从历史的角度来看,法律对经济关系的调整经历了三个阶段。

第一个阶段是在奴隶制社会和封建社会,法律对经济关系的调整是诸法合一,刑法、民法不分。

第二个阶段始自封建社会末期和自由资本主义阶段,从最初诸法合一发展为刑法、民法分离;以后又分为民法、刑法、行政法,以致发展到十几个法律部门。这个时期对经济关系调整起主导作用的是民商法。

第三阶段是进入当代社会,法律体系重新整合,民法、商法和经济法共同对经济关系进行调整，同时社会保障法、环境保护法等新兴法律部门也成为调整经济关系的辅助性法律部门。

（二）经济法和调整经济的法的关系

经济法是与民法、商法、行政法、刑法等部门法并列的一个法律部门，是现代法律体系的一个重要组成部分。在对市场经济进行规制的法律体系中，民商法处于基本法的地位。民法是市场经济基本法。民商法主要调整市场力量发挥作用的经济领域。经济法与民商法协调互补，构成现代市场经济社会调整经济关系的两大法律体系。

所谓调整经济的法，是调整围绕社会物质财富的生产、交换、分配和消费过程所进行的各种经济关系的法律规范的总体。它既包括传统法律体系中的民法、商法，也包括近代产生的经济法；既包括调整国内经济关系的法，也包括调整国际经济关系的国际私法和国际经济法，它是一国所有调整经济关系的法律规范的总和。

四、经济法的调整对象

与经济法的概念相联系，经济法的调整对象是国家在对经济活动进行管理过程中所发生的法律关系。在经济法学著作中，通常将经济法调整的经济关系划分为以下几类：

▶ 1. 市场主体规范关系

市场主体规范关系是指国家在对市场主体的活动进行管理及市场主体在自身运行过程中所发生的经济关系；企业在设立、变更、终止和企业内部管理过程中发生的经济关系。调整市场主体管理关系的法律主要有个人独资企业法、合伙企业法、公司法、外商投资企业法、企业破产法等。

▶ 2. 市场规制关系

市场规制关系是指国家为了建立市场经济秩序，维护国家、市场经营者和消费者的合法权益而干预市场所发生的经济关系；市场运行调控法律制度创造和维护市场主体的独立、平等、自由和秩序，为市场主体管理法所追求和维系的有序竞争秩序提供一个良好的外部环境。调整市场规制关系的法律主要有反不正当竞争法、反垄断法、消费者权益保护法、产品质量法等。

▶ 3. 宏观经济调控关系

宏观经济调控关系是指国家从长远和社会公共利益出发，对关系国计民生的重大经济因素，实行全局性的管理过程中与其他社会组织所发生的具有隶属性或指导性的经济关系；宏观调控体系以间接手段为主，弥补市场调节的自发调节缺陷，消除经济总量失衡和结构失调。调整宏观调控关系的法律主要由国家宏观调控方面的法律构成，主要有金融法、财政法、税法等。

▶ 4. 社会分配调控关系

社会分配调控关系是指国家在对国民收入进行初次分配和再分配过程中所发生的经济关系，有助于充分开发、合理利用劳动人力资源，保障社会成员的基本生活权利，维护社会稳定，促进经济发展。调整社会分配调控关系的法律主要有劳动法和社会保障法等。

五、经济法的渊源

经济法的渊源是指经济法规范的表现形式。在大陆法系国家，法的表现形式主要为各种制定法；在英美法系国家，法律则表现为各种既有的判例。我国采用成文法制度，法无授权不可为，法不禁止即自由，判例尚未成为正式法律渊源。经济法的主要渊源包括以下几类：

(一) 宪法

宪法作为国家的根本大法，是经济法的最重要渊源。有些宪法规范对于经济法具有基本价值取向的意义或直接立法依据。例如，《宪法》第十五条规定，"国家加强经济立法，完善宏观调控"。这一规定对于经济法特别是宏观调控法就具有整体上的意义。

(二) 法律

法律是全国人民代表大会及其常务委员会制定的规范性文件，在地位和效力上仅次于宪法，是经济法的主要渊源。我国《立法法》第八条中已有规定，特别是涉及"基本经济制度以及财政、税收、海关、金融和外贸的基本制度"等，只能制定法律。目前，我国在经济法领域里已经有了一些制定的成文法律。宏观调控方面，包括财税领域的《预算法》《企业所得税法》《个人所得税法》《政府采购法》《会计法》等；金融领域的《中国人民银行法》《商业银行法》《证券法》《保险法》等；此外，与计划、产业政策等相关的还有《价格法》《中小企业促进法》等。在市场规制法方面，则包括《反垄断法》《反不正当竞争法》《消费者权益保护法》《产品质量法》《广告法》等。

(三) 行政法规

行政法规是我国最高行政机关国务院根据宪法和法律，或者根据国家立法机关的授权决定，依法制定的规范性文件。其地位和效力仅次于宪法和法律，是经济法的重要渊源。根据《行政法规制定程序条例》的规定，行政法规的名称一般为"条例"，也可以称"规定""办法"等，例如，《预算法实施条例》《企业所得税法实施条例》《增值税暂行条例》等。由于许多法律规定比较原则，因此，在经济法的许多领域，行政法规扮演着重要角色。

(四) 部门规章

部门规章是国务院所属的各部、委、行、署及具有行政管理职能的直属机构在其职权范围内制定的规范性文件。在许多情况下，部门规章的内容更专业、更细致，制定程序更灵活、更便捷，从而更能及时地体现国家的经济政策和社会政策。目前，财政部、国家税务总局、中国人民银行、国家发展和改革委员会(以下简称国家发改委)、国家工商行政管理总局、国家质检总局、商务部及相关的各类监督管理委员会(如银监会、证监会、保监会)等部门所制定的规章，都是经济法的重要渊源。为了更好地进行宏观调控和市场规制，解决经济和社会生活中突出的热点问题和难点问题，如对房地产市场、证券市场等领域的调控以及对市场秩序的整顿等，经常由多个部委联合发布规章。

(五) 地方性法规

省、自治区、直辖市及较大的市的人大及其常委会依据本地具体情况，可以依法制定地方性法规。地方性法规不得违反上位法，它主要是对相关宏观调控法和市场规制法的具体落实。因此，其实施的空间范围是受局限的，同时，体现了经济法所关注的地方的差异性。

我国地域辽阔，各地区发展不平衡，在宏观调控和市场规制的某些方面，在法律、法规中往往会给地方留出立法空间。如多个税收都规定幅度比例税率，由地方具体规定实际适用的税率。为配合法律的实施，各个地方都制定了相关的地方性法规，如《吉林省反不正当竞争条例》《河南省消费者权益保护条例》等。有些地方性法规的制定比国家的相关法律或法规还要早，从而为国家立法积累经验。

(六) 地方政府规章

地方政府规章是指有权制定地方政府规章的省级人民政府、省会城市和较大市及某些经济特区市的人民政府根据法律、行政法规和地方性法规制定的规范性法律文件，如河北省人民政府 2003 年 8 月 15 日发布的《河北省冶金和有色金属矿山生产许可证管理办法》。地方规章除不得与宪法、法律和行政法规相抵触外，还不得与上级和同级地方性法规相抵触。

（七）司法解释

司法解释是指国家最高司法机关根据法律的授权，就司法实践中具体应用法律的问题所做的解释。我国有司法解释权的司法机关仅限于最高人民法院和最高人民检察院。根据全国人大常委会的授权，凡属于法院审判工作中具有应用法律的问题，由最高人民法院进行解释；凡属于检察工作中具体应用法律的问题，由最高人民检察院进行解释。最高人民法院和最高人民检察院对法律问题做出的指导性解释，对下级法院具有普遍约束力，也属于法律的渊源。

（八）国际条约、国际惯例

我国签订和加入的国际条约对于国内的国家机关、社会团体、企业、事业单位和公民具有与国内法同样的约束力，如中国加入世界贸易组织所签订的一系列文件等。国际惯例是指以国际法院等各种国际裁决机构的判例所体现或确认的国际法规则和国际交往中形成的共同遵守的不成文的习惯。国际惯例是国际条约的补充。我国国内法还规定国际条约和国际惯例的法的效力，如《民法通则》第 142 条规定："中华人民共和国缔结或者参加的国际条约同中华人民共和国的民事法律有不同规定的，适用国际条约的规定，但中华人民共和国声明保留的条款除外。中华人民共和国法律和中华人民共和国缔结或者参加的国际条约没有规定的，可以适用国际惯例。"

【案例】某律师在代理一起经济纠纷诉讼案件中，为请求法院支持自己的诉讼观点，提出：自己的诉讼观点与省高级人民法院去年处理的一起类似经济纠纷案件相同，故应按本人的诉讼请求做出类似判决。但该律师提出的依据最终并未被法庭采纳，为什么？请说明理由。

【解析】我国经济法的形式由宪法、法律、行政法规、地方性法规、规章等组成，而不包括判例。该律师提到的省高级人民法院的判决属于判例，不是我国经济法的形式，不能作为司法审判的依据。

六、经济法与相关法律部门的关系

▶ **1. 经济法与民法的关系**

民法是调整平等主体之间的财产关系和人身关系的法律规范的总称。民法作为商品经济的产物，是从事交易的人们需要一个共同遵守的交易规则来维护交易秩序，保障商品流通产生的法。经济法是资本主义进入垄断阶段，在民法的基础上，为更好地解决生产社会化与个人垄断产生矛盾而产生和发展的法。两者的联系主要表现在：经济法和民法都在保护当事人合法经济权益，维护良好的经济秩序方面发挥重要功能。

两者的不同之处如下。

（1）本质的不同。民法主要是维护民事主体的人身权利和财产权利。经济法是平衡协调国民经济运行的。

（2）调整方式不同。民法是以自由平等为核心，相应地采取意志自治原则，由当事人自己意志设定其权利和义务，国家并不予以过多干涉。经济法是公私兼顾的法，既强调市场之手，也强调国家之手；其调整方式既有意志自治的因素，也有强制因素。

（3）调整对象不同。民法调整作为平等主体的自然人、法人之间的财产关系和人身关系，以平等性为基本特征，属于私法的范畴。经济法以国家在管理和协调国民经济运行过程中发生的经济关系为调整对象,具有显著的服从性,属于公法范畴。

(4) 法律属性不同。民法突出个体权利的本位性,强调社会个体的权利、平等和自由,能够调动和保护个体的积极性,充分运用和体现市场竞争机制。经济法强调社会本位,以社会利益和社会责任为基本原则,着眼于维护全局的、长远的利益。

▶ 2. 经济法与行政法的关系

行政法是调整行政管理关系的法律规范的总称。两法的共同点表现为都有规范政府干预经济的行为,两者的价值取向都是维护社会整体利益,经济法的管理职能带有行政法的某些性质。

两者的区别在于以下几点。

(1) 主体不同。经济法的主体具有广泛性特点,包括企业的内部组织。而行政法的主体确定包括行政机关和行政人员,不包括企业的内部组织。

(2) 调整对象的不同。经济法的调整对象是国家在管理与协调经济运行过程中发生的经济关系。行政法调整行政管理关系。

(3) 调整方式的不同。行政法采取单纯的强制性办法,行政权力是典型的公权力。而经济法则是采取公权与私权介入的方法。

(4) 调整程序不同。行政法调整范围内的行政纠纷均由行政诉讼程序解决,而经济法则可能由民事诉讼、行政诉讼或刑事诉讼程序解决。

第 二 节　经济法律关系

一、经济法律关系的概念

法律关系是一种社会关系,它是社会关系被法律规范确认和调整之后所形成的权利和义务关系。经济法律关系是指经济法律关系主体所享有的经济权利和承担的经济义务,即经济法主体根据经济法律规范产生的、经济法主体之间在国家管理与协调经济过程中形成的权利与义务关系。

二、经济法律关系的要素

经济法律关系的要素是指构成经济法律关系的必要条件,由主体、内容、客体三个要素构成,三者缺一不可。

(一) 经济法律关系的主体

经济法律关系的主体也称经济法的主体,是指参加经济法律关系,依法享有经济权利和承担经济义务的当事人。经济法律关系的主体是经济法律关系的参加者。在经济法律关系中,享有权利的一方称为权利人,承担义务的一方称为义务人。

根据我国法律规定,经济法律关系的主体如下。

▶ 1. 国家机关

国家机关是指行使国家职能的各种机关的统称,包括国家权力机关、国家行政机关和国家司法机关。作为经济法主体的国家机关主要指国家行政机关中的经济管理机关。

▶ 2. 经济组织和社会团体

经济组织包括企业法人和非法人经济组织。它是市场最主要的主体,是经济法律关系中最广泛的主体。社会团体主要是指人民群众或组织依法组成的进行社会活动的组织,包括群众团体、公益组织、文化团体、学术团体、自律性组织等。

▶3. 经济组织的内部机构和有关人员

经济组织内部担负一定经济管理职能的分支机构和有关人员,在根据法律、法规的有关规定参与经济组织内部的经济管理法律关系时,则具有经济法律关系主体的资格。

▶4. 农村承包户、个体户和公民

农村承包户、个体户和公民,在他们参与经济法律法规规定的经济活动时,才成为经济法律关系的主体。例如,农户同农村集体经济组织发生承包合同关系时,就成为承包合同法律关系的主体;个体工商户或自然人同国家税务机关发生税收征纳关系时,就成为税收法律关系的主体。

此外,国家作为整体,在一定条件下也是主体,如发行国债时。

（二）经济法律关系的内容

经济法律关系的内容是指经济法主体享有的经济权利和承担的经济义务。它是经济法律关系的核心,是联结经济法主体之间及主体与客体之间的桥梁,直接体现了经济法主体的利益和要求。

▶1. 经济权利

经济权利是指经济法所确认和保护的具有经济内容的权利。不同的经济法主体享有不同的经济权利,经济权利的主要内容体现在如下几方面。

(1) 经济职权,指国家机关行使经济管理职能时依法享有的权利。经济职权具有隶属性和行政权力性。

(2) 财产所有权,指所有人依法对自己的财产享有占有、使用、收益和处分的权利,包括占有权、使用权、收益权和处分权四项权能。在本质上是一定社会的所有制形式在法律上的表现。财产所有权制度构成了民事法律制度的基石。

(3) 经营管理权,指对所有权人授予的、为获取收益而对所有权人的财产享有占有、使用的权利,经营管理权亦包括对所有权人的财产处分权。经营管理权的内容包括产、供、销、人、财、物各个方面。

(4) 知识产权,指权利人对其所创作的智力劳动成果所享有的专有权利,一般只在有限时间期内有效。各种智力创造,如发明、文学和艺术作品,以及在商业中使用的标志、名称、图像和外观设计,都可被认为是某一个人或组织所拥有的知识产权。

(5) 债权,指按照合同约定或法律规定在当事人之间产生的特定的权利和义务关系。债权是一种请求权,它是请求特定人实施特定行为的民事权利,且债权的义务主体是特定的。

▶2. 经济义务

经济义务是指经济法律关系主体依照法律规定所担负的必须做出某种行为或者不得做出某种行为的负担或约束。经济义务可以分为作为义务和不作为义务,作为义务是指法律要求人们必须积极作出一定行为的义务,如按时纳税的义务;不作为义务是指法律要求人们不得作出某种行为的义务,如不得拒绝国家机关依法检查的义务等。

▶3. 经济法律主体权利与义务的特殊性

(1) 从权利义务的配置来看,在宏观调控部门法中,调控主体的权利规定较多,受控主体的权利规定较少;在市场规制中,对从事市场经营活动的受制主体的义务规定较多,而对规制主体和不从事市场经营活动的非营利性主体的权利则规定较少。故在经济法主体的权利与义务配置上存在着"不均衡性"。

(2) 与上述权利义务配置的不均衡性相关联,在法律规范分布方面,存在着权利规范和义务规范在主体分布上的"倾斜性",即权利规范的分布更多地向调控主体和规制主体倾斜,义务规范的分布更多地向受控主体和受制主体倾斜。

(3) 从权利与义务的对应程度来看,经济法主体的权利义务具有"不对等性"。由于调控主体与受控主体、规制主体与受制主体并非平等主体,因而不能像民事主体那样至少在理论上权利与义务对等。

(三) 经济法律关系的客体

经济法律关系的客体是指经济法主体权利和义务所指向的对象。根据我国经济法律法规的有关规定,经济法律关系的客体包括物、非物质财富和经济行为。

▶ 1. 物

物是指能够人为控制和支配的、具有一定经济价值的、可通过具体物质形态表现存在的物品。物包括自然存在的物品和人类劳动生产的产品,以及固定充当一般等价物的货币和有价证券等,例如,生产资料与生活资料;流通物与限制流通物;特定物与种类物;动产与不动产等。物是经济法律关系中最广泛的客体,但并不是所有的物都能成为经济法的客体,包括人类公共之物或国家专有之物(如海洋、山川、水流、空气等),文物,军事设施、武器(枪支弹药等),危害人类安全之物(如毒品、假药、淫秽书籍等)。

▶ 2. 非物质财富

非物质财富也可称为精神财富或精神产品,包括智力成果、道德产品和经济信息等。智力成果是指人的脑力劳动的成果,如著作权、专利权、商标权等知识产权,以及专利技术等科技成果权。智力成果本身不直接表现为物质财富,但可以转化为物质财富。道德产品是指人们在各种社会活动中取得的非物化的道德价值,如荣誉称号、嘉奖表彰等,它们是公民、法人荣誉权的客体。经济信息是指反映社会经济活动发生、变化等情况的各种消息、数据、情报和资料等。

▶ 3. 经济行为

经济行为是指经济法主体为达到一定经济目的,实现其权利和义务所进行的经济活动,包括经济管理行为、完成工作行为和提供劳务行为等。

【案例】江苏金藤影视艺术有限公司与宁波浙汇文化传播中心在南京签订了一份合同书,约定宁波浙汇文化传播中心将电视剧《热血情恋》在北京、天津、重庆、山东等七大省市的电视播映权独家转让给江苏金藤影视艺术有限公司,江苏金藤影视艺术有限公司支付了款项。请指出该经济法律关系的主体、内容和客体?

【解析】本案例属于转让电视播映权的合同,合同双方是买卖合同法律关系。该法律关系的主体是江苏金藤影视艺术有限公司及宁波浙汇文化传播中心;客体是电视播映权;内容是宁波浙汇文化传播中心将电视播映权独家转让给江苏金藤影视艺术有限公司,而江苏金藤影视艺术有限公司支付相应款项。

三、经济法律关系的确立

经济法律关系的确立是指由经济法律规范所确认的、经济法主体之间的经济权利与义务关系在社会经济生活中的实际实现。它包括经济法律关系发生、变更和终止三种情况。

(一) 经济法律关系确立的条件

经济法律规范是经济法律关系发生、变更和消灭的法律依据。但经济法律规范并不能必然在经济法主体之间发生具体的经济法律关系，经济法律事实的发生才是在经济法主体之间发生经济法律关系发生、变更和消灭的具体条件。

（二）经济法律事实

经济法律事实是指由经济法律规范所规定的，能够引起经济法律关系产生、变更和消灭的客观现象。经济法律事实是客观事实的一部分，那些不为法律规范所规定，不能引起任何法律后果的客观事实不是经济法律事实。

经济法律事实可以分为以下两类。

▶ 1. 法律事件

法律事件指经济法律、法规规定的，能够引起经济法律关系的发生、变更或消灭，与当事人意志无关的客观事件，包括自然现象和社会现象两种。自然现象又称绝对事件，如自然灾害；社会现象又称相对事件，相对事件虽由人的行为引起，但其出现在特定经济法律关系中并不以当事人的意志为转移，如因人类战争导致合同无法履行，因人的死亡导致劳务关系终止等。

▶ 2. 法律行为

法律行为指由经济法律、法规规定的，能够引起经济法律关系产生、变更和消灭的，人的有意识的活动。按其性质可分为经济合法行为和经济违法行为。经济合法行为，是指经济法主体符合法律法规规定的行为；经济违法行为，是指经济法主体违反法律法规的行为。这两种行为都可以引起经济法律关系的发生、变更和消灭。在法律事实中，行为是大量的。

有的经济法律关系的发生、变更和消灭，只需一个法律事实出现即可成立；有些经济法律关系的发生、变更或消灭则需要两个以上的法律事实同时具备。引起某一经济法律关系发生、变更或消灭的数个法律事实的总和，称为事实构成。如保险赔偿关系的发生，需要订立保险合同和发生保险事故两个法律事实出现才能成立。

【案例】甲国家机关为举办会议需要向乙单位租借礼堂，双方为此签订了租借合同。但在会议举行日，乙单位因未能腾出礼堂供甲国家机关使用，致使会议不能如期举行。甲国家机关据此解除了与乙单位的租借合同。请指出引起双方经济法律关系终止的法律事实是什么？

【解析】在甲国家机关与乙单位之间形成的租借法律关系中，由于乙单位未能按时提供礼堂的违约行为导致双方签订的合同无法正常履行，这一行为是引起双方法律关系消灭的法律事实。

第三节　相关经济法律制度

一、民事法律行为

（一）民事法律行为的概念

民事法律行为是指公民或法人以设立、变更、终止民事权利和民事义务为目的的具有法律约束力的合法民事行为。

民事行为是指以意思表示为要素发生民事法律后果的行为，包括民事法律行为、无效民事行为、可变更或可撤销民事行为、效力未定的民事行为，但不包括侵权行为、违约行为、无因管理行为等事实行为。事实行为是指行为人不具有设立、变更或消灭民事法律关系的意图，但依照法律规定能引起民事法律后果的行为。民事行为与事实行为的主要区别如下。

(1) 民事行为以意思表示为必备要素，事实行为不以意思表示为必备要素。

(2) 民事行为依当事人的意思表示内容而发生效力，而事实行为依法律规定而直接产生法律后果。

(3) 民事行为的本质在于意思表示，不在于事实构成；事实行为只有在行为人的客观行为符合法定构成要件时，才发生法律规定的后果。

(4) 民事行为以行为人具有民事行为能力为生效要件，事实行为的构成不要求行为人具有相应的行为能力。

(二) 民事法律行为的特征

民事法律行为作为民事法律事实中行为的一种，具有如下三项特征。

▶ 1. 民事法律行为是一种合法行为

民事法律行为必须具有合法性，内容和形式均符合法律规定，才能为国家法律所确认和保护，产生行为人预期的民事法律后果。合法性的范围是广义的，既要符合法规规定，又要符合社会公共利益和社会公德的要求。这是民事法律对社会经济生活进行调整的目的，也是民事法律行为的本质属性。

▶ 2. 民事法律行为是以行为人的意思表示作为构成要素

(1) 意思表示，指行为人追求民事法律后果（民事法律关系的设立、变更或消灭）的内心意思用一定的方式表示于外部的活动。

(2) 意思表示与民事法律行为。民事法律行为是人们有目的、有意识的行为。所以，意思表示是民事法律行为的必要组成部分。每种民事法律行为都必须存在意思表示。缺少民法所确认的意思表示的行为就不是民事法律行为。打算购买电脑，想要乘飞机去外地办事，这是内心意思，而实际去买电脑、购飞机票，就是意思表示。

意思表示是民事法律行为的构成要素，但并不等于民事法律行为。因为，不同的民事法律行为，其意思表示构成是不一样的，既可以是一种意思表示所构成，也可以是包含两种或多种意思表示。

▶ 3. 民事法律行为是由意思决定效果的行为

民事法律行为能够实现行为人所预期的民事法律后果。设立、变更或消灭民事法律关系是基于民事法律行为具有的合法性，法律确认和保护民事法律行为的效力，故行为人所追求的预期后果必须可以实现。可见，民事法律行为的目的与实际产生的后果是相互一致的。这一特点使得民事法律行为区别于民事违法行为。因为，民事违法行为（如侵权行为）也含有依法产生法律后果（如侵权行为人承担的损害赔偿民事责任）。但是，这种法律后果并不是行为人实施民事违法行为时所追求的后果，而是根据法律规定直接产生，并非以当事人的意思表示为根据。

(三) 民事法律行为的实质有效要件

▶ 1. 行为人具有相应的民事行为能力

只有具有相应的民事行为能力的人才能进行民事法律行为。民事行为能力是指法律确认公民、法人或者其他组织能够通过自己的行为实现民事权利、承担民事义务的资格。根据《民法总则》的规定："无民事行为能力人，即不满18周岁的未成年人和不能辨认自己行为的未成年人、成年人，由其法定代理人代理实施民事法律行为；限制民事行为能力人，即8周岁以上的未成年人和不能完全辨认自己行为的成年人，实施民事法律行为由其法定代理人代理或者经其法定代理人同意、追认,但是可以独立实施纯获利益的民事法律行为或者与其年龄、智力、精神健康状况相适应的民事法律行为;完全民事行为能力人,即18周岁以上的成年人和16周岁以上不满18周岁但以自己的劳动收入为主要生活来源的公民,可以独立地在其民事权利能力范围内进行民事活动。"对于法人而言,民事行为能力随其成立而产生,随其终止而消灭。但法人民事行为能力的行使也要与其民事权利能力范围相适应,才能发生法律效力。法人的民事权利能力的范围一般以核准登记的生产经营和业务范围为准。除此之外,法人只有权从事为维持其存在所必需的法律行为。

这里所称的民事权利能力和民事行为能力是两个相对应的概念。民事权利能力是指法律赋予公民、法人或者其他组织享有民事权利、承担民事义务的资格。行为能力的实现是以具有权利能力为前提的,首先要有权利资格,然后才谈得上是否能够通过自己有意识的行为来加以实现。一般来说,法人的权利能力与行为能力是统一的,均随法人或其他组织的成立而产生,随其终止而消灭。但对公民来说,有权利能力,不一定就有行为能力。法律一般以年龄和精神、智力状况作为判断和确定公民行为能力的依据。

▶ 2. 意思表示真实

意思表示真实指行为人的意思表示是其自觉自愿做出的,同时与其内心所表达意思相一致。法律行为必须是意思表示真实的行为,如果意思表示不真实(亦可称为有瑕疵),则不应产生法律效力。意思与表示不一致主要原因产生于两个方面。

(1) 主观原因,表示人主观上的虚假、错误、误解等。行为人基于某种错误认识而导致意思表示与内心意志不一致的,则只有在存在重大错误的情况下,才有权请求人民法院或仲裁机关予以变更或撤销;行为人故意做出不真实的意思表示的,则该行为人无权主张行为无效,而善意的相对人或第三人可根据情况主张行为无效。

(2) 客观原因,表示人受欺诈、胁迫等。则因其不能真实反映行为人的意志而不产生法律上的效力。

▶ 3. 不违反法律或社会公共利益

不违反法律或社会公共利益是由法律行为的合法性所决定的。不违反法律是指意思表示的内容不得与法律的强制性或禁止性规定相抵触,也不得滥用法律的授权性或任意性规定达到规避法律强制规范的目的。不违反社会公共利益是指法律行为在目的上和效果上不得损害社会经济秩序、社会公共秩序和社会公德,不得损害国家及各类社会组织和个人的利益。

【案例】张力年龄为17周岁,为维持家计,他在亲属和社会资助下独自经营一家日用品店,由于张力经营有方,日用品店生意良好。请问,张力为经营日用品店而进行的日用品买卖行为是否有效?

【解析】根据《民法总则》的规定,16周岁以上不满18周岁的公民,以自己的劳动收入为主要生活来源的,视为完全民事行为能力人。因此,张力具有相应的民事行为能力,只要其为经营日用品店而进行的日用品买卖行为意思表示真实,并且不违反法律或社会公共利益,应为有效的民事法律行为。

(四) 可变更、可撤销的民事行为

▶ 1. 可变更、可撤销民事行为的概念

可变更、可撤销的民事行为,简称可撤销行为,是因行为有法定的重大瑕疵而须以诉讼变更或撤销的民事行为。被撤销的民事行为自始无效,而不是自撤销之日无效。

2. 可变更、可撤销民事行为的种类

根据《民法总则》第59条规定，下列民事行为，一方有权请求人民法院或仲裁机关予以变更或者撤销。

（1）重大误解，指行为人因对行为的性质、对方当事人、标的物的品种、质量、规格和数量等的错误认识，使行为的后果与自己的真实意思相悖，并造成较大损失的情形。

（2）显失公平，指一方当事人利用优势或利用对方没有经验，致使双方的权利与义务明显违反公平、等价有偿原则的情形。

（3）欺诈、胁迫，指行为人受对方欺诈后或者因受他人胁迫陷入错误或者恐惧而实施的民事行为。

（4）乘人之危，指一方当事人乘对方处于危难之际或者有某种迫切需要，为牟取不正当利益，迫使对方违背真实意思而实施的民事行为。

3. 可变更、可撤销民事行为的法律后果

对于重大误解或显失公平的民事行为，当事人请求变更的，人民法院应当予以变更；当事人请求撤销的，人民法院可以酌情予以变更或撤销。被撤销的民事行为从行为开始起无效。如果享有撤销权的当事人未在法定期间内行使撤销权的，则可撤销民事行为视同法律行为，对当事人具有约束力；如果可撤销民事行为被依法撤销后，则具有与无效民事行为相同的法律后果。

（五）无效民事行为

1. 无效民事行为的概念

无效民事行为是指因欠缺民事法律行为的有效条件，不发生当事人预期法律后果的民事行为。

2. 无效民事行为的类型

（1）行为人不具有行为能力实施的民事行为。无民事行为能力人实施的行为，限制民事行为能力人依法不能独立实施的行为；因没有意思能力，不发生法律行为之效果意思的效力。法人实施行为能力范围以外的行为，特别是违反禁止性规定的行为，也不生效力。

（2）意思表示不自由的行为。意思的形成自由和意思表示自由是意思表示真实的前提。若在意思形成和表示过程中欠缺自由甚至完全不自由，按合同法的规定，一方以欺诈、胁迫、乘人之危的手段订立损害国家利益的合同，则应属无效，不能依照该意思表示的内容发生效力。

（3）恶意串通，损害国家、集体或者第三人利益的行为。恶意串通，损害国家、集体或者第三人的利益的行为，是行为人双方共同合谋进行的，以损害国家、集体或者第三人利益为目的的民事行为，例如采取恶意串通的方式（投标人与招标人恶意串通或投标人之间恶意串通）中标，中标为无效。

（4）违反法律或者社会公共利益的行为。民事法律行为的根本属性之一在于意思表示内容的合法性。因此，意思表示如果违法，当然不属于民事法律行为。所谓违法行为，不仅指违反民法规范，也包括违反其他部门法的规范，同时包括违反国家政策，损害社会公共利益。

（5）伪装行为。伪装行为即以合法形式掩盖非法目的的行为，指以虚假的合法行为作表面行为，掩盖非法的隐蔽行为的行为。它由表面行为与掩藏行为互为表里构成，其表面行为因意思表示不真实而无效，而隐藏行为则因为内容违法而无效，例如，签订虚假的租赁合同，将租金摊入成本以逃避税收。

3. 无效民事行为的法律后果

无效的民事行为，从行为开始起就没有法律约束力，在法律上产生以下法律后果。

（1）恢复原状。即恢复到无效民事行为发生之前的状态，当事人因该行为取得的财产应当返还给受损失的一方。

（2）赔偿损失。即有过错的一方应当赔偿对方因此所受的损失。如果双方都有过错的，应当各自承担相应的责任。

（3）收归国家、集体所有或返还第三人。即指双方恶意串通、实施民事行为损害国家、集体或第三人利益的，应当追缴双方取得的财产，收归国家、集体所有或返还第三人。

（4）其他制裁。对行为人实施无效民事行为损害国家利益或社会利益，依法需要给予行政制裁或刑事制裁的，还应当依法追究其行政责任或刑事责任。

（六）效力待定的民事行为

1. 效力待定的民事行为的概念

效力待定的民事行为是指行为成立时是否有效处在不确定状态，尚待第三人同意或拒绝的意思表示来确定其效力的民事行为。

2. 效力待定的民事行为的种类

（1）无权处分行为，指无处分权人以自己名义对他人权利标的所为之处分行为，该行为若经权利人同意，效力溯自处分之时起有效；若权利人不同意，则效力确定为无效。

（2）欠缺代理权的代理行为。行为人没有代理权、超越代理权或者代理权终止后以被代理人名义的代理行为，未经被代理人追认，对被代理人不发生效力，由行为人承担责任。

（3）债务承担，指债的效力不变而由第三人承受债务的民事法律行为。债务承担须经债权人同意始对债权人生效，在债权人同意之前，债务承担行为处于效力不确定状态。

（4）限制行为能力人待追认的行为，指限制民事行为能力人实施超越其民事行为能力范围的行为。这类行为若获法定代理人追认，即变为有效法律行为；反之，则为无效民事行为。

3. 效力待定民事行为的法律效果

（1）追认，指追认权人实施的使他人效力未定行为发生效力的补助行为。追认权主体因行为的类型不同而不同。在无权处分，追认权属于处分权人；在无权代理，追认权属于本人（即被代理人）；在债务承担，追认权属于债权人；在限制民事行为能力人实施的待追认行为，追认权属于法定代理人。追认行为完成若使效力未定行为生效要件补足，除非追认权人有特别声明，效力未定行为溯及自始发生效力。

（2）催告权，指相对人告知事实并催促追认权人在给定的期间内实施追认的权利。根据规定，相对人催促追认权人行使追认权时，可以给予1个月的追认期间，若在此期间不追认的，视为拒绝追认。

（3）撤销权，指效力未定行为的相对人撤销其意思表示的权利。撤销权的发生须在追认权人未予追认前，追认权一旦行使，效力未定行为即生效，相对人不得行使该项撤销权。撤销之意思必须以明示的方式做出。相对人须为善意，即对效力未定行为欠缺生效要件没有过失。如明知对方行为人能力欠缺而为之，则不得享有撤销权。

二、代理

（一）代理的概念和特征

代理是指代理人在代理权限内，以被代理人的名义与第三人实施法律行为，由此产生的法律后果直接由被代理人承担的法律制度。代理关系的主体包括代理人、被代理人（或称本人)和第三人(或称相对人)。代理具有以下特征。

(1) 代理人必须以被代理人的名义实施法律行为。

(2) 代理人在代理权限内独立地向第三人进行意思表示。

代理行为属于法律行为，代理人在代理权限范围内，有权根据情况独立进行判断，并直接向第三人进行意思表示，以实现代理目的。非独立进行意思表示的行为，不属于代理行为，如传递信息、居间行为等。

(3) 代理行为的法律后果直接归属于被代理人。

虽然代理行为是在代理人与第三人之间进行的，但行为的目的是为了实现被代理人的利益，代理人并不因代理行为直接取得利益，因此其产生的权利义务等法律后果当然应由被代理人承担。这使代理行为与无效代理行为、冒名欺诈等行为区别开来。

(二) 代理的适用范围

代理适用于民事主体之间设立、变更和终止权利义务的法律行为。依照法律规定或按照双方当事人约定，应当由本人实施的民事法律行为，不得代理，如遗嘱、婚姻登记、收养子女等。本人未亲自实施的，应当认定行为无效。

(三) 代理的分类

以代理权产生的原因划分，可分为委托代理、法定代理和指定代理。

▶ 1. 委托代理

委托代理是指基于被代理人的授权委托而发生的代理。

▶ 2. 法定代理

法定代理是指法律根据一定的社会关系的存在而设定的代理。法定代理一般适用于被代理人是无行为能力人、限制行为能力人的情况。

▶ 3. 指定代理

指定代理是指按照人民法院或有权机关的指定而产生的代理。在没有法定代理人和委托代理人，或法定代理人互相推诿代理责任的情况下，法院或有权机关可以依法为不能亲自处理自己事务的人指定代理人。

(四) 代理权的行使

▶ 1. 代理权行使的一般要求

委托代理人应按照被代理人的委托授权行使代理权，法定代理人应依照法律的规定行使代理权，指定代理人应按照人民法院或指定单位的指定行使代理权。代理人行使代理权必须符合被代理人的利益，并做到勤勉尽职、审慎周到，不得与他人恶意串通损害被代理人利益，也不得利用代理权牟取私利。

▶ 2. 滥用代理权的禁止

代理人不得滥用代理权。常见的滥用代理权的情形如下。

(1) 代理人以被代理人的名义与自己进行民事活动。

(2) 同一代理人代理双方当事人进行同一项民事活动。

(3) 代理人与第三人恶意串通损害被代理人的利益。

法律禁止滥用代理权。代理人滥用代理权的，其行为视为无效行为，给被代理人及他人造成损失的，应当承担相应的赔偿责任。代理人和第三人串通，损害被代理人的利益的，由代理人和第三人负连带责任。

【案例】甲公司委托乙公司代理采购一批专用设备，并授权乙公司与中标供应商签订采购合同。乙公司在与中标供应商签订采购合同时，双方秘密商定，乙公司在若干合同条款上对中标供应商予以照顾，中标供应商作为答谢提供给乙公司一批办公设备。请问乙公司代理签订采购合同的行为是否有效，由此给甲公司造成的损失应由谁承担责任？

【解析】乙公司代理签订合同的行为无效，给甲公司造成的损失应由乙公司和中标供应商承担连带责任。乙公司在行使代理权时，利用代理权牟取私利，不符合被代理人的利益，其行为属于代理人与第三人恶意串通损害被代理人利益的滥用代理权行为。

（五）无权代理

▶ 1. 无权代理的概念和分类

无权代理是指没有代理权而以他人名义进行的代理行为。无权代理包括以下内容。

（1）无代理权，指未经授权，在没有代理权的情况下实施代理行为。

（2）超越代理权，指已经授权，但超越代理权限实施代理行为。

（3）代理权已终止，指曾经授权，但在代理权终止后实施代理行为。

▶ 2. 无权代理的法律后果

在无权代理的情况下，只有经过被代理人的追认，被代理人才承担民事责任。未经追认的行为，由行为人承担民事责任。以下几种情况除外。

（1）被代理人知道他人以本人名义实施民事行为而不作否认表示的，视为同意，由被代理人承担民事责任。

（2）委托代理人为了维护被代理人的利益，在紧急情况下实施的超越代理权的民事法律行为，可以认定有效，但其采取的行为不当给被代理人造成损失的，可以酌情由委托代理人承担适当的责任。

除上述几种情况之外，无权代理行为视同为无效民事行为，并产生与之相同的法律后果。第三人知道行为人无权代理还与行为人实施民事行为给他人造成损害的，由第三人和行为人负连带责任。

（六）表见代理

表见代理，本属于无权代理，但因本人与无权代理人之间的关系，具有外表授权的特征，致使相对人有理由相信行为人有代理权而与其进行民事法律行为，法律使之发生与有权代理相同的法律效果。

（七）代理关系的终止

委托代理因下列情形之一而终止。

（1）代理期届满或者代理事务完成。

（2）被代理人取消委托或者代理人辞去委托。

（3）代理人死亡。

（4）代理人丧失民事行为能力。

（5）作为被代理人或者代理人的法人终止。

法定代理及指定代理因下列情形之一而终止。

（1）被代理人取得或者恢复民事行为能力。

（2）被代理人或者代理人死亡。

（3）代理人丧失民事行为能力。

（4）指定代理的人民法院或者指定单位取消指定。

（5）由其他原因引起的被代理人和代理人之间的监护关系消灭。

三、物权制度

（一）物权的概念

物权是特定社会人与人之间对物的占有关系在法律上的表现，是法律确认的主体对物依法享有的支配权利，即权利人在法定范围内直接支配一定的物，并排斥他人干涉的权利。

（二）物权的特征

▶ 1. 物权的主体具有对世性

物权的权利主体是特定的权利人，而其义务主体则是权利人以外的一切不特定人。

▶ 2. 物权的客体具有特定性

物权以物为其客体，而且物权的客体必须具有确定性，须为现存、独立和特定之物。行为、智力成果和人身利益均不能成为物权的客体。

▶ 3. 物权的内容以支配权为核心

物权是法律赋予人对物的直接支配之权利。物权人完全可以根据权利人自己的意思而自由享受物上利益，不需要借助他人意思或行为介入。

（三）物权的分类

▶ 1. 用益物权和担保物权

根据对标的物进行支配的内容的不同，还可以将定限物权划分为用益物权和担保物权。用益物权是以实现对物的使用和收益为目的而在他人之物上设立的物权，包括自然资源使用权、土地承包经营权、建设用地使用权、宅基地使用权。担保物权是为担保债务履行而在他人之物上设立的物权，主要有保证、质押、抵押、留置、定金等。

▶ 2. 主物权和从物权

根据物权有无从属性可以将物权区分为主物权和从物权。主物权是可以独立存在的物权，它与其他权利没有从属关系，包括所有权、地上权、永佃权、采矿权、取水权和捕捞权等。从物权是从属于其他权利而存在的物权，例如抵押权、质权和留置权从属于债权而存在，属于从物权。地役权从属于需役地的所有权而存在，属于从物权。区分主物权和从物权的意义在于，主物权独立存在；从物权的命运取决于主权利，主权利消灭，从权利也消灭。

▶ 3. 所有权与定限物权

所有权与定限物权的区分，是以标的物的支配范围为标准。所有权是对标的物为全面支配的物权。因此，所有权又称为完全物权。定限物权又称为限制物权或他物权，是指所有权以外的其他物权。定限物权成立于他人的所有物之上，是对标的物一定范围的支配；另外，定限物权还可以产生限制所有权的作用。例如，在我国，土地使用权、抵押权、质权、留置权、船舶优先权、采矿权、取水权和捕捞权等属于定限物权。

▶ 4. 动产物权和不动产物权

根据标的物种类的不同，可以将物权划分为动产物权和不动产物权。动产物权是指以动产为标的物的物权。动产所有权、动产质权和留置权属于动产物权。以不动产为标的物的物权，是不动产物权。不动产所有权、不动产抵押权和地役权属于不动产物权。区分动产物权和不动产物权的意义在于，由于物权变动要件和公示方法的不同，一般情况下动产以占有、不动产以登记公示。应注意，我国《担保法》第42条规定，以航空器、船舶、车辆、林木和企业的设备等动产设定抵押的，必须登记。

(四) 物权的效力

▶ 1. 物权的排他效力

物权的排他效力即物权的排他性，是指在同一标的物上不能同时并存两种内容和性质完全相同的物权。

▶ 2. 物权的追及效力

物权的追及效力是指物权成立后，无论其标的物几经转手，物权人均可追及到物之所在，并行使其物权。

▶ 3. 物权的优先效力

物权的优先效力是指物权是优先于其他权利实现的权利。

▶ 4. 物上请求权

物上请求权是指当物权被他人侵害或有侵害之时，物权人有权排除妨害，请求救济的权利。物上请求权包括返还原物、排除妨碍、消除危险、恢复原状。

四、债的制度

(一) 债的概念和特征

我国《民法总则》第 84 条规定："债是按照合同约定或者法律规定，在当事人之间产生的特定的权利义务关系。"债是一种民事法律关系，称为债权债务关系。债的关系包括合同关系、无因管理关系、不当得利关系和因侵权行为引起的权利义务关系等。

▶ 1. 债是特定当事人之间的民事法律关系

债的权利人和义务人都是特定的，而物权关系、人身权关系和知识产权关系中的权利人是特定的，义务人则是不特定的。

▶ 2. 债是以请求债务人给付为内容的民事法律关系

债权是一种请求权，可以要求他人为一定行为或不为一定行为。这一特征区别于物权，物权是一种支配权，不以请求为给付内容。

▶ 3. 债是财产法律关系

债权相对人的给付无论采取什么样的方式，均有财产属性，都能用货币衡量评价。

(二) 债的分类

依债的发生原因可进行如下分类。

▶ 1. 合同

合同是当事人之间设立、变更、终止债权债务关系的协议。基于合同产生的债的关系属于合同之债。

▶ 2. 缔约上的过失

缔约上的过失是指当事人在缔约过程中具有过失，从而导致合同不成立、无效、被撤销或不被追认，使他方当事人受到损害的情况。受害一方享有请求过失一方赔偿的权利，形成债的关系。

▶ 3. 单独行为

单独行为是指表意人向相对人做的为自己设定某种义务，使相对人取得某种权利的意思表示。

▶ 4. 侵权行为

侵权行为是指不法侵害他人的合法权益，应承担民事责任的行为，受害人有权请求侵权人予以赔偿，双方形成债的关系。

▶ 5. 无因管理

无因管理是指没有法定或约定的义务而为他人管理事务。管理他人事务的人被称为管理人，本人负有偿还必要费用、赔偿损失等项义务，管理人与本人间形成债的关系。

▶ 6. 不当得利

不当得利是指没有合法根据，致使他人蒙受损失而取得利益，得到人与受损人之间形成以不当得利返还内容的债的关系。

▶ 7. 其他

除上述事实外，其他法律事实也可以引起债的发生，如拾得遗失物等。

(三) 债的保全

债的保全，指法律为防止债务人的财产的不当减少，给债权人权利带来损害而设置的债的一般担保形式，包括债权人代位权和债权人的撤销权。

▶ 1. 代位权

代位权是指债权人为了保全其债权，在债务人怠于行使自己的权利而害及债权人债权实现时，可以自己名义代位行使属于债务人的权利。即甲的债务人乙到期不行使对其债务人丙的债权，乙又不以诉讼或仲裁方式向其债务人主张具有金钱给付内容的到期债权，甲可以直接向法院请求以自己名义代位行使乙对丙的债权。代位权行使的范围以债权人的债权为限。债权人行使代位权产生的费用由债务人承担。债权人甲向次债务人丙提起的代位权诉讼经法院审理后认定代位权成立的，由次债务人丙向债权人甲履行清偿债务，债权人甲与债务人乙，债务人乙与次债务人丙之间相应的债权债务关系消灭。

按我国《合同法》规定，债权人提起代位权诉讼的前提条件如下：

(1) 债权人对债务人的债权合法。

(2) 债务人怠于行使其到期债权。

(3) 债务人的债权已到期。

(4) 债务人的债权不是专属于债务人自身的债权。所谓专属于债务人自身的债权是指基于扶养关系、抚养关系、赡养关系、继承关系产生的给付请求权和劳动报酬、退休金、养老金、抚恤金、安置费、人寿保险、人身伤害赔偿请求权等权利。

【案例】甲对乙享有 50 000 元债权，已到清偿期限，但乙一直宣称无能力清偿欠款。甲调查发现，乙对丙享有 3 个月后到期的 7 000 元债权，丁因赌博欠乙 8 000 元；另外，乙在半年前发生交通事故，因事故中的人身伤害对戊享有 10 000 元债权，因事故中的财产损失对戊享有 5 000 元债权。乙无其他可供执行的财产，乙对其享有的债权都怠于行使。请问，甲是否对上述债权有代位权？

【解析】乙对丙的 7 000 元债权未到履行期或履行期间未届满的，债权人不能行使代位权；债务人对第三人享有合法债权，债权人才能行使代位权，乙对丁的 8 000 元赌债不属于合法债权；乙对戊的 10 000 元债权专属于债务人自身的债权，债权人不得行使代位权；乙因事故中的财产损失对戊享有 5 000 元债权，甲对该债权有代位权。

▶ 2. 撤销权

债权人撤销权是指当债务人所为的减少财产的行为危害债权实现时，债权人为保全债权可请求法院予以撤销该行为的权利。法律所给予债权人的这一权利是为防止因债务人的财产减少而使债权不能实现的现象出现。《合同法》规定，债权人可以行使撤销权的情况包括：债务人放弃到期债权或者无偿转让财产，对债权人造成损害的；债务人以明显不合理的低价转让财产，对债权人造成损害，受让人知道该情况的。撤销权的行使范围以债权人的债权为限。债权人行使撤销权的费用由债务人负担。

撤销权行使有时效，撤销权自债权人知道或应该知道撤销事由之日起1年内行使。自债务人的行为发生之日起5年内没有行使撤销权的，该撤销权消灭。债权人请求法院撤销债务人放弃或转让财产的行为，法院就债权人合法主张的部分进行审理，依法撤销的，该行为自始无效。撤销权行使的费用由债务人负担，第三人有过错的应适当分担。

（四）债的担保

债的担保，指法律为保证特定债权人利益的实现而特别规定的以第三人的信用或者以特定财产保障债务人履行义务、债权人实现权利的制度。我国《担保法》规定了5种担保形式：保证、抵押、质押、留置和定金。其中，保证是以人做担保（人的担保），其他4种是以物做担保（物的担保）。

▶ 1. 人的担保

人的担保是指以第三人的信用保证债的履行的担保方式，人的担保即保证担保，保证是指第三人为债务人的债务履行作担保，由保证人和债权人约定，当债务人不履行债务时，保证人按照约定履行债务或者承担责任的行为。根据《担保法》的规定，具有代为清偿债务能力的法人、其他组织或者公民，可以作保证人。国家机关及学校、幼儿园、医院等以公益为目的的事业单位、社会团体和企业法人的分支机构、职能部门，不得作保证人。保证的成立实际上扩大了债务人清偿债务的责任财产的范围。因此，保证担保对于债权人行使权利以保障其利益是十分方便的。但是，在保证担保中，债权人的利益是否能够确保还取决于第三人即保证人的信用，保证人的信用具有浮动性，其财产也是处于不断变动之中。这是保证担保的不足之处。

▶ 2. 物的担保

物的担保是指直接以一定的财物来做债权担保的担保方式。我国《物权法》和《担保法》规定了抵押权、质权和留置权三种担保物权。抵押是指为担保债务的履行，债务人或者第三人不转移财产的占有，将该财产抵押给债权人的，债务人不履行到期债务或者发生当事人约定的实现抵押权的情形，债权人有权就该财产优先受偿。质押是指债务人或者第三人将其动产或者权力移交债权人占有，将该财产作为债的担保，当债务人不履行债务时，债权人有权依照法律规定，以该财产折价或者以拍卖、变卖该财产的价款优先受偿。留置是指债权人按照合同约定占有债务人的动产，债务人不履行到期债务，债权人可以留置已经合法占有的债务人的动产，并有权就该动产优先受偿。抵押权、质权一般由当事人自行设定，所以称为约定担保物权。留置权是直接基于法律规定而发生的，因此称为法定担保物权。我国法律还规定了定金担保。定金是指合同当事人为可确保合同的履行，依据法律规定或者当事人双方的约定，由当事人一方在合同订立时或订立后、履行前，按合同标的额的一定比例，预先给付对方当事人的金钱或其他代替物。给付定金的一方不履行规定的债务的，无权要求返还定金；收受定金的一方不履行约定的债务的，应当双倍返还定金。

【案例】2014年1月，王某将其所有的房屋出售给张某，双方签订了买卖合同，张某付清款项后即入住，约定合同签订3个月内双方办好过户登记手续。2014年3月，王某因外出逃债而下落不明，张某未能如约办理过户手续。2014年2月，王某在某银行处贷款30万元，并以该房屋办理了抵押登记。2014年年底，银行申请法院拍卖执行该房屋，并就该房屋拍卖、变卖所得价款优先受偿。张某提出异议，称房屋买卖合同合法有效，该房屋是其合法财产，且本人已支付了相应房屋全部对价，不存在过错，应视为取得房屋所有权，故银行不能径行实现抵押权，应排除本案执行。请问，张某所提异议是否能够成立？银行的抵押权是否能够实现？

【解析】张某所提异议基本成立。因为该房屋王某在抵押权登记之前就已经出售给张某，买卖合同合法有效，且张某已经支付全部款项并实际入住，虽未办理过户登记手续，但原因是王某下落不明，非张某意志能力范围，张某并无过错。银行虽为善意，但王某故意隐瞒抵押房屋已经出售的事实，有违诚信，其与银行设定抵押行为属无权处分，故银行不享有对该房屋的抵押权，所以张某的权益应当优先保护，银行可另行要求王某承担违约责任。

第四节 经济法律责任

一、经济法律责任的概念

经济法律责任，也称违反经济法的责任。它是经济法规定的，经济法主体在违反经济义务时，所应承担的法律后果。

二、承担经济法律责任的原则

(一) 过错责任原则

过错责任原则是我国经济法确认的，在追究违法主体的经济法律责任时普遍适用的一项原则，其适用应具备以下条件。

(1) 须有经济违法行为。
(2) 行为人须有过错。
(3) 须有损害或危害事实。
(4) 违法行为与危害事实之间存在因果关系。

(二) 无过错责任原则

无过错责任原则是指在有法律直接规定的情况下，无论行为人有无过错都要对其行为导致的损害事实承担责任的原则。仅适用于特殊侵权民事责任，但不可抗力、受害人过错或第三人的过错所致损害除外。这一原则的确立，可以使因实行过错责任原则得不到应有补偿的受害人得到补偿，使经济法律责任的承担更加公平、合理，如我国有关环境保护的法规中和产品质量责任的法规中都有明确规定。

(三) 公平责任原则

公平是所有法律的共同价值取向。一个法律是否实现了公平，最集中的体现就是法律责任的构造是否做到了公平。公平责任原则是指双方当事人对造成的损害都没有过错，但受害人之损失得不到弥补，又显失公平，根据实际情况，由当事人分担责任的一种责任分配原则。

三、经济法律责任的形式

(一) 民事责任

民事责任是指由于民事违法、违约行为或根据法律规定所应承担的不利民事法律后果。根据法律规定，承担民事责任的形式主要有11种：停止侵害；排除妨碍；消除危险；

返还财产；恢复原状；修理、重作、更换；继续履行；赔偿损失；支付违约金；消除影响、恢复名誉；赔礼道歉。法律规定惩罚性赔偿的，依照其规定。

以上承担民事责任的方式，可以单独适用，也可以合并适用。人民法院审理民事案件，除适用上述责任方式外，还可以予以训诫、责令具结悔过、收缴进行非法活动的财物和非法所得，并可以依照法律规定处以罚款、拘留。

(二) 行政责任

行政责任是指违反法律法规规定的单位和个人所应承受的由国家行政机关或者国家授权单位对其依行政程序所给予的制裁。行政责任包括行政处罚和行政处分。行政处罚是行政主体对行政相对人违反行政法律规范尚未构成犯罪的行为所给予的法律制裁。行政处罚分为人身自由罚(行政拘留)、行为罚(责令停产停业、吊销暂扣许可证和执照)、财产罚(罚款、没收财物)和声誉罚(警告)等多种形式。行政处分，是对违反法律规定的国家机关工作人员或被授权、委托的执法人员所实施的内部制裁措施，根据《公务员法》，对违法违纪应当承担纪律责任的公务员给予的行政处分种类有警告、记过、记大过、降级、撤职、开除六类。

(三) 刑事责任

刑事责任是指触犯刑法的犯罪人所应承受的由国家审判机关(法院)给予的制裁后果，即刑罚。刑罚是法律责任中最严厉的责任形式。刑罚分为主刑和附加刑两类。主刑有管制、拘役、有期徒刑、无期徒刑、死刑。附加刑有罚金、剥夺政治权利、没收财产、驱逐出境。

【案例】甲与同村的乙因为琐事打架，甲失手将乙打死。甲的父母向乙的亲属求情，并表示愿意赔偿60万元，经过讨价还价，乙的家人答应接受赔偿，不向公安机关报案。后来村里有人向公安机关举报，公安机关查明事实后，移交给检察机关提起公诉，法院经过审判之后，认为甲犯有过失杀人罪，判处其有期徒刑3年。运用法的概念分析此案。

【解析】任何规范都具有保证自己实现的力量。法律是由国家制定的、代表统治阶级分配利益的手段，是一种国家强制，以军队、警察、法官、监狱等国家暴力为后盾的强制。正是凭借这种强有力的外部强制力量，法律才促使具有不同道德观念、不同利益诉求的人们遵循着相同的行为规范。此案中，甲的行为已经触犯刑法，对维护社会秩序构成严重威胁，所以，不允许进行"私立救济"，必须由国家通过"公力救济"来解决。

复习思考题

一、单项选择题

1. 经济法体系包括宏观调控法和市场规制法。其中，属于宏观调控法的是(　　)。
   A. 消费法　　　　B. 金融法　　　　C. 诉讼法　　　　D. 合同法
2. 下列各项中，属于行政法规的是(　　)。
   A. 全国人民代表大会常务委员会制定的《中华人民共和国会计法》
   B. 国务院制定的《总会计师条例》
   C. 北京市人大常委会制定的《北京市招标投标条例》
   D. 财政部发布的《会计从业资格管理办法》

3. 对于经济法主体，可以从多种不同的角度，作出不同的分类。对此，下列说法错误的是（ ）。
   A. 根据经济法调整领域的不同，可以将经济法主体分为宏观调控法主体和市场规制法主体两类
   B. 享有立法权的国家机关，不能成为经济法的主体
   C. 事业单位如果从事经济法规定的行为，同样也要接受国家的宏观调控和市场规制，并成为经济法的主体
   D. 接受国家宏观调控和市场规制的主体，包括作为市场主体的企业和个人等
4. 下列选项中，具有惩罚性的法律责任形式是（ ）。
   A. 损害赔偿　　　B. 违约金　　　C. 滞纳金　　　D. 国家赔偿
5. 下列各项行为中不属于民事代理行为的是（ ）。
   A. 甲委托乙代理房产登记　　　B. 丙受甲的委托出席合同签字仪式
   C. 丁受甲的委托接受赠予　　　D. 甲委托戊办理纳税手续
6. 下列关于经济法主体法律责任独立性与特殊性的表述中，错误的是（ ）。
   A. 经济法主体的法律责任并不是民事责任、行政责任和刑事责任的简单相加
   B. 经济法作为一个独立的部门法，应当有自己独立的责任
   C. 经济法主体不会受到刑事制裁
   D. 经济法责任具有突出的经济性
7. 下列公民实施的民事行为有效的是（ ）。
   A. 5岁的甲画了一幅画
   B. 9岁的乙写了一份遗嘱
   C. 14岁的丙将自己的发明专利权转让给邻居丁
   D. 15岁的戊买了一枚2克拉钻戒

二、多项选择题

1. 经济法的调整对象包括（ ）。
   A. 市场主体管理关系　　　B. 市场运行调控关系
   C. 宏观经济调控关系　　　D. 社会分配调控关系
2. 我国经济法的有关规定，违反经济法律、法规应当承担的法律责任可分为（ ）。
   A. 民事责任　　　B. 行政责任　　　C. 刑事责任　　　D. 违约责任
3. 下列各项中，可以成为经济法主体的有（ ）。
   A. 政府　　　B. 各类企业　　　C. 非营利组织　　　D. 外国人
4. 物上请求权包括（ ）。
   A. 返还原物　　　B. 排除妨碍　　　C. 消除危险　　　D. 恢复原状
5. 经济法律关系的要素是（ ）。
   A. 主体　　　B. 内容　　　C. 客体　　　D. 群体
6. 经济法律关系的内容有（ ）。
   A. 经济权利　　　B. 产业调控权　　　C. 经济义务　　　D. 价格调控权
7. 债权让与合同的生效要件包括（ ）。
   A. 存在有效债权　　　B. 债权人与债务人达成让与协议
   C. 债权人与受让人达成让与协议　　　D. 被让与的债权具有可让与性

E. 存在待生效债权
8. 下列关于担保物权的表述中,正确的是( )。
   A. 担保物权是从权利、担保的债权是主权利
   B. 担保物权具有物上代位性
   C. 担保物的分割、部分灭失或转让,被担保债权的分割或部分转让,均不影响担保物权
   D. 担保物权不能以权利为标的物
   E. 担保物权是定限物权

三、判断题

1. 有人认为,经济法就是与经济有关的法,而与经济有关的法在古代社会就有,因此,经济法应当是很古老的。( )
2. 全国人民代表大会常务委员会制定《中华人民共和国反垄断法》,是行使宏观调控法的行为。( )
3. 经济法是在计划经济从自由竞争阶段进入垄断阶段以后产生的。( )
4. 可变更、可撤销的民事行为,简称可撤销行为,是因行为有法定的重大瑕疵而须以诉讼变更或撤销的民事行为。( )
5. 代理适用于民事主体之间设立、变更和终止权利义务的法律行为。依照法律规定或按照双方当事人约定,应当由本人实施的民事法律行为,不得代理;如遗嘱、婚姻登记、收养子女等可由他人代理。( )

四、案例分析题

1. 2015年,某市地方税务局稽查分局接到举报,称该市某公司有偷税嫌疑。经税务局调查取证,发现该公司确实存在少缴税款的事实。税务部门根据《中华人民共和国税收征收管理办法》的有关规定,责令该公司除补缴所偷税款外,并处以一定数额的罚款。
根据上述资料及法律制度的有关规定,回答下列问题。
(1) 结合本案分析什么是经济法律关系?
(2) 本案中经济法律关系的主体、客体和内容是什么?

2. 某经销商与某服装厂签订了加工10万套服装的合同。合同约定,经销商应于8月10日前向服装厂预付300万元,等服装于10月底全部交付后结清货款。合同签订后,经销商经过市场调查,发现此种服装在市场上已经滞销,于是向服装厂提出减少加工5万套服装,服装厂表示同意。合同履行期届满,经销商与服装厂分别履行了合同规定的义务。
根据上述资料及法律制度的有关规定,回答下列问题。
(1) 本案例中经济法律关系确立的前提条件是什么?
(2) 本案例中经济法律关系变更和终止的直接原因是什么?

3. 张甲与张乙系兄弟,兄弟感情一直很好。但哥哥张甲的夫妻感情不好,2012年张甲想买房子,但怕以后会离婚,便与弟弟张乙商量,以张乙的名义购买了一套商品房,并办理了房屋产权登记手续。因免得兄弟以后发生纠纷,在购房前两人签订了一份协议,协议大致内容是:张甲以张乙的名义购买一套商品房,房屋的产权归张甲所有,房子暂由张乙居住。2014年兄弟两人发生矛盾,张甲要求张乙搬出房子,而张乙却以房屋是他所有,他有房产证,拒绝搬出。为此,张甲起诉到法院,要求法院依法确认房屋产权归其所有,判定张乙搬出房子。
请问:该案应如何处理?

第二章 经济纠纷的解决
Chapter 2

>>> 学习目标

1. 了解经济纠纷的概念，熟悉经济纠纷解决方式的种类。
2. 掌握经济仲裁的基本概念、适用范围、基本原则、制度，以及仲裁协议。
3. 理解经济诉讼的概念，民事诉讼法的诉讼范围、诉讼管辖。
4. 理解经济仲裁和诉讼的程序，能够解决简单的经济和民事纠纷。

第一节 经济纠纷的解决方式

经济纠纷，指经济法律关系主体之间因经济权利和经济义务的矛盾而引起的权益争议。它包括平等主体之间涉及经济内容的纠纷和公民、法人或者其他组织作为行政管理相对人与行政机关之间因行政管理所发生的涉及经济内容的纠纷。

经济法主体为实现各自的经济目标，必然要进行各种经济活动，由于各自的经济权益相互独立，加之客观情况经常变化，不可避免地会发生各种各样的经济权益争议，产生经济纠纷，如合同纠纷、纳税人与税务机关就纳税事务发生争议等。为了保护当事人的合法权益，维持社会经济秩序，必须利用有效手段，及时解决这些纠纷。

在我国，解决经济纠纷的途径和方式主要有协商、调解、仲裁、民事诉讼、行政复议和行政诉讼。其中，仲裁、民事诉讼、行政复议与行政诉讼是解决当事人争议的主要方式，但适用的范围不同。

仲裁与民事诉讼都是适用于横向关系经济纠纷的解决方式。作为平等民事主体的当事人之间发生的经济纠纷，只能在仲裁或者民事诉讼两种方式中选择一种解决争议。有效的仲裁协议可排除法院的管辖权，只有在没有仲裁协议或者仲裁协议无效，或者当事人放弃仲裁协议的情况下，法院才可以行使管辖权，这在法律上称为或裁或审原则。

当公民、法人或者其他组织认为行政机关的具体行政行为侵犯其合法权益时，可采取申请行政复议或者提起行政诉讼的方式解决。行政复议与行政诉讼方式都是对纵向关系经济纠纷的解决方式，都由行政管理相对人一方提出申请。行政复议与行政诉讼方式的选择则与纠纷的性质有关。根据法律规定，有的可以直接向法院起诉，也可以先申请行政复议，对行政复议决定不服时再起诉；有的则只能先申请行政复议，对行政复议决定不服才能提起行政诉讼；还有的则只能通过行政复议的方式解决，由行政机关对纠纷做出最终裁决。

下面对解决经济纠纷的经济仲裁和经济诉讼两种主要方式分别加以介绍。

第二节　经济仲裁

一、经济仲裁的概念

（一）仲裁

"仲"表示居中的意思，"裁"表示衡量、评断、做出结论的意思。仲裁是指发生争议的双方当事人，根据其在争议发生前或争议发生后所达成的协议，自愿将该争议提交中立的第三者进行裁判的争议解决制度和方式。

经济仲裁属民商事仲裁，指双方当事人自愿将争议的财产权益事项或问题提交给公正的第三者审理，由其做出对双方均有约束力的裁决。

仲裁具有以下三个要素。

（1）以各方当事人自愿采用仲裁方式为基础。

（2）由各方当事人自愿选择的中立第三者进行裁判。

（3）裁决对各方当事人都具有法律上的约束力。

（二）仲裁法

仲裁法是国家制定或认可的、规范仲裁法律关系主体的行为和调整仲裁法律关系的法律规范的总称。1994年8月31日第八届全国人民代表大会常务委员会第九次会议通过，1995年9月1日起施行，2009年8月27日第一次修正，2017年9月1日第12届全国人民代表大会常务委员会第29次会议第二次修正的《中华人民共和国仲裁法》（以下简称《仲裁法》）是仲裁活动进行的基本法律依据。

二、经济仲裁的适用范围

经济仲裁的适用范围如下。

（1）平等主体的公民、法人和其他组织之间发生的合同纠纷和其他财产权益纠纷，可以仲裁。

（2）下列纠纷不能提请仲裁：关于婚姻、收养、监护、扶养、继承纠纷；依法应当由行政机关处理的行政争议。

（3）下列仲裁不适用于《仲裁法》，而由别的法律予以调整：劳动争议的仲裁；农业集体经济组织内部的农业承包合同纠纷的仲裁。

【案例】甲、乙因遗产继承发生纠纷，双方书面约定由某仲裁委员会仲裁。后甲反悔，向遗产所在地法院起诉。法院受理后，乙向法院声明双方签订了仲裁协议。关于法院的做法，下列哪一个选项是正确的？

A. 裁定驳回起诉　　　　　　　　B. 裁定驳回诉讼请求
C. 裁定将案件移送某仲裁委员会审理　D. 法院裁定仲裁协议无效，对案件继续审理

【解析】正确选项为 D。理解争议可否通过仲裁解决是法律的规定，而不是当事人的约定，根据《仲裁法》第 3 条的规定，继承纠纷不能仲裁解决。甲乙双方达成的仲裁协议因约定的仲裁事项超出法律规定的仲裁范围而无效。法院应依法裁定该仲裁协议无效，对案件继续审理，故 D 项正确。

三、仲裁的基本原则和制度

（一）或裁或审原则

发生经济纠纷时，是通过仲裁还是通过司法审判来解决，完全取决于当事人双方的自愿选择。对此选择权任何组织和个人不得干预。如果选择仲裁，双方当事人在选择上意思表示必须一致，即对争议的解决有选择仲裁和确定仲裁机构的书面约定，才可将争议提请仲裁机构进行仲裁。没有书面约定选择仲裁，争议发生后，不能将争议提请仲裁，仲裁机构也不会受理，在此种情况下，当事人只能向法院提起诉讼。

（二）根据事实，依法仲裁原则

以事实为根据，以法律为准绳是司法原则。仲裁作为准司法行为，必须遵守。要求仲裁委员和仲裁员在调解、仲裁纠纷过程中，必须根据事实，依法律规定，公平合理他解决纠纷。

（三）当事人在仲裁中权利平等原则

双方当事人的法律地位平等也是一项司法原则。不论双方的经济性质如何，隶属关系如何，规模大小，一方不能凌驾于另一方之上，更不能利用其地位和社会影响凌驾于仲裁庭之上或干扰仲裁庭工作，双方均可聘请律师为代理人，陈述自己的反请求。如果是在少数民族地区，则必须使用当地民族通用的语言文字。

（四）独立仲裁原则

各个仲裁委员会对所受理的合同纠纷依事实和法律独立进行仲裁，不受行政机关、社会团体和个人的干涉。仲裁已由行政管理的功能转向民间、居中、公正的与国际惯例接轨的仲裁。任何行政机关、社会团体和个人不得凭借自己的职权和关系对仲裁机构施加压力、施加影响，使其做出不公正的裁决，从而保证仲裁活动能依法、公正、公平合理地进行。

（五）协议仲裁制度

当事人选择仲裁机构不受行政区划和行政级别的限制，可以在全国范围内选择声誉高、可信度高的仲裁机构进行仲裁。当事人可选择申请人所在地、被申请人所在地、合同履行地，或者与当事人毫无联系的仲裁机构进行仲裁，体现了选择的公平性，并可有效避免裁决和执行中的地方保护主义。但如果双方在仲裁机构的选择上不能达成一致，则意味着仲裁协议没有成立或仲裁条款没有达成，也就丧失了提请仲裁的法律前提。

（六）回避制度

回避是指仲裁机构在仲裁案件时，如果参加仲裁的仲裁员与该案结果有利害关系或有其他牵连可能影响公正仲裁的，当事人可以要求更换仲裁员，使其不再参加案件的仲裁活动，仲裁员也可主动要求回避，退出案件的仲裁活动。有下列情形之一的，仲裁员必须回

避,当事人有权提出回避申请。

(1) 仲裁员是案件的当事人或者是案件当事人、代理人的近亲属。

(2) 仲裁员与案件有利害关系的,即仲裁员不是案件的当事人,但案件的仲裁结果对仲裁员的利益产生影响的。

(3) 仲裁员与案件的当事人、代理人有其他关系,如有恋爱、师生、同乡、部下或经济关系,可能影响案件的公正仲裁的。

(4) 仲裁员私自会见当事人、代理人,或者接受当事人、代理人的请客送礼的。

当事人任何一方提出回避申请应当在首次开庭仲裁前提出,但如果回避事由是在首次开庭后知道的,也可以在最后一次开庭仲裁结束前提出。当事人提出回避申请后,仲裁员是否回避,由仲裁机构做出决定。仲裁员回避,当事人还可重新指定或重新选定仲裁员。

(七) 仲裁不公开进行制度

仲裁庭在对经济合同案件进行仲裁时,不能在有除合同当事人之外的第三人在场时公开进行,也不能将仲裁过程向新闻界公开。这一原则是为了保护当事人的合法权益,因为仲裁过程中涉及大量当事人经济情报和商业秘密,如果公开仲裁过程,将使当事人所拥有的有价值的商业信息公开泄露,使竞争对手从中渔利,使当事人遭受损失。当然,如果当事人协商双方同意公开仲裁,仲裁机构也可公开进行,但如果仲裁机构认为涉及国家机密的合同纠纷,也不能公开仲裁。

(八) 一裁终局制度

一裁终局的含义是仲裁机构对经济合同纠纷的仲裁只进行一次,仲裁结果是终局的。裁决做出后当事人不可再要求仲裁机构进行仲裁,也不可再向法院起诉。当然,如果仲裁机构做出的裁决被人民法院依法裁定撤销或者不予执行,当事人就纠纷可以重新达成仲裁协议再次向仲裁机构提请仲裁,也可以直接向人民法院提起诉讼。

【案例】甲、乙两公司因合同纠纷向某市仲裁委员会申请仲裁。仲裁庭做出裁决后,甲公司不服,拟再次申请仲裁,或向法院起诉。分析甲公司是否可以再次申请仲裁或者向法院起诉。

【解析】仲裁实行一裁终局制度。仲裁庭的裁决为终局裁决。甲、乙公司应执行仲裁庭的裁决。当事人就同一纠纷再申请仲裁或者向法院起诉的,仲裁委员会和法院都不会受理。

四、仲裁机构

仲裁机构包括仲裁协会和仲裁委员会。

(一) 仲裁协会

中国仲裁协会是社会团体法人。中国仲裁协会实行会员制。各仲裁委员会是中国仲裁协会的法定会员。中国仲裁协会是仲裁委员会的自律性组织,根据由全国会员大会制定的章程对仲裁委员会及其组成人员、仲裁员的违纪行为进行监督;根据《仲裁法》和《中华人民共和国民事诉讼法》(以下简称《民事诉讼法》)的有关规定制定仲裁规则和其他仲裁规范性文件。

(二) 仲裁委员会

仲裁委员会可以在直辖市和省、自治区人民政府所在地的市设立,也可以根据需要在其他设区的市设立,不按行政区划层层设立。仲裁委员会独立于行政机关,与行政机关没有隶属关系。仲裁委员会之间也没有隶属关系。仲裁委员会由主任1人、副主任2～4人和委员7～11人组成。仲裁委员会的主任、副主任和委员由法律、经济贸易专家和有实际工作经验的人员担任。仲裁委员会的组成人员中，法律、经济贸易专家不得少于2/3。

五、仲裁协议

（一）仲裁协议的概念

仲裁协议是指双方当事人自愿把他们之间可能发生或者已经发生的经济纠纷提交仲裁机构裁决的书面约定。仲裁协议应当以书面形式订立。口头达成仲裁的意思表示无效。

（二）仲裁协议的内容

仲裁协议包括合同中订立的仲裁条款和以其他书面形式在纠纷发生前或者纠纷发生后达成的请求仲裁的协议。这里的其他书面形式，包括以合同书、信件和数据电文（包括电报、电传、传真、电子数据交换和电子邮件等形式）达成的请求仲裁的协议。

仲裁协议应当具有下列内容。

(1) 有请求仲裁的意思表示。

(2) 有仲裁事项。

(3) 有选定的仲裁委员会。

仲裁协议对仲裁事项或者仲裁委员会没有约定或者约定不明确的，当事人可以补充协议；达不成补充协议的，仲裁协议无效。

（三）仲裁协议的效力

仲裁协议一经依法成立，即具有法律约束力。仲裁协议独立存在，合同的变更、解除、终止或者无效，不影响仲裁协议效力。

仲裁庭有权确认合同的效力。当事人对仲裁协议的效力有异议的，可以请求仲裁委员会做出决定或者请求法院做出裁定。一方请求仲裁委员会做出决定，另一方请求法院做出裁定的，由法院裁定。当事人对仲裁协议的效力有异议，应当在仲裁庭首次开庭前提出。

当事人达成仲裁协议，一方向法院起诉未声明有仲裁协议，法院受理后，另一方在首次开庭前提交仲裁协议的，法院应当驳回起诉，但仲裁协议无效的除外；另外一方在首次开庭前未对法院受理该案提出异议的，视为放弃仲裁协议，法院应当继续审理。

（四）仲裁协议无效

有下列情形之一的，仲裁协议无效。

(1) 约定的仲裁事项超出法律规定的仲裁范围的。

(2) 无民事行为能力人或者限制民事行为能力人订立的仲裁协议。

(3) 一方采取胁迫手段，迫使对方订立仲裁协议的。

(4) 口头订立的仲裁协议。

(5) 仲裁协议对仲裁事项或者仲裁委员会没有约定或者约定不明确的，当事人可以补充协议；达不成补充协议的，仲裁协议无效。

六、仲裁裁决

(一)申请

当事人申请仲裁应当符合下列条件。

(1) 有仲裁协议。
(2) 有具体的仲裁请求和事实、理由。
(3) 属于仲裁委员会的受理范围。

《仲裁法》规定,仲裁不实行级别管辖和地域管辖,仲裁委员会应当由当事人协议选定。

(二)受理

仲裁委员会收到仲裁申请书之日起 5 日内,认为符合受理条件的,应当受理,并通知当事人;认为不符合受理条件的,应当书面通知当事人不予受理,并说明理由。仲裁委员会对仲裁申请的受理标志着仲裁程序的开始。

(三)仲裁庭的组成

仲裁庭可以由 3 名仲裁员或者 1 名仲裁员组成。由 3 名仲裁员组成的,设首席仲裁员。当事人约定由 3 名仲裁员组成仲裁庭的,应当各自选定或者各自委托 1 名仲裁员,第 3 名仲裁员由当事人共同选定或者共同委托仲裁委员会主任指定,第 3 名仲裁员是首席仲裁员。当事人约定由 1 名仲裁员成立仲裁庭的,应当由当事人共同选定或者共同委托仲裁委员会主任指定。当事人没有在仲裁规则规定的期限内约定仲裁庭的组成方式或者选定仲裁员的,由仲裁委员会主任指定。仲裁庭组成后,仲裁委员会应当将仲裁庭的组成情况书面通知当事人。

【案例】甲、乙因合同纠纷达成仲裁协议,甲选定 A 仲裁员,乙选定 B 仲裁员,另由仲裁委员会主任指定 1 名首席仲裁员,3 人组成仲裁庭。仲裁庭在做出裁决时产生了两种不同意见。根据《仲裁法》的规定,请问仲裁庭应当采取怎样的做法?

【解析】仲裁裁决应按多数仲裁员的意见做出。在仲裁庭不能形成多数意见时,裁决应当按首席仲裁员的意见做出。

(四)开庭和裁决

仲裁应当开庭进行。当事人协议不开庭的,仲裁庭可以根据仲裁申请书、答辩书以及其他材料做出裁决。所谓开庭审理,是指在仲裁庭主持下,在双方当事人和其他仲裁参与人的参加下,按照法定程序,对案件进行审理并做出裁决的方式。

仲裁不公开进行。当事人协议公开的,可以公开进行;但涉及国家秘密的除外。所谓不公开进行,指仲裁庭在审理案件时不对社会公开,不允许群众旁听,也不允许新闻记者采访和报道。

当事人申请仲裁后,可以自行和解。达成和解协议的,可以请求仲裁庭根据和解协议做出裁决书,也可以撤回仲裁申请。当事人达成和解协议,撤回仲裁申请后反悔的,可以根据仲裁协议申请仲裁。仲裁庭在做出裁决前,可以先行调解。当事人自愿调解的,仲裁庭应当调解。调解不成的,应当及时做出裁决。调解达成协议的,仲裁庭应当制作调解书或者根据协议的结果制作裁决书。调解书与裁决书具有同等法律效力。裁决书自做出之日起发生法律效力。

当事人应当履行裁决。一方当事人不履行的,另一方当事人可以依照《民事诉讼法》的有关规定向法院申请执行。受申请的法院应当执行。当事人申请执行仲裁裁决案件,由被执行人住所地或者被执行的财产所在地的中级人民法院管辖。

【案例】甲、乙公司因租赁合同发生纠纷，甲向某仲裁委员会申请仲裁，乙向法院提起诉讼。据了解，甲、乙没有签订仲裁协议。分析甲、乙公司解决纠纷的途径是什么，仲裁委员会和法院对甲、乙的请求各会做出什么样的处理？

【解析】由于甲、乙之间没有签订仲裁协议，故不能通过仲裁方式解决纠纷，只能通过民事诉讼方式解决争议。对甲公司的仲裁申请，仲裁委员会不予受理；对乙公司的起诉，法院应予受理。

七、仲裁裁决的撤销和执行

仲裁裁决具有法律效力。

（1）裁决对双方当事人而言，是终局决定，当事人在此后不可就同一事项再向任何仲裁机构提起仲裁请求。

（2）裁决与终审的法律判决具有几乎相同的法律效力，当事人必须执行；否则，法院可依当事人申请强制执行仲裁裁决。

如果当事人认为仲裁裁决确实不符合我国法律规定，可在收到裁决之日起6个月内向仲裁机构所在地中级人民法院提出撤销裁决的申请，法院经审理可依法撤销裁决，也可以驳回当事人的申请，维持原裁决的效力。

当事人可就以下事实和理由向法院提出撤销仲裁裁决。

（1）没有仲裁协议的。

（2）裁决的事项不属于仲裁协议的范围或者仲裁委员会无权仲裁的。

（3）仲裁庭的组成或者仲裁的程序违反法定程序的。

（4）裁决所根据的证据是伪造的。

（5）对方当事人隐瞒了足以影响公正裁决的证据的。

（6）仲裁员在仲裁该案时有索贿受贿，徇私舞弊，枉法裁决行为的。

人民法院经组成合议庭审查核实裁决有前款规定情形之一的，应当裁定撤销。人民法院认定该裁决违背社会公共利益的，应当裁定撤销。当事人申请撤销裁决的，应当自收到裁决书之日起6个月内提出。

第三节 经济诉讼

一、经济诉讼的概念

经济诉讼是指当事人依法请求人民法院运用审判权处理经济纠纷，解决当事人双方权利义务争执的一种方式。人民法院依照法律规定独立行使审判权，不受行政机关、社会团体和个人的干涉。当事人通过诉讼请求人民法院处理经济纠纷，是解决经济纠纷的最终办法。

我国经济诉讼立法采纳了"经济诉讼属于民事诉讼"的观点，即"民事诉讼"说。民事诉讼法是指由国家制定或者认可的，关于调整民事诉讼活动，确定民事诉讼法律关系的法律规范。法律依据是1991年4月9日第七届全国人民代表大会第4次会议通过的《中华人民共和国民事诉讼法》(以下简称《民事诉讼法》),2017年6月27日第十二届全国人民代表大会常务委员会第二十八次会议通过修改决定,自2017年7月1日起施行。

二、民事诉讼法适用范围

人民法院受理公民之间、法人之间、其他组织之间及他们相互之间因财产关系和人身关系提起的民事诉讼。适用于《民事诉讼法》的案件具体有五类。

(1) 因民法、婚姻法、收养法、继承法等调整的平等主体之间的财产关系和人身关系发生的民事案件,如合同纠纷、房产纠纷、侵害名誉权纠纷等案件。

(2) 因经济法、劳动法调整的社会关系发生的争议,法律规定适用民事诉讼程序审理的案件,如企业破产案件、劳动合同纠纷案件等。

(3) 适用特别程序审理的选民资格案件和宣告公民失踪、死亡等非讼案件。

(4) 按照督促程序解决的债务案件。

(5) 按照公示催告程序解决的宣告票据和有关事项无效的案件。

三、民事诉讼的基本制度

▶ 1. 合议制与独任制

合议制下,由3名以上(单数)审判人员组成审判组织;独任制下,由1名审判员独立对案件进行审理和裁判,如表2-1所示。

表 2-1　合议制与独任制

程序类型	合议制/独任制	审判组织组成
一审简易程序	独任制	审判员
一审普通程序	合议制	审判员
		审判员+陪审员
二审	合议制	审判员

▶ 2. 回避制度

回避主体包括审判人员(包括审判员和人民陪审员)、书记员、翻译人员、鉴定人、勘验人。回避事由有以下四种情形。

(1) 是本案当事人或者当事人、诉讼代理人近亲属的。

(2) 与本案有利害关系的。

(3) 与本案当事人、诉讼代理人有其他关系,可能影响对案件公正审理的。

(4) 接受当事人、诉讼代理人请客送礼,或者违反规定会见当事人、诉讼代理人的。不仅要回避,还应追究法律责任。

当事人有权用口头或者书面方式申请他们回避。

▶ 3. 公开审判制度

公开审判制度是指人民法院审理民事案件,除了法律规定的情况以外,审判过程及结果应当向群众、社会公开的制度。向群众公开是指允许群众旁听案件审判过程;向社会公开则是指允许新闻媒体采访及报道。公开审判也有以下例外情形:涉及国家秘密、个人隐私或者法律另有规定的。离婚案件,涉及商业秘密的案件,当事人申请不公开审理的,可以不公开审理。需要注意的是,不论案件是否公开审理,一律公开宣告判决。

▶ 4. 两审终审制度

所谓两审终审，指一个民事案件经过两级人民法院审判后即告终结的制度。根据两审终审制度，当事人不服一审的判决、裁定，可以上诉至二审人民法院。二审为终审，从二审判决、裁定做出之日起，即发生法律效力。不需要经过两审的情况如下。

（1）如果一审判决、裁定做出后，当事人不上诉或在法定期限内未上诉以及一审经过调解结案，不发生二审程序，一审判决、裁定即发生法律效力。

（2）最高人民法院所做出的一审判决、裁定，为终审判决、裁定，当事人不得上诉。

（3）适用特别程序、督促程序、公示催告程序和破产程序审理的案件，实行一审终审制。

另外，对于二审终审制，法律另外规定了再审制度予以补充。如果当事人对生效的判决、裁定仍不服的，可在6个月内申请再审，但不影响判决、裁定的执行。

四、诉讼管辖

诉讼管辖是指各级法院之间及不同地区的同级法院之间，受理第一审民事案件、经济纠纷案件的职权范围和具体分工。管辖可以按照不同标准进行多种分类，其中最重要、最常用的是级别管辖和地域管辖。

（一）级别管辖

级别管辖是根据案件性质、案情繁简、影响范围，来确定上、下级法院受理第一审案件的分工和权限。大多数民事案件均归基层法院管辖。中级人民法院管辖下列第一审民事案件：①重大涉外案件；②在本辖区有重大影响的案件；③最高人民法院确定由中级人民法院管辖的案件。高级人民法院管辖在本辖区有重大影响的第一审民事案件。

最高人民法院管辖下列第一审民事案件：①在全国有重大影响的案件；②认为应当由本院审理的案件。

（二）地域管辖

各级法院的辖区和各级行政区划是一致的。按照地域标准也即按照法院的辖区和民事案件的隶属关系，确定同级法院之间受理第一审民事案件的分工和权限，称地域管辖。地域管辖又分为一般地域管辖、特殊地域管辖和专属管辖等。

▶ 1. 一般地域管辖

一般地域管辖是按照当事人所在地与法院辖区的隶属关系来确定案件管辖法院，也叫普通管辖，可分为两种情形：原告就被告和被告就原告。

（1）原告就被告。除另有规定外，民事诉讼实行"原告就被告"原则，应由被告住所地法院管辖；被告住所地与经常居住地不一致的，由经常居住地人民法院管辖。

行政案件由最初做出具体行政行为的行政机关所在地法院管辖。经复议的案件，复议机关改变原具体行政行为的，也可以由复议机关所在地法院管辖。

这样规定，既有利于被告应诉，又便于法院行使审判权，还有利于法院采取财产保全和执行措施，同时也可在一定程度上防止原告滥用起诉权。

（2）被告就原告。下列民事诉讼案件由原告住所地人民法院管辖。

① 对不在中华人民共和国境内居住的人提起的有关身份关系的民事诉讼。

② 对下落不明或者宣告失踪的人提起的有关身份关系的诉讼。
③ 对被采取强制性教育措施或者被监禁的人提起的民事诉讼。
原告住所地与经常居住地不一致的，由原告经常居住地人民法院管辖。

▶ 2. 特殊地域管辖

特殊地域管辖是以诉讼标的所在地、法律事实所在地为标准确定管辖法院，也称特别管辖。

（1）因合同纠纷提起的诉讼，由被告住所地或者合同履行地法院管辖。合同或者其他财产权益纠纷的当事人可以书面协议选择被告住所地、合同履行地、合同签订地、原告住所地、标的物所在地等与争议有实际联系的地点的人民法院管辖，但不得违反《民事诉讼法》对级别管辖和专属管辖的规定。

（2）因保险合同纠纷提起的诉讼，由被告住所地或者保险标的物所在地法院管辖。

（3）因票据纠纷提起的诉讼，由票据支付地或者被告住所地法院管辖。

（4）因公司设立、确认股东资格、分配利润、解散等纠纷提起的诉讼，由公司住所地法院管辖。

（5）因铁路、公路、水上、航空运输和联合运输合同纠纷提起的诉讼，由运输始发地、目的地或者被告住所地法院管辖。

（6）因侵权行为提起的诉讼，由侵权行为地（包括侵权行为实施地、侵权结果发生地）或者被告住所地法院管辖。

（7）因铁路、公路、水上和航空事故请求损害赔偿提起的诉讼，由事故发生地或者车辆、船舶最先到达地、航空器最先降落地或者被告住所地法院管辖。

（8）因船舶碰撞或者其他海事损害事故请求损害赔偿提起的诉讼，由碰撞发生地、碰撞船舶最先到达地、加害船舶被扣留地或者被告住所地法院管辖。

（9）因海难救助费用提起的诉讼，由救助地或者被救助船舶最先到达地法院管辖。

（10）因共同海损提起的诉讼，由船舶最先到达地、共同海损理算地或者航程终止地的法院管辖。

▶ 3. 专属管辖

专属管辖是指法律强制规定某类案件必须由特定的法院管辖，其他法院无权管辖，当事人也不得协议变更的管辖。专属管辖的案件主要有以下三类。

（1）因不动产纠纷提起的诉讼，由不动产所在地法院管辖。

（2）因港口作业中发生纠纷提起的诉讼，由港口所在地法院管辖。

（3）因继承遗产纠纷提起的诉讼，由被继承人死亡时住所地或者主要遗产所在地法院管辖。

▶ 4. 共同管辖和选择管辖

共同管辖是指依法律规定，就同一诉讼，两个或两个以上人民法院都有管辖权。在存在共同管辖时，则允许当事人选择管辖，原告可以向其中任何一个人民法院起诉。如果原告同时向两个以上有管辖权的人民法院起诉，则由最先立案的法院管辖。

【案例】甲、乙在X地签订合同，将甲在Y地的一栋房产出租给乙。后因乙未按期支付租金，双方发生争议。甲到乙住所地人民法院起诉后，又到Y地人民法院起诉。Y地人民法院于3月5日予以立案，乙住所地人民法院于3月8日予以立案。根据民事诉讼法律制度的规定，请问该案件的管辖法院？

【解析】①因合同纠纷提起的诉讼，由被告住所地（乙住所地）或者合同履行地（Y地）的人民法院管辖；②原告向两个以上有管辖权的人民法院起诉的，由最先立案的人民法院（Y地）管辖。

五、诉讼时效

（一）诉讼时效的概念

诉讼时效是指债权请求权不行使达一定期间而失去国家强制力保护的制度。诉讼时效属于法律事实中的事件，法院只在诉讼时效期间保护权利人的请求权。人民法院不得主动适用诉讼时效的规定。权利人在法定期间内不行使自己的权利，就丧失了请求法院依诉讼程序强制义务人履行义务的权利。诉讼时效的目的是促使权利人及时行使权力，有利于解决当事人权利义务关系处于不稳定的状态。除法律另有规定外，任何人不得延长或缩短诉讼时效期间，如当事人双方约定变更诉讼时效的协议是不具有法律效力的。

（二）诉讼时效的种类

我国诉讼时效有如下几种。

▶ 1. 普通诉讼时效

普通诉讼时效，也称一般诉讼时效，是指由民事普通法规定的具有普遍意义的诉讼时效期间。根据《民法总则》第188条规定，除法律另有规定外，一般诉讼时效为3年。

▶ 2. 长期诉讼时效

长期诉讼时效指时效期间比普通诉讼时效的3年要长，但不到20年的诉讼时效。如《合同法》第129条规定，涉外货物买卖合同及技术进出口合同争议提起诉讼或者仲裁的期限为4年。

▶ 3. 最长诉讼时效

最长诉讼时效为20年。前面所讲的诉讼时效期间，均从权利人知道或者应当知道权利被侵害时起计算。但是，从权利被侵害之日起超过20年的，法院不予保护。有特殊情况的，法院可以根据权利人的申请决定。最长诉讼时效可以适用诉讼时效延长，但不适用诉讼时效的中止、中断。

【案例】1990年，李某因借丁某钱款而无力偿还，便将自己刚分到的公房，转让给丁某作为偿还欠款。两人之间并无任何协议可作为证据。李某及其家人未在此公房内居住一天。一年后，丁某去世，从1991年开始丁某妻将户口迁入该公房里居住，2004年丁某妻去世，该房就一直由丁某的女儿继续承租至今。问题：李某已于2007年左右去世，现李某家人说此房是租给丁某住的，欲收回此房，2013年甚至想起诉丁某家人。此案的诉讼时效是否还存在？

【解析】法定最长诉讼时效为20年，从1991年起至今已超出时效，法院不予受理。从本案来看，先不论无证据证明甲乙二人之间的协议，此房虽为国有，但也有户主（李某的使用权），而从时间上推算，李某为1990年获得此房的使用权，也就是说从1990年他就知道该房属于他所有，直至2007年他去世，历时17年整，如果他要提起诉讼的话，离最长诉讼时效还有3年，可是他并未提出，况且还是他将此房作为偿还丁某的欠款。另外，李某一天也没在此房内住过，虽然他有房屋的使用权，却是名义上的，而丁某妻从1991年起至今都有实际上的使用权。该房应为丁某所有。

理解诉讼时效制度还应注意以下几个问题。

（1）诉讼时效期间的计算方法为年、月、日，开始的当天不算入，从第二天开始计算。期间最后一天是星期日或其他法定休假日的,以休假日的次日为期间的最后一天,期间的最后一天的截止时间为停止业务活动的时间。

(2)诉讼时效期间的开始一般是按照当事人知道或应当知道权利被侵害时起计算。如有期限的债权债务纠纷案件,应从期限届满日的第二天起算。

(三)诉讼时效期间的中止、中断和延长

▶ 1. 诉讼时效期间的中止

诉讼时效期间的中止是指在诉讼时效期间的最后6个月内,因不可抗力或者其他障碍致使权利人不能行使请求权的,诉讼时效期间暂时停止计算。从中止时效的原因消除之日起,诉讼时效期间继续计算。所谓其他障碍,包括权利被侵害的无民事行为能力人、限制民事行为能力人没有法定代理人,或者法定代理人死亡、丧失代理权,或者法定代理人本人丧失行为能力;也包括继承开始后继承人尚未确定或者非因继承人的原因导致遗产管理人不明确,使继承人不能行使其继承权。中止的目的是为延长时效,使权利人有充分的时间行使诉讼权。

▶ 2. 诉讼时效期间的中断

诉讼时效期间的中断是指在诉讼时效期间,当事人提起诉讼、当事人一方提出要求或者同意履行义务,而使已经经过的时效期间全部归于无效。从中断时起,诉讼时效期间重新计算。

▶ 3. 诉讼时效期间的延长

诉讼时效期间的延长是指在诉讼时效期间届满后,权利人基于某种正当理由要求法院根据具体情况延长时效期间,经法院审查确认后决定延长的制度。

【案例】2001年6月,张某以威胁、恐吓手段逼迫陈某将一片78亩的杉木山场低价转让给自己。2003年9月,张某被法院以强迫交易罪判处有期徒刑三年,缓刑四年。陈某得知张某被判刑后,于2003年11月向法院提起民事诉讼,要求张某赔偿被迫低价转让杉木山场的损失。

请问:陈某在张某2001年6月以非法手段迫使其转让山场时,明知自己的权利受到侵害,直到在2003年11月才向法院起诉,是否超过一般诉讼时效?

【解析】司法解释并未将刑事诉讼明确列入诉讼时效中止的其他障碍的范畴,但本案中陈某之所以会把杉木山场低价转让给张某,原因是张某通过威胁、恐吓手段逼迫陈某就范,陈某当然知道自己的权利明显地被张某侵害,在张某未归案之前,陈某即使知道自己的权利受到侵害,因顾忌重重,也不能正常地行使普通人所能行使的请求国家予以保护其民事合法权益的权利。所以,本案是典型的因犯罪行为引发的民事诉讼,符合《最高人民法院关于审理民事案件适用诉讼时效制度若干问题的规定》第二十条第(四)项,应视作《民法通则》第一百三十九条规定的在诉讼时效期间的最后六个月内,因其他障碍不能行使请求权导致诉讼时效中止的情形,才符合立法本意。从公安机关立案到检察院起诉一直到法院审理阶段,由于并未对张某做出有罪判决,张某处于犯罪嫌疑人及被告人的角色,只有在法院生效判决确定张某有罪后,中止民事诉讼的障碍才得以完全消失,诉讼时效期间才得以继续计算。

六、诉讼当事人

(一)当事人概念

民事诉讼中的当事人,指因民事上的权利义务关系发生纠纷,以自己的名义进行诉

讼,并受人民法院裁判、调解协议约束的利害关系人。

在不同的诉讼程序中,当事人有不同的称谓。在第一审普通程序和简易程序中,称为原告和被告;在特别程序中,除选民名单案件称起诉人外,其他案件均称申请人;在第二审程序中,称为上诉人和被上诉人;在审判监督程序中,如果适用第一审程序,称为原审原告和原审被告;如果适用第二审程序,则称为原上诉人和原被上诉人;在执行程序中,称为申请执行人和被申请执行人,简称申请人和被执行人。当事人的不同称谓,一方面表明了他所处的诉讼程序和阶段不同,另一方面也表明了他因所处诉讼程序和阶段不同而具有不同的诉讼地位及诉讼权利义务。

原告是指因自己或者由其支配的民事权益受到侵害,或者与他人发生权益争执,为维护其合法民事权益,而以自己的名义向人民法院提起诉讼,从而引起民事诉讼程序的人;被告则是指原告诉称其侵犯原告合法权益,或者与原告发生民事权益争议,而由法院依法通知应诉的人。根据《民事诉讼法》的规定,可以作为当事人的有公民、法人和其他组织。法人是指依法取得法人资格的社会组织;其他组织是指依法成立、有一定的组织机构、有自己财产,但不具备法人资格的社会组织。

(二)当事人的诉讼权利能力和诉讼行为能力

诉讼权利能力,又称当事人能力,指能够享有民事诉讼权利和承担民事诉讼义务的能力。具有这种能力,即是作为民事诉讼当事人的法律资格。公民的诉讼权利能力始于出生,终于死亡;法人和其他组织的诉讼权利能力始于依法成立,终于解散或撤销。

诉讼行为能力,又称诉讼能力,指以自己的行为行使诉讼权利、履行诉讼义务的能力,也就是亲自进行诉讼活动的能力。公民的诉讼行为能力,始于成年,终于死亡或宣告无行为能力。公民的诉讼行为能力,可能与诉讼权利能力一致,也可能不一致。在一般情况下,具有诉讼权利能力的人同时具有诉讼行为能力。在特殊情况下,如未成年人、精神病人等,虽有诉讼权利能力,却没有诉讼行为能力,只能由其法定代表人代理其诉讼。法人和其他组织的诉讼行为能力一样,始于依法成立,终于解散或撤销。法人的诉讼行为能力,通过其法定代表人的诉讼行为来实现。其他组织的诉讼行为能力,通过其管理人或负责人的诉讼行为来实现。

(三)当事人的诉讼权利和诉讼义务

当事人享有广泛的诉讼权利,主要有请求司法保护的权利,即原告有起诉权,并可放弃或变更诉讼请求;被告有应诉权,并可承认或反驳诉讼请求,有权提起反诉;用本民族语言文字进行诉讼的权利;委托代理人进行诉讼的权利;申请回避的权利;上诉的权利;申请执行的权利;自行和解的权利;查阅本案庭审材料,并复制本案的庭审材料和法律文书的权利,但涉及国家机密、商业秘密或者个人隐私的材料除外。

当事人的诉讼义务主要有依法行使诉讼权利,不得加以滥用;遵守诉讼秩序和法庭纪律,履行法律生效的判决、裁定和调解协议。

七、主要诉讼程序

(一)第一审程序

第一审程序包括普通程序、简易程序和特别程序。第一审普通程序是指人民法院审理第一审民事案件通常适用的程序,是民事诉讼程序中最基本的程序,也是其他民事审判程序的基础。简易程序是基层人民法院和它的派出法庭,审理事实清楚、权利义务关系明确、争议不大的经济纠纷案件时适用的一种既独立又简便易行的诉讼程序。基层人民法院和它派出的法庭审理规定以外的民事案件，当事人双方也可以约定适用简易程序。特别程序是法院审理某些特别的非民事权益争议案件所适用的程序，这些案件包括选民资格、宣告失踪或者宣告死亡案件、认定公民无民事行为能力或者限制民事行为能力案件和认定财产无主案件、确认调解协议案件和实现担保物权案件。

第一审普通程序包括起诉和受理、审理前的准备、开庭审理、判决和裁定等几个部分。

▶ 1. 起诉和受理

（1）起诉。起诉是指原告向人民法院提起诉讼，请求人民法院依法进行审判的诉讼行为。民事诉讼奉行的是"不告不理"的原则，当事人起诉的诉讼行为是一审普通程序开始的前提条件。

起诉必须符合以下条件：①原告是与本案有直接利害关系的公民、法人或其他组织；②有明确的被告；③有具体的诉讼请求和事实、理由；④属于人民法院受理民事诉讼的范围和受诉人民法院管辖。起诉应以书面形式提出，特别情况下，也可以以口头形式提出。

（2）受理。受理是指人民法院对原告的起诉进行审查，认为符合起诉的条件，决定立案审理的诉讼行为。人民法院收到起诉状或者口头起诉，经审查认为符合起诉条件的，应在7日内立案，并通知当事人；认为不符合起诉条件的，应在7日内裁定不予受理；原告对裁定不服的，可以上诉。立案后，发现起诉不符合受理条件的，裁定驳回起诉。裁定不予受理、驳回起诉的案件，原告再次起诉如符合起诉条件，法院应受理。

▶ 2. 审理前的准备

审理前的准备是指人民法院在受理案件后、开庭审理前所应进行的准备工作。审理前的准备主要包括以下各项：①发送起诉状副本和答辩状副本；②告知当事人诉讼权利义务及合议庭组成人员；③审阅诉讼材料；④调查收集证据；⑤通知追加当事人。

▶ 3. 开庭审理

开庭审理是指人民法院组成审判庭，在当事人和其他诉讼参与人参加下，查明案情，确认责任，对案件进行实体审理的诉讼活动。在开庭审理前，人民法院应做好两项准备工作：①在开庭3日前通知当事人和其他诉讼参与人；②公开审理的案件，应公告当事人姓名、案由和开庭时间、地点。

开庭审理的程序包括准备开庭、法庭调查、法庭辩论及调解、评议和宣判等步骤。经开庭审理，合议庭评议完毕，应制作判决书，并宣告判决，同时必须告知当事人上诉权利、上诉期限和上诉法院。人民法院适用普通程序审理的案件，应在立案之日起6个月内审结，有特殊情况需延长的，由本院院长批准，可延长6个月，还需延长的，报请上级法院批准。

▶ 4. 判决和裁定

人民法院在查清事实，分清责任的基础上对民事纠纷进行调解。调解达成协议的，应当制作调解书，并经双方签收后，即发生法律效力。对于达不成协议或一方当事人在调解书送达前反悔，应及时依法做出判决，不能久拖不决。人民法院在审理案件或执行判决过程中，对程序上发生的应当解决的问题和对其他必须及时解决的问题，应做出裁定。

（二）第二审程序

当事人不服第一审法院的判决，在收到判决书的15日内有权上诉；对裁定不服的，应在 10 日内提起上诉。逾期没有上诉的，第一审法院的判决和裁定发生法律效力。

第二审人民法院对上诉案件应当组成合议庭开庭审理，其程序与第一审程序大致相同。第二审不采用独任制，也没有陪审员参加合议庭。经过阅卷和调查，询问当事人，在事实核对清楚后，合议庭认为不需要开庭审理的，也可以径行判决、裁定。

第二审的判决、裁定是终审的判决、裁定，一经送达当事人，即发生法律效力，当事人不得再行上诉或同一诉讼标的，以同一事实和理由重新起诉。对发回原审人民法院重审的案件的判决、裁定可以上诉。

【案例】甲公司与乙公司因合同纠纷诉至法院。法院经审理判决甲公司败诉，甲公司不服，提起上诉。二审法院判决驳回上诉，维持原判决。分析二审法院判决的法律效力有哪些？

【解析】我国民事诉讼实行两审终审制度。二审法院判决后即产生法律效力，甲、乙公司间的合同纠纷消灭；甲公司不履行义务时，乙公司可以申请法院强制执行，非经法定审判监督程序，该判决不得撤销。

（三）审判监督程序

审判监督程序即对已经发生法律效力的判决、裁定，发现确有错误，重新再审，以纠正错判。这是当事人最后一次申辩机会，也是司法审判中最后的修错和救济机制。

▶ 1. 提起审判监督的途径

提起审判监督的途径如下。

（1）做出生效判决的法院院长提起，由本院审判委员会决定是否再审。

（2）最高法院和上一级法院对下级法院做出的生效判决有权再审。

（3）最高检察院和上一级检察院对下一级法院已做出的生效判决有权抗诉，引起再审。

（4）当事人提起。

▶ 2. 提起再审的条件

提起再审的条件如下。

（1）有新的证据，足以推翻原判决、裁定。

（2）原判决、裁定认定事实的主要证据不足。

（3）原审运用法律确有错误。

（4）法院违反法定程序，可能影响案件正确判决。

（5）审判人员在审理该案时贪污受贿、徇私舞弊、枉法裁判。

（四）支付令程序

支付令程序又叫督促程序，指法院根据债权人要求债务人给付金钱或有价证券的请求，不经过审判程序，直接向债务人发出支付令并要求其按期给付；债务人自收到法院签发的支付令之日起 15 日内应主动清偿债务，或向法院提出异议，如异议成立，法院裁定终结督促程序。债权人可以向法院起诉，以求解决纠纷。如果债务人 15 日内既不偿债，又不提出异议，15 日后法院将强制债务人偿债。人民法院适用督促程序审理的案件，不需开庭，只由审判员一人审理，并实行一审终审制，既减轻了人民法院的工作负担，又减轻了当事人的讼累。督促程序仅适用于基层人民法院，中级以上的人民法院不能适用督促程序审理案件。

（五）先予执行

先予执行指法院受理经济案件后，做出判决前，根据当事人一方的申请，先行裁定另一方给付一定的财物，或先行裁定另一方作为或不作为的法律制度。

先予执行与支付令的区别在于：先予执行必须起诉，是执行前的一种特殊执行手段；支付令不需经过诉讼程序，当事人直接请求法院强制执行，是一种非诉的执行手段。

（六）强制执行

强制执行指法院依法定程序以国家强制力强制实现法律文书确定的权利义务关系的一种诉讼活动。强制执行是法律文书确定后在义务人拒不履行义务的情况下，或不能自动履行的情况下，强制实现法律文书所确定的内容。

申请执行的期间为2年。申请执行时效的中止、中断，适用法律有关诉讼时效中止、中断的规定。申请执行的期限，从法律文书规定履行期间的最后一日起计算；法律文书规定分期履行的，从规定的每次履行期间的最后一日起计算；法律文书未规定履行期间的，从法律文书生效之日起计算。

法律规定申请执行期限是为了加速民事流转，维护经济秩序，确保生产经营，当事人必须及时行使申请权，以防过时失权。

（七）公示催告程序

公示催告程序指人民法院根据可以背书转让的票据最后持有人的书面申请，以公示的方法，催告不明的票据利害关系人，在法院指定的期间内向法院申报票据权利，逾期无人申报，法院则做出宣告票据无效的判决的程序。票据被判无效，申请人获得票据权利，可持法院裁决书请求付款人付款。如有人出来申报票据权利，公示催告终结，申请人和申报人一起进行票据诉讼，进入诉讼程序，等待法院的确权判决。

复习思考题

一、单项选择题

1. 如果仲裁裁决所根据的证据是伪造的，或者对方当事人隐瞒了足以影响公正裁决的证据的，那么可以采取的补救措施是（　　）。
   A. 只能申请撤销该仲裁裁决，而不能在法院受理执行仲裁裁决申请后请求不予执行该裁决
   B. 不能申请撤销该仲裁裁决，而只能等到法院受理执行仲裁裁决申请后请求不予执行该裁决
   C. 既可以申请撤销该仲裁裁决，也可以在法院受理执行仲裁裁决申请后请求不予执行该裁决
   D. 既不能申请撤销该仲裁裁决，也不能等到法院受理执行仲裁裁决申请后请求不予执行该裁决

2. 下列有关诉讼时效的表述正确的是（　　）。
   A. 诉讼时效期间从权利人的权利被侵害之日起计算
   B. 权利人提起诉讼是诉讼时效中止的法定事由之一
   C. 只有在诉讼时效期间的最后6个月内发生诉讼时效中止的法定事由，才能中止时效的进行
   D. 诉讼时效中止的法定事由发生之后，已经经过的时效期间统归无效

3. 关于民事诉讼中的公开审判制度，下列选项错误的是（　　）。
   A. 公开审判制度是指法院审理民事案件，除法律规定的情况外，审判过程及结果应当向群众、社会公开
   B. 公开审判是指法院审理案件和宣告判决一律公开进行的制度
   C. 涉及国家秘密的案件，属于法定不公开审理的案件
   D. 离婚案件，属于当事人申请不公开审理，法院决定可以不公开审理的案件
4. 1988年2月8日夜，赵某在回家的路上被人用木棍从背后击伤。经过长时间的访查，赵某于2007年10月31日掌握确凿证据证明将其打伤的是钱某。赵某要求钱某赔偿的诉讼时效届满日应为（　　）。
   A. 1990年2月8日　　　　　　　　B. 2008年2月8日
   C. 2008年10月31日　　　　　　　D. 2009年10月31日
5. 某买卖合同当事人发生纠纷，双方根据仲裁协议申请仲裁后，又自行达成了和解。对此，下列说法正确的是（　　）。
   A. 申请仲裁后，当事人可以自行和解　　B. 达成和解协议的，必须撤回仲裁申请
   C. 达成和解协议，撤回仲裁申请后不得反悔　D. 达成和解协议的，仲裁庭不再受理
6. 根据民事诉讼法律制度的规定，当事人不服人民法院第一审判决的，有权在判决书送达之日起一定期间内向上一级人民法院提起上诉。该期间是（　　）。
   A. 5日　　　　　B. 10日　　　　　C. 15日　　　　　D. 30日

二、多项选择题

1. 关于民事诉讼与仲裁法律制度相关内容的下列表述中，正确的有（　　）。
   A. 民事经济纠纷实行或裁或审制度
   B. 民事诉讼与仲裁均实行回避制度
   C. 民事诉讼实行两审终审制度，仲裁实行一裁终局制度
   D. 民事诉讼实行公开审判制度，仲裁不公开进行
2. 下列有关仲裁的说法正确的是（　　）。
   A. 平等主体的公民、法人和其他组织之间发生的财产权益纠纷，可以仲裁
   B. 仲裁实行自愿的原则
   C. 由于仲裁组织要依法独立行使仲裁权，所以仲裁委员会与其他的行政机关没有任何的隶属关系
   D. 仲裁的裁决作出后，当事人一方不服从裁决的还可以向人民法院提起诉讼
3. 下列关于独任审判制和合议制的表述正确的有（　　）。
   A. 独任制既适用于一审案件，也适用于二审案件
   B. 只有基层人民法院和它派出的法庭按简易程序审理简单的民事案件，才适用独任制
   C. 二审合议庭只能由审判员组成
   D. 二审合议庭可以由审判员、陪审员共同组成，也可由审判员组成
   E. 一审合议庭可以由审判员、陪审员共同组成，也可由审判员组成
4. 下列案件中，适用《民事诉讼法》的有（　　）。
   A. 公民名誉权纠纷案件
   B. 企业与银行因票据纠纷提起诉讼的案件

C. 纳税人与税务机关因税收征纳争议提起诉讼的案件
D. 劳动者与用人单位因劳动合同纠纷提起诉讼的案件

5. 下列各项中，属于诉讼时效中止的其他障碍的有（   ）。
   A. 权利被侵害的无民事行为能力人没有法定代理人
   B. 限制民事行为能力人的法定代理人死亡
   C. 继承开始后继承人尚未确定，使继承人不能行使其继承权
   D. 非因继承人的原因导致遗产管理人不明确，使继承人不能行使其继承权

6. 甲企业得知竞争对手乙企业在M地的营销策略将会进行重大调整，于是到乙企业设在N地的分部窃取到乙企业内部机密文件，随之采取相应对策，给乙企业在M地的营销造成重大损失，乙企业经过调查掌握了甲企业的侵权证据，拟向法院提起诉讼，其可以选择提起诉讼的法院有（   ）。
   A. 甲企业住所地法院　　　　　B. 乙企业住所地法院
   C. M地法院　　　　　　　　　D. N地法院

三、判断题

1. 买卖合同当事人发生纠纷，没有仲裁协议，一方申请仲裁的，仲裁委员会应予受理。（   ）
2. 仲裁裁决一经作出即发生法律效力；当事人就同一纠纷不能再申请仲裁或向法院起诉。（   ）
3. 人民法院宣告判决是否公开，取决于案件是否公开审理，换言之，公开审理的案件公开宣判，不公开审理的案件不公开宣判。（   ）
4. 仲裁经济纠纷除当事人协议公开的可以公开以外，一律不公开进行；且涉及国家秘密的仲裁纠纷，当事人不得协议公开。（   ）
5. 经济纠纷的仲裁不公开进行，包括当事人申请仲裁、仲裁委员会受理仲裁申请的情况不公开报道，仲裁开庭不允许旁听，裁决不向社会公布等等。（   ）
6. 人民法院做出一审判决后，当事人在法定期限内未上诉的，一审判决即发生法律效力，当事人不履行判决的，另一方当事人可以向人民法院申请强制执行。（   ）

四、案例分析题

1. 张某在某公司工作了两年零一个月，从事财务工作，今年8月刚续签合同一个月，8月底在没有犯任何错误的情况下就被公司经理以不服从工作安排辞退，并不支付经济补偿金。
   请问：张某能直接向法院提起诉讼吗？

2. 刘某承揽了某超市的运输业务，双方因结算运费发生争议，刘某便向仲裁委员会申请仲裁未被受理。刘某又与商场协商后双方达成仲裁协议，仲裁庭第二次开庭时，刘某以仲裁员张某是超市经理的表弟为由要求其回避，最后一次开庭时因超市经理不同意仲裁庭对事实的认定，宣布退出仲裁并自行离去，仲裁庭依法做出裁决。超市经理接到裁决书认为："自己不在场，没签字，裁定无效。"
   根据上述资料及法律制度的相关规定，回答下列问题。
   （1）当事人申请仲裁必须具备哪些条件？
   （2）刘某能否在第二次开庭时提出回避申请？
   （3）裁决时，超市经理不在场未签字，裁决是否有效？
   （4）如果超市经理拒不执行裁决，张某应该怎么办？

第三章 个人独资企业法和合伙企业法

> **学习目标**
> 1. 了解个人独资企业、合伙企业的概念和特征。
> 2. 掌握个人独资企业、合伙企业的事务管理及权利义务。
> 3. 能按法定程序办理个人独资企业、合伙企业的设立事宜。
> 4. 能处理个人独资企业、合伙企业经营管理中涉及的法律问题。

第一节 个人独资企业法

一、个人独资企业的概念和特征

个人独资企业,指依照《个人独资企业法》在中国境内设立,由一个自然人投资,财产为投资人个人所有,投资人以其个人财产对企业债务承担无限责任的经营实体。个人独资企业的特征包括以下几点。

(1) 个人独资企业的出资人是一个自然人。该自然人应当具有完全民事行为能力,并且不能是法律、行政法规禁止从事营利性活动的人。

(2) 个人独资企业的财产归投资人个人所有。

(3) 投资人以其个人财产对企业债务承担无限责任。

(4) 个人独资企业不具有法人资格。个人独资企业可以起字号,并可对外以企业名义从事生产经营活动。

二、个人独资企业的设立

设立个人独资企业应当具备下列条件。

(1) 投资人为一个自然人,且只能是中国公民。

(2) 有合法的企业名称。

(3) 有投资人申报的出资。以家庭共有财产作为个人出资的,投资人应当在设立(变更)登记申请书上予以注明。

(4) 有固定的生产经营场所和必要的生产经营条件。

(5) 有必要的从业人员。

个人独资企业实行准则设立的原则，采取直接登记制，即个人独资企业依个人独资企业法规定的条件设立。无须经过任何部门的审批，而由投资人根据设立准则直接到工商行政管理部门申请登记。登记机关应当在收到设立申请文件之日起15日内，对符合个人独资企业法规定条件者，予以登记，发给营业执照；对不符合个人独资企业法规定条件者，不予登记，并给予书面答复，说明理由。个人独资企业营业执照的签发日期为独资企业的成立日期。

【案例】下岗工人刘某欲设立一个人独资企业，于2012年2月26日向所在地县工商行政管理部门提交设立申请书、投资人身份证明、生产经营场所使用证明等文件。在申请中，刘某将拟成立的个人独资企业名称命名为"鲜果批发公司"。工商行政管理部门经过审核后认为，刘某拟设立的个人独资企业的名称为"鲜果批发公司"不符合法律规定，于是做出不予登记的决定。工商行政管理部门的做法是否正确？为什么？

【解析】工商行政管理部门的做法是正确的。根据《个人独资企业法》第2条规定，个人独资企业投资人对企业债务承担无限责任。根据《公司法》规定，公司股东是承担有限责任的，因此，个人独资企业的名称中不得出现"公司""有限"等字样。所以工商局不予登记做法是正确的。

三、个人独资企业的投资人及事务管理

(一) 个人独资企业的投资人

根据《个人独资企业法》的规定，个人独资企业的投资人为一个具有中国国籍的自然人，但法律、行政法规禁止从事营利性活动的人，不得作为投资人申请设立个人独资企业。根据我国有关法律、行政法规的规定，国家公务员、党政领导干部、警察、法官、检察官、商业银行工作人员等人员，不得作为投资人申请设立个人独资企业。

(二) 个人独资企业的事务管理

▶ 1. 个人独资企业事务管理的方式

个人独资企业投资人有权自主选择企业事务管理形式。企业事务管理主要有三种模式。

(1) 自行管理，即由个人独资企业投资人对本企业的经营事务直接进行管理。

(2) 委托管理，即由个人独资企业投资人委托其他具有民事行为能力的人负责企业事务管理。

(3) 聘任管理，即个人独资企业投资人聘用其他具有民事行为能力的人负责企业事务管理。

投资人委托或者聘用他人管理个人独资企业事务，应当与受托人或者被聘用人签订书面合同，明确委托具体内容和授予权利范围。投资人对受托人或者被聘用人员职权限制，不得对抗善意第三人。投资人委托或者聘用人员管理个人独资企业事务时违反双方订立合同，给投资人造成损害的，承担民事赔偿责任。

▶ 2. 受托人或者被聘用的管理人的义务

受托人或者被聘用人员应当履行诚信、勤勉义务，按照与投资人签订合同负责个人独

资企业事务管理。

投资人委托或者聘用的管理个人独资企业事务的人员不得从事下列行为：

(1) 利用职务上的便利，索取或者收受贿赂；

(2) 利用职务或者工作上的便利侵占企业财产；

(3) 挪用企业的资金归个人使用或者借贷给他人；

(4) 擅自将企业资金以个人名义或者以他人名义开立储蓄账户；

(5) 擅自以企业财产提供担保；

(6) 未经投资人同意，从事与本企业相竞争的业务；

(7) 未经投资人同意，同本企业订立合同或者进行交易；

(8) 未经投资人同意，擅自将企业商标或者其他知识产权转让给他人使用；

(9) 泄露本企业的商业秘密；

(10) 法律、行政法规禁止的其他行为。投资人委托或者聘用的人员违反上述规定，侵犯个人独资企业财产权益的，责令退还侵占的财产；给企业造成损失的，依法承担赔偿责任；有违法所得的，没收违法所得；构成犯罪的，依法追究刑事责任。

四、个人独资企业的解散和清算

(一) 个人独资企业的解散

个人独资企业有下列情形之一时，应当解散：①投资人决定解散；②投资人死亡或者被宣告死亡，无继承人或者继承人决定放弃继承；③被依法吊销营业执照；④法律、行政法规规定的其他情形。

(二) 个人独资企业的清算

▶ 1. 通知和公告债权人

个人独资企业解散，由投资人自行清算或者由债权人申请人民法院指定清算人进行清算。投资人自行清算的，应当在清算前15日内书面通知债权人，无法通知的，应当予以公告。债权人应当在接到通知之日起30日内，未接到通知的应当在公告之日起60日内，向投资人申报其债权。

▶ 2. 财产清偿顺序

个人独资企业解散的，财产应当按照下列顺序清偿：①所欠职工工资和社会保险费用；②所欠税款；③其他债务。个人独资企业财产不足以清偿债务的，投资人应当以其个人的其他财产予以清偿。

▶ 3. 清算期间对投资人的要求

清算期间，个人独资企业不得开展与清算目的无关的经营活动。在按上述财产清偿顺序清偿债务前，投资人不得转移、隐匿财产。

▶ 4. 投资人的持续偿债责任

个人独资企业解散后，原投资人对个人独资企业存续期间的债务仍应承担偿还责任，但债权人在5年内未向债务人提出偿债要求的，该责任消灭。

▶ 5. 注销登记

个人独资企业清算结束后，投资人或者人民法院指定的清算人应当编制清算报告，并于清算结束之日起15日内向原登记机关申请注销登记。

第二节 合伙企业法

一、合伙企业法律制度概述

《中华人民共和国合伙企业法》于 1997 年 2 月 23 日由第八届全国人民代表大会常务委员会第 24 次会议通过，2006 年 8 月 27 日第十届全国人民代表大会常务委员会第 23 次会议修订，自 2007 年 6 月 1 日起施行。

(一) 合伙企业的概念

合伙企业，指两个以上的自然人、法人和其他组织依照《合伙企业法》在中国境内设立的普通合伙企业和有限合伙企业。普通合伙企业的所有合伙人对合伙企业的债务都承担无限连带责任，有限合伙企业则包括普通合伙人和有限合伙人，前者对合伙企业债务承担无限连带责任，后者则只以其认缴的出资额为限对合伙企业债务承担责任。

(二) 合伙企业的法律特征

▶ 1. 合伙企业的法律基础是合伙协议

合伙协议，指由各合伙人通过协商，共同决定相互间的权利义务，达成的具有法律约束力的协议。合伙企业的合伙协议应当采用书面形式。如果合伙人之间未订立书面形式的合伙协议，但事实上存在合伙人之间的权利义务关系，进行了事实上的合伙营业，仍然视为合伙。合伙企业法充分体现合伙企业自治性，大部分规则是在合伙协议没有约定时才适用，合伙协议有不同或相反约定时均优先适用合伙协议的约定。

▶ 2. 合伙企业由全体合伙人共同出资经营

合伙出资形式多样，比公司灵活，公司股东一般以现金、实物、土地使用权和知识产权四种方式出资，而合伙人除上述四种出资外，还可以其他财产权利出资，如债权、技术等，也可以劳务出资，只要其他合伙人同意即可。普通合伙人必须共同从事经营活动，以合伙为职业和谋生之本。若相互间无共同经营目的与行为，即使有某种利益关联，也非合伙。

▶ 3. 合伙企业不具有法人资格，普通合伙人对外承担无限连带责任

普通合伙企业的合伙财产不足清偿合伙债务时，合伙人需以个人财产清偿债务，即承担无限责任，而且合伙人有义务清偿全部合伙债务（不管出资比例如何），即承担连带责任。在有限合伙企业中，普通合伙人对合伙企业债务承担无限连带责任，有限合伙人则以出资额为限承担有限责任。

二、普通合伙企业

普通合伙企业，指由普通合伙人组成，合伙人对合伙企业债务依照《合伙企业法》规定承担无限连带责任的一种合伙企业。

(一) 普通合伙企业设立条件

根据《合伙企业法》第 14 条规定，设立普通合伙企业应具备以下条件。

▶ 1. 有两个以上合伙人

合伙人可以是自然人，也可以是法人或者其他组织。合伙人至少为两人以上，合伙人

数的最高限额，《合伙企业法》未做规定。

合伙人为自然人的，应当具有完全民事行为能力。无民事行为能力人和限制民事行为能力人不得成为普通合伙企业的合伙人。法律、法规禁止从事经营的人，如国家公务员、法官、检察官和警察，不能成为合伙人。国有独资公司、国有企业、上市公司以及公益性的事业单位、社会团体不得成为普通合伙人。

▶ 2. 有书面合伙协议

合伙协议应当依法由全体合伙人协商一致，以书面形式订立。合伙协议应当载明下列事项。

(1) 合伙企业的名称和主要经营场所的地点。
(2) 合伙目的和合伙企业的经营范围。
(3) 合伙人的姓名或者名称及其住所。
(4) 合伙人出资的方式、数额和缴付出资的期限。
(5) 利润分配和亏损分担办法。
(6) 合伙企业事务的执行。
(7) 入伙与退伙。
(8) 争议解决办法。
(9) 合伙企业的解散与清算。
(10) 违约责任。

合伙协议经全体合伙人签名、盖章后生效。合伙协议的修改或补充应当经过全体合伙人一致同意，但合伙协议另有约定的除外。合伙协议未约定或者约定不明确的事项，由合伙人协商决定；协商不成的，依照《合伙企业法》和其他有关法律、行政法规的规定处理。

▶ 3. 有合伙人认缴或者实际缴付的出资

合伙人必须向合伙组织出资，合伙人出资形式可以是货币、实物、土地使用权、知识产权或者其他财产权利。经全体合伙人协商一致，合伙人也可以用劳务、技术等出资。合伙人以货币以外形式出资，一般应评估作价，评估作价由合伙人协商确定，也可以由全体合伙人委托法定评估机构进行评估，以评估报告作为折价的依据。若以劳务出资，其评估办法由合伙人协商确定，并在合伙协议中载明。合伙人应当按照合伙协议约定的出资方式、数额和缴付出资的期限，履行出资义务。以非货币财产出资的，依照法律、行政法规的规定需要办理财产权转移手续的，合伙企业法没有规定合伙企业的最低注册资本。合伙人以其实际向合伙缴付的出资作为其出资份额，并据此享有权利和承担义务。

▶ 4. 有合伙企业的名称和生产经营场所

合伙企业名称必须有"合伙"二字。合伙企业名称中未标明"普通合伙、特殊普通合伙或者有限合伙"字样的，由企业登记机关责令限期改正，处以 2 000 元以上 1 万元以下的罚款。经企业登记机关登记的合伙企业主要经营场所只能有一个，并且应当在其企业登记机关登记管辖区域内。公司法未规定非公司企业不能使用"公司"字样，且使用"公司"字样并不当然表明企业的责任形式，所以，合伙企业可以在其企业名称中使用"公司"字样。

【案例】某普通合伙企业成立时，下列人员不能成为合伙人的有(　　)。

A. 甲声明对企业的债务最多只承担 1 万元
B. 乙是国家公务员，以自己 8 岁的儿子的名义入伙
C. 丙是 1 年前被开除的警察
D. 丁于 3 个月前刚被刑满释放

【解析】本题选 A、B，普通合伙人资格条件是：普通合伙企业的合伙人对合伙企业债务承担无限连带责任；普通合伙人应当为具有完全民事行为能力的人。

(二) 合伙企业财产

▶ 1. 合伙企业财产的构成

合伙财产指合伙存续期间，合伙人的出资和所有以合伙企业名义取得的收益和依法取得的其他财产。合伙企业财产由以下三部分构成。

(1) 合伙人的出资。《合伙企业法》规定，合伙人可以用货币、实物、知识产权、土地使用权或者其他财产权利出资，也可以用劳务出资。这些出资形成合伙企业的原始财产。

(2) 以合伙企业名义取得的收益。主要包括合伙企业的公共积累资金、未分配的盈余、合伙企业债权、合伙企业取得的工业产权和非专利技术等财产权利。

(3) 依法取得的其他财产。即根据法律、行政法规的规定合法取得的其他财产，如合法接受的赠与财产等。

▶ 2. 合伙企业财产的管理与使用

合伙企业财产依法由全体合伙人共同管理和使用。具体表现为：在合伙企业存续期间，合伙人向合伙人以外的人转让其在合伙企业中的全部或部分财产份额时，除合伙协议另有约定外，须经其他合伙人一致同意，并且在同等条件下其他合伙人有优先受让的权利。作为合伙人以外的人依法受让合伙财产份额后，经修改合伙协议即成为合伙企业的合伙人，新的合伙人依照修改后的合伙协议享有权利、承担责任。

在合伙企业存续期间，合伙人之间可以转让在合伙企业中的全部或者部分财产份额，但应通知其他合伙人。

在合伙企业存续期间，合伙人以其在合伙企业中的财产份额出质的，须经其他合伙人一致同意。否则，出质行为无效，因此给善意第三人造成损失的，由行为人依法承担赔偿责任。

在合伙企业存续期间，除依法退伙等法律有特别规定的外，合伙人不得请求分割合伙企业财产，也不得私自转移或者处分合伙企业财产。为了保护第三人的利益，如果合伙人私自转移或者处分合伙企业财产的，合伙企业不得以此对抗不知情的善意第三人。

(三) 合伙事务执行

▶ 1. 合伙事务执行的形式

合伙人对执行合伙事务享有同等的权利。根据《合伙企业法》的规定，合伙人执行合伙企业事务，可以有以下两种形式。

(1) 全体合伙人共同执行合伙事务。这是合伙事务执行的基本形式，合伙协议未约定或者全体合伙人未决定委托执行事务合伙人的，全体合伙人均为执行事务合伙人。

(2) 委托一个或者数个合伙人执行合伙事务。其他合伙人不再执行合伙事务。

并非所有的合伙事务都可以委托给部分合伙人决定。《合伙企业法》第31条规定，除合伙协议另有约定外，下列事项应当经全体合伙人一致同意：①改变合伙企业的名称；②改变合伙企业的经营范围、主要经营场所的地点；③处分合伙企业的不动产；④转让或者处分合伙企业的知识产权和其他财产权利；⑤以合伙企业名义为他人提供担保；⑥聘任合伙人以外的人担任合伙企业的经营管理人员。

合伙人对《合伙企业法》规定或者合伙协议约定必须经全体合伙人一致同意始得执行的事务擅自处理，给合伙企业或者其他合伙人造成损失的，依法承担赔偿责任。

2. 合伙人的权利

（1）执行权。各合伙人无论其出资多少，都有权平等享有执行合伙企业事务的权利。执行合伙事务的合伙人对外代表合伙企业。

（2）监督权。不执行合伙事务的合伙人有权监督执行事务合伙人执行合伙事务的情况。

（3）知情权。所有合伙人为了解合伙企业的经营状况和财务状况，都有权查阅合伙企业的财务会计账簿等财务资料。

（4）异议权。合伙人分别执行合伙事务的，执行事务合伙人可以对其他合伙人执行的事务提出异议。提出异议时，应当暂停该项事务的执行。如果发生争议，按照合伙协议约定的表决办法办理。合伙协议未约定或者约定不明确的，实行合伙人一人一票并经全体合伙人过半数通过的表决办法。

（5）撤销权。受委托执行合伙事务的合伙人不按照合伙协议或者全体合伙人的决定执行事务的，其他合伙人可以决定撤销该委托。

3. 合伙人的义务

（1）报告义务。执行事务合伙人应当定期向其他合伙人报告事务执行情况及合伙企业的经营和财务状况。

（2）竞业的绝对禁止。合伙人不得自营或者同他人合作经营与本合伙企业相竞争的业务。

（3）自我交易的相对禁止。除合伙协议另有约定或者经全体合伙人一致同意外，合伙人不得同本合伙企业进行交易。

（4）特别禁止。合伙人不得从事损害本合伙企业利益的活动。

4. 合伙企业的损益分配

（1）合伙企业的利润分配、亏损分担，按照合伙协议的约定办理。

（2）合伙协议未约定或者约定不明确的，由合伙人协商决定；协商不成的，由合伙人按照实缴出资比例分配、分担；无法确定出资比例的，由合伙人平均分配、分担。

（3）合伙协议不得约定将全部利润分配给部分合伙人或者由部分合伙人承担全部亏损。

（四）合伙企业与第三人关系

1. 合伙企业与善意第三人的关系

合伙企业对合伙人执行合伙事务及对外代表合伙企业权利有限制，不得对抗善意第三人。合伙人或聘用的经营管理人执行合伙企业事务受约定或法律规定的限制，但这些限制不得对抗不知情的善意第三人。如根据合伙企业法的规定，转让合伙企业的不动产必须经全体合伙人决定，但作为合伙企业事务执行人的甲以合伙企业的名义将合伙企业的不动产转让给第三人，而甲的这一行为并没有事先征得全体合伙人的同意，作为受让方的第三人不知道或不能知道甲的行为超出了限制范围，则合伙企业不能以甲的行为超越了限制范围为理由而对抗善意第三人，即合伙企业仍须承担甲的行为后果。

2. 合伙企业与债权人的关系

合伙人发生与合伙企业无关的债务，相关债权人不得以其债权抵销其对合伙企业的债务，也不得代位行使合伙人在合伙企业中的权利。

合伙人的自有财产不足清偿其与合伙企业无关的债务的，该合伙人可以以其从合伙企业中分取的收益用于清偿；债权人也可以依法请求人民法院强制执行该合伙人在合伙企业中的财产份额用于清偿。

（五）入伙与退伙

▶ 1. 入伙

入伙是指在合伙企业存续期间，合伙人以外的第三人加入合伙企业并取得合伙人资格的行为。

（1）入伙的条件。新合伙人入伙，除合伙协议另有约定外，应当经全体合伙人一致同意，并依法订立书面入伙协议。订立入伙协议时，原合伙人应当向新合伙人如实告知原合伙企业的经营状况和财务状况。

（2）入伙的法律后果。入伙的新合伙人与原合伙人享有同等权利，承担同等责任。入伙协议另有约定的，从其约定。新合伙人对入伙前合伙企业的债务承担无限连带责任。

▶ 2. 退伙

退伙是指合伙人身份归于消灭的法律事实。退伙人对退伙前发生的合伙企业债务，承担无限连带责任。退伙分为协议退伙、声明退伙、当然退伙、除名退伙。具体内容如表3-1所示。

表3-1　退伙的几种情况

退伙类型		约定	条件
自愿退伙	协议退伙	合伙协议约定了合伙期限	①合伙协议约定的退伙事由出现；②经全体合伙人一致同意；③发生合伙人难以继续参加合伙的事由；④其他合伙人严重违反合伙协议约定的义务
	声明退伙	合伙协议未约定合伙期限	合伙人在不给合伙企业事务执行造成不利影响的情况下，可以退伙，但应当提前30日通知其他合伙人
法定退伙	当然退伙	—	①作为合伙人的自然人死亡或者被依法宣告死亡；②个人丧失偿债能力；③作为合伙人的法人或者其他组织依法被吊销营业执照、责令关闭、撤销，或者被宣告破产；④必须具有相关资格而丧失该资格；⑤合伙人在合伙企业中的全部财产份额被强制执行
	除名退伙	经其他合伙人一致同意	①未履行出资义务；②因故意或者重大过失给合伙企业造成损失；③执行合伙事务时有不正当行为；④发生合伙协议约定的事由

▶ 3. 财产继承

（1）合伙人死亡或者被依法宣告死亡的，对该合伙人在合伙企业中的财产份额享有合法继承权的继承人，按照合伙协议的约定或者经全体合伙人一致同意，从继承开始之日起，取得合伙人资格。

（2）合伙人的继承人为无民事行为能力人或者限制民事行为能力人的，经全体合伙人一致同意，可以依法成为有限合伙人，普通合伙企业依法转为有限合伙企业。全体合伙人未能一致同意的，合伙企业应当将被继承合伙人的财产份额退还继承人。

（六）特殊的普通合伙企业

特殊的普通合伙企业，指以专业知识和专门技能为客户提供有偿服务的专业服务机构。特殊的普通合伙企业名称中应当标明"特殊普通合伙"字样。

特殊的普通合伙企业的责任形式如下。

(1) 有限责任与无限连带责任相结合。一个合伙人或者数个合伙人在执业活动中因故意或者重大过失造成合伙企业债务的,应当承担无限责任或者无限连带责任,其他合伙人以其在合伙企业中的财产份额为限承担有限责任。

(2) 无限连带责任。合伙人在执业活动中非因故意或者重大过失造成的合伙企业债务以及合伙企业的其他债务,由全体合伙人承担无限连带责任。

合伙人执业活动中因故意或者重大过失造成的合伙企业债务,以合伙企业财产对外承担责任后,该合伙人应当按照合伙协议的约定对合伙企业造成的损失承担赔偿责任。

【案例】甲、乙、丙三人成立一个特殊普通合伙制会计师事务所。甲为一个客户提供审计业务服务中,因重大过失给客户造成损失200万元。对该损失合伙人应当如何承担责任?

【解析】本案例涉及特殊的普通合伙企业的债务承担。特殊的普通合伙企业中,一个合伙人或者数个合伙人在执业活动中因故意或者重大过失造成合伙企业债务的,应当承担无限责任或者无限连带责任,故甲对此损失承担无限责任;其他合伙人以其在合伙企业中的财产份额为限承担责任,故乙、丙以其在会计师事务所中的财产份额为限承担责任。

特殊的普通合伙企业应当建立执业风险基金、办理职业保险。执业风险基金用于偿付合伙人执业活动造成的债务。执业风险基金应当单独立户管理。具体管理办法由国务院规定。

三、有限合伙企业

有限合伙企业是指由一个以上的普通合伙人和一个以上的有限合伙人共同设立的合伙企业。在法律适用中,凡是《合伙企业法》中对有限合伙企业有特殊规定的,应当适用《合伙企业法》中对有限合伙企业特殊规定。无特殊规定的,适用普通合伙企业及其合伙人的一般规定。本部分主要介绍有限合伙企业的有关特殊规定。

(一) 有限合伙企业的设立

有限合伙企业由两个以上五十个以下合伙人设立;但是,法律另有规定的除外。有限合伙企业至少应当有一个普通合伙人。有限合伙企业名称中应当标明"有限合伙"字样。有限合伙企业仅剩有限合伙人的,应当解散;有限合伙企业仅剩普通合伙人的,应当转为普通合伙企业。

(二) 有限合伙企业的出资

有限合伙人可以用货币、实物、知识产权、土地使用权或者其他财产权利作价出资。不得以劳务出资。有限合伙人应当按照合伙协议的约定按期足额缴纳出资;未按期足额缴纳的,应当承担补缴义务,并对其他合伙人承担违约责任。

(三) 有限合伙企业的事务执行

▶ 1. 有限合伙企业事务执行人

有限合伙企业由普通合伙人执行合伙事务。有限合伙人不执行合伙事务,不得对外代表有限合伙企业。第三人有理由相信有限合伙人为普通合伙人并与其交易的,该有限合伙人对该笔交易承担与普通合伙人同样的责任。

▶ 2. 禁止有限合伙人执行合伙事务

有限合伙人未经授权以有限合伙企业名义与他人进行交易,给有限合伙企业或者其他合伙人造成损失的,该有限合伙人应当承担赔偿责任。

有限合伙人的下列行为,不视为执行合伙事务:
(1) 参与决定普通合伙人入伙、退伙;
(2) 对企业的经营管理提出建议;
(3) 参与选择承办有限合伙企业审计业务的会计师事务所;
(4) 获取经审计的有限合伙企业财务会计报告;
(5) 对涉及自身利益的情况,查阅有限合伙企业财务会计账簿等财务资料;
(6) 在有限合伙企业中的利益受到侵害时,向有责任的合伙人主张权利或者提起诉讼;
(7) 执行事务合伙人怠于行使权利时,督促其行使权利或者为了本企业的利益以自己的名义提起诉讼;
(8) 依法为本企业提供担保。

▶ 3. 有限合伙企业利润分配

《合伙企业法》规定,有限合伙企业不得将全部利润分配给部分合伙人;但是,合伙协议另有约定的除外。

▶ 4. 有限合伙人权利

(1) 有限合伙人可以同本有限合伙企业进行交易;但是,合伙协议另有约定的除外。
(2) 有限合伙人可以自营或者同他人合作经营与本有限合伙企业相竞争的业务;但是,合伙协议另有约定的除外。
(3) 有限合伙人可以将其在有限合伙企业中的财产份额出质;但是,合伙协议另有约定的除外。
(4) 有限合伙人可以按照合伙协议的约定向合伙人以外的人转让其在有限合伙企业中的财产份额,但应当提前30日通知其他合伙人。

▶ 5. 有限合伙企业的入伙与退伙

(1) 新入伙的有限合伙人对入伙前有限合伙企业的债务,以其认缴的出资额为限承担责任。
(2) 有限合伙人退伙后,对基于其退伙前的原因发生的有限合伙企业债务,以其退伙时从有限合伙企业中取回的财产承担责任。

▶ 6. 有限合伙企业合伙人的身份转变

(1) 除合伙协议另有约定外,普通合伙人转变为有限合伙人,或者有限合伙人转变为普通合伙人,应当经全体合伙人一致同意。
(2) 有限合伙人转变为普通合伙人的,对其作为有限合伙人期间有限合伙企业发生的债务承担无限连带责任。
(3) 普通合伙人转变为有限合伙人的,对其作为普通合伙人期间有限合伙企业发生的债务承担无限连带责任。

四、合伙企业解散、清算

(一) 合伙企业的解散

合伙企业有下列情形之一的,应当解散:①合伙期限届满,合伙人决定不再经营;②合伙协议约定的解散事由出现;③全体合伙人决定解散;④合伙人已不具备法定人数满30天;⑤合伙协议约定的合伙目的已经实现或者无法实现;⑥依法被吊销营业执照、责令关闭或者被撤销;⑦法律、行政法规规定的其他原因。

（二）合伙企业的清算

▶ 1. 确定清算人

合伙企业解散，应当由清算人进行清算。清算人由全体合伙人担任；经全体合伙人过半数同意，可以自合伙企业解散事由出现后 15 日内指定一个或者数个合伙人，或者委托第三人担任清算人。自合伙企业解散事由出现之日起 15 日内未确定清算人的，合伙人或者其他利害关系人可以申请人民法院指定清算人。

▶ 2. 清算人的职责

清算人在清算期间执行下列事务：①清理合伙企业财产，分别编制资产负债表和财产清单；②处理与清算有关的合伙企业未了结事务；③清缴所欠税款；④清理债权、债务；⑤处理合伙企业清偿债务后的剩余财产；⑥代表合伙企业参加诉讼或者仲裁活动。

▶ 3. 通知和公告债权人

清算人自被确定之日起 10 日内将合伙企业解散事项通知债权人，并于 60 日内在报纸上公告。债权人应当自接到通知书之日起 30 日内，未接到通知书的自公告之日起 45 日内，向清算人申报债权。债权人申报债权，应当说明债权的有关事项，并提供证明材料。清算人应当对债权进行登记。清算期间，合伙企业存续，但不得开展与清算无关的经营活动。

▶ 4. 财产清偿顺序

合伙企业财产在支付清算费用和职工工资、社会保险费用、法定补偿金及缴纳所欠税款、清偿债务后的剩余财产，按照合伙协议的约定办理；合伙协议未约定或者约定不明确的，由合伙人协商决定；协商不成的，由合伙人按照实缴出资比例分配；无法确定出资比例的，由合伙人平均分配。违反《合伙企业法》规定，应当承担民事赔偿责任和缴纳罚款、罚金，其财产不足以同时支付的，先承担民事赔偿责任。

▶ 5. 注销登记

清算结束，清算人应当编制清算报告，经全体合伙人签名、盖章后，在 15 日内向企业登记机关报送清算报告，申请办理合伙企业注销登记。经企业登记机关注销登记，合伙企业终止。合伙企业注销后，原普通合伙人对合伙企业存续期间的债务仍应承担无限连带责任。

（三）合伙企业的破产

合伙企业不能清偿到期债务的，债权人可以依法向人民法院提出破产清算申请，也可以要求普通合伙人清偿。合伙企业依法被宣告破产的，普通合伙人对合伙企业债务仍应承担无限连带责任。

复习思考题

一、单项选择题

1. 甲以个人财产出资设立个人独资企业，该企业因经营不善被解散，其财产不足以清偿所负债务。对于尚未清偿的债务，下列表述中，符合个人独资企业法律制度规定的是（　　）。

A. 甲不再清偿
B. 甲应以个人的其他财产予以清偿，仍不足清偿的，则不再清偿
C. 甲应以家庭共有财产予以清偿，仍不足清偿的，则不再清偿
D. 甲应以个人的其他财产予以清偿，但债权人在该企业解散后5年内未提出偿债请求的，则不再清偿

2. 根据个人独资企业法律制度的规定，下列关于个人独资企业投资人的表述中，正确的是( )。
   A. 投资人只能以个人财产出资
   B. 投资人可以是自然人、法人或其他组织
   C. 投资人对企业债务承担无限责任
   D. 投资人不得以土地使用权出资

3. 李某为一有限合伙企业中的有限合伙人，根据新颁布的《合伙企业法》的规定，李某的下列行为中，不符合法律规定的是( )。
   A. 对企业的经营管理提出建议
   B. 对外代表有限合伙企业
   C. 参与决定普通合伙人入伙
   D. 依法为本企业提供担保

4. 甲、乙、丙、丁共同投资设立一个有限合伙企业，甲、乙为普通合伙人，丙、丁为有限合伙人。下列有关合伙人以财产份额出质的表述中，不符合合伙企业法律制度规定的是( )。
   A. 经乙、丙、丁同意，甲可以以其在合伙企业中的财产份额出质
   B. 如果合伙协议没有约定，即使甲、乙均不同意，丁也可以以其在合伙企业中的财产份额出质
   C. 合伙协议可以约定，经2个以上合伙人同意，乙可以以其在合伙企业中的财产份额出质
   D. 合伙协议可以约定，未经2个以上合伙人同意，丙不得以其在合伙企业中的财产份额出质

5. 下列有关有限合伙企业设立条件的表述中，不符合新颁布的《合伙企业法》规定的是( )。
   A. 有限合伙企业至少应当有一个普通合伙人
   B. 有限合伙企业名称中应当标明"特殊普通合伙"字样
   C. 有限合伙人可以用知识产权作价出资
   D. 有限合伙企业登记事项中应载明有限合伙人的姓名或名称

6. 某有限合伙企业于2012年6月1日设立；2012年8月1日张某作为有限合伙人入伙；2012年10月1日张某转变为普通合伙人；2013年5月1日该合伙企业解散。张某对该合伙企业的债务承担无限连带责任的期间是( )。
   A. 2012年6月1日—2012年10月1日
   B. 2012年8月1日—2012年10月1日
   C. 2012年8月1日—2013年5月1日
   D. 2012年10月1日—2013年5月1日

二、多项选择题

1. 根据个人独资企业法律制度的规定,下列关于个人独资企业法律特征的表述中,正确的有(   )。
   A. 个人独资企业虽然不具有法人资格,但具有独立承担民事责任的能力
   B. 个人独资企业是由一个自然人投资的企业,并且自然人只能是中国公民
   C. 个人独资企业的投资人对企业的债务承担无限责任
   D. 个人独资企业是独立的民事主体,可以自己的名义从事民事活动

2. 根据我国《个人独资企业法》的规定,个人独资企业(   )。
   A. 必须在中国境内设立
   B. 由一个自然人或法人投资
   C. 以其全部资产独立承担责任
   D. 不具有法人资格
   E. 可以对外以企业名义从事生产经营活动

3. 下列关于普通合伙企业事务执行的表述中,符合《合伙企业法》规定的有(   )。
   A. 除合伙协议另有约定外,处分合伙企业的不动产须经全体合伙人一致同意
   B. 除合伙协议另有约定外,合伙人不得自营与本合伙企业相竞争的业务
   C. 除合伙协议另有约定外,改变合伙企业的名称须经全体人一致同意
   D. 除合伙协议另有约定外,合伙人不得同本合伙企业进行交易
   E. 除合伙协议另有约定外,合伙协议不得约定将全部利润分配给部分合伙人或者由部分合伙人承担全部亏损

4. 甲、乙、丙三人拟共同设立一个有限合伙企业,下列(   )表述是错误的。
   A. 该有限合伙企业至少应当有一个普通合伙人
   B. 经合伙协议约定,有限合伙人可以货币、实物、劳务、知识产权或其他财产作价出资
   C. 经合伙协议约定,有限合伙人可以执行部分合伙事务
   D. 如有限合伙人转为普通合伙人,则对其作为有限合伙人期间企业的债务不承担连带责任

5. 甲、乙、丙、丁共同投资设立一个有限合伙企业,甲、乙为普通合伙人,丙、丁为有限合伙人。下列有关合伙人以财产份额出质的表述中,符合合伙企业法律制度规定的有(   )。
   A. 经乙、丙、丁同意,甲可以以其在合伙企业中的财产份额出质
   B. 如果合伙协议没有约定,即使甲、乙均不同意,丁也可以以其在合伙企业中的财产份额出质
   C. 合伙协议可以约定,经2个以上合伙人同意,乙可以以其在合伙企业中的财产份额出质
   D. 合伙协议可以约定,未经2个以上合伙人同意,丙不得以其在合伙企业中的财产份额出质

三、判断题

1. 个人独资企业人在申请企业设立登记时,未明确以其家庭共有财产作为个人出资的,在个人独资企业财产不足以清偿债务时,可以其家庭共有财产对企业债务承担无限责任。(   )

2. 个人独资企业虽然不具有法人资格,但具有独立承担民事责任的能力。(   )

3. 有限合伙企业的有限合伙人转变为普通合伙人的，对其作为有限合伙人期间有限合伙企业发生的债务承担无限连带责任。（   ）

4. 李某为一有限合伙企业中的有限合伙人，对外代表有限合伙企业。（   ）

5. 合伙企业新入伙的合伙人只对其入伙后的合伙企业债务承担连带责任。（   ）

6. 甲、乙、丙三人共同投资设立一合伙企业，合伙企业在存续期间，甲擅自以合伙企业的名义与善意第三人丁公司签订了代销合同。乙合伙人获知后，认为该合同不符合合伙企业利益，经与丙商议后，即向丁公司表示对该合同不予承认，因为该合伙企业规定任何合伙人不得单独与第三人签订代销合同，所以该代销合同无效。（   ）

四、案例分析题

1. 2012年1月15日，甲个人出资5万元设立A独资企业，甲聘请乙管理企业事务并规定，凡乙对外签订标的额超过1万元以上的合同须经甲同意，2月10日，乙未经甲同意以A企业名义向善意第三人丙购买价值2万元货物。2012年7月4日，A企业因亏损不能支付到期的丁的债务，甲决定解散该企业并请求人民法院指定清算人，人民法院于7月10日指定戊作为清算人对A企业进行清算。经查：A企业和甲的资产及债权债务关系情况如下：①A企业欠缴税款2 000元，欠乙工资5 000元，欠社会保险费用5 000元，欠丁10万元；②A企业的银行存款1万元，实物折价8万元；③甲在B合伙企业出资6万元，占50%的出资额，B合伙企业每年可向合伙人分配利润；④甲个人其他可执行的财产价值2万元。

根据上述资料及法律制度的相关规定，回答下列问题。

(1) 乙于2月10日向丙购入价值2万元货物的行为是否有效？并说明理由。

(2) 试述A企业的财产清偿顺序，以及如何满足丁的债权请求？

2. 王某与杜某、张某、李某合伙开办一合伙企业，由王某、杜某、张某各出资5万元，李某提供技术入伙，四人平均分配盈余。四人办理有关手续并租赁了房屋但并未订立书面协议。半年后，张某想把自己一部分财产份额转让给郑某，王某和杜某表示同意，但李某不同意并表示愿意受让张某转让的那部分财产份额，因多数合伙人同意郑某成为新的合伙人，李某于是提出退伙，王某、张某和杜某表示同意。此时，企业已向银行负债2万元，因企业经营状况持续恶化，半年后散伙，又负债6万元。

根据上述资料及法律制度的相关规定，回答下列问题。

(1) 该合伙关系是否成立？李某可否作为合伙人？分别陈述理由。

(2) 张某转让财产份额的行为是否有效？为什么？

(3) 李某是否可以退伙？为什么？

(4) 若企业解散后，李某有无偿还银行2万元债务的义务？为什么？

(5) 李某退伙后，企业所负6万元债务应由谁来承担？

第四章 公司法

> **学习目标**
>
> 1. 了解公司的概念、特征和分类；了解公司法概念、性质；掌握公司登记管理。
> 2. 了解有限责任公司和股份有限公司的概念和特征；掌握有限责任公司和股份有限公司的设立条件和组织机构。
> 3. 掌握公司债券和公司的财务、会计法律制度。熟悉公司的合并、分立、变更、终止的条件和程序。
> 4. 能分析并解决公司运作过程中的实际问题。

第一节 公司法概述

一、公司的概念和分类

(一) 公司的概念

公司是指股东依法以投资方式设立，以营利为目的，以其认缴的出资额或认购的股份为限对公司承担责任，公司以其全部独立法人财产对公司债务承担责任的企业法人。

(二) 公司的特征

公司具有以下法律特征。

▶ 1. 公司是依法定条件和程序设立的企业法人，具有独立法人资格

设立公司，应当依法向公司登记机关申请设立登记。符合公司法设立条件的，由公司登记机关分别登记为有限责任公司或者股份有限公司；如果公司设立必须符合其他法律规定的，还应当依照其他法律规定，如商业银行法、保险法、证券法等。公司具有独立的财产。股东出资之后，只享有股权或股份，而对公司财产没有直接支配权，股东以其认缴出资额或者认购股份为限对公司承担有限责任，公司要以全部财产对公司经营活动产生债务承担责任。如果公司股东滥用有限责任或恶意利用有限责任制度而损害公司其他股东或公司债权人利益的，得否认其有限责任，而由股东承担无限责任。《公司法》第 20 条规定：

公司股东滥用公司法人独立地位和股东有限责任,逃避债务,严重损害公司债权人利益的,应当对公司债务承担连带责任。

▶ 2. 公司是以营利为目的的经济组织

股东设立公司目的是为了通过公司经营活动获取利润,公司为了满足股东营利性要求,也必须最大限度地追求经济利益。同时,公司营利目的不仅要求公司本身为营利而活动,而且要求公司有盈利时应当分配给股东。某些具有营利活动的组织,获得盈利用于社会公益等其他目的,而不分配给投资者,则属于公益性法人。公司营利活动应当具有连续性和稳定性,一次性、间歇性的营利行为不构成公司的营利活动。

▶ 3. 公司是以股东投资行为为基础设立的社团法人

公司通常由2人以上的股东组成,以下两种情况属于例外情形:一人有限责任公司和国有独资公司,这两种公司只有一个股东。但是,社团性除社员因素外,还含有团体组织性。就此特性而言,一人有限责任公司和国有独资公司同样体现公司的社团性。

(三)公司的分类

▶ 1. 以公司资本结构和股东对公司债务承担责任的方式为标准的分类

(1)有限责任公司,又称有限公司,指股东以其认缴出资额为限对公司承担责任,公司以全部财产对公司债务承担责任的公司。

(2)股份有限公司,又称股份公司,指将公司全部资本分为等额股份,股东以认购股份为限对公司承担责任,公司以全部财产对公司债务承担责任公司。

(3)无限公司,指由两个以上股东组成,全体股东对公司债务承担无限连带责任的公司。

(4)两合公司,指由负无限责任的股东和负有限责任的股东组成,无限责任股东对公司债务负无限连带责任,有限责任股东仅就其认缴的出资额为限对公司债务承担责任。

我国《公司法》规定的公司形式仅为有限责任公司和股份有限公司。

▶ 2. 以公司信用基础为标准的分类

(1)资合公司,指以资本结合作为信用基础的公司,典型的形式为股份有限公司。此类公司仅以资本的实力取信于人,股东个人是否有财产、能力或者信誉与公司无关。股东对公司债务以出资为限承担有限的责任,共同设立公司原则上不以相互信任为前提。

(2)人合公司,指以股东个人的财力、能力和信誉作为信用基础的公司,其典型的形式为无限公司。人合公司的财产及责任与股东的财产及责任没有完全分离,其不以自身资本为信用基础,法律上也不规定设立公司的最低资本额,股东可以用劳务、信用和其他权利出资,企业的所有权和经营权一般也不分离。

(3)资合兼人合的公司,指同时以公司资本和股东个人信用作为公司信用基础公司,其典型的形式为两合公司和股份两合公司。

▶ 3. 以公司组织关系为标准的分类

(1)母公司和子公司。在不同公司之间存在控制与依附关系时,处于控制地位的是母公司,处于依附地位的则是子公司。母子公司之间虽然存在控制与被控制的组织关系,但它们都具有法人资格,在法律上是彼此独立的企业。母公司与子公司一般是由持股关系形成的。其他原因形成控制与依附关系,如表决权控制、人事关系、契约关系、信贷及其他债务关系、婚姻亲属关系等。

(2)本公司与分公司。分公司是公司依法设立的以分公司名义进行经营活动,其法律后果由本公司承受的分支机构。相对分公司而言，公司称为本公司或总公司。分公司没有独立的公司名称、章程，没有独立的财产，不具有法人资格，但可领取营业执照，进行经营活动，其民事责任由本公司承担。

二、公司法的概念和性质

（一）公司法的概念

公司法概念有广义、狭义之分。广义的公司法，指规定各种公司设立、组织、活动、解散以及公司对内对外关系的法律规范总称，包括涉及公司的所有法律、法规，如公司法、《公司登记管理条例》等。狭义的公司法，指由第八届全国人大常委会第五次会议于1993年12月29日通过的《中华人民共和国公司法》，自1994年7月1日起施行。2005年10月27日，第十届全国人大常委会第十八次会议对《公司法》进行了较大规模的修订后重新颁布，自2006年1月1日起施行。2013年12月28日，第十二届全国人民代表大会常务委员会第六次会议通过对《中华人民共和国公司法》所做的修改，自2014年3月1日起施行。2018年10月26日，公司法做了第四次修正。

（二）公司法的性质

公司法在法律性质上，属于传统私法范畴，即体现平等民事主体之间的关系，适用民事调整方法。在私法范畴中，公司法是属于商事主体法内容，因为公司是商事关系中最普遍、最重要的以赢利为目的的商事组织。公司法是组织法与行为法的结合，在调整公司组织关系的同时，也对与公司组织活动有关的行为加以调整，如公司股份的发行和转让等，其组织法性质为公司法本质特征。

三、公司的登记管理

公司登记是国家赋予公司法人资格与企业经营资格，并对公司的设立、变更、注销加以规范、公示的行政行为。公司经公司登记机关依法登记，领取《企业法人营业执照》，方取得企业法人资格。未经公司登记机关登记的，不得以公司名义从事经营活动。公司登记分为设立登记、变更登记、注销登记。公司设立分公司也应进行必要的登记。

公司登记机关应当将公司登记事项记载于公司登记簿上，供社会公众查阅、复制。公众向公司登记机关申请查询公司登记事项的，公司登记机关应当提供查询服务。《公司登记管理条例》第九条对公司应当登记的事项有列举性规定，主要内容如下。

（一）公司名称

公司名称是公司法律人格的文字符号，是其区别于其他公司、企业的识别标志。公司名称具有标志性、排他性（即公司对其名称有独占、专用的权利）和财产性的特征。公司名称应当依次包括以下层次的含义。

▶ 1. 所属的行政区划名称

所属的行政区划名称即注册机关的行政管辖级别和行政管辖范围，也就是公司所在地的省市或县行政区划名称；我国的公司登记机关是工商行政管理机关。实行国家、省（自治区、直辖市）、市（县）三级管辖制度。在国家工商行政管理总局注册的，可以冠以"中华""中国""国际"等字样；在省工商行政管理局注册的，可以冠以"某某省"字样，依此类推。

▶ 2. 字号

字号即公司的特有名称，一般由两个或者两个以上的汉字或者少数民族文字组成。当事人选定字号时,不能出现法律禁止使用的内容和文字。

▶ 3. 行业特点

行业特点即显示公司业务和经营特点、所属行业的属性,如化工、医药等。

▶ 4. 公司的组织形式

公司的组织形式即公司种类。有限责任公司必须在公司名称中标明有限责任公司或者有限公司字样。股份有限公司必须在公司名称中标明股份有限公司或者股份公司字样。

企业设立分支机构的,企业及分支机构的名称应当符合有关要求,如在企业名称中使用"总"字的,必须下设三个以上分支机构;不能独立承担民事责任的分支机构,其名称应当冠以其所从属的企业名称,缀以"分""分厂""分店"等字样。

公司只能使用一个名称。经公司登记机关核准登记的公司名称受法律保护。

(二) 公司住所

住所是公司进行经营活动的中心场所,凡涉及公司债务之清偿、诉讼之管辖、书状之送达均以此为标准。一个公司可以有多个经营场所,但登记的住所只能有一个。根据《公司法》第十条规定,公司以其主要办事机构所在地为住所。公司的住所应当在其公司登记机关辖区内。

(三) 法定代表人姓名

公司法定代表人依照公司章程规定,可以由董事长、执行董事或者经理担任。公司法定代表人应当符合有关法律、法规以及规章规定的任职资格和条件。

(四) 注册资本

注册资本是指公司成立时注册登记的资本总额。这是公司股东对公司享有权利和承担义务的依据。《公司法》规定,有限责任公司的注册资本为在公司登记机关登记的全体股东认缴的出资额;以发起设立方式设立的股份有限公司的注册资本为在公司登记机关登记的全体发起人认购的股本总额;以募集设立方式设立的股份有限公司的注册资本为在公司登记机关登记的实收资本总额。

(五) 公司类型

公司登记的类型是指公司的组织形式,包括有限责任公司和股份有限公司。一人有限责任公司应当在公司登记中注明自然人独资或者法人独资,并在公司营业执照中载明。

(六) 公司的经营范围

经营范围是股东选择的公司生产和经营的商品类别、品种及服务项目。经营范围由公司章程规定,并应依法登记。公司的经营范围中属于法律、行政法规规定须经批准的项目,应当依法经过批准。公司可以修改公司章程、改变经营范围,但是应当办理变更登记。

公司超过经营范围订立合同,不一定必然导致合同无效。1999年12月,最高人民法院颁布的《关于适用〈中华人民共和国合同法〉若干问题的解释》第十条规定,当事人超越经营范围订立合同,人民法院不因此认定合同无效,但违反国家限制经营、特许经营及法律、行政法规禁止经营规定的除外。

(七) 营业期限

营业期限是指公司开展生产经营活动的期限。《公司法》对公司的营业期限没有特别规定,可以由当事人约定,既可以有一定期限,也可永久存续,但法律、法规另有规定的除外。

此外,有限责任公司股东或者股份有限公司发起人的姓名或者名称,以及认缴和实缴的出资额、出资时间、出资方式等都是应当登记的事项。公司申请登记的事项应当符合法律、行政法规的规定，否则，公司登记机关不予登记。

四、公司的董事、监事、高级管理人员

（一）公司董事、监事、高级管理人员的任职资格

公司法对公司的董事、监事、高级管理人员的任职资格有严格限制性条件。公司高级管理人员是指公司的经理、副经理、财务负责人、上市公司董事会秘书和公司章程规定的其他人员。根据公司法的规定，有下列情形之一的，不得担任公司的董事、监事、高级管理人员。

（1）无民事行为能力或者限制民事行为能力。

（2）因犯有贪污、贿赂、侵占财产、挪用财产罪或者破坏社会经济秩序罪，被判处刑罚，执行期满未逾5年，或者因犯罪被剥夺政治权利，执行期满未逾5年。

（3）担任破产清算的公司、企业董事或者厂长、经理，并对该公司、企业的破产负有个人责任的，自该公司、企业破产清算完结之日起未逾3年。

（4）担任因违法被吊销营业执照、责令关闭的公司、企业的法定代表人，并负有个人责任的，自该公司、企业被吊销营业执照之日起未逾3年。

（5）个人所负数额较大的债务到期未清偿。

如果公司未按上述条件委派、选举董事、监事或者聘任高级管理人员，则该委派行为、选举行为和聘任行为无效。董事、监事、高级管理人员如果在任职期间出现上述情形的，公司应当解除其职务。

【案例】甲公司于2014年7月依法成立，现有下列数名推荐的董事人选：

王某，因担任企业负责人犯重大责任事故罪于2003年6月被判处3年有期徒刑，2006年刑满释放。

张某，与他人共同投资设立一家有限责任公司，持股70%，该公司长期经营不善，负债累累，于2012年宣告破产。

徐某，2009年向他人借款100万元，为期2年，但因资金被股市套住至今未清偿。

赵某，曾任某音像公司董事长，该公司因未经著作权人许可大量复制音像制品于2012年5月被工商部门吊销营业执照，赵某负有个人责任。

问题：依照《公司法》规定，哪些人员不能担任公司董事？

【解析】徐某、赵某不得担任甲公司的董事。《公司法》第147条规定，王某犯的是重大责任事故罪，不是贪污、贿赂、侵占财产、挪用财产或者破坏社会主义市场经济秩序方面的犯罪，所以可以担任公司董事；张某是宣告破产的公司的股东，而不是其董事、厂长或者经理，可以担任甲公司董事；徐某因个人大额债务到期无法清偿，不得担任甲公司董事；赵某是被吊销营业执照公司的董事长，即法定代表人，且自公司被吊销营业执照之日起未逾3年，不能再担任甲公司董事。

（二）董事、监事、高级管理人员的义务

董事、监事、高级管理人员对公司负有忠实义务和勤勉义务。忠实义务强调董事、监事、高级管理人员应当忠于公司，不得做有损公司利益的行为；勤勉义务强调董事、监事、高级管理人员应当积极履行职责，依法谋求公司利益和股东利益的最大化。董事、监事、高级管理人员不得利用职权收受贿赂或者其他非法收入，不得侵占公司的财产。

董事和高级管理人员不得有下列行为。

(1) 挪用公司资金。
(2) 将公司资金以其个人名义或者以其他个人名义开立账户存储。
(3) 违反公司章程的规定，未经股东会、股东大会或者董事会同意，将公司资金借贷给他人或者以公司资产为他人提供担保。
(4) 违反公司章程的规定或者未经股东会、股东大会同意，与本公司订立合同或者进行交易。
(5) 未经股东会或者股东大会同意，利用职务之便利为自己或者他人谋取属于公司的商业机会，自营或者为他人经营与所任职公司同类的业务。
(6) 接受他人与公司交易的佣金归为己有。
(7) 擅自披露公司秘密。
(8) 违反对公司忠实义务的其他行为。

董事、高级管理人员违反上述规定所得的收入归公司所有。董事、监事、高级管理人员执行公司职务时违反法律、行政法规或者公司章程的规定，给公司造成损失的，应当承担赔偿责任。

股东会或者股东大会要求董事、监事、高级管理人员列席会议的，董事、监事、高级管理人员应当列席并接受股东的质询。董事、高级管理人员应当如实向监事会或者不设监事会的有限责任公司的监事提供有关情况和资料，不得妨碍监事会或者监事行使职权。

第二节 有限责任公司

一、有限责任公司的设立

(一) 设立条件

▶ 1. 股东符合法定人数

有限责任公司由50个以下股东出资设立，允许设立一人公司。出资设立公司的股东要符合相应资格条件。除国有独资公司外，有限责任公司的股东可以是自然人，也可以是法人。

▶ 2. 有符合公司章程规定的全体股东认缴的出资额

有限责任公司的注册资本为在公司登记机关登记的全体股东认缴的出资额。法律、行政法规及国务院决定对有限责任公司注册资本实缴、注册资本最低限额另有规定的，从其规定。

▶ 3. 股东共同制定公司章程

有限责任公司章程应当载明下列事项：①公司名称和住所；②公司经营范围；③公司注册资本；④股东的姓名或者名称；⑤股东的出资方式、出资额和出资时间；⑥公司的机构及其产生办法、职权、议事规则；⑦公司法定代表人；⑧股东会会议认为需要规定的其他事项。

▶ 4. 有公司名称，建立符合有限责任公司要求的组织机构

公司的名称是公司的标志。公司设立自己的名称时，必须符合法律、法规的规定，并应当经过公司登记管理机关进行预先核准登记。公司应当设立符合有限责任公司要求的组

织机构,即股东会、董事会或者执行董事、监事会或者监事等。

▶ 5. 有公司住所

设立公司必须有住所。没有住所的公司,不得设立。公司以其主要办事机构所在地为住所。

(二) 设立程序

公司的设立有两种,分别为登记设立和批准成立。《公司法》第6条规定,一般有限公司设立,采取登记设立方式。公司的设立程序如下。

▶ 1. 制定公司章程

股东设立有限责任公司,必须先订立公司章程,将要设立的公司基本情况及各方面的权利义务加以明确规定。

▶ 2. 审批

法律、行政法规规定,设立公司必须报经批准的,应依法办理批准手续。

▶ 3. 股东缴纳出资

股东应当按期足额缴纳公司章程中规定的各自所认缴的出资额。

▶ 4. 申请设立登记

股东认足公司章程规定的出资后,由全体股东指定的代表或者共同委托的代理人向公司登记机关报送公司登记申请书、公司章程等文件,申请设立登记。

▶ 5. 签发出资证明书

出资证明书是证明股东出资份额的凭证,由公司在登记注册后向股东签发。出资证明书必须由公司盖章。

有限责任公司可以设立分公司。设立分公司,应当向公司登记机关申请登记,领取营业执照。分公司不具有法人资格,其民事责任由公司承担。有限公司还可以设立子公司,子公司具有法人资格,依法独立承担民事责任。

二、有限责任公司的组织机构

(一) 股东会

▶ 1. 股东会的职权

有限责任公司股东会由全体股东组成,股东会是公司的权力机构。《公司法》规定,股东会行使下列职权。

(1) 决定公司的经营方针和投资计划。

(2) 选举和更换非由职工代表担任的董事、监事,决定有关董事、监事的报酬事项。

(3) 审议批准董事会或者执行董事的报告。

(4) 审议批准监事会或者监事的报告。

(5) 审议批准公司的年度财务预算方案、决算方案。

(6) 审议批准公司的利润分配方案和弥补亏损方案。

(7) 对公司增加或者减少注册资本作出决议。

(8) 对发行公司债券做出决议。

(9) 对公司合并、分立、变更公司形式、解散和清算等事项作出决议。

(10) 修改公司章程。

(11) 公司章程规定的其他职权。

对上述事项,股东以书面形式一致表示同意的,可以不召开股东大会,直接做出决定,并由全体股东在决定文件上签名、盖章。

▶ 2. 股东会会议

股东会会议分为定期会议和临时会议。有限责任公司的定期会议一般在每一个会计年度结束之后召开,每年召开一次。代表 1/10 以上表决权的股东、1/3 以上的董事、监事会或者不设监事会的公司监事提议开临时会议的,应当在 2 个月内召开临时股东会议。

▶ 3. 股东会的召集

首次股东会会议由出资最多的股东召集和主持,依法行使职权。以后的股东会会议,公司设立董事会的,由董事会召集,董事长主持;董事长不能或者不履行职务的,由副董事长主持;副董事长不能或者不履行职务的,由半数以上董事共同推举一名董事主持。公司不设董事会的,股东会会议由执行董事召集和主持。董事会或者执行董事不能或者不履行召集股东会会议职责的,由监事会或者不设监事会的公司的监事召集和主持;监事会或者监事不召集和主持的,代表 1/10 以上表决权的股东可以自行召集和主持。

召开股东会会议,应当于会议召开 15 日以前通知全体股东,但公司章程另有规定或者全体股东另有约定的除外。股东会应当对所议事项的决定做成会议记录,出席会议的股东应当在会议记录上签名。

▶ 4. 股东会决议

股东会会议由股东按照出资比例行使表决权,但公司章程另有规定的除外。股东会的议事方式和表决程序,除《公司法》有规定的外,由公司章程规定。股东会会议做出修改公司章程、增加或者减少注册资本的决议,以及公司合并、分立、解散或者变更公司形式的决议,必须经代表 2/3 以上表决权的股东通过。

(二)董事会

▶ 1. 董事会的概念和组成

董事会是依法由股东会选举产生的董事组成,代表公司并行使经营决策的常设机关。董事会是公司的决策机关。有限责任公司的董事会成员为 3~13 人。股东人数较少或者规模较小的有限责任公司,可以设一名执行董事,不设立董事会,执行董事职权与董事会相当。两个以上的国有企业或者其他两个以上的国有投资主体投资设立的有限责任公司,董事会成员应当有公司职工代表;其他有限责任公司董事会成员中也可以有公司职工代表。董事会的职工代表由公司职工通过职工代表大会、职工大会或者其他形式民主选举产生。董事会设董事长一人,可以设副董事长。董事长、副董事长产生办法由公司章程规定。董事任期由公司章程规定,但每届任期不得超过 3 年。董事任期届满,连选可以连任。

▶ 2. 董事会职权

董事会对股东会负责,行使下列职权。

(1)召集股东会会议,并向股东会报告工作。

(2)执行股东会的决议。

(3)决定公司的经营计划和投资方案。

(4)制定公司的年度财务预算方案、决算方案。

(5)制订公司利润分配方案和弥补亏损方案。

(6)制订公司增加或者减少注册资本以及发行公司债券的方案。

(7)制订公司合并、分立、变更公司形式、解散的方案。

(8)决定公司内部管理机构的设置。

(9) 决定聘任或者解聘公司经理及其报酬事项,并根据经理的提名决定聘任或者解聘公司副经理、财务负责人及其报酬事项。
(10) 制定公司的基本管理制度。
(11) 公司章程规定的其他职权。

▶ 3. 董事会的召集和表决

董事会会议由董事长召集和主持;董事长不能或者不履行职务的,由副董事长召集和主持;副董事长不能或者不履行职务的,由半数以上董事共同推举一名董事召集和主持。

除《公司法》有规定外,董事会议事方式和表决程序由公司章程规定。董事会决议的表决,实行一人一票。董事会应当对所议事项决定做成会议记录,出席会议董事应当在会议记录上签名。

(三) 监事会

▶ 1. 监事会的概念和组成

监事会是由依法产生的监事组成,对董事和经理经营管理行为及对公司财务进行监督的常设机构。行使监督职能,是公司的监督机构。

有限责任公司设立监事会,成员不得少于3人。股东人数较少或者规模较小的有限责任公司,可以设一至两名监事,不设立监事会。监事会应当包括股东代表和适当比例的公司职工代表,其中职工代表的比例不得低于1/3,具体比例由公司章程规定。监事会中的职工代表由公司职工通过职工代表大会、职工大会或者其他形式民主选举产生。监事会设主席一人,由全体监事过半数选举产生。董事、高级管理人员不得兼任监事。监事的任期每届为3年。监事任期届满,连选可以连任。

▶ 2. 监事会的职权

监事会、不设监事会的公司的监事行使下列职权。
(1) 检查公司财务。
(2) 对董事、高级管理人员执行公司职务的行为进行监督,对违反法律、行政法规、公司章程或者股东会决议的董事、高级管理人员提出罢免的建议。
(3) 当董事、高级管理人员的行为损害公司的利益时,要求董事、高级管理人员予以纠正。
(4) 提议召开临时股东会会议,在董事会不履行法律规定的召集和主持股东会会议职责时召集和主持股东会会议。
(5) 向股东会会议提出提案。
(6) 依照《公司法》第151条的规定,对董事、高级管理人员提起诉讼。
(7) 公司章程规定的其他职权。

▶ 3. 监事会的召集和决议

监事会主席召集和主持监事会会议;监事会主席不能或者不履行职务的,由半数以上监事共同推举一名监事召集和主持监事会会议。监事会每年度至少召开一次会议,监事可以提议召开临时监事会会议。监事会决议应当经半数以上监事通过。监事会应当对所议事项的决定做成会议记录,出席会议的监事应当在会议记录上签名。

(四) 经营管理机关

▶ 1. 经营管理机关的概念

经营管理机关是指由董事会聘任的,负责公司日常经营管理活动的公司常设业务执行机关,指公司的经理。与董事会、监事会不同的是,经理不是以会议形式形成决议的机关,而是以自己最终意志为准的执行机关。

▶ 2. 经理的职权

有限责任公司可以设经理,由董事会决定聘任或者解聘。在有限责任公司中,经理不再是必设机构而成为选设机构。公司章程可以规定不设经理,而设总裁、首席执行官等职务,行使公司管理职权。公司设经理时,经理对董事会负责,行使下列职权。

(1) 主持公司的生产经营管理工作,组织实施董事会决议。

(2) 组织实施公司年度经营计划和投资方案。

(3) 拟订公司内部管理机构设置方案。

(4) 拟订公司的基本管理制度。

(5) 制订公司的具体规章。

(6) 提请聘任或者解聘公司副经理、财务负责人。

(7) 决定聘任或者解聘除应由董事会决定聘任或者解聘以外的负责管理人员。

(8) 董事会授予的其他职权。经理列席董事会会议。公司章程对经理职权另有规定的,从其规定。

从公司的各组成机构的职能看,公司的决策权一般由股东会、董事会行使;其执行权一般由董事长、董事、经理行使,其监督权一般由监事会、监事行使。

【案例】张某与其朋友、同事共45人共同投资200万元成立了一家有限责任公司。其中,李某起草了公司章程,自任董事长,共有10名出资最多的股东在章程上盖章签字。公司章程规定,公司设立董事会为公司最高权力机构,由15名董事组成;另设总经理一人,并由董事王某兼任监事。

问题:该公司的设立是否符合法律规定?为什么?

【解析】(1) 公司章程不符合法律规定。有限责任公司的全体股东必须在公司章程上签字盖章,而该公司的章程只有10名股东签字盖章,不符合法律规定。

(2) 董事会人数不符合法律规定。我国法律规定有限责任公司董事会由3~13人组成,而该公司董事会成员有15人。

(3) 有限责任公司的权力机构是股东会,而不是董事会。

(4) 我国《公司法》规定,监事会或监事是公司的监督机构,公司董事、经理、财务负责人均不得担任公司监事。所以该公司不能由董事王某兼任监事。

三、一人有限责任公司的特别规定

一人有限责任公司,指只有一个自然人股东或者一个法人股东的有限责任公司。

(一) 股东的特别规定

一个自然人只能投资设立一个一人有限责任公司,禁止其设立多个一人有限责任公司,而且该一人有限责任公司不能投资设立新的一人有限责任公司。

一人有限责任公司应当在公司登记中注明自然人独资或者法人独资,并在公司营业执照中载明。

(二) 组织机构的特别规定

一人有限责任公司不设股东会。法律规定的股东会职权由股东行使,当股东行使相应职权作出决定时,应当采用书面形式,并由股东签字后置备于公司。

（三）审计的特别规定

一人有限责任公司应当在每一会计年度终了时编制财务会计报告，并经会计师事务所审计。

（四）有限责任的特别规定

一人有限责任公司的股东不能证明公司财产独立于股东自己财产的，应当对公司债务承担连带责任。

四、国有独资公司的特别规定

国有独资公司，指国家单独出资、由国务院或者地方人民政府委托本级人民政府国有资产监督管理机构履行出资人职责的有限责任公司。

（一）章程制定的特别规定

国有独资公司章程由国有资产监督管理机构制定，或者由董事会制定报国有资产监督管理机构批准。

（二）组织机构的特别规定

(1) 国有独资公司不设股东会，由国有资产监督管理机构行使股东会职权。国有资产监督管理机构可以授权公司董事会行使股东会的部分职权，决定公司的重大事项，但公司的合并、分立、解散、增减注册资本和发行公司债券，必须由国有资产监督管理机构决定；其中，国务院有关规定确定的重要国有独资公司的合并、分立、解散、申请破产，应当由国有资产监督管理机构审核后，报本级人民政府批准。

(2) 国有独资公司董事会的特别规定。国有独资公司设立董事会，依照法律规定的有限责任公司董事会的职权和国有资产监督管理机构的授权行使职权。董事每届任期不得超过3年。董事会成员中应当有公司职工代表。董事会成员由国有资产监督管理机构委派；但是，董事会成员中的职工代表由公司职工代表大会选举产生。董事会设董事长一人，可以设副董事长。董事长、副董事长由国有资产监督管理机构从董事会成员中指定。

(3) 经营管理机关的特别规定。国有独资公司设经理，由董事会聘任或者解聘。国有独资公司经理的职权与普通有限责任公司相同。经国有资产监督管理机构同意，董事会成员可以兼任经理。

(4) 国有独资公司的董事长、副董事长、董事、高级管理人员任职的特别规定。国有独资公司的上述人员，未经国有资产监督管理机构同意，不得在其他有限责任公司、股份有限公司或者其他经济组织兼职。

(5) 国有独资公司监事会的特别规定。国有独资公司监事会成员不得少于5人，其中职工代表的比例不得低于1/3，具体比例由公司章程规定。监事会成员由国有资产监督管理机构委派；但是，监事会中的职工代表由公司职工代表大会选举产生。监事会主席由国有资产监督管理机构从监事会成员中指定。国有独资公司监事会的职权范围小于普通有限责任公司的监事会，包括检查公司财务；对董事、高级管理人员执行公司职务的行为进行监督，对违反法律、行政法规、公司章程或者股东会决议的董事、高级管理人员提出罢免的建议；当董事、高级管理人员的行为损害公司的利益时，要求董事、高级管理人员予以纠正以及国务院规定的其他职权。

五、有限责任公司的股权转让

股权转让是指有限责任公司的股东依照一定程序将自己持有的股权让与受让人，受让人取得该股权而成为公司股东或增加持有公司的出资额。有限责任公司的股东转让股权在一定条件下要受到一定法律限制。

▶ 1. 有限责任公司的股东之间可以相互转让其全部或者部分股权

股东之间只要双方协商一致，即可转让。但是公司章程对股东之间股权转让另有规定的，应当从其规定。

▶ 2. 股东向股东之外的人转让股权的限制

股东向股东以外的人转让股权，应当经其他股东过半数同意。股东应就其股权转让事项书面通知其他股东征求同意，其他股东自接到书面通知之日起满 30 日未答复的，视为同意转让。其他股东半数以上不同意转让的，不同意的股东应当购买该转让的股权；不购买的，视为同意转让。经股东同意转让的股权，在同等条件下，其他股东有优先购买权。两个以上股东主张行使优先购买权的，协商确定各自的购买比例；协商不成的，按照转让时各自的出资比例行使优先购买权。公司章程对股权转让另有规定的，从其规定。

▶ 3. 强制执行的股权转让

人民法院依照法律规定的强制执行程序转让股东股权的，应当通知公司及全体股东，其他股东在同等条件下有优先购买权。其他股东自人民法院通知之日起满 20 日不行使优先购买权的，视为放弃优先购买权。

▶ 4. 股权回购请求权

有下列情形之一的，对股东会该项决议投反对票的股东可以请求公司按照合理的价格收购其股权。

（1）公司连续 5 年不向股东分配利润，而公司该 5 年连续赢利，并且符合法律规定的分配利润条件的。

（2）公司合并、分立、转让主要财产的。

（3）公司章程规定的营业期限届满或者章程规定的其他解散事由出现，股东会会议通过决议修改章程使公司存续的。

如果自股东会会议决议通过之日起 60 日内，股东与公司不能达成股权收购协议的，股东可以自股东会会议决议通过之日起 90 日内向人民法院提起诉讼，要求公司回购股权。

▶ 5. 自然人股东资格的继承

自然人股东死亡后，其合法继承人可以继承股东资格；但是，公司章程另有规定的除外。

第三节 股份有限公司

一、股份有限公司的设立

（一）设立条件

▶ 1. 发起人符合法定人数

发起人为 2 人以上 200 人以下，其中须有半数以上的发起人在中国境内有住所。股份有限公司发起人承担公司筹办事务。发起人应当签订发起人协议，明确各自在公司设立过程中的权利和义务。

▶ 2. 有符合公司章程规定的全体发起人认购的股本总额或者募集的实收股本总额

股份有限公司采取发起设立方式设立的，注册资本为在公司登记机关登记的全体发起人认购的股本总额。在发起人认购的股份缴足前，不得向他人募集股份。

股份有限公司采取募集方式设立的，注册资本为在公司登记机关登记的实收股本总额。法律、行政法规以及国务院决定对股份有限公司注册资本实缴、注册资本最低限额另有规定的，从其规定。

▶ 3. 股份发行、筹办事项符合法律规定

股份有限公司的注册资本应当划分为股份，且各股金额应为均等。

▶ 4. 发起人制定公司章程，采用募集方式设立的经创立大会通过

股份有限公司章程应当载明下列事项：①公司名称和住所；②公司经营范围；③公司设立方式；④公司股份总数、每股金额和注册资本；⑤发起人的姓名或者名称、认购的股份数、出资方式和出资时间；⑥董事会的组成、职权、任期和议事规则；⑦公司法定代表人；⑧监事会的组成、职权、任期和议事规则；⑨公司利润分配办法；⑩公司的解散事由与清算办法；⑪公司的通知和公告办法；⑫股东大会会议认为需要规定的其他事项。

▶ 5. 有公司名称

股份有限公司必须使用符合法律规定的名称，建立符合股份有限公司要求的组织机构。

▶ 6. 有公司住所

略。

(二) 设立方式

股份有限公司可以采取发起设立或者募集设立。发起设立，指发起人认购公司应发行的全部股份而设立公司。募集设立，指发起人认购公司应发行股份的一部分，其余股份向社会公开募集或者向特定对象募集而设立公司。在发起设立方式下，发起人可以分期认缴出资额；在募集设立方式下，发起人以及认购人应当一次缴纳出资额。

(三) 设立程序

▶ 1. 发起设立

(1) 发起人认购股份。发起人应当书面认足公司章程规定其认购股份。

(2) 发起人缴清股款。发起人按照公司章程规定缴纳出资。以非货币财产出资的，应当依法办理其财产权的转移手续。发起人不依照规定缴纳出资的，应当按照发起人协议承担违约责任。

(3) 选举董事会和监事会。发起人认足公司章程规定的出资后，应当选举董事会和监事会。

(4) 申请设立登记。由董事会向公司登记机关报送公司章程及法律、行政法规规定的其他文件，申请设立登记。

▶ 2. 募集设立

(1) 制订公司章程。公司章程是经发起人制订的，采用募集方式设立的还要经创立大会通过。

(2) 经有关国家机关核准。以募集方式设立股份有限公司公开发行股票的，应当经国务院证券监督管理机关核准。

(3) 发起人认购股份。以募集方式设立股份有限公司的，发起人认购的股份不得少于

公司应发行股份总数的35%。法律、行政法规对此另有规定的，从其规定。

（4）向社会公开募股。公告招股说明书，制作认股书。招股说明书应当附有发起人制订的公司章程，并载明下列事项：发起人认购的股份数；每股的票面金额和发行价格；无记名股票的发行总数；募集资金的用途；认股人的权利和义务；本次募股的起止期限及逾期未募足时认股人可撤回所认股份的说明。

签订承销协议和代收股款协议。发起人就股份承销的方式、数量、起止日期、承销费用的计算与支付等具体事项，与证券公司签订承销协议；发起人就代收和保存股款的具体事宜，与银行签订代收股款协议。

（5）召开创立大会。创立大会是股份有限公司募集设立的决议机构。发起人应当在发行股份的股款缴足后30日内主持召开创立大会。创立大会由发起人、认股人组成。发行的股份超过招股说明书规定的截止期限尚未募足的，或者发行股份的股款缴足后，发起人在30日内未召开创立大会的，认股人可以按照所缴股款并加算银行同期存款利息，要求发起人返还。创立大会职权包括：①审议发起人关于公司筹办情况报告；②通过公司章程；③选举董事会成员；④选举监事会成员；⑤对公司的设立费用进行审核；⑥对发起人用于抵作股款的财产的作价进行审核；⑦发生不可抗力或者经营条件发生重大变化直接影响公司设立的，可以作出不设立公司决议。创立大会对前款所列事项做出决议，必须经出席会议认股人所持表决权过半数通过。

（6）申请设立登记。以募集方式设立的公司在创立大会结束后30日内，由董事会向公司登记机关即工商行政管理局申请设立登记，并按照《公司登记管理条例》的规定，提交有关文件。

（四）设立公司失败的后果

股份有限公司成立后，发起人未按照公司章程的规定缴足出资的，应当补缴；其他发起人承担连带责任。股份有限公司成立后，发现作为设立公司出资的非货币财产的实际价额显著低于公司章程所定价额的，应当由交付该出资的发起人补足其差额；其他发起人承担连带责任。股份有限公司的发起人应当承担下列责任：

（1）公司不能成立时，对设立行为所产生的债务和费用负连带责任；

（2）公司不能成立时，对认股人已缴纳的股款，负返还股款并加算银行同期存款利息的连带责任；

（3）在公司设立过程中，由于发起人的过失致使公司利益受到损害的，应当对公司承担赔偿责任。

二、股份有限公司的组织机构

（一）股东大会

股份有限公司股东大会由全体股东组成。股东大会是公司的权力机构，依法行使职权，其职权范围与有限责任公司股东会相同。

▶ 1. 股东大会会议形式

股东大会分为年会与临时大会。股东大会年会应当每年召开一次。有下列情形之一的，应当在2个月内召开临时股东大会。

（1）董事人数不足《公司法》规定人数或者公司章程所定人数的2/3时。

（2）公司未弥补的亏损达实收股本总额1/3时。

（3）单独或者合计持有公司10%以上股份的股东请求时。

(4) 董事会认为必要时。

(5) 监事会提议召开时。

(6) 公司章程规定的其他情形。

▶ 2. 股东大会会议的召集

股东大会会议由董事会召集，董事长主持；董事长不能或者不履行职务的，由副董事长主持；副董事长不能或者不履行职务的，由半数以上董事共同推举一名董事主持。董事会不能或者不履行召集股东大会会议职责的，监事会应当及时召集和主持；监事会不召集和主持的，连续90日以上单独或者合计持有公司10%以上股份的股东可以自行召集和主持。

召开股东大会会议，应当将会议召开的时间、地点和审议的事项于会议召开20日前通知各股东；临时股东大会应当于会议召开15日前通知各股东；发行无记名股票的，应当于会议召开30日前公告会议召开的时间、地点和审议事项。无记名股票持有人出席股东大会会议的，应当于会议召开5日前至股东大会闭会时将股票交存于公司。

▶ 3. 股东大会的议事规则

(1) 股东提案权。单独或者合计持有公司3%以上股份的股东，可以在股东大会召开10日前提出临时提案并书面提交董事会；董事会应当在收到提案后2日内通知其他股东，并将该临时提案提交股东大会审议。临时提案的内容应当属于股东大会职权范围，并有明确议题和具体决议事项。股东大会不得对前通知中未列明的事项做出决议。

(2) 股东表决权。股东出席股东大会会议，所持每一股份有一表决权。股东可以委托代理人出席股东大会会议，代理人应当向公司提交股东授权委托书，并在授权范围内行使表决权。公司持有的本公司股份没有表决权。

股东大会决议的事项分为普通事项与特别事项两类。股东大会对普通事项做出决议，必须经出席会议的股东所持表决权过半数通过。股东大会对修改公司章程、增加或者减少注册资本，以及公司合并、分立、解散或者变更公司形式的特别事项做出决议，必须经出席会议的股东所持表决权的2/3以上通过。

(3) 累积投票制。累积投票制，指股东大会选举董事或者监事时，每一股份拥有与应选董事或者监事人数相同表决权，股东拥有表决权可以集中使用。累积投票制有利于中小股东按照其持股比例选举代表进入公司管理层，参与董事会活动，保护其利益。根据《上市公司治理准则》的规定，控股股东控股比例在30%以上的上市公司，应当采用累积投票制。

【案例】某股份有限公司的股份共有100股，股东甲拥有60股，股东乙拥有30股，其他股东拥有其余10股。如果公司选举3名董事，股东甲和乙各提出3名候选人，问：股东乙提出的3名候选人中，是否有1名必然当选？

【解析】普通投票制的情况下，每一股份有一表决权。股东甲可以投给其提出的3名候选人的表决权是每人60(票)；股东乙投给自己提出的3个候选人每人的表决权最多是30(票)，此时股东乙不可选出自己提名的董事。即使股东乙和其他股东联手投票，投给自己提出的3个候选人每人的表决权最多是40票，仍然小于股东甲提名的候选人。如果实行累积投票制，股东甲的表决权是60×3＝180(票)，股东乙表决权是30×3＝90(票)。股东乙可以集中将他拥有的90票表决权投给自己提名的一名董事；而股东甲可以投给其提出的3名候选人的表决权仍然是每人60票。这样，股东乙提出的3名候选人中，可以有1名必然当选。

(二) 董事会

▶ 1. 董事会的组成

股份有限公司董事会的成员为5～19人。董事会成员中可以有公司职工代表。董事会的职工代表由公司职工通过职工代表大会、职工大会或者其他形式民主选举产生。股份有限公司董事的任期、董事会的职权与有限责任公司相同。董事会设董事长一人，可以设副董事长。董事长和副董事长由董事会以全体董事的过半数选举产生。董事长召集和主持董事会会议，检查董事会决议的实施情况。副董事长协助董事长工作，董事长不能或者不履行职务的，由副董事长履行职务；副董事长不能或者不履行职务的，由半数以上董事共同推举一名董事履行职务。上市公司董事会可以按照股东大会的有关决议，设立战略、审计、提名、薪酬与考核等专门委员会。专门委员会成员全部由董事组成，其中审计委员会、提名委员会、薪酬与考核委员会中独立董事应占多数并担任召集人，审计委员会中至少应有一名独立董事是会计专业人士。

▶ 2. 董事会的召开

董事会每年度至少召开两次会议，每次会议应当于会议召开10日前通知全体董事和监事。代表1/10以上表决权的股东、1/3以上董事或者监事会，可以提议召开董事会临时会议。董事长应当自接到提议后10日内，召集和主持董事会会议。董事会召开临时会议，可以另定召集董事会的通知方式和通知时限。

▶ 3. 董事会的表决

董事会会议应有过半数的董事出席方可举行。董事会做出决议必须经全体董事的过半数通过。董事会决议的表决实行一人一票。董事会会议应由董事本人出席，董事因故不能出席，可以书面委托其他董事代为出席，委托书中应载明授权范围。

董事会应当对会议所议事项的决定做成会议记录，出席会议的董事应当在会议记录上签名。董事应当对董事会的决议承担责任。董事会的决议违反法律、行政法规或者公司章程、股东大会决议，致使公司遭受严重损失的，参与决议的董事对公司负赔偿责任。但经证明在表决时曾表明异议并记载于会议记录的，该董事可以免除责任。

【案例】华胜股份有限公司于2014年召开董事会临时会议，董事长甲及乙、丙、丁、戊共五位董事出席，董事会中其余4名成员未出席。董事会表决之前，丁因意见与众人不合，中途退席，但董事会经与会董事一致通过，最后仍做出决议。请问该决议能否通过？

【解析】该决议不能通过。《公司法》第111条规定，董事会会议应有过半数的董事出席方可举行。董事会做出决议，必须经全体董事的过半数通过。本案例中，出席会议的董事有5位，符合举行董事会会议关于出席人数的规定，可以举行董事会会议；但是因为董事会表决之前，丁因意见与众人不合，中途退席，导致董事会的决议实际上只有4名董事通过，不足全体董事的过半数，该决议无效。

(三) 经理

股份有限公司设经理，由董事会决定聘任或者解聘，其职权与有限责任公司经理相同。公司董事会可以决定由董事会成员兼任经理。

(四) 监事会

▶ 1. 监事会成员的组成

股份有限公司监事会的成员不得少于3人。监事会应当包括股东代表和适当比例的公司职工代表，其中职工代表的比例不得低于1/3，具体比例由公司章程规定。监事会中的职工代表由公司职工通过职工代表大会、职工大会或者其他形式民主选举产生。董事、高级管理人员不得兼任监事。股份有限公司监事会职权和监事的任期与有限责任公司相同。监事会行使职权所必需的费用，由公司承担。

2. 监事会机构设置

监事会设主席一人，可以设副主席。监事会主席和副主席由全体监事过半数选举产生。监事会主席召集和主持监事会会议；监事会主席不能或者不履行职务的，由监事会副主席召集和主持监事会会议；监事会副主席不能或者不履行职务的，由半数以上监事共同推举一名监事召集和主持监事会会议。

3. 监事会会议的召开

股份有限公司监事会每6个月至少召开一次会议，监事可以提议召开临时监事会会议。监事会的议事方式和表决程序，除法律另有规定的外，由公司章程规定。监事会决议应当经半数以上监事通过。监事会应当对所议事项的决定做成会议记录，出席会议的监事应当在会议记录上签名。

三、股份有限公司的股份发行和转让

（一）股份发行

股份有限公司的资本划分为股份，每一股的金额相等。公司的股份采取股票的形式。股票是公司签发的证明股东所持股份的凭证。股份的发行，实行公平、公正的原则，同种类的每一股份应当具有同等权利。股票发行价格可以按票面金额，也可以超过票面金额，但不得低于票面金额。

公司发行的股票，可以为记名股票，也可以为无记名股票。公司向发起人、法人发行的股票，应当为记名股票，并应当记载该发起人、法人的名称或者姓名，不得另立户名或者以代表人姓名记名。

（二）股份转让

1. 股份转让的一般规定

股东持有的股份可以依法转让。记名股票，由股东以背书方式或者法律、行政法规规定的其他方式转让；转让后由公司将受让人的姓名或者名称及住所记载于股东名册。股东大会召开前20日内或者公司决定分配股利的基准日前5日内，不得进行前款规定的股东名册的变更登记。但是，法律对上市公司股东名册变更登记另有规定的，从其规定。无记名股票的转让，由股东将该股票交付给受让人后即发生转让的效力。

2. 股份转让的限制

（1）对股份转让场所的限制。股东转让其股份，必须在依法设立的证券交易场所进行，或者按照国务院规定的其他方式进行。

（2）对发起人持有本公司股份转让的限制。即发起人持有的本公司股份，自公司成立之日起1年内不得转让；公司公开发行股份前已发行的股份，自公司股票在证券交易所上市交易之日起1年内不得转让。

（3）对董事、监事、高级管理人员持有本公司股份转让的限制。即公司董事、监事、高级管理人员应当向公司申报所持有的本公司的股份及其变动的情况，在任职期间内每年转让的股份不得超过其所持有本公司股份总数的25%；所持本公司股份自公司股票上市交易之日起1年内不得转让。上述人员离职后半年内，不得转让其所持有的本公司股份。公司章程可以对公司董事、监事、高级管理人员转让其所持有的本公司股份做出其他限制性规定。

▶ 3. 股份公司自行收购的限制

公司不得收购本公司股份,但是,有下列情形之一的除外。
(1) 减少公司注册资本。
(2) 与持有本公司股份的其他公司合并。
(3) 将股份用于员工持股计划或者股权激励。
(4) 股东因对股东大会做出的公司合并、分立决议持异议,要求公司收购其股份的。
(5) 将股份用于转换上市公司发行的可转换为股票的公司债券。
(6) 上市公司为维护公司价值及股东权益所必需。

公司因第(1)项、第(2)项规定的情形收购本公司股份的,应当经股东大会决议;公司因第(3)项、第(5)项、第(6)项规定的情形收购本公司股份的,可以依照公司章程的规定或者股东大会的授权,经 2/3 以上董事出席的董事会会议决议。公司收购本公司股份后,属于第(1)项情形的,应当自收购之日起 10 日内注销;属于第(2)项、第(4)项情形的,应当在 6 个月内转让或者注销;属于第(3)项、第(5)项、第(6)项情形的,公司合计持有的本公司股份数不得超过本公司已发行股份总额的 10%,并应当在 3 年内转让或者注销。

上市公司收购本公司股份的,应当依照《证券法》的规定履行信息披露义务。上市公司因第(3)项、第(5)项、第(6)项规定的情形收购本公司股份的,应当通过公开的集中交易方式进行。公司不得接受本公司的股票作为质押权的标的。

▶ 4. 记名股票的失效

记名股票被盗、遗失或者灭失,股东可以依照《民事诉讼法》规定的公示催告程序,请求人民法院宣告该股票失效。人民法院宣告该股票失效后,股东可以向公司申请补发股票。

第四节 公司债券和公司的财务、会计

一、公司债券

(一) 公司债券的概念和种类

公司债券是指公司依照法定程序发行、约定在一定期限还本付息的有价证券。

公司债券,可以为记名债券,也可以为无记名债券。上市公司经股东大会决议可以发行可转换为股票的公司债券,并在公司债券募集办法中规定具体的转换办法。上市公司发行可转换为股票的公司债券,应当报国务院证券监督管理机构核准。

(二) 公司债券与公司股票的比较

公司债券与公司股票的法律特征比较如表 4-1 所示。

表 4-1 公司债券与公司股票的法律特征

不 同 点	公 司 股 票	公 司 债 券
权利	所有权凭证,股东一般拥有表决权等权利	债券凭证,体现债权债务关系
目的	属于所有者权利,筹措资金列入公司资本	属于负债

续表

不 同 点	公 司 股 票	公 司 债 券
期限	无期证券,投资者通过市场转让收回资金	有期证券
收益	股息红利不固定,据公司经营情况而定	有规定票面利率,可获固定利息
风险	(1) 股票红利源于公司利润,赢利才能支付; (2) 若公司破产,清理资产有余额偿还时,先偿还债券,再偿还股票。股票风险更大	(1) 债券利息是公司固定支出,属费用范围; (2) 因为利率、期限固定,二级市场上的价格较为稳定

公司债券与公司股票的相同点如下。

(1) 都属于有价证券。
(2) 都是筹集资金的手段。
(3) 两者收益率相互影响,相互同向变动。

(三) 公司债券的转让

公司债券可以转让,转让价格由转让人与受让人约定。公司债券在证券交易所上市交易的,按照证券交易所的交易规则转让。记名公司债券,由债券持有人以背书方式或者法律、行政法规规定的其他方式转让;转让后由公司将受让人的姓名或者名称及住所记载于公司债券存根簿。无记名公司债券的转让,由债券持有人将该债券交付给受让人后即发生转让的效力。

二、公司财务、会计

公司财务会计是指在会计法规、会计原则或者会计制度的指导下,以货币为主要计量形式,对公司的整个财务活动和经营状况进行记账、算账、报账,为公司管理者和其他利害关系人定期提供公司财务信息的活动。

(一) 公司财务、会计的基本要求

(1) 公司应当依照法律、行政法规和国务院财政部门的规定建立本公司的财务、会计制度。

(2) 公司应当依法编制财务会计报告。公司应当在每一会计年度终了时编制财务会计报告,并依法经会计师事务所审计。公司财务会计报告主要包括资产负债表、利润表、现金流量表等报表及附注。公司财务会计报告应当依照《会计法》《企业财务会计报告条例》等法律、行政法规和国务院财政部门的规定制作。对于上市公司,在每一会计年度的上半年结束之日,还应当制作中期财务会计报告。

(3) 公司应当依法披露有关财务、会计资料。有限责任公司应当按照公司章程规定的期限将财务会计报告送交各股东。股份有限公司的财务会计报告应当在召开股东大会年会的 20 日前置备于本公司,供股东查阅;公开发行股票的股份有限公司必须公告其财务会计报告。

(4) 公司除法定的会计账簿外,不得另立会计账簿。对公司资产,不得以任何个人名义开立账户存储。

(5) 公司应当依法聘用会计师事务所对财务会计报告审查验证。公司聘用、解聘承办公司审计业务的会计师事务所,依照公司章程的规定,由股东会、股东大会或者董事会决定。公司股东会、股东大会或者董事会就解聘会计师事务所进行表决时,应当允许会计师

事务所陈述意见。公司应当向聘用的会计师事务所提供真实、完整的会计凭证、会计账簿、财务会计报告及其他会计资料,不得拒绝、隐匿、谎报。

(二)利润分配

公司利润是指公司在一定会计期间的经营成果。公司应当按照如下顺序进行利润分配。

(1)公司的法定公积金不足以弥补以前年度亏损的,应当先用当年利润弥补亏损,但不得超过税法规定的5年弥补期限。

(2)缴纳企业所得税。

(3)税后利润弥补在税前利润弥补亏损之后仍存在的亏损。

(4)提取法定公积金。

(5)提取任意公积金。

(6)公司弥补亏损和提取公积金后所余税后利润,有限责任公司按照股东实缴的出资比例分配,但全体股东约定不按照出资比例分配的除外;股份有限公司按照股东持有的股份比例分配,但股份有限公司章程规定不按持股比例分配的除外。

公司股东会、股东大会或者董事会违反规定,在公司弥补亏损和提取法定公积金之前向股东分配利润的,股东必须将违反规定分配的利润退还公司。公司持有的本公司股份不得分配利润。

(三)公积金

公积金分为盈余公积金和资本公积金两类。盈余公积金是从公司税后利润中提取的公积金,分为法定公积金和任意公积金两种。法定公积金按照公司税后利润的10%提取,当公司法定公积金累计额为公司注册资本的50%以上时可以不再提取。任意公积金按照公司股东会或者股东大会决议,从公司税后利润中提取。资本公积金是直接由资本原因等形成的公积金,股份有限公司以超过股票票面金额的发行价格发行股份所得的溢价款及国务院财政部门规定列入资本公积金的其他收入。公司的公积金用于弥补公司亏损,扩大公司生产经营,转增公司资本。但是,资本公积金不得用于弥补公司的亏损。法定公积金转为资本时,所留存的该项公积金不得少于转增前公司注册资本的25%。

第五节 公司的合并、分立、变更和终止

一、公司的合并、分立

(一)公司合并

公司合并是指两个以上的公司依照法定程序变为一个公司的行为。其形式有两种:吸收合并和新设合并。吸收合并是指一个公司吸收其他公司加入本公司,被吸收的公司解散;新设合并是指两个以上公司合并设立一个新的公司,合并各方解散。公司合并时,合并各方的债权、债务,应当由合并后存续的公司或者新设的公司承继。

公司合并,应当由合并各方签订合并协议,并编制资产负债表及财产清单。公司应当自做出合并决议之日起10日内通知债权人,并于30日内在报纸上公告。债权人自接到通知书之日起30日内,未接到通知书的自公告之日起45日内,可以要求公司清偿债务或者

提供相应的担保。公司合并后,登记事项发生变更的,应当依法向公司登记机关办理变更登记;公司解散的,应当依法办理公司注销登记;设立新公司的,应当依法办理公司设立登记。

(二) 公司分立

公司分立是指一个公司依法分为两个以上的公司。公司分立的形式一般有两种:一是公司以其部分财产和业务另设一个新公司,原公司存续;二是公司以其全部财产分别归入两个以上的新设公司,原公司解散。公司分立前的债务由分立后的公司承担连带责任。但是,公司在分立前与债权人就债务清偿达成的书面协议另有约定的除外。

公司分立的程序与公司合并的程序基本一样,要签订分立协议,编制资产负债表及财产清单,做出分立决议,通知债权人,办理工商登记等。

二、公司注册资本的变更

公司的变更是指公司设立登记事项中某一项或某几项的改变。公司变更内容主要包括公司名称、住所、法定代表人、注册资本、公司组织形式、经营范围、营业期限、有限责任公司股东或者股份有限公司发起人的姓名或名称的变更。本部分介绍公司注册资本的变更。

(一) 公司注册资本的减少

公司需要减少注册资本时,必须编制资产负债表及财产清单。

公司减少注册资本时,应当自做出减少注册资本决议之日起10日内通知债权人,并于30日内在报纸上公告。债权人自接到通知书之日起30日内,未接到通知书的自公告之日其起45日内,有权要求公司清偿债务或者提供相应的担保。

公司减少注册资本,应当依法向公司登记机关办理变更登记。

(二) 公司注册资本的增加

有限责任公司增加注册资本时,股东认缴新增资本的出资,依照《公司法》设立有限责任公司缴纳出资的有关规定执行。股份有限公司为增加注册资本发行新股时,股东认购新股,依照《公司法》设立股份有限公司缴纳股款的有关规定执行。

公司增加注册资本,应当依法向公司登记机关办理变更登记。

三、公司终止

(一) 公司解散

公司解散是指公司发生章程规定或法定的除破产以外的解散事由而停止业务活动,并进入清算程序的过程。公司解散的原因有以下五种情形。

(1) 公司章程规定的营业期限届满或者公司章程规定的其他解散事由出现。
(2) 股东会或者股东大会决议解散。
(3) 因公司合并或者分立需要解散。
(4) 依法被吊销营业执照、责令关闭或者被撤销。
(5) 人民法院依法予以解散。

上述第(1)项情形可以通过修改公司章程而存续。第(5)项情形根据《公司法》第182条规定,公司经营管理发生严重困难,继续存续会使股东利益受到重大损失,通过其他途径不能解决的,持有公司全部股东表决权10%以上的股东,可以请求人民法院解散公司。

(二) 公司清算

公司清算是指公司解散或被依法宣告破产后,依照一定的程序结束公司事务,收回债权,偿还债务,清理资产,并分配剩余财产,终止消灭公司的过程。公司被依法宣告破产的,依照有关企业破产的法律实施破产清算。

▶ 1. 清算组

公司应当在解散事由出现之日起 15 日内成立清算组,开始清算。有限责任公司的清算组由股东组成,股份有限公司的清算组由董事或者股东大会确定的人员组成。逾期不成立清算组进行清算的,债权人可以申请人民法院指定有关人员组成清算组进行清算。人民法院应当受理该申请,并及时组织清算组进行清算。

▶ 2. 清算组的职权

清算组在清算期间行使下列职权。

(1) 清理公司财产,分别编制资产负债表和财产清单。
(2) 通知、公告债权人。
(3) 处理与清算有关的公司未了结的业务。
(4) 清缴所欠税款及清算过程中产生的税款。
(5) 清理债权、债务。
(6) 处理公司清偿债务后的剩余财产。
(7) 代表公司参与民事诉讼活动。

▶ 3. 清算程序

(1) 登记债权。清算组应当自成立之日起 10 日内通知债权人,并于 60 日内在报纸上公告。债权人应当自接到通知书之日起 30 日内,未接到通知书的自公告之日起 45 日内,向清算组申报其债权。债权人申报债权,应当说明债权的有关事项,并提供证明材料。清算组应当对债权进行登记。在申报债权期间,清算组不得对债权人进行清偿。

(2) 清理公司财产,制订清算方案。清算组应当对公司财产进行清理,编制资产负债表和财产清单,制订清算方案。清算方案应当报股东会、股东大会或者人民法院确认。清算组在清理公司财产、编制资产负债表和财产清单后,发现公司财产不足清偿债务的,应当依法向人民法院申请宣告破产。公司经人民法院裁定宣告破产后,清算组应当将清算事务移交给人民法院。

(3) 清偿债务。公司财产在分别支付清算费用、职工的工资、社会保险费用和法定补偿金,缴纳所欠税款,清偿公司债务后的剩余财产,有限责任公司按照股东的出资比例分配,股份有限公司按照股东持有的股份比例分配。清算期间,公司存续,但不得开展与清算无关的经营活动。

(4) 公告公司终止。公司清算结束后,清算组应当制作清算报告,报股东会、股东大会或者人民法院确认,并报送公司登记机关,申请注销公司登记,公告公司终止。

复习思考题

一、单项选择题

1. 甲、乙、丙三人拟成立一家小规模商贸有限责任公司,注册资本为 8 万元,甲以一辆面包车出资,乙以货币出资,丙以实用新型专利出资。对此,下列表述正确的是（   ）。
   A. 甲出资的面包车无须移转所有权，但须交公司管理和使用
   B. 乙的货币出资不能少于2万元
   C. 丙的专利出资作价可达到4万元
   D. 公司首期出资不得低于注册资本的30%

2. 甲乙丙丁戊五人共同组建一有限公司。出资协议约定甲以现金10万元出资，甲已缴纳6万元出资，尚有4万元未缴纳。某次公司股东会上，甲请求免除其4万元的出资义务。股东会5名股东，其中4名表示同意，投反对票的股东丙向法院起诉，请求确认该股东会决议无效。对此，下列表述正确的是（   ）。
   A. 该决议无效，甲的债务未免除
   B. 该决议有效，甲的债务已经免除
   C. 该决议需经全体股东同意才能生效
   D. 该决议属于可撤销，除甲以外的任一股东均享有撤销权

3. 如张某拟设立一家一人有限责任公司，下列表述正确的是（   ）。
   A. 注册资本不能低于50万元
   B. 可以再参股其他有限公司
   C. 只能由张某本人担任法定代表人
   D. 可以再投资设立一家一人有限责任公司

4. 某股份有限公司申请公开发行公司债券。下列关于该公司公开发行公司债券条件的表述中，不符合《证券法》规定的是（   ）。
   A. 净资产为人民币5 000万元
   B. 累计债券余额是公司净资产的50%
   C. 最近3年平均可分配利润足以支付公司债券1年的利息
   D. 筹集的资金投向符合国家产业政策

5. 下列各项中，符合《公司法》关于股份有限公司设立规定的是（   ）。
   A. 甲公司注册资本拟为人民币300万元
   B. 乙公司由一名发起人认购公司股份总额的35%，其余股份拟全部向特定对象募集
   C. 丙公司的全部5名发起人均为外国人，其中3人长期定居北京
   D. 丁公司采用募集方式设立，发起人认购的股份分期缴纳，拟在公司成立之日起2年内缴足

6. 下列关于国有独资公司章程、组织机构及有关人员任职的表述中，正确的是（   ）。
   A. 公司章程由董事会制定
   B. 公司不设股东会，其职权由董事会行使
   C. 董事会所有成员均由国有资产监督管理机构委派
   D. 董事长未经国有资产监督管理机构同意，不得在其他公司兼职

二、多项选择题

1. 关于有限责任公司和股份有限公司，下列表述正确的是（   ）。
   A. 有限责任公司体现更多的人合性，股份有限公司体现更多的资合性

B. 有限责任公司具有更多的强制性规范，股份有限公司通过公司章程享有更多的意思自治
　　C. 有限责任公司和股份有限公司的注册资本都可以在公司成立后分期缴纳，但发起设立的股份有限公司除外
　　D. 有限责任公司和股份有限公司的股东在例外情况下都有可能对公司债务承担连带责任

2. 甲公司欠乙公司货款 100 万元、欠丙公司货款 50 万元。2009 年 9 月，甲公司与丁公司达成意向，拟由丁公司兼并甲公司。乙公司原欠丁公司租金 80 万元。下列表述正确的是（　　）。
　　A. 甲公司与丁公司合并后，两个公司的法人主体资格同时归于消灭
　　B. 甲公司与丁公司合并后，丁公司可以向乙公司主张债务抵销
　　C. 甲公司与丁公司合并时，丙公司可以要求甲公司或丁公司提供履行债务的担保
　　D. 甲公司与丁公司合并时，应当分别由甲公司和丁公司的董事会作出合并决议

3. 下列关于公司利润分配的表述中，符合公司法律制度的有（　　）。
　　A. 公司持有的本公司股份不得分配利润
　　B. 公司发生重大亏损，税后利润不足弥补的，可用公司的资本公积金弥补
　　C. 公司的任意公积金可转增为公司资本
　　D. 公司章程可以规定股东对公司可分配利润的分配比例

4. 某股份有限公司发行新股，其实施的下列行为中，不符合公司法律制度关于股票发行规定的有（　　）。
　　A. 以低于其他投资者的价格向公司原股东发行股票
　　B. 以超过股票票面金额的价格发行股票
　　C. 向公司发起人发行无记名股票
　　D. 向某法人股东发行记名股票，并将该法人法定代表人的姓名记载于股东名册
　　E. 公司公开发行股份前已发行的股份，自公司股票在证券交易所上市交易之日起 1 年内不得转让

5. 某股份有限公司召开董事会会议。下列各项中，符合公司法律制度规定的有（　　）。
　　A. 董事长因故不能出席会议，会议由副董事长甲主持
　　B. 通过了有关公司董事报酬的决议
　　C. 通过了免除乙的经理职务，聘任副董事长甲担任经理的决议
　　D. 会议记录由主持人甲和记录员丙签名存档

三、判断题

1. 甲公司主要经营医疗器械业务，该公司的总经理王某在任职期间代理乙公司从国外进口一批医疗器械销售给丙公司，获利 2 万元。甲公司得知上述情形后，除将王某获得的 2 万元收归公司所有外，还撤销了王某的职务。甲公司的上述做法不符合公司法的有关规定。（　　）

2. 一个自然人只能投资设立一个一人有限责任公司，且该一人有限责任公司不能投资设立新的一人有限责任公司。（　　）

3. 公司章程是经发起人制定的，采用发起方式设立的还要经创立大会通过。（　　）

4. 担任因违法被吊销营业执照的公司、企业的法定代表人，自该公司、企业被吊销营业执之日起未逾5年的人，不得担任公司的董事、监事、经理。（   ）

5. 公司的法定公积金不足以弥补以前年度亏损的，在提取法定公积金之前，应当先用当年利润弥补亏损。（   ）

6. 自2014年3月1日起，全体股东（发起人）认缴的注册资本可以在10年、20年甚至更长时间内缴足。（   ）

四、案例分析题

1. A股份有限公司2014年度有关事项如下：

（1）公司召开董事会通过以下决议：①根据经理丙的提议解聘财务负责人甲；②决定发行公司债券，责成董事乙准备有关发行文件报送有关部门审批。

（2）该公司注册资本5 000万元人民币，2014年度税后利润3 000万元。公司自成立以来没有发生亏损，已提取法定公积金累积额为2 600万元。公司决定不再提取法定公积金。

（3）公司经理丙将其持有的A公司全部股份转让给丁；丙还以B公司代理人的身份从事与A公司业务同类的业务活动，从中获得利润2万元。

（4）公司以"财政部门无权对股份有限公司进行会计检查"为由，拒绝市财政局的检查。

根据上述资料及法律相关制度，回答下列问题。

（1）A公司董事会通过的两项决议是否符合我国《公司法》的规定？说明理由。

（2）A公司不提取法定公积金的做法是否符合我国《公司法》的规定？说明理由。

（3）公司经理丙将其持有的A公司股份转让给丁是否符合我国《公司法》的规定？说明理由。

（4）公司经理丙能否以B公司代理人的身份从事与A公司业务同类的营业活动？丙从该公司营业活动中获得的收入应如何处理？

（5）A公司拒绝市财政局对该公司会计工作检查的理由是否符合我国《会计法》的规定？为什么？

2. 某有限责任公司注册资本200万元，其中甲投资者占30%，乙投资者占45%，丙投资者占25%。本年度实现利润80万元，上年度亏损为20万元。已知按5%提取任意盈余公积金。请问：该公司本年度利润应如何分配？

第五章 企业破产法
Chapter 5

>>> **学习目标**

1. 了解企业破产法的适用范围。
2. 了解破产界限、破产的申请和受理。
3. 了解管理人制度。
4. 掌握债务人财产、破产费用和共益债务。
5. 熟悉债权人会议、和解与整顿、破产宣告和破产清算的法律规定。
6. 能够运用法律分析具体的破产案件。

第一节 企业破产法概述

一、破产与破产法

破产是商品经济社会发展到一定阶段必然出现的法律现象,是商品经济条件下市场竞争的必然产物。

在现代破产法中,"破产"作为一种法律术语,有实体和程序两个方面的含义。从实体方面看,破产首先是一种事实状态,即债务人达到不能清偿到期债务时所处的财务状态,具体包括通常所说的"资不抵债"和因资金周转问题陷入停止支付的状态。但这种状态并不必然导致清算程序的发生,当债务人处于无力清偿债务的状态时,债务人和债权人可以有各种不同的选择,通常的做法是通过协商找出解决债务问题的办法。程序上的破产则是当债务人不能清偿到期债务时,为满足债权人的正当合理要求,就债务人的总财产进行的以清算为目的的司法审判程序。由此可见,现代破产法对无力偿债案件的处理,并不以清算为唯一的程序手段,破产清算并不是无力偿债的必然结局,破产法不再是单纯的清算法,它可以担负起救助债务人特别是拯救困境企业的任务。与此相适应,破产程序不仅包括以变价分配为目标的清算程序,也包括以企业再建为目标的重整及和解制度。

企业破产法是规定在债务人不能清偿到期债务时，由人民法院宣告其破产，并主持对其全部财产强制进行清算分配，公平清偿全体债权人，或由债权人会议通过和解协议，通过企业重整，避免企业破产的法律规范的总称。

企业破产法有广义、狭义之分。狭义的企业破产法仅指对债务人破产清算的法律规范；广义的企业破产法还包括为避免债务人破产为主要目的的各种和解与企业重整制度方面的法律。破产清算、破产和解和破产重整是构成现代破产法律制度的三块基石，现代破产法律制度就是由清算、和解与重整这三方面的内容整合而成的，它表明了破产法律制度价值目的的综合性与多元性。

第十届全国人民代表大会常务委员会第二十三次会议于2006年8月27日审议通过了《中华人民共和国企业破产法》（以下简称《企业破产法》），自2007年6月1日起施行。1986年通过的《企业破产法(试行)》同时废止。

《企业破产法》的基本内容包括破产程序规范、破产实体规范和破产法律责任三部分。破产程序规范主要包括破产申请与受理、债权人会议、破产整顿、破产宣告和破产清算、破产程序的终结；破产实体规范主要包括破产财产、破产债权、别除权、取回权、抵消权、破产费用等相关问题；破产法律责任一般主要是破产人责任以及相关责任人的法律责任，即债务人从事了破产法规定的违法行为时，应当由债务人承担的责任。

二、企业破产法的适用范围

《企业破产法》规定，破产法的适用范围为企业法人，这其中不仅包括国有企业法人，同时包括承担有限责任的其他所有制的企业法人。《企业破产法》规定，其他法律规定企业法人以外的组织的清算，属于破产清算的，参照适用破产法规定的程序。此外，破产法附则中对于国有企业破产、金融机构破产还有特别规定。

三、破产原因

破产原因，也称破产界限，是企业被宣告破产时应具备的条件，即企业在什么情况下才进入破产程序。《企业破产法》规定，企业法人不能清偿到期债务，并且资产不足以清偿全部债务或者明显缺乏清偿能力的，依照破产法规定清理债务企业法人有上述规定情形，或者有明显丧失清偿能力可能的，可以依照破产法规定进行重整。破产原因包括以下几方面。

（一）不能清偿到期债务

不能清偿到期债务，即无力偿债，具体是指债务的履行期限届满而债务人明显缺乏清偿能力。

（二）资产不足以清偿全部债务

资产不足以清偿全部债务，即资不抵债，具体是指企业法人的资产负债表上，全部资产之和小于其对外的全部债务。

（三）明显缺乏清偿能力

明显缺乏清偿能力和资产不足以清偿全部债务是一个并列的条件，这一条件更有利于保护债权人的利益。对债权人来说，对债务人是否资不抵债较难认定。

第二节　破产申请的提出和受理

一、破产申请的提出

(一)破产申请人

破产申请人,是指有权向人民法院提出破产宣告申请的人。对破产程序的启动,我国采取申请主义,即破产程序只能依当事人的申请开始。根据企业破产法规定,有权向人民法院提出破产宣告申请的人,包括债权人和债务人。债务人达到破产界限时,可以向人民法院提出重整、和解或者破产清算申请。债务人不能清偿到期债务,债权人可以向人民法院提出对债务人进行重整或者破产清算的申请。

企业法人已解散但未清算或者未清算完毕,资产不足以清偿债务的,依法负有清算责任的人应当向人民法院申请破产清算。

(二)破产案件的管辖

▶ 1. 地域管辖

企业破产案件由债务人住所地人民法院管辖。债务人住所地,指债务人的主要办事机构所在地,债务人主要办事机构不明确的,由其注册地人民法院管辖。

▶ 2. 级别管辖

破产案件的级别管辖,按如下原则确定。

(1)基层人民法院一般管辖县、县级市或者区的工商行政管理机关核准登记企业的破产案件。

(2)中级人民法院一般管辖地区、地级市(含本级)以上的工商行政管理机关核准登记企业的破产案件。

(3)纳入国家计划调整的企业破产案件,由中级人民法院管辖。

▶ 3. 跨境破产

破产法对跨国界破产问题采用的是有限的普及主义原则。

(1)我国境内的破产程序对债务人在我国境外的财产发生效力。

(2)对外国法院做出的发生法律效力的破产案件的判决、裁定,涉及债务人在中华人民共和国领域内的财产,申请或者请求人民法院承认和执行的,人民法院依照中华人民共和国缔结或者参加的国际条约,或者按照互惠原则进行审查,认为不违反中华人民共和国法律的基本原则,不损害国家主权、安全和社会公共利益,不损害中华人民共和国领域内债权人的合法权益的,裁定承认和执行。

(三)申请破产应提交的材料

向人民法院提出破产申请,应当提交破产申请书和有关证据。破产申请书应当载明下列事项:①申请人、被申请人的基本情况;②申请目的;③申请的事实和理由;④人民法院认为应当载明的其他事项。

债务人提出申请的,还应当向人民法院提交财产状况说明、债务清册、债权清册、有关财务会计报告、职工安置预案及职工工资的支付和社会保险费用的缴纳情况。

二、破产案件的受理

破产案件的受理,又称立案,指人民法院在收到破产案件申请后,经审查,认为申请符合法定条件而予以接受,并由此开始破产程序的司法行为。法院裁定受理破产申请,是破产程序开始的标志。

(一)立案

人民法院收到破产申请后,应当进行审查,审查分为形式审查和实质审查。形式审查主要审查人民法院是否具有管辖权、申请人是否具有主体资格、是否提交了合乎规定的材料等;实质审查主要审查债务人是否具有破产能力和破产原因。

债务人提出破产申请的,人民法院应当在收到破产申请之日起15日内裁定是否受理,并应在法定期限内将裁定送达有关当事人。债权人提出破产申请的,人民法院应当自收到申请之日起5日内通知债务人。债务人对申请有异议的,应当自收到人民法院的通知之日起7日内向人民法院提出。人民法院应当自异议期满之日起10日内裁定是否受理。

人民法院裁定不受理破产申请的,应当自裁定之日起5日内送达申请人并说明理由。申请人对裁定不服的,可以自裁定送达之日起10日内向上一级人民法院提起上诉。

人民法院经审查发现有下列情况的,破产申请不被受理:

(1)债务人有隐匿、转移财产等行为,为了逃避债务而申请破产的;

(2)债权人借破产申请毁损债务人商业信誉,意图损害公平竞争的。

(二)发布通知和公告

人民法院对破产申请决定立案的,应当组成合议庭,并在受理破产案件后发布通知和公告。人民法院应当自受理裁定之日起5日内送达债务人,裁定受理破产申请之日起25日内通知已知债权人,同时,为了保障未知的债权人以及无法通知的已知债权人能够平等地参与诉讼,人民法院还应在受理破产案件后发布公告。

通知和公告应当载明下列事项。

(1)申请人、被申请人的名称或者姓名。

(2)人民法院受理破产申请的时间;申报债权的期限、地点和注意事项;破产管理人的名称或者姓名及其处理事务的地址。

(3)债务人的债务人或者财产持有人应当向破产管理人清偿债务或者交付财产的要求。

(4)第一次债权人会议召开的时间和地点。

(5)人民法院认为应当通知和公告的其他事项。

三、破产案件受理后的法律效果

(一)债务人应履行的义务

人民法院受理破产申请的裁定送达债务人之日起至破产程序终结之日,债务人企业的财务管理人员和其他经营管理人员在破产程序中应承担下列义务。

(1)妥善保管其占有和管理的财产、印章和账簿、文书等资料。

(2)根据人民法院、管理人的要求进行工作,并如实回答询问。

(3)列席债权人会议并如实回答债权人的询问。

(4)未经人民法院许可,不得离开住所地。

(5)不得新任其他企业的董事、监事、高级管理人员。

(二) 限制债务人对个别债权人的清偿行为

人民法院受理破产申请后,债务人对个别债权人的债务清偿无效。个别清偿具备以下要件。

(1) 须是债务人实施的清偿。
(2) 须是债务人对实际存在的债务实施的清偿。
(3) 须是债务人在破产申请受理后实施的清偿。个别清偿无效,是绝对无效,即任何人均可主张的无效。

(三) 债务人债权的清理

人民法院受理破产申请后,债务人的债务人或者财产持有人应当向管理人清偿债务或者交付财产。

债务人的债务人或者财产持有人故意违反破产法规定向债务人清偿债务或者交付财产,使债权人受到损失的,不会免除其清偿债务或者交付财产的义务。

(四) 对债务人未履行合同的处理

人民法院受理破产申请后,管理人对破产申请受理前成立而债务人和对方当事人均未履行完毕的合同,有权决定解除或者继续履行,并通知对方当事人。管理人自破产申请受理之日起2个月内未通知对方当事人,或者自收到对方当事人催告之日起30日内未答复的,视为解除合同。

管理人决定继续履行合同的,对方当事人应当履行;但是,对方当事人有权要求管理人提供担保。管理人不提供担保的,视为解除合同。

(五) 保全解除和执行中止

破产制度的目标就是通过集体程序实现全体债权人之间的公平清偿。人民法院受理破产申请后,有关债务人财产的保全措施应当解除,执行程序应当中止。

(六) 民事诉讼或者仲裁的中止

人民法院受理破产申请后,已经开始而尚未终结的有关债务人的民事诉讼或者仲裁应当中止;在管理人接管债务人的财产后,该诉讼或者仲裁继续进行。

人民法院受理破产申请后,有关债务人的民事诉讼,只能向受理破产申请的人民法院提起。

四、债权申报

人民法院受理破产申请后,应当确定债权人申报债权的期限。债权申报期限自人民法院发布受理破产申请公告之日起计算,最短不得少于30日,最长不得超过3个月。债权人应当在人民法院确定的债权申报期限内向破产管理人申报债权。

债权人对于未到期债权、附条件和附期限的债权及诉讼、仲裁未决的债权都应当申报,但劳动债权不必申报。

债权人申报债权时,应当提供债权证明和合法有效的身份证明,书面说明债权的数额和有无财产担保,并提交有关证据。

破产管理人收到债权申报材料后,应当登记造册,对申报的债权进行审查,并编制债权表。债权表和债权申报材料由破产管理人保存,供利害关系人查阅。并且应当提交第一次债权人会议核查。债务人、债权人对债权表记载的债权无异议的,由人民法院裁定确认;有异议的,可以向受理破产申请的人民法院提起诉讼。

在人民法院确定的债权申报期限内,债权人未申报债权的,可以在破产财产最后分配前补充申报；但是，此前已进行的分配，不再对其补充分配。为审查和确认补充申报债权的费用，由补充申报人承担。

债权人未在确定的时间内申报债权，又没有在破产程序终结前补报的，不得依照破产法规定的程序行使权利。

【案例】某企业因资不抵债，拟向法院申请破产，后经法院裁定受理其破产申请，并指定某会计师事务所接管破产中的事务。该事务所经过一段时间工作后了解到以下事项。

(1) 该企业为原在省工商行政管理局注册登记的股份有限公司。

(2) 该企业债权人之一甲公司因追索150万元货款而在1个月前起诉该企业，此案尚在审理中。

(3) 该企业欠当地工商银行贷款1 200万元，贷款时曾提供一套设备作抵押，该设备价值800万元。

(4) 该企业曾为乙公司向当地建设银行一笔300万元的贷款作保证人，现乙公司尚未还该笔贷款。

(5) 该企业资不抵债已达3 500万元。

问题：(1) 该企业如申请破产，应由哪级法院受理？

(2) 向人民法院申请破产时，该企业需准备提交哪些材料？

(3) 甲公司与该企业之间尚未审结的诉讼如何处理？

(4) 建设银行能否参加破产程序、申报破产债权？说明理由。

【解析】(1) 应由破产企业所在地中级人民法院受理。

(2) 应报送下列文件：破产申请书、财产状况说明、债务清册、债权清册、有关财务会计报告、职工安置预案及职工工资的支付和社会保险费用的缴纳情况。

(3) 应终结诉讼，由债权人甲公司向破产案件受理法院申报债权。

(4) 能参加破产程序。破产案件中债务人作为保证人而被保证的债务尚未清偿的，债权人享有是否将其债权作为破产债权的选择权。

第 三 节　破产管理人与债务人财产

一、破产管理人的概念

破产管理人，是指破产程序开始后，在对企业进行重整、和解、清算过程中对破产企业的财产清理、营业维持、权利行使和财产处分等破产财产和事务进行管理的人。为实现债务人财产的及时保全，人民法院裁定受理破产申请的，应当同时指定破产管理人。

二、破产管理人的产生

(一) 产生方式

破产管理人由人民法院指定。债权人会议认为破产管理人不能依法、公正执行职务或者有其他不能胜任职务情形的，可以申请人民法院予以更换。指定破产管理人和确定破产管理人报酬的办法，由最高人民法院规定。

(二) 产生时间

破产管理人应当在人民法院裁定受理破产申请时同时指定。从人民法院受理破产案件起,破产管理人即要进入企业,接管债务人的相关破产事务。

(三) 费用和报酬

破产管理人经人民法院许可,可以聘用必要的工作人员。破产管理人的报酬由人民法院确定。债权人会议对破产管理人的报酬有异议的,有权向人民法院提出。破产管理人执行职务的费用、报酬和聘用工作人员的费用,作为破产费用由债务人财产随时清偿。关于指定破产管理人和确定破产理人报酬的具体办法,由最高人民法院规定。

三、破产管理人的任职资格

破产管理人可以由有关部门、机构的人员组成的清算组或者依法设立的律师事务所、会计师事务所、破产清算事务所等社会中介机构担任。人民法院根据债务人的实际情况,可以在征询有关社会中介机构的意见后,指定该机构具备相关专业知识并取得执业资格的人员担任破产管理人。可见,能够担任破产管理人的主体有三类:一是有关部门、机构的人员组成的清算组;二是依法设立的律师事务所、会计师事务所破产清算事务所等社会中介机构;三是具备相关专业知识并取得执业资格的人员。个人担任破产管理人的,应当参加执业责任保险。

企业破产法规定,有下列情形之一的,不得担任破产管理人:

(1) 因故意犯罪受过刑事处罚。
(2) 曾被吊销相关专业执业证书。
(3) 与本案有利害关系。
(4) 人民法院认为不宜担任破产管理人的其他情形。

四、破产管理人的职责

管理人应履行下列职责。

(1) 接管债务人的财产、印章和账簿、文书等资料。
(2) 调查债务人财产状况,制作财产状况报告。
(3) 决定债务人的内部管理事务。
(4) 决定债务人的日常开支和其他必要开支。
(5) 在第一次债权人会议召开之前,决定继续或者停止债务人的营业。
(6) 管理和处分债务人的财产。
(7) 代表债务人参加诉讼、仲裁或者其他法律程序。
(8) 提议召开债权人会议。
(9) 人民法院认为管理人应当履行的其他职责。

对管理人的职责另有规定的,适用其规定。另有规定的职责,主要指:决定待履行合同的解除或继续履行;对债务人在破产程序前的不正当财产处分行使撤销权和追回权;接受债权申报、调查职工债权和编制债权表;重整期间主持债务人营业或者对债务人自行营业进行监督;制备重整计划草案;申请人民法院批准重整计划草案;监督重整计划的执行;在破产宣告后,拟订破产变价方案;拟订和执行破产分配方案;破产程序终结时,办理破产人的注销登记等。

破产管理人应当勤勉尽责,忠实执行职务。破产管理人未勤勉尽责,忠实执行职务的,人民法院可以依法处以罚款;给债权人、债务人或者第三人造成损失的,依法承担赔偿责任。

五、债务人财产

（一）债务人财产的概念及范围

我国破产法采取的是膨胀主义立法原则。《企业破产法》规定，债务人财产包括破产申请受理时属于债务人的全部财产，以及破产申请受理后至破产程序终结前债务人取得的财产。

（二）撤销权和追回权

▶ 1. 撤销权的概念

撤销权，又称否认权，指债务人实施的有损于债务人财产的行为危及债权人的债权时，管理人可以请求人民法院撤销该行为的权利。

▶ 2. 撤销权适用的情形

（1）可撤销行为。人民法院受理破产申请前1年内，涉及债务人财产的下列行为，管理人有权请求人民法院予以撤销：①无偿转让财产的；②以明显不合理的价格进行交易的；③对没有财产担保的债务提供财产担保的；④对未到期的债务提前清偿的；⑤放弃债权的。

（2）个别清偿行为。人民法院受理破产申请前6个月内，债务人已具有破产界限的情形，仍对个别债权人进行清偿的，管理人有权请求人民法院予以撤销。但是，个别清偿使债务人财产受益的除外。例如，为维持企业经营而购买生产所需的原材料支付的货款，属于该条的例外情形。

▶ 3. 追回权

债务人的董事、监事和高级管理人员利用职权从企业获取的非正常收入和侵占的企业财产，管理人应当追回。

（三）债务人的无效行为

涉及债务人财产的下列行为无效：

（1）为逃避债务而隐匿、转移财产的；

（2）虚构债务或者承认不真实的债务的。

（四）取回权

取回权，指从管理人接管的财产中取回不属于债务人的财产的请求权。破产宣告后，破产程序终结前，取回权人得随时向管理人请求取回财产。管理人收到取回权人的请求后，经证明属实的，应予以返还。管理人在处理以取回权为由提出的给付请求时，如果认为请求人缺乏权利根据，可以拒绝给付。由此发生争议的，请求人可以向受理破产案件的人民法院提起诉讼。

▶ 1. 一般取回权

人民法院受理破产申请后，债务人占有的不属于债务人的财产，该财产的权利人可以通过管理人取回。

▶ 2. 特别取回权

人民法院受理破产申请时，出卖人已将买卖标的物向作为买受人的债务人发运，债务人尚未收到且未付清全部价款的，出卖人可以取回在运途中的标的物。但是，管理人可以支付全部价款，请求出卖人交付标的物。

（五）别除权

别除权，指债权人不依破产程序，而由破产财产中的特定财产单独优先受偿的权利。

对破产人的特定财产享有担保权的权利人，对该特定财产享有优先受偿的权利。该"财产担保"包括抵押、质押、留置三种形式，依据民法通则和担保法成立的抵押权、质押权和留置权是别除权的基础权利。

（六）破产抵销权

破产抵销权，是指债权人在破产申请受理前对债务人负有债务的，不论债的种类和到期时间，得于清算分配前以破产债权抵销其所负债务的权利。

不适用破产抵销的有以下三种情形。

（1）债务人的债务人在破产申请受理后取得他人对债务人的债权的。

（2）债权人已知债务人有不能清偿到期债务或者破产申请的事实，对债务人负担债务的；但是，债权人因为法律规定或者在破产申请1年前所发生的原因而负担债务的除外。

（3）债务人的债务人已知债务人有不能清偿到期债务或者破产申请的事实，对债务人取得债权的；但是，债务人的债务人因为法律规定或者有破产申请1年前所发生的原因而取得债权的除外。

（七）破产费用和共益债务

▶ 1. 破产费用

破产费用，指人民法院受理破产申请后，为破产程序的顺利进行及为全体债权人的共同利益而从债务人财产中优先支付的费用。

破产费用包括：①破产案件的诉讼费用；②管理、变价和分配债务人财产的费用；③管理人执行职务的费用、报酬和聘用工作人员的费用。

▶ 2. 共益债务

共益债务，指人民法院受理破产申请后，管理人为全体债权人的共同利益而管理、变价和分配破产财产而负担或产生的债务，与之相对应的权利为共益债权。

共益债务包括以下几方面。

（1）因管理人或者债务人请求对方当事人履行双方均未履行完毕的合同所产生的债务。

（2）债务人财产受无因管理所产生的债务。

（3）因债务人不当得利所产生的债务。

（4）为债务人继续营业而应支付的劳动报酬和社会保险费用及由此产生的其他债务。

（5）管理人或者相关人员执行职务致人损害所产生的债务。

（6）债务人财产致人损害所产生的债务。

▶ 3. 破产费用和共益债务的清偿

破产费用和共益债务的清偿，采用以下原则。

（1）随时清偿。破产费用和共益债务由债务人财产随时清偿。在债务人财产足以清偿破产费用和共益债务时，两者的清偿不分先后。

（2）破产费用优先清偿。在债务人财产不足以清偿所有破产费用和共益债务的情况下，先行清偿破产费用。

（3）按比例清偿。债务人财产不足以清偿所有破产费用或者共益债务的，按照比例清偿。

（4）不足清偿时终结程序。债务人财产不足以清偿破产费用的，管理人应当提请人民法院终结破产程序。人民法院应当自收到请求之日起15日内裁定终结破产程序，并予以公告。

【案例】甲公司签发金额为 1 000 万元、到期日为 2006 年 5 月 30 日、付款人为大满公司的汇票一张,向乙公司购买 A 楼房。甲乙双方同时约定:汇票承兑前,A 楼房不过户。

其后,甲公司以 A 楼房作价 1 000 万元、丙公司以现金 1 000 万元出资共同设立丁有限公司。某会计师事务所将未过户的 A 楼房作为甲公司对丁公司的出资予以验资。丁公司成立后占有使用 A 楼房。

2005 年 9 月,丙公司欲退出丁公司。经甲公司、丙公司协商达成协议:丙公司从丁公司取得退款 1 000 万元后退出丁公司;但顾及公司的稳定性,丙公司仍为丁公司名义上的股东,其原持有丁公司 50%的股份,名义上仍由丙公司持有 40%,其余 10%由丁公司总经理贾某持有,贾某暂付 200 万元给丙公司以获得上述 10%的股权。丙公司依此协议获款后退出,据此,丁公司变更登记为:甲公司、丙公司,贾某分别持有 50%、40%和 10%的股权;注册资本仍为 2 000 万元。

丙公司退出后,甲公司要求丁公司为其贷款提供担保,在丙公司代表未到会、贾某反对的情况下,丁公司股东会通过了该担保议案。丁公司遂为甲公司从 B 银行借款 500 万元提供了连带责任保证担保,同时,乙公司亦将其持有的上述 1 000 万元汇票背书转让给陈某。陈某要求丁公司提供担保,丁公司在汇票上签注:"同意担保,但 A 楼房应过户到本公司。"陈某向大满公司提示承兑该汇票时,大满公司在汇票上批注:"承兑,到期丁公司不垮则付款。"2006 年 6 月 5 日,丁公司向法院申请破产获受理并被宣告破产。债权申报期间,陈某以汇票未获兑付为由、贾某以替丁公司代垫了 200 万元退股款为由向清算组申报债权,B 银行也以丁公司应负担保责任为由申报债权并要求对 A 楼房行使优先受偿权。同时乙公司就 A 楼房向清算组申请行使取回权。

根据上述资料及法律相关制度,回答下列问题。

(1) 陈某和贾某所申报的债权是否构成破产债权?为什么?

(2) 银行和乙公司的请求是否应当支持?为什么?

【解析】(1) 陈某的申报构成破产债权。丁公司对汇票的保证有效;大满公司实为拒绝承兑,陈某对丁公司享有票据追索权。贾某的申报不构成破产债权。贾某的 200 万元是对丁公司的出资,公司股东不得以出资款向公司主张债权。

破产债权,指于破产宣告前成立的,只能通过破产程序才能得以公平清偿的债权。我国《票据法》第 48 条规定,保证不得附有条件;附有条件的,不影响时汇票的保证责任。陈某要求丁公司提供担保,丁公司在汇票上签注:"同意担保,但 A 楼房应过户到本公司。"根据上述规定,虽然丁公司在为该汇票提供保证时附有条件,但这并不影响该汇票的保证责任。所以,丁公司要对汇票承担保证责任。陈某在丁公司破产时,申报的债权构成破产债权。《最高人民法院关于审理企业破产案件若干问题的规定》第 61 条规定,破产企业的股东、股票持有人在股权、股票上的权利不属于破产债权。在本案中,丁公司经过变更后,贾某成为公司股东,并向其出资 200 万元。这 200 万元作为股东的出资,不能申报破产债权。

(2) B 银行申报破产债权的申请应当支持,但无权优先受偿。丁公司与 B 银行签订的担保合同有效,故 B 银行破产债权成立;但该担保是保证担保,B 银行不享有担保物权,无权优先受偿。乙公司的请求应当支持。乙公司仍是 A 楼房的产权人,故其可依法收回该楼房。

别除权,指债权人不依破产程序,而由破产财产中的特定财产单独优先受偿的权利。别除权是担保物权在破产程序中的转化形式。而在本案中,丁公司为甲公司从 B 银行借款

500万元提供了连带责任保证担保。保证担保不是担保物权，因此B银行无优先受偿权。另外，丁公司决议的担保行为虽无效，但是公司内部行为不能对抗善意第三人B银行，银行可以向丁公司主张担保责任。《最高人民法院关于审理企业破产案件若干问题的规定》第71条规定，债务人基于仓储、保管、加工承揽、委托交易、代销、借用、寄存、租赁等法律关系占有、使用的他人财产，不属于破产财产。丁公司虽然占有该楼房，但该房属于乙公司所有。所以，乙公司有权取回该楼房。

第四节　债权人会议

一、债权人会议及其组成

（一）债权人会议的概念

债权人会议是破产程序中由全体债权人组成，以维护债权人共同利益为目的，在人民法院监督下讨论决定有关破产事宜，表达债权人意思的破产机构。

债权人会议的设立，可以有效地保护债权人的利益，平衡各债权人之间的利益关系，有利于人民法院公平合理地处理破产案件。

（二）债权人会议的组成

债权人会议由全体债权人组成，所有债权人，无论其债权的性质如何、数额多寡，均为债权人会议的当然成员。

债权人会议的成员分为有表决权的债权人和无表决权的债权人。有表决权的债权人主要包括以下几种。

(1) 依法申报债权的无财产担保的债权人。

(2) 放弃优先受偿权的有财产担保的债权人。

(3) 未能就担保物受足额赔偿的债权人。

(4) 已代债务人清偿债务的保证人或连带债务人。无表决权的债权人一般是未放弃优先受偿权的有财产担保的债权人。

债权人可以委托代理人出席债权人会议，行使表决权。代理人出席债权人会议，应当向人民法院或者债权人会议主席提交债权人的授权委托书。

债权人会议应当有债务人的职工和工会的代表参加，对有关事项发表意见。破产管理人应当列席债权人会议，向债权人报告职务执行情况，回答询问。

二、债权人会议的职权

债权人会议的职权如下。

(1) 讨论通过对债务人财产的变价和分配方案。

(2) 在债权人会议上调查债权，并对申报的债权进行形式审查。

(3) 讨论并通过重整计划、和解协议。

(4) 监督管理人的工作。管理人对债务人财产所从事的任何重大处分行为，都应当报告债权人会议。

(5) 人民法院认为应当由债权人会议行使的其他职权。

一般在债权申报期满后，就要召开债权人会议。在破产清算程序进行过程中，根据有关机构或人员的请求或法院依职权决定，也可以召开债权人会议。

三、债权人会议的召开

（一）债权人会议的召集

第一次债权人会议由人民法院召集，自债权申报期限届满之日起 5 日内召开。以后的债权人会议，在人民法院认为必要时，或者管理人、债权人委员会、占债权总额 1/4 以上的债权人向债权人会议主席提议时召开。召开债权人会议，管理人应当提前 15 日通知已知的债权人。

（二）债权人会议的决议

债权人会议讨论通过决议，必须采用法定方式，符合法定条件。根据企业破产法规定，债权人会议的决议，应当由出席会议的有表决权的债权人过半数通过，并且他们所代表的债权额必须占无财产担保债权总额的 1/2 以上。但是，通过和解协议草案的决议，除了要由出席会议的有表决权的债权人过半数通过外，还要求他们所代表的债权额必须占无财产担保债权总额的 2/3 以上。通过重整计划草案时，要依法分成各个表决组，必须由出席会议的同一表决组的债权人过半数同意，并且其所代表的债权额占该组债权总额的 2/3 以上的，即为该组通过重整计划草案。各表决组均通过重整计划草案时，重整计划即为通过。

债权人会议的决议对全体债权人均有约束力。债权人认为该债权人会议违反法律规定或者侵犯其合法权益的，可在决议做出后 15 日内请求人民法院裁定撤销该决议，责令债权人会议依法重新做出决议。

四、债权人委员会

债权人会议可以决定设立债权人委员会，由债权人会议选任的债权人代表和一名债务人的职工代表或者工会代表组成。债权人委员会成员应当经人民法院书面决定认可，成员不得超过 9 人。

债权人委员会具体行使的职权如下。

（1）监督债务人财产的管理和处分。

（2）监督破产财产分配。

（3）提议召开债权人会议。

（4）债权人会议委托的其他职权。

债权人委员会履行职务时，有权要求管理人、债务人的有关人员对其职权范围内的事务做出说明或者提供有关文件。管理人、债务人的有关人员违反规定拒绝接受监督的，债权人委员会有权就监督事项请求人民法院做出决定；人民法院应当在 5 日内做出决定。

管理人的行为应当对债权人委员会及时报告。管理人需要报告的行为包括涉及土地、房屋等不动产权益的转让；探矿权、采矿权、知识产权等财产权的转让；全部库存或者营业的转让；借款；设定财产担保；债权和有价证券的转让；履行债务人和对方当事人均未履行完毕的合同；放弃权利；担保物的取回；对债权人利益有重大影响的其他财产处分行为。

第五节 重整与和解制度

一、重整制度

(一) 重整的概念

破产法上的重整,指经由利害关系人的申请,在人民法院的主持和利害关系人的参与下,对可能已经发生破产原因但又有挽救希望的企业,通过对各方利害关系人的利益协调,对企业进行营业重组与债务清偿,是企业避免破产,重新获得经营能力的特殊法律程序。

破产重整制度的意义在于为濒临破产的企业增加一次恢复生机的机会,减少债权人的损失及投资于债务人的股东的损失。同时,它也能够在一定程度上减少社会财富的损失和因债务人破产而转为失业人口的数量,保持社会稳定。

(二) 重整申请和重整期间

▶ 1. 重整申请人

债务人及其出资人,或者债权人可以依照企业破产法的规定提出破产重整的申请。当债务人不能清偿到期债务,并且资产不足以清偿全部债务或者明显缺乏清偿能力的情形下,债务人可以直接向人民法院提出破产重整。债权人申请对债务人进行破产清算的,在人民法院受理破产申请后、宣告债务人破产前,债务人可以提出破产重整。

债权人申请对债务人进行破产清算的,在人民法院受理破产申请后、宣告债务人破产前,出资额占债务人注册资本1/10以上的出资人,可以向人民法院申请重整。

当债务人不能清偿到期债务,并且资产不足以清偿全部债务或者明显缺乏清偿能力的情形下,债权人可以直接向人民法院申请对债务人进行重整。人民法院经审查认为重整申请符合规定条件的,应当裁定债务人重整,并予以公告。

▶ 2. 重整期间

重整期间又称重整保护期,《企业破产法》设立这段期间的目的在于使得管理人或者债务人能够在这段法定的保护期内提出重整计划草案,供债权人分组表决通过、人民法院认可。重整期间为债务人提供了充分的保护。

依据《企业破产法》第八章的规定,在重整期间,不仅债权人不能向债务人主张个别清偿,即使是对债务人的特定财产享有的担保权也暂停行使;债务人合法占有的他人财产,该财产的权利人要求取回的,应当符合约定的条件;债务人的出资人不得请求投资收益分配;债务人的董事、监事、高级管理人员未经人民法院同意不得向第三人转让其持有的债务人的股权。上述规定,为管理人或者债务人顺利提出重整计划,促使债务人重整成功提供了良好的外部环境。

(三) 重整计划

若债务人自行管理财产和营业事务,则由债务人制作重整计划草案。若管理人负责管理财产和营业事务,由管理人员制作重整计划草案。债务人或者管理人应当自人民法院裁定债务人重整之日起6个月内,同时向人民法院和债权人会议提交重整计划草案。期限届满,经债务人或管理人请求,有正当理由的,人民法院可以裁定延期3个月。债务人或者管理人未按期提出重整计划草案的,人民法院应当裁定终止重整程序,并宣告债务人破产。人民法院应当自收到重整计划草案之日起 30 日内召开债权人会议,对重整计划草案进行表决。出席会议的统一表决组的债权人过半数同意重整计划草案,并且其所代表的债权额占该组债权总额的 2/3 以上的,即为该组通过重整计划草案。

重整计划草案应当包括下列内容。
(1) 债务人的经营方案。
(2) 债权分类。
(3) 债权调整方案。
(4) 债权受偿方案。
(5) 重整计划的执行期限。
(6) 重整计划执行的监督期限。
(7) 有利于债务人重整的其他方案。

债权人参加讨论重整计划草案的债权人会议,依照下列债权分类,分组对重整计划草案进行表决。
(1) 对债务人的特定财产享有担保权的债权。
(2) 债务人所欠职工的工资和医疗、伤残补助、抚恤费用,所欠的应当划入职工个人账户的基本养老保险、基本医疗保险费用以及法律、行政法规规定应当支付给职工的补偿金。
(3) 债务人所欠税款。
(4) 普通债权。

人民法院在必要时可以决定在普通债权组中设小额债权组进行表决。对重整计划的设置不得损害表决结果的公平性。根据《企业破产法》第八十三条规定:"重整计划不得规定减免债务人欠缴的本法第八十二条第一款第二项规定以外的社会保险费用;该项费用的债权人不参加重整计划草案的表决。"人民法院应当自收到重整计划草案之日起 30 日内召开债权人会议,对重整计划草案进行表决。债务人或者管理人应当向债权人会议就重整计划草案做出说明,并回答询问。

为保证重整程序能够顺利进行,法律还专门设置了人民法院强制批准重整计划草案的程序。债务人的出资人代表可以列席讨论重整计划草案的债权人会议。重整计划草案涉及出资人权益调整事项的,应当设出资人组,对该事项进行表决。各表决组均通过重整计划草案时,重整计划即为通过。自重整计划通过之日起 10 日内,债务人或者管理人应当向人民法院提出批准重整计划的申请。人民法院经审查认为符合本法规定的,应当自收到申请之日起 30 日内裁定批准,终止重整程序,并予以公告。《企业破产法》第八十七条规定:部分表决组未通过重整计划草案的,债务人或者管理人可以同未通过重整计划草案的表决组协商。该表决组可以在协商后再表决一次。双方协商的结果不得损害其他表决组的利益。未通过重整计划草案的表决组拒绝再次表决或者再次仍未通过重整计划草案,但重整计划草案符合下列条件的,债务人或者管理人可以申请人民法院批准重整计划草案。

(1) 按照重整计划草案,本法第八十二条第一款第一项所列债权就该特定财产将获得全额清偿,其因延期清偿所受的损失将得到公平补偿,并且其担保权未受实质性损害,或者该表决组已经通过重整计划草案。

(2) 按照重整计划草案,本法八十二条第一款第二项、第三项所列债权将获得全额清偿,或者相应表决组已经通过重整计划草案。

（3）按照重整计划草案，普通债权所获得的清偿比例，不低于其在重整计划草案被提请批准时依照破产清算比例，或者该表决组已经通过重整计划草案。

（4）重整计划草案对出资人权益的调整公平、公正，或者出资人组已经通过重整计划草案。

（5）重整计划草案公平对待同一表决组的成员，并且所规定的债权清偿顺序不违反本法第一百一十三条的规定。

（6）债务人的经营方案具有可行性。人民法院经审查认为重整计划草案符合前款规定的，应当自收到申请之日起 30 日内裁定批准，终止重整程序，并予以公告。

重整计划草案未获得通过且未获得批准，或者已通过的重整计划未获得批准的，人民法院应当裁定终止重整程序，并宣告债务人破产。

重整计划由债务人负责执行。自人民法院裁定批准重整计划之日起，在重整计划规定的监督期内，由管理人监督重整计划的执行。在监督期内，债务人应当向管理人报告重整计划执行情况和债务人财务状况。监督期届满时，管理人应当向人民法院提交监督报告。自监督报告提交之日起，管理人的监督职责终止。经管理人申请，人民法院可以裁定延长重整计划执行的监督期限。管理人向人民法院提交的监督的报告，重整计划的利害关系人有权查阅。债权人未依法申报债权的，在重整计划执行期间不得行使权利；在重整计划执行完毕后，可以依照重整计划规定的同类债权的清偿条件行使权利。债权人对债务人的保证人和其他连带债务人所享有的权利，不受重整计划的影响。债务人不能执行或者不执行重整计划的，人民法院经管理人或者利害关系人请求，应当裁定终止重整计划的执行，并宣告债务人破产。人民法院裁定终止重整计划执行的，债权人在重整计划中做出的债权调整的承诺失去效力。债权人因执行重整计划所受的清偿仍然有效，债权未受清偿的部分作为破产债权。债权人只有在其他同顺位债权人同自己所受的清偿达到同一比例时，才能继续接受分配。按照重整计划减免的债务，自重整计划执行完毕时起，债务人不再承担清偿责任。

二、和解制度

▶ 1. 和解申请

债务人具备破产原因时可以直接向法院申请和解，也可以在人民法院受理破产申请后、宣告破产前，向人民法院申请和解。

▶ 2. 和解协议的通过及生效

债务人申请和解，应当提出和解协议草案。人民法院经审查认为和解申请符合法律规定的，应当受理其申请，裁定和解，予以公告，并召集债权人会议讨论和解协议草案。和解程序对就债务人特定财产享有担保权的权利人无约束力，该权利人自人民法院裁定和解之日起可以对担保物行使权利。

债权人会议通过和解协议的，由人民法院裁定认可，终止和解程序，并予以公告。管理人应当向债务人移交财产和营业事务，并向人民法院提交执行职务的报告。

和解协议草案经债权人会议表决未获得通过，或者已经债权人会议通过的和解协议未获得人民法院认可的，人民法院应当裁定终止和解程序，并宣告债务人破产。

和解协议生效必须同时具备两个条件：和解协议草案的内容必须由债权人会议表决通过；债权人会议通过的和解协议必须经人民法院认可并发布公告。

▶ 3. 和解协议的效力

经人民法院裁定认可的和解协议，对债务人和全体和解债权人均有约束力。和解债权人对债务人的保证人和其他连带债务人所享有的权利，不受和解协议的影响。

债务人不能执行或者不执行和解协议的，人民法院经和解债权人请求，应当裁定终止和解协议的执行，并宣告债务人破产。和解协议只具有程序法上的意义，没有强制执行的效力。按照和解协议减免的债务，自和解协议执行完毕时起，债务人不再承担清偿责任。人民法院受理破产申请后，债务人与全体债权人就债权债务的处理自行达成协议的，可以请求人民法院裁定认可，并终结破产程序。

第六节 破产清算程序

一、破产宣告

破产宣告是指法院依据当事人的申请或法定职权裁定宣布债务人破产以清偿债务的活动。人民法院依法宣告债务人破产，应当自裁定做出之日起5日内送达债务人和管理人，自裁定做出之日起10日内通知已知的债权人，并予以公告。

根据我国《企业破产法》第一百〇八条规定："破产宣告前，有下列情形之一的，人民法院应当裁定终结破产程序，并予以公告：①第三人为债务人提供足额担保或者为债务人清偿全部到期债务的；②债务人已清偿全部到期债务的"。对破产人的特定财产享有担保权的权利人，对该特定财产享有优先受偿的权利。该债权人行使优先受偿权利未能完全受偿的，其未受偿的债权作为普通债权；放弃优先受偿权利的，其债权作为普通债权。

破产宣告的法律后果如下。

（1）破产宣告对于破产案件，意味着破产案件转入破产清算程序。在破产案件受理后，破产宣告以前，债务人还可以通过和解或者其他方式（如取得担保，在短期内清偿债务）而避免破产清算。而一旦破产宣告，则破产案件不可逆转地进入清算程序。

（2）对债务人而言，破产宣告意味着债务人成为破产人；债务人财产成为破产财产；债务人丧失对财产和事务的管理权；债务人的法定代表人承担与清算有关的法定义务。

（3）对债权人而言，破产宣告意味着未到期的债权视为到期；有财产担保的债权人可以随时由担保物获得清偿；对破产企业负有债务的债权人享有破产抵消权；无担保债权人依破产分配方案获得清偿。

（4）对第三人而言，破产宣告后，破产人占有的属于他人的财产，其权利人有权取回。破产人的债务人，应当向清算组清偿债务。持有破产人财产的人，应当向清算组交付财产。破产人的开户银行，应当将破产人银行账户供清算组专用。

二、破产清算

（一）变价

在破产宣告后，管理人应当及时拟订破产财产变价方案，提交债权人会议讨论。管理人应当按照债权人会议通过的或者人民法院依法裁定的破产财产变价方案，适时变价出售破产财产。

变价出售破产财产应当通过拍卖的方式进行，但债权人会议另有决议的除外。破产企业可以全部或者部分变价出售。企业变价出售时，可以将其中的无形资产和其他财产单独变价出售。按照国家规定不能拍卖或者限制转让的财产，应当按照国家规定的方式处理。

(二) 分配

破产财产在优先清偿破产费用和共益债务后，依照下列顺序清偿。

(1) 破产人所欠职工的工资和医疗、伤残补助、抚恤费用，所欠的应当划入职工个人账户的基本养老保险、基本医疗保险费用，以及法律、行政法规规定应当支付给职工的补偿金。

(2) 破产人欠缴的除前项规定以外的社会保险费用和破产人所欠税款。

(3) 普通破产债权。破产财产不足以清偿同一顺序的清偿要求的，按照比例分配。破产企业的董事、监事和高级管理人员的工资按照该企业职工的平均工资计算。

管理人应当及时拟订破产财产分配方案，提交债权人会议讨论。破产财产分配方案应当载明下列事项。

(1) 参加破产财产分配的债权人名称或者姓名、住所。

(2) 参加破产财产分配的债权额。

(3) 可供分配的破产财产数额。

(4) 破产财产分配的顺序、比例及数额。

(5) 实施破产财产分配的方案。债权人会议通过破产财产分配方案后，由管理人将该方案提请人民法院裁定认可。经人民法院裁定认可后的破产财产分配方案，由管理人执行。管理人按照破产财产分配方案实施多次分配的，应当公告本次分配的财产额和债权额。管理人实施最后分配的，应当在公告中指明，并载明法律规定的事项。

债权人自最后分配公告之日起满2个月仍不领取的，视为放弃受领分配的权利，管理人或者人民法院应当将提存的分配额分配给其他债权人。

对于附生效条件或者解除条件的债权，管理人应当将其分配额提存。根据法律规定，债权人获得破产财产分配权利的最终期间为最后分配公告日。在最后分配公告日，生效条件未成就或者解除条件成就的，提存的分配额应当分配给其他债权人；在最后分配公告日，生效条件成就或者解除条件未成就的，提存的分配额应当支付给债权人。

破产财产分配时，对于诉讼或者仲裁未决的债权，管理人应当将其分配额提存。自破产程序终结之日起满两年仍不能受领分配的，人民法院应当将提存的分配额分配给其他债权人。

在破产财产分配完毕之日起2年内，发现其他可供分配的破产财产时，可由人民法院进行追加分配。追加分配一般是发生了《企业破产法》第31、32、33条规定的行为后，破产管理人可以通过人民法院行使撤销权，行为无效后将追回的财产并入破产财产，由破产债权人按照原来的分配比例和分配顺序进行追加分配；在破产分配终结之日起2年内，发现破产人有可供分配的其他财产时，也应当进行追加分配。

三、破产程序终结

破产程序因下列情况终结。

(1) 债务人财产不足以支付破产费用或者债务人无财产可供分配的。

(2) 受理破产案件后，债务人与债权人就债权债务的处理自行达成协议的。

(3) 第三人为债务人提供足额担保或者为债务人清偿全部到期债务的。

(4) 破产财产分配完毕的。

破产管理人在最后分配完结后，应当及时向人民法院提交破产财产分配报告，并提请人民法院裁定终结破产程序。人民法院应当自收到破产管理人终结破产程序的请求之日起15日内做出是否终结破产程序的裁定。裁定终结破产程序的，应当予以公告，破产程序终结。

破产管理人应当自破产程序终结之日起10日内，持人民法院终结破产程序的裁定，向破产人的原登记机关办理注销登记。破产管理人于办理注销登记完毕的次日终止执行职务。但是，存在诉讼或者仲裁未决情况的除外。

四、破产的法律责任

破产法律责任，指因造成企业破产或违反《企业破产法》的规定所应承担的法律责任。

对于一般企业来说，它首先是市场中的债务人，应该强调企业，尤其是其董事、监事或者高级管理人员的破产责任，否则将导致企业信用丧失。针对这种情况，《企业破产法》对破产责任做出了规定，并且和《公司法》《证券法》规定的董事、监事、高管人员应尽的注意义务、勤勉尽责义务，《刑法》修正案（六）规定的虚假破产罪，都实现了对应。企业的董事、监事等经营管理人员因为失职而致使企业破产的，将被追究刑事责任、民事责任、行政责任。《企业破产法》第六条明确规定："依法追究破产企业经营管理人员的法律责任。"第一百十五条也规定："企业董事、监事或者高级管理人员违反忠实义务、勤勉义务，致使所在企业破产的，依法承担民事责任。此外，有前款规定情形的人员，自破产程序终结之日起2年内不得担任任何企业的董事、监事、高级管理人员。"

同时，对于违反《企业破产法》的规定也明确了责任，主要规定有：有义务列席债权人会议的债务人的有关人员，经人民法院传唤，无正当理由拒不列席债权人会议的，人民法院，可以拘传，并依法处以罚款；债务人的有关人员违反本法规定，拒不陈述、回答，或者作虚假陈述、回答的，人民法院可以依法处以罚款；债务人违反破产法规定，拒不向人民法院提交或者提交不真实的财产状况说明、债务清册、债权清册、有关财务会计报告以及职工工资的支付情况和社会保险费用的缴纳情况的，人民法院可以对直接责任人员依法处以罚款；债务人违反本法规定，拒不向管理人移交财产、印章和账簿、文书等资料的，或者伪造、销毁有关财产证据材料而使财产状况不明，人民法院可以对直接责任人员依法处以罚款。

复习思考题

一、单项选择题

1. 根据破产法的有关规定，人民法院受理破产案件后，对债务人财产的其他民事执行程序所带来的法律后果是（　　）。
   A. 中止执行　　　　　　　　　　B. 继续执行
   C. 终结执行　　　　　　　　　　D. 与破产程序合并执行
2. 根据企业破产法律制度的规定，在破产程序中，有关当事人对人民法院做出的下列裁定，可以上诉的是（　　）。
   A. 不予受理破产申请的裁定　　　B. 宣告企业破产的裁定
   C. 认可破产财产分配方案的裁定　D. 终结破产程序的裁定

3. 人民法院受理破产申请后，管理人接管债务人的财产之前，对于已经开始而尚未终结的有关债务人的民事诉讼或者仲裁，下列说法正确的是（　　）。
   A. 应当中止
   B. 继续进行
   C. 移交到受理破产案件的人民法院继续审理
   D. 终结审理
4. 人民法院裁定受理破产申请，下列做法错误的是（　　）。
   A. 人民法院裁定受理破产申请的，应当同时指定管理人
   B. 人民法院受理破产申请后，有关债务人财产的保全措施不应解除
   C. 人民法院应当自裁定受理破产申请之日起 25 日内通知已知债权人，并予以公告
   D. 人民法院受理破产申请后，债务人对个别债权人的债务清偿无效
5. 下列有关管理人产生方式和组成的说法中，正确的是（　　）。
   A. 管理人由债权人会议依法指定
   B. 管理人可以由依法设立的律师事务所担任
   C. 因故意犯罪受过刑事处罚但已经刑满释放的人可以担任管理人
   D. 破产企业的法定代表人可以担任管理人
6. 人民法院裁定受理破产申请的，应当（　　）指定管理人。
   A. 在受理之日起 5 日内　　　　B. 同时
   C. 在受理之日起 7 日　　　　　D. 在受理之日起 15 日
7. 重整期间，管理人负责管理财产和营业事务的，可以聘任（　　）的经营管理人员负责营业事务。
   A. 债权人　　　B. 第三人　　　C. 债务人　　　D. 法院

二、多项选择题

1. 下列有关破产申请受理后的法律效力，说法正确的是（　　）。
   A. 债务人对个别债权人的债务清偿无效
   B. 有关债务人财产的保全措施应当解除，执行程序中止
   C. 已经开始尚未终结的有关债务人的民事诉讼或仲裁应当中止
   D. 债务人的债务人或财产持有人应当向原债务人清偿债务或交付财产
2. 下列各项中属于共益债务的是（　　）。
   A. 因管理人请求对方当事人履行双方均未履行完毕的合同所产生的债务
   B. 因债务人请求对方当事人履行双方均未履行完毕的合同所产生的债务
   C. 债务人因无因管理所产生的债务
   D. 债务人财产受无因管理所产生的债务
3. 下列各项中，属于债权人会议职权的是（　　）。
   A. 决定是否通过和解协议
   B. 核查债权
   C. 讨论通过破产财产的变价和分配方案
   D. 指定破产管理人
4. 根据《破产法》的规定，下列各项中，可以作为破产费用从破产财产中优先拨付的有（　　）。

A. 破产案件的诉讼费用
B. 管理人聘请工作人员的费用
C. 管理人执行职务的费用
D. 破产财产的拍卖费用

5. 在重整期间，除特殊情况外，下列表述符合《企业破产法》规定的有（　　）。
   A. 对债务人的特定财产享有的担保权应暂停行使
   B. 债务人的出资人不得请求投资收益的分配
   C. 债务人的董事、监事、高级管理人员不得要求发放其报酬
   D. 债务人的董事、监事、高级管理人员不得向第三人转让其所持有的债务人的股权

6. （　　）可以向人民法院申请破产清算。
   A. 债务人　　　　　　　　　　B. 债权人
   C. 负有清算责任的人　　　　　D. 任何人

7. 管理人由（　　）产生。
   A. 债务人申请　　　　　　　　B. 债权人申请
   C. 债务人指定　　　　　　　　D. 人民法院指定

8. 债务人的（　　）、（　　）和（　　）利用职权从企业获取的非正常收入和侵占的企业财产，管理人应当追回。
   A. 董事　　　　　　　　　　　B. 经理
   C. 监事　　　　　　　　　　　D. 高级管理人员

9. 经人民法院裁定认可的和解协议，对（　　）和（　　）均有约束力。
   A. 债务人　　　　　　　　　　B. 债权人
   C. 全体和解债权人　　　　　　D. 第三人

三、判断题

1. 管理人接管债务人的内部管理事务。（　　）
2. 债务人财产不足以支付破产费用或者债务人无财产可供分配的，破产程序终结。（　　）
3. 债务人申请和解，可以提出和解协议草案。（　　）
4. 债权人委员会履行职务时，有权要求管理人、债务人的有关人员对其职权范围内的事务做出说明或者提供有关文件。（　　）
5. 破产案件的诉讼费用不包括在破产费用中。（　　）

四、案例分析题

某国有企业因经营管理不善，依法被人民法院宣告破产。经管理人确认：该企业的全部财产变价收入为300万元；向建设银行信用贷款66万元；其他债权合计300万元；欠职工工资和法定补偿金65万元，欠税款35万元；管理人查明法院受理案件前3个月无偿转让作价为80万元的财产（不包括在以上变价收入中）；破产费用共30万元。

问题：本案中，建设银行可以得到多少清偿款？

第六章 合同法

> **学习目标**
> 1. 了解合同的概念和特征;熟悉合同分类,掌握合同法的基本原则。
> 2. 熟悉合同的订立过程,掌握合同的内容和形式,掌握要约和承诺的概念及生效条件;掌握合同的成立的时间和地点;熟悉缔约过失责任。
> 3. 掌握有效合同、无效合同、可撤销合同、效力待定合同的基本内容和法律效力。
> 4. 熟悉合同履行的基本原则,掌握合同履行的抗辩权。
> 5. 了解合同变更、转让、解除、终止等概念及相应条件。
> 6. 理解违约责任、免责事由、不可抗力等概念,掌握承担违约责任的方式。

第一节 合同法概述

一、合同的概念和特征

(一)合同的概念

《中华人民共和国合同法》(以下简称《合同法》)规定,合同是指平等主体的自然人、法人、其他组织之间设立、变更、终止民事权利义务关系的协议。即民事合同。非民事性质的行政关系中的权利、义务不属于民事合同的内容。同时,有关身份关系的协议,如婚姻、收养、监护等,也不由合同法调整,民事合同的内容实际就是民事财产关系中的债权债务关系。

(二)合同的法律特征

合同具有以下法律特征。

(1)合同当事人的法律地位平等,在合同关系中是不存在领导与被领导、命令和服从的关系的。

(2)合同是设立、变更或终止民事权利义务关系的协议。

(3)合同是在当事人自愿基础上进行的民事法律行为,合同是双方或多方当事人意思表示一致的协议。

二、合同的分类

常见的合同分类如下。

(一) 有名合同和无名合同

以法律、法规是否对其名称做出明确规定为标准，分为有名合同和无名合同。有名合同是在法律上已经确定了一定的名称和特定规则的合同。无名合同是法律上没有确定一定名称，又没有做出特别规定的合同，例如：《合同法》按照合同业务性质和权利义务内容的不同，将合同分为买卖合同，供用电、水、气、热力合同，赠与合同，借款合同，租赁合同，融资租赁合同，承揽合同，建设工程合同，运输合同，技术合同，保管合同，仓储合同，委托合同，行纪合同，居间合同15类有名合同。同时，《合同法》规定："其他法律对合同另有规定的，依照其规定""本法分则或者其他法律没有明确规定的合同，适用本法总则的规定，并可以参照本法分则或者其他法律最相类似的规定"。说明《合同法》也承认无名合同和其他特别法上的债权合同。

(二) 双务合同和单务合同

根据合同当事人各方权利义务的分担方式不同，分为双务合同和单务合同。双务合同是指合同各方当事人相互享有权利，相互负有义务的合同，例如买卖合同、租赁合同等；单务合同是指合同当事人一方只负有义务而不享有权利，另一方只享有权利而不负担义务的合同，如借用合同。

(三) 诺成合同和实践合同

按照是否尚需交付标的物才能成立为标准，分为诺成合同和实践合同。诺成合同是指当事人双方意思表示一致即可成立的合同，也称不要物合同。绝大多数合同都是诺成合同。实践合同是指除了当事人双方意思表示一致以外，还需要有一方当事人实际交付标的物的行为才能成立的合同，也称要物合同。保管合同、借用合同、定金合同等都属于实践合同。

(四) 要式合同和不要式合同

根据合同的成立是否需要特定的形式，分为要式合同和不要式合同。要式合同是指需要采取特定形式才能成立的合同。通常包括采用书面形式以及批准和登记手续等。例如，《合同法》规定，租赁期限6个月以上的租赁合同应当采用书面形式。非要式合同指某一合同的成立不需要采用特定方式。

(五) 主合同和从合同

按照合同相互间的主从关系，分为主合同和从合同。主合同是指不依赖其他合同的存在为前提，能够独立存在的合同。从合同是指不能单独存在的，必须以主合同的存在为前提的合同，也称为"附属合同"，如担保合同。

三、合同法

(一) 合同法的立法概况

合同法是调整平等主体之间商品交换关系的法律，它主要规范合同的订立、合同的有效和无效及合同的履行、变更、解除、保全、违反合同的责任等问题。涉及婚姻、收养、监护等有关身份关系的协议，不属于《合同法》调整的范围。劳动合同适用《劳动合同法》。《中华人民共和国合同法》于1999年3月15日第九届全国人民代表大会第二次会议通过、自 1999 年 10 月 1 日起施行。

（二）合同法的基本原则

▶ 1. 平等原则

《合同法》第 3 条规定："合同当事人的法律地位平等，一方不得将自己的意志强加给另一方。"合同当事人法律地位是平等的，没有高低从属之分，不存在命令者与被命令者、管理者与被管理者。不论所有制性质、经济实力强弱，合同当事人都应当平等地享有权利、履行义务并承担责任。

▶ 2. 合同自由原则

是贯彻合同活动整个过程的基本原则，在不违反强制性法律规范和社会公共利益的基础上，当事人依法享有自愿订立合同的权利，任何单位和个人不得非法干预。

▶ 3. 公平原则

《合同法》第 5 条规定："当事人应当遵循公平原则确定各方的权利和义务。"以利益均衡作为价值判断标准，强调双方负担和风险的合理分配。具体包括以下内容。

（1）在订立合同时，应当遵循公平原则确定双方的权利和义务，不得滥用权力，不得欺诈，不得假借订立合同恶意进行磋商。

（2）根据公平原则确定风险的合理分配。显失公平的合同一方当事人有变更或者撤销合同的权利。

（3）根据公平原则确定违约责任。限制合同免责条款和格式条款的效力。

▶ 4. 诚实信用原则

要求当事人在合同的各个阶段，甚至在合同关系终止以后，都应当严格依据诚实信用原则行使权利和履行义务。善意履行合同，不得滥用权力及规避法律和合同规定的义务。由于诚实信用原则内容抽象，范围宽泛，有利于法官自由裁量以弥补法律的漏洞和不确定性，因此被称为"帝王规则"。

▶ 5. 公序良俗原则

该原则要求当事人在订立和履行合同时，应当遵守法律、行政法规，尊重社会公德，不得扰乱社会经济秩序，损害社会公共利益。

第二节 合同的订立

一、合同订立的概念和条件

合同的订立是指两个或两个以上的当事人，依法就合同主要条款经过协商一致达成协议的法律行为（动态过程）。合同订立的积极后果是合同成立，合同成立是指当事人通过要约和承诺的方式对合同主要内容已经达成合意（静态客观状态）。依法成立的合同，原则上自成立时生效；但法律、行政法规规定应当办理批准、登记手续生效的合同，则自批准、登记时生效，当事人对合同的效力可以附条件或者附期限。合同生效是已经成立的合同具有法律约束力（主观价值评判）。

合同订立须具备以下条件。

（1）订约主体存在双方或多方当事人。

(2) 依法进行。
(3) 当事人必须就合同的主要条款协商一致。
(4) 应具备要约和承诺阶段。

当事人依法订立合同，经意思表示一致，便形成各个合同条款，构成合同的内容。合同条款固定了当事人各方的权利义务，成为法律关系意义上的合同的内容。

二、合同的内容

（一）合同的主要条款

合同的条款是合同中经双方当事人协商一致，规定双方当事人权利义务的具体条文。合同当事人的权利义务，除法律规定的以外，主要由合同的条款确定。合同的条款是否齐备、准确，决定了合同能否成立、生效及能否顺利履行、实现。由于合同的类型和性质不同，合同的主要条款可能有所不同。合同的内容由当事人约定，一般应当包括以下条款：①当事人的名称或者姓名和住所；②标的；③数量；④质量；⑤价款或者报酬；⑥履行期限、地点和方式；⑦违约责任；⑧解决争议的方法。

除上述条款外，当事人可以根据需要，在合同中加入其他条款。当然，并非每一个合同都需要具备上述8个条款，通常具备了当事人名称或者姓名、标的和数量的合同，即可认定合同成立。

（二）格式条款

格式条款是当事人为了重复使用而预先拟定，并在订立合同时未与对方协商的条款。在订立合同时，对方当事人只能表示同意或者不同意，格式条款提供方往往利用自己所处的优势地位，损害对方的利益。《合同法》对于格式条款的规制主要表现在如下三个方面。

▶ 1. 格式条款提供方的义务

(1) 提示义务，即采用格式条款订立合同的提供格式条款的一方应当遵循公平原则确定当事人之间的权利和义务。并在合同订立时采用足以引起对方注意的文字、符号、字体等特别标识或者采取其他合理的方式提请对方注意免除或者限制其责任的条款，提供格式条款的一方未履行提示义务，导致对方没有注意免除或者限制其责任的条款，对方当事人有权申请撤销该格式条款。

(2) 说明义务，即格式条款提供方应按照对方的要求，对该条款予以说明。

▶ 2. 格式条款的无效情形

(1) 提供格式条款一方免除其责任中，加重对方责任，排除对方主要权利的条款无效。

(2) 格式条款具有《合同法》第52条规定的情形时无效，包括：一方以欺诈、胁迫的手段订立合同，损害国家利益；恶意串通，损害国家、集体或者第三人利益；以合法形式掩盖非法目的；损害社会公共利益；违反法律、行政法规的强制性规定。

(3) 格式条款具有《合同法》第53条规定的免责条款情形的无效，包括：造成对方人身伤害的；因故意或者重大过失造成对方财产损失的。

▶ 3. 格式条款解释的特别规制

对格式条款的理解发生争议的，应当按通常理解予以解释。对格式条款有两种以上解释的，应当做出不利于提供格式条款一方的解释。格式条款和非格式条款不一致的，应当采用非格式条款。

三、合同的形式

合同形式需要兼顾交易安全和交易便捷。《合同法》规定，当事人订立合同有口头形式、书面形式和其他形式。法律、行政法规规定采用书面形式的，应当采用书面形式。当事人约定采用口头形式的，应当采用口头形式。

（一）口头形式

口头形式即当事人以口头交流为意思表示订立合同。口头交流方式可以是面谈、电话、手语、网络视频等。口头合同简便易行，在日常生活中经常采用，但缺点是发生合同纠纷时难以取证，不易分清责任，较适合即时结清的合同。

（二）书面形式

书面形式是当事人以文字形式记载合同内容的合同形式，如合同书、来往函件、电报、电传及传真等。随着网络技术发展，如电子邮件、QQ、阿里旺旺聊天记录、网络空间留言等也属于书面形式。书面形式最大的优点就是合同有据可查，发生纠纷时容易举证，便于分清责任，对于关系复杂、履行期限长、标的大的合同，宜采用书面形式。

（三）其他形式

其他形式是指通过当事人实施某种作为或者不作为的民事行为方式能够推定双方有订立合同意思表示的形式。前者是明示意思表示的一种，如顾客到自选商场购买商品，直接到货架上拿取商品，支付价款后合同即成立，无须以口头或书面形式确立双方的合同关系。后者是默示意思表示方式，如存在长期供货业务关系的企业之间，一方当事人在收到与其素有业务往来的相对方发出的订货单或提供的货物时，如不及时向对方表示拒绝接受，则推定为同意接受。但不作为的意思表示只有在有法定或约定、存在交易习惯的情况下，才可视为同意的意思表示。

四、合同订立的程序

订立合同，是合同当事人不断协商，就合同的主要条款达成合意的过程。合意过程通常要经过要约邀请、要约、反要约、承诺四个环节，某些合同只需经过要约和承诺两个阶段。

（一）要约

要约也叫发盘，是当事人一方以订立合同为目的，就合同的主要条款向另一方提出建议的意思表示。发出要约的人是要约人，接受要约的人为受要约人或相对人。

▶ 1. 要约应具备的条件

（1）内容具体确定。要约的内容必须具有足以使合同成立的主要条件，包括合同主要条款，如标的、数量、质量、价款或者报酬、履行期限、地点和方式等，一经受要约人承诺，合同即可成立。如果要约内容含混不清，不具备合同最基本的要素，即使受要约人承诺，也会因缺乏合同的主要条件而使合同无法成立。

（2）要约必须向特定的受要约人发出。发出要约的目的在于订立合同，要约人必须是能够确定的；受要约人一般也是特定的，但在一些场合，要约人也可以向不特定人发出要约。如商店中标明价格的商品销售、悬赏广告等，就是向不特定的顾客发出的要约。

（3）表明经受要约人承诺，要约人即受该意思表示约束，合同即告成立。

【案例】丙公司在其运营中的咖啡自动售货机上载明"每杯一元"，该行为是否属于要约？

【解析】自动售货装置出售商品明码实价且正在出售，符合要约的两个条件（内容具体确定，一经接受即受约束），属于要约，是向不特定的顾客发出的要约。

2. 要约邀请及反要约

要约邀请是希望他人向自己发出要约的意思表示,是订立合同的准备行为,不因相对人的回应而成立合同,因此又称为要约引诱。《合同法》规定,寄送的价目表、拍卖公告、招标公告、招股说明书、商业广告等为要约邀请。但商业广告的内容符合要约规定的,视为要约。

反要约是指受要约人对要约内容做了变更的意思表示。基于受要约人对要约变更的内容的不同,反要约可以分为实质性变更型反要约和非实质性变更型反要约。实质性变更型反要约构成一个新的要约,而非实质性变更型反要约基于要约人的意思,即要约人不表示反对,该反要约可以转化为"承诺",如果要约人及时表示反对,该反要约构成一个"新要约"。

3. 要约生效时间

要约到达受要约人时生效。采用数据电文形式订立合同,收件人指定特定系统接收数据电文的,该数据电文进入该特定系统的时间,视为到达时间;未指定特定系统的,该数据电文进入收件人的任何系统的首次时间,视为到达时间。要约到达受要约人,并不是指要约一定实际送达到受要约人或者其代理人手中,要约只要送达到受要约人通常的地址、住所或者能够控制的地方(如信箱等)即为送达。反之,即使在要约送达受要约人之前,受要约人已经知道其内容,要约也不生效。

要约发出后,受要约人有承诺或不承诺的权利(不承诺无须答复要约人)。为了保护受要约人承诺的权利,法律要求要约人必须接受要约的约束,即不得随意撤销或撤回要约。

4. 要约的撤回、撤销

法律规定要约可以撤回,原因在于这时要约尚未发生法律效力,撤回要约不会对受要约人产生任何影响,也不会对交易秩序产生不良影响。要约撤回是指要约在发出后、生效前,要约人使要约不发生法律效力的意思表示。由于要约在到达受要约人时即生效,因此,撤回要约的通知应当在要约到达受要约人之前或者与要约同时到达受要约人。

要约可以撤销,撤销要约的通知应当在受要约人发出承诺通知之前到达受要约人。也就是说,要约已经到达受要约人,在受要约人做出承诺之前,要约人可以撤销要约。由于撤销要约可能会损害受要约人的利益,《合同法》第19条规定两种不得撤销要约的情形:①要约人确定了承诺期限或者以其他形式明示要约不可撤销;②受要约人有理由认为要约是不可撤销的,并已经为履行合同做了准备工作。

5. 要约的失效

要约失效是指要约丧失法律效力,即要约人与受要约人均不再受其约束,要约人不再承担接受承诺的义务,受要约人也不再享有通过承诺使合同得以成立的权利。要约失效的原因有:①拒绝要约的通知到达要约人;②要约人依法撤销要约;③承诺期限届满,受要约人未做出承诺;④受要约人对要约的内容做出实质性变更。

(二)承诺

承诺是受要约人同意要约的意思表示。

1. 承诺成立条件

(1)承诺必须由受要约人做出。如由代理人做出承诺,则代理人须有合法的委托手续。

(2)承诺必须向要约人做出。根据《合同法》第22条的规定,承诺原则上应采取通知方式,但根据交易习惯或者要约表明可以通过行为作出承诺的除外。默示或者不作为不能构成有效的承诺。

(3) 承诺的内容必须与要约的内容一致,这是承诺最实质性的要件。承诺是对要约实质性内容的完全接受。要约的实质性内在是指有关合同标的、数量、质量、价款或者报酬、履行期限、履行地点和方式、违约责任和解决争议方法等方面的内容,如果受要约人对上述内容加以变更,便构成对要约内容的实质性变更。受要约人对要约的内容做出实质性变更的,为新要约。

(4) 承诺必须在有效期限内做出。

▶ 2. 承诺的效力

承诺通知到达要约人时生效。承诺不需要通知的,根据交易习惯或者要约的要求做出承诺的行为时生效。采用数据电文形式订立合同的,承诺到达的时间同上述要约到达时间的规定相同。

承诺也可以撤回。承诺的撤回是指受要约人阻止承诺发生法律效力的意思表示。撤回承诺的通知应当在承诺通知到达要约人之前或者与承诺通知同时到达要约人。

▶ 3. 承诺迟到

承诺的迟到,即因迟发而迟到,是指受要约人超过承诺期限发出承诺。原则上要约人将其视为新要约,除非要约人及时通知受要约人该承诺有效。

五、合同的成立的时间和地点

(一) 合同的成立的时间

(1) 口头订立合同的,受要约人当即承诺,合同即告成立。

(2) 当事人采用合同书形式订立合同的,自双方当事人签字或者盖章时合同成立。在签字或者盖章之前,当事人一方已经履行主要义务,对方接受的,该合同成立。

(3) 当事人采用信件、数据电文等形式订立合同的,可以在合同成立之前要求签订确认书。签订确认书时合同成立。

(4) 法律、行政法规规定或者当事人约定采用书面形式订立合同,当事人未采用书面形式但一方已经履行主要义务,对方接受的,该合同成立。

(5) 当事人签订要式合同的,以法律、行政法规的特殊形式或手续要求完成的时间为合同成立时间。

(二) 合同的成立的地点

承诺生效的地点为合同成立的地点。采用数据电文形式订立合同的,收件人的主营业地为合同成立的地点;没有主营业地的,其经常居住地为合同成立的地点。当事人另有约定的,按照其约定。当事人采用合同书形式订立合同的,双方当事人签字或者盖章的地点为合同成立的地点。

六、缔约过失责任

缔约过失责任,指在合同订立过程中,因一方当事人的违背诚实信用原则给对方造成信赖利益损失所应承担的民事责任。

当事人在订立合同过程中有下列情形之一,给对方造成损失的,应当承担损害赔偿责任。

(1) 假借订立合同,恶意进行磋商。

(2) 故意隐瞒与订立合同有关的重要事实或者提供虚假情况。

(3) 有其他违背诚实信用原则的行为。

第三节 合同的效力

合同的效力,指合同在法律上的约束力。有效合同对当事人具有法律约束力,国家法律予以保护,当事人应当按照约定履行自己的义务,不得擅自变更或解除合同。无效合同不具有法律约束力。《合同法》就合同效力问题规定了有效合同、无效合同、可撤销合同、效力待定合同等四种情况。

一、合同的生效

合同的生效是指合同具备一定的要件后,便产生法律上的效力。合同生效后,其效力主要体现在以下几个方面。

(1) 在当事人之间产生法律效力。合同一旦生效成立,当事人应当依合同的规定,享受权利、承担义务。

(2) 对当事人以外的第三人产生法律约束力。合同生效成立后,任何单位或个人都不得侵犯当事人的合同权利,不得非法阻挠当事人履行义务。

(3) 当事人如果违反合同,就必须依法和依约承担相应的法律责任,另一方当事人可以要求司法机关采取强制措施要求违约方承担责任、履行义务。

(一) 合同的生效要件

根据《民法通则》第 55 条的规定,一般合同生效必须具备三个条件。

(1) 行为人具有相应的民事行为能力。对于自然人而言,原则上须有完全行为能力,限制行为能力和无行为能力人不得亲自签订合同,而应由其法定代理人代为签订。

(2) 行为人意思表示真实,即行为人的行为应当真实地反映其内心的想法。

(3) 不违反法律或社会公共利益,即当事人签订的合同从目的到内容都不能违反我国现行的法律、行政法规中的强制性规定,不能违背社会公德、扰乱社会公共秩序、损害社会公共利益。

(二) 合同的生效时间

依法成立的合同自成立时生效。

▶ 1. 一般合同

一般合同在当事人之间产生法律效力。一旦合同成立生效后,当事人应当依合同的规定,享受权利,承担义务。当事人依法受合同的拘束,是合同的对内效力。当事人必须遵循合同的规定,依诚实信用的原则正确、完全地行使权利和履行义务,不得滥用权力,违反义务。在客观情况发生变化时,当事人必须依照法律或者取得对方的同意,才能变更或解除合同。

▶ 2. 批准、登记生效的合同

法律、行政法规规定应当办理批准、登记等手续生效的,自批准、登记时生效。

▶ 3. 附条件的合同

当事人对合同的效力可以约定附条件。附生效条件的合同,自条件成就时生效。附解除条件的合同,自条件成就时失效。当事人为自己的利益不正当地阻止条件成就的,视为条件已成就;不正当地促成条件成就的,视为条件不成就。

▶ 4. 附期限的合同

当事人对合同的效力可以约定期限。附生效期限的合同，自期限届至时生效。附终止期限的合同，自期限届满时失效。

二、无效合同

（一）无效合同的概念

无效合同是指合同虽然已经成立，但因其在内容和形式上违反了法律、行政法规的强制性规定和社会公共利益，不被法律承认和保护的合同。无效合同自订立时起就不具有法律效力，如行为人订立买卖假酒的合同，任何人均可以主张合同无效。

（二）无效合同的类型

根据《合同法》等有关法律、法规的规定，有下列情形之一的，合同无效。

（1）一方以欺诈、胁迫的手段订立合同，损害国家利益。所谓欺诈，就是故意隐瞒真实情况或故意告知对方虚假的情况，欺骗对方，诱使对方作出错误的意思表示而与之订立合同。胁迫是指行为人以将要发生的损害或者以直接实施损害相威胁，使对方当事人产生恐惧而与之订立合同。

（2）恶意串通，损害国家、集体或者第三人利益。所谓恶意串通的合同，就是合同的双方当事人非法勾结，为牟取私利而共同订立的损害国家、集体或者第三人利益的合同。

（3）以合法形式掩盖非法目的，如通过合法的买卖、捐赠形式来达到隐匿财产、逃避债务的目的等，又称伪装合同。

（4）损害社会公共利益。

（5）违反法律、行政法规的强制性规定。强制性规定是指效力性强制性规定，而非管理性强制性规定。

《合同法》规定，合同中的下列免责条款无效：造成对方人身伤害的；因故意或者重大过失造成对方财产损失的。

【案例】甲被乙打成重伤，支付医药费5万元。甲与乙达成如下协议："乙向甲赔偿医药费5万元，甲不得告发乙。"甲获得5万元赔偿后，向公安机关报案，后乙被判刑。该协议是否有效。

【解析】甲被乙打成重伤，该案件并不属于告诉才处理的刑事案件，甲乙双方就乙的刑事责任不得"私了"，甲乙关于"甲不得告发乙"的约定因违反了法律的强制性规定而归于无效；乙将甲打成重伤，乙的行为在构成犯罪行为的同时，也是一种侵权行为，乙应承担侵权损害赔偿责任，甲乙关于双方之间赔偿问题的约定是民事主体对自己权利的处分，并未违反法律的强制性规定，也不存在乘人之危的问题，应认定为有效。因此，甲乙之间的协议部分有效（"乙向甲赔偿医疗费5万元"），部分无效（"甲不得告发乙"）。

（三）无效合同的确认和处理

合同的无效由人民法院或仲裁机构确认。合同被确认无效后，财产后果有三种处理方式。

▶ 1. 返还财产

因该合同取得的财产，应当予以返还；不能返还或者没有必要返还的，应当折价补偿。

▶ 2. 赔偿损失

有过错的一方应当赔偿对方因此所受到的损失，双方都有过错的，应当各自承担相应的责任。

> 3. 收归国家所有

当事人恶意串通，损害国家、集体或者第三人利益的，因此取得的财产收归国家所有或者返还集体、第三人。

三、可变更、可撤销合同

(一) 可变更、可撤销合同的概念

可变更、可撤销合同，指因合同当事人订立合同时意思表示不真实，经有撤销权的当事人行使撤销权，使已经生效的合同归于无效的合同。法律允许撤销权人通过行使撤销或变更该合同，而使已经生效的合同归于消灭或合同内容发生变更。

(二) 可撤销合同的类型

> 1. 因重大误解订立的合同

因重大误解订立的合同是指行为人因对行为的性质、对方当事人、标的物的品种、质量、规格和数量等的错误认识，使行为的后果与自己的意思相悖，并造成较大损失的情形。

> 2. 显失公平的合同

显失公平的合同是指一方当事人利用优势或者利用对方没有经验，致使双方的权利与义务明显违反公平、等价有偿原则的情形。需注意的是，显失公平的合同在订立时就显失公平，而不是在合同履行过程中因合同当事人各自条件的变化而发生的不公平现象。

> 3. 受欺诈、胁迫而订立的不损害国家利益的合同或者乘人之危而订立的合同

欺诈是指一方当事人故意告知对方虚假情况，或者故意隐瞒真实情况，诱使对方当事人做出错误意思表示的情形。胁迫是指以非法的损害威胁他人，使其产生恐惧心理而做出意思表示的行为的情形。乘人之危是指一方当事人乘对方处于危难之机，为牟取不正当利益，迫使对方做出不真实的意思表示，严重损害对方利益的情形。

(三) 撤销权的行使

因重大误解订立的合同和因显失公平订立的合同的当事人任何一方，均有权请求变更或者撤销合同，且主要是误解方或受害方行使请求权；一方以欺诈、胁迫的手段或者乘人之危，使对方在违背真实意思的情况下订立的合同的受害方，有权请求人民法院或者仲裁机构变更或者撤销该合同。当事人请求变更的，人民法院或仲裁机构不得撤销。

由于撤销权的行使具有溯及力，被撤销的合同与无效合同一样，自始没有法律约束力。合同被撤销的，不影响合同中独立存在的有关解决争议方法的条款的效力。对因该合同取得的财产，应当予以返还。有过错的一方应当赔偿对方因此所受到的损失。双方都有过错的，应当各自承担相应的责任。

《合同法》规定，有下列情形之一的，撤销权消灭。

(1) 具有撤销权的当事人自知道或者应当知道撤销事由之日起1年内没有行使撤销权。

(2) 具有撤销权的当事人知道撤销事由后明确表示或者以自己的行为放弃撤销权。

四、效力待定合同

(一) 效力待定合同的概念

效力待定的合同是指合同虽然成立，但因其不完全符合生效要件的规定，导致其效力能否发生，尚未确定，一般须经有权人表示承认才能生效。

（二）效力待定合同的类型

▶ 1. 限制民事行为能力人订立的合同

经法定代理人追认后，该合同有效。订立合同作为一种民事法律行为，要求合同当事人具有相应的民事行为能力，限制民事行为能力人签订合同在主体资格上是有瑕疵的，因为当事人缺乏完全的缔约能力、签订合同的资格和处分能力。但如果是纯获利益的合同或者是与其年龄、智力、精神状况相适应而订立的合同，不必经法定代理人追认，合同当然有效。相对人也可以催告法定代理人在一个月内予以追认。法定代理人未做表示的，视为拒绝追认。合同被追认之前，善意相对人有撤销的权利。撤销应当以通知的方式做出。

▶ 2. 无权代理人订立的合同

行为人没有代理权、超越代理权或者代理权终止后以被代理人名义订立的合同，未经被代理人追认，对被代理人不发生效力，由行为人承担责任。相对人可以催告被代理人在一个月内予以追认。被代理人未做表示的，视为拒绝追认。合同被追认之前，善意相对人有撤销的权利。撤销应当以通知的方式做出。

▶ 3. 无处分权人订立的合同

无处分权的人处分他人财产，经权利人追认或者无处分权的人订立合同后取得处分权的，该合同有效。无处分权包括两种情况：一是行为人对处分的财产享有所有权，但是其处分权受到限制，使其不得处分其所有的财产；二是行为人对处分的财产没有所有权，只有占有权，因而没有对该财产的处分权。

无处分权人是以自己的名义处分财产，这是无权处分行为与无权代理行为的根本区别。无权处分是指无处分权人以自己的名义实施的民事行为，而无权代理是无代理权人以被代理人的名义实施的民事行为。如甲在未获得授权的情况下，出卖乙的物品给丙，如果甲是以乙的名义出卖的，构成无权代理行为；如果甲是以自己的名义出卖的，则构成无权处分行为。

【案例】甲公司业务经理乙长期在丙餐厅签单招待客户，餐费由公司按月结清。后乙因故辞职，月底餐厅前去结账时，甲公司认为，乙当月的几次用餐都是招待私人朋友，因而拒付乙所签单的餐费。请问甲公司是否应当付款？

【解析】《合同法》第49条规定："行为人没有代理权、超越代理权或者代理权终止后以被代理人名义订立合同，相对人有理由相信行为人有代理权的，该代理行为有效。"乙曾经是甲公司的业务经理，尽管乙已经辞职，但丙并不知情，丙有理由相信作为"业务经理"的乙有代理权，乙的行为构成表见代理，甲公司应当付款。

第四节　合同的履行

合同的履行是指合同生效后，双方当事人按照合同规定的各项条款，完成各自承担的义务和实现各自享受的权利，使双方当事人的合同目的得以实现的行为。当事人应当按照约定全面履行自己的义务。当事人应当遵循诚实信用原则，根据合同的性质、目的和交易习惯履行通知、协助、保密等义务。履行合同一般情况下表现为当事人的积极行为，但在特殊情况下，消极的不作为也是合同的履行。

一、合同履行的规则

（一）当事人就有关合同内容约定不明确时的履行规则

合同生效后，当事人就质量、价款或者报酬、履行地点等内容没有约定或者约定不明确的，可以协议补充；不能达成补充协议的，按照合同有关条款或者交易习惯确定；仍不能确定的，适用下列规定。

（1）质量要求不明确的，按照国家标准、行业标准履行；没有国家标准、行业标准的，按照通常标准或者符合合同目的的特定标准履行。

（2）价款或者报酬不明确的，按照订立合同时履行地的市场价格履行；依法应当执行政府定价或者政府指导价的，按照规定履行。

（3）履行地点不明确，给付货币的，在接受货币一方所在地履行；交付不动产的，在不动产所在地履行；其他标的在履行义务一方所在地履行。

（4）履行期限不明确的，债务人可以随时履行，债权人也可以随时要求履行，但应当给对方必要的准备时间。

（5）履行方式不明确的，按照有利于实现合同目的的方式履行。

（6）履行费用的负担不明确的，由履行义务一方负担。

（二）价格调整的合同履行规则

执行政府定价或政府指导价，在合同预定的交付期限内政府价格调整时，按照交付的价格计价。逾期交付标的物的，遇价格上涨时，按原价执行；价格下降时，按新价格执行。逾期提取标的物或者逾期付款的，遇价格上涨时，按照新价格执行；价格下降时，按照原价格执行。

（三）涉他合同的履行规则

一般情况下，履行合同的是合同双方当事人，但在特殊情况下也可以是当事人以外的第三人。涉他合同是指由合同以外的第三人代替合同当事人履行的合同。涉他合同有两种情况。

▶ 1. 向第三人履行债务的合同

当事人约定由债务人向第三人履行债务的，债务人未向第三人履行债务或履行债务不符合约定，应当向债权人承担违约责任。

▶ 2. 由第三人履行债务的合同

当事人约定由第三人向债权人履行债务的，第三人不履行债务或履行债务不符合约定，债务人应当向债权人承担违约责任。

（四）债务履行困难规则

债权人分立、合并或者变更住所没有通知债务人，致使履行债务发生困难的，债务人可以中止履行或者将标的物提存。

（五）提前履行规则

债权人可以拒绝债务人提前履行债务，但提前履行不损害债权人利益的除外。债务人提前履行债务给债权人增加的费用，由债务人负担。

（六）部分履行规则

债权人可以拒绝债务人部分履行债务，但部分履行不损害债权人利益的除外。债务人部分履行债务给债权人增加的费用，由债务人负担。

二、双务合同履行中的抗辩权

抗辩权是指在双务合同中，一方当事人在对方不履行或履行不符合约定时，依法对抗对方要求或否认对方权利主张的权利。《合同法》规定了同时履行抗辩权、先履行抗辩权和不安抗辩权三种抗辩权。

（一）同时履行抗辩权

同时履行抗辩权是指当事人互负债务，没有先后履行顺序的，应当同时履行。一方在对方履行之前有权拒绝其履行要求，一方在对方履行债务不符合约定时，有权拒绝其相应的履行要求。

同时履行抗辩权有五个适用条件。

（1）因同一双务合同互负债务。双方当事人因同一合同互负债务，在履行上存在关联性，形成对价关系，这是同时履行抗辩权成立的前提条件。单务合同（如赠与合同）和不真正的双务合同（如委托合同）不适用同时履行抗辩权。

（2）根据合同约定或合同性质，要求当事人同时履行合同义务，双方的履行没有先后顺序。

（3）双方债务已届清偿期。当事人行使抗辩权必须双方债务都已到清偿期，否则不存在同时履行抗辩的问题。

（4）一方当事人有证据证明应同时履行义务的对方当事人未履行或未适当履行合同。

（5）对方履行的可能性。如果对方已不可能履行，如标的物灭失，则当事人再向对方提出同时履行抗辩权就没有实际意义了，只能解除合同。

（二）先履行抗辩权

先履行抗辩权是指合同当事人互负债务，有先后履行顺序，先履行一方未履行的，后履行一方有权拒绝其履行要求。先履行一方履行债务不符合约定的，后履行一方有权拒绝其相应的履行要求。

先履行抗辩权有四个行使条件。

（1）当事人基于同一双务合同，互负债务。

（2）当事人的履行有先后顺序。

（3）应当先履行的当事人不履行合同或不适当履行合同。

（4）先履行抗辩权的行使人是履行义务顺序在后的一方当事人。

先履行抗辩权不是永久性的，它的行使只是暂时阻止了当事人请求权的行使。先履行一方的当事人如果完全履行了合同义务，则先履行抗辩权消灭，后履行当事人就应当按照合同约定履行自己的义务。

（三）不安抗辩权

▶ **1. 不安抗辩权的概念**

不安抗辩权是指当事人互负债务，有先后履行顺序的，先履行的一方有确切证据证明另一方丧失履行债务能力时，在对方没有履行或者没有提供担保之前，有权中止合同履行的权利。可以中止履行的情形如下。

（1）经营状况严重恶化。

（2）转移财产，抽逃资金，以逃避债务。

（3）丧失商业信誉。

（4）有丧失或者可能丧失履行债务能力的其他情形。

规定不安抗辩权是为了切实保护当事人的合法权益，防止借合同进行欺诈，促使对方履行义务。

▶ 2. 不安抗辩权行使的条件

不安抗辩权有四个行使条件。

(1) 当事人基于同一双务合同。

(2) 当事人的履行有先后顺序。

(3) 不安抗辩权的行使人是履行义务顺序在先的一方当事人。

(4) 后履行合同的一方当事人有丧失或可能丧失履行债务能力的情形。

▶ 3. 不安抗辩权的效力

(1) 中止合同，即先履行合同的当事人停止履行或延期履行合同。

(2) 解除合同。中止履行合同后，如果对方在合理期限内未恢复履行能力并且未提供适当担保的，中止履行合同的一方可以解除合同。

【案例】甲公司与乙公司签订服装加工合同，约定乙公司支付预付款一万元，甲公司加工服装1 000套，3月10日交货，乙公司3月15日支付余款9万元。3月10日，甲公司仅加工服装900套，乙公司此时因濒临破产致函甲公司表示无力履行合同。下列哪一说法是正确的？

　　A. 因乙公司已支付预付款，甲公司无权中止履行合同

　　B. 乙公司有权以甲公司仅交付900套服装为由，拒绝支付任何货款

　　C. 甲公司有权以乙公司已不可能履行合同为由，请求乙公司承担违约责任

　　D. 因乙公司丧失履行能力，甲公司可行使顺序履行抗辩权

【解析】答案为C。本题中，甲乙签订的是加工承揽合同，该合同是双务合同，甲负有先履行义务，乙负有后履行义务。在合同履行期限届满前后履行义务人乙明确表示因濒临破产无力履行合同，构成预期违约，甲可以中止履行合同，并向乙主张违约责任，因此，A项错误，C项正确；甲交付900件已经完成了合同的绝大部分履行义务，乙不能拒绝支付任何货款，乙有义务在甲履行义务的范围内支付相应货款，因此，B项错误；乙公司丧失履行能力，甲公司行使的是不安抗辩权，而非顺序履行抗辩权，因此，D项错误。

第 五 节　合同的变更和转让

一、合同的变更

(一) 合同变更的概念

在合同履行过程中，由于主、客观情况的变化，需要对双方的权利义务关系重新进行调整和规定时，合同当事人可以依法变更合同。合同的变更有广义和狭义之分。广义的合同变更不仅包括合同的内容发生变化，还包括合同的主体发生变化。前者是指不改变合同主体，而仅改变合同的内容；后者指的是在合同内容不变的情况下，债权或债务由第三人承受。债权人变更的，称为债权转让或债权转移；债务人变更的，称为债务转移。合同法采纳狭义的合同变更的概念，仅指合同内容的变更。即合同变更仅指在合同成立后，尚未履行或尚未完全履行前，当事人不变的情况下，就合同的内容达成修改和补充的协议。

（二）合同的变更要件

（1）当事人之间已存在着有效的合同关系。

（2）须经当事人协商一致或根据司法裁判。

（3）必须遵循法定的程序和方式。法律、行政法规规定变更合同应当办理批准、登记等手续的，依照其规定，否则合同不发生变更。

（4）必须使合同的内容发生局部变化，不涉及合同性质（如将买卖合同变为赠与合同）。

（三）合同变更的效力

合同变更后，变更后的内容就取代了原合同，当事人就应当按照变更后的内容履行合同，合同各方当事人均应受变更后的合同的约束。为了减少在合同变更时可能发生的纠纷，当事人对合同变更的内容约定不明确的，推定为未变更。合同变更的效力原则上仅对未履行的部分有效，对已履行的部分没有溯及力，但法律另有规定或当事人另有约定的除外。合同的变更不影响当事人要求赔偿的权利。原则上，提出变更的一方当事人对对方当事人因合同变更所受损失应负赔偿责任。

二、合同的转让

（一）合同转让的概念

合同的转让是指不改变合同权利的内容，由债权人将合同权利的全部或者部分转让给第三人的行为。合同转让包括以下几个方面的含义。

（1）合同的转让仅指合同主体的变更，一般是一方当事人将自己在合同中的权利或义务全部或部分转让给第三人。

（2）合同转让不是合同内容的改变，不改变合同约定的权利义务。

（3）合同转让是合法行为。

（4）合同转让应经对方当事人同意或通知对方，否则转让不发生法律效力。

（5）合同转让如涉及批准、登记手续的，还须办理有关手续。

合同转让按照其转让的权利义务的不同，可分为合同权利转让，合同义务转移、合同权利义务的一并转让。

（二）合同权利转让

合同权利转让是指不改变合同权利的内容，由债权人将合同权利的全部或者部分转让给第三人的行为。《合同法》规定，债权人可以将合同的权利全部或部分转让给第三人。这里转让权利的人称之为让与人，接受权利的人称之为受让人。合同权利全部转让的，原合同关系消灭，受让人取代原债权人的地位，成为新的债权人，原债权人脱离合同关系。合同权利部分转让的，受让人作为第三人加入到合同关系中，与原债权人共同享有债权。债权人转让主权利时，附属于主权利的从权利也一并转让，受让人在取得债权时，也取得与债权有关的从权利，但该从权利专属于债权人自身的除外。

《合同法》规定下列三种情形，债权人不得转让合同权利。

▶ **1. 根据合同性质不得转让**

根据合同性质不得转让的权利，主要是指合同是基于特定当事人的身份关系订立的合同。不能转让的合同权利有以下几种。

（1）根据当事人之间信任关系而发生的债权。如委托合同中委托人对受托人的信任，雇用合同中雇用人对受雇人的信任。

（2）以选定的债权人为基础发生的合同权利。如以某个特定演员的演出活动为基础订立的演出合同。

（3）合同内容中包括了针对特定当事人的不作为义务，如禁止某人在转让某项权利后再将该权利转让给他人、禁止某人使用某项财产等。

（4）从权利。从权利是附随于主权利的权利，从权利随主权利的转移而转移，随主权利的消灭而消灭，主权利无效，从权利也无效，因此从权利不得与主权利相分离而单独转让。

▶ 2. 根据当事人约定不得转让

这种约定只能在合同转让之前做出，如果在合同转让之后再做出，则不能影响合同转让的效力。同时，此种约定不得约束第三人，如果一方当事人违反约定，将合同权利转让给善意第三人，则善意第三人可以取得该项权利。

▶ 3. 依照法律规定不得转让

我国一些法律中对某些权利的转让做出了禁止性规定，如《担保法》规定，最高额抵押的主合同债权不得转让。对于这些规定当事人应严格遵守，不得违反法律规定，擅自转让法律禁止转让的权利。

（三）合同义务转移

合同义务转移是指债务人经债权人同意，将合同的义务全部或者部分地转让给第三人。

债务人将合同的义务全部或者部分转移给第三人的，应当经债权人的同意。债务人不论转移的是全部义务还是部分义务，都需要征得债权人同意。未经债权人同意，债务人转移合同义务的行为对债权人不发生效力。债权人有权拒绝第三人向其履行，同时有权要求债务人履行义务并承担不履行或者迟延履行合同的法律责任。

合同义务的转移，可以产生如下法律后果。

（1）新债务人成为合同一方当事人，如不履行或不适当履行合同义务，债权人可以向其请求履行债务或承担违约责任。

（2）新债务人享有基于原合同关系的对抗债权人的抗辩权。

（3）从属于主债务的从债务，随主债务的转移而转移。

（4）原第三人向债权人提供的担保，若担保人未明确表示继续承担担保责任，则担保责任因债务转移而消灭。

（四）合同权利义务的一并转让

合同权利义务的一并转让是指当事人一方经对方同意，将自己在合同中的权利和义务一并转让给第三人。合同权利义务的一并转让可以是合同权利和义务全部由出让人转移至受让人，即全部转让；也可以是合同权利和义务的一部分由出让人转移至受让人，即部分转让。

合同关系的一方当事人将权利和义务一并转让时，除了应当征得另一方当事人的同意外，还应当遵守《合同法》有关转让权利和义务转移的其他规定：不得转让法律禁止转让的权利；转让合同权利和义务时，从权利和从债务一并转让，受让人取得与债权有关的从权利和从债务，但该从权利和从债务专属于让与人自身的除外；转让合同权利义务不影响债务人抗辩权的行使；债务人对让与人享有债权的，可以依照有关规定向受让人主张抵销；法律、行政法规规定应当办理批准、登记手续的，应当依照其规定办理。

【案例】甲公司与乙银行签订借款合同，约定借款期限自2010年3月25日起至2011年3月24日止。乙银行未向甲公司主张过债权，直至2013年4月15日，乙银行将该笔债权转让给丙公司并通知了甲公司。2013年5月16日,丁公司通过公开竞拍购买并接管了甲公司。请问:丁公司能否向丙公司主张诉讼时效抗辩?

【解析】丁公司有权向丙公司主张诉讼时效的抗辩。《合同法》第85条规定,债务人转移义务的,新债务人可以主张原债务人对债权人的抗辩。2013年5月16日,丁公司通过公开竞拍接管了甲公司,属于债权债务的法定转移,此时,丁公司享有甲公司的债权并承担甲公司的债务。甲公司与乙银行借款期限自2010年3月25日起至2011年3月24日止。诉讼时效应当从2011年3月25日起算,截至2013年3月24日。期间乙银行未向甲公司主张过债权。2013年3月25日以后,乙银行的债权已过诉讼时效,因此,债务人丁公司可以向债权人丙公司主张诉讼时效的抗辩。

第六节 合同的权利义务终止

一、合同权利义务终止的概念

合同权利义务终止是指依法生效的合同,因具备法定情形和当事人约定的情形,合同债权、债务归于消灭,债权人不再享有合同权利,债务人也不必再履行合同义务,合同当事人双方终止合同关系,合同的效力随之消灭。

二、合同权利义务终止的具体情形

(一)履行

▶ 1. 履行的概念

履行是指债务人按照约定的标的、质量、数量、价款或报酬、履行期限、履行地点和方式全面履行。

▶ 2. 约定履行的其他情形

(1)当事人约定的第三人按照合同内容履行,产生债务消灭的后果;

(2)债权人同意以他种给付代替合同原定给付。有时实际履行债务在法律上或者事实上不可能,如标的物灭失无法交付或者实际履行费用过高,这时经债权人同意,可以采用替代物履行的办法,达到债务消灭的目的。

(3)当事人之外的第三人接受履行。当事人约定债务人向第三人履行,第三人已接受履行的,债务归于消灭。

(二)合同解除

合同解除是指合同有效成立后,因主客观情况发生变化,使合同的履行成为不必要或不可能,根据双方当事人达成的协议或一方当事人的意思表示提前终止合同效力。当事人一方主张解除合同时,应当通知对方。合同自通知到达对方时解除。对方有异议的,可以请求人民法院或者仲裁机构确认解除合同的效力。合同解除有约定解除和法定解除两种情况。

▶ 1. 约定解除

约定解除是指当事人通过协商一致解除合同关系。当事人协商一致,可以解除合同。当事人可以约定一方解除合同的条件。解除合同的条件成就时,解除权人可以解除合同。

2. 法定解除

法定解除是指合同成立后，发生法定情形，当事人一方行使法定解除权而使合同关系终止。

（1）因不可抗力致使不能实现合同目的。不可抗力是指不能预见、不能避免并不能克服的客观情况。

（2）因预期违约解除合同。即在履行期限届满之前，当事人一方明确表示或者以自己的行为表明不履行主要债务的，对方当事人可以解除合同。

（3）因一般性违约解除合同，即当事人一方迟延履行主要债务，经催告后在合理期限内仍未履行。最高人民法院《关于审理商品房买卖合同纠纷案件适用法律若干问题的解释》规定，出卖人迟延交付房屋或者买受人迟延支付购房款，经催告后在三个月的合理期限内仍未履行，当事人一方请求解除合同的，应予支持。

（4）因根本性违约解除合同，即当事人一方迟延履行债务或者有其他违约行为致使不能实现合同目的。其他违约行为主要包括完全不履行合同、履行质量与约定严重不符、部分履行合同等。

（5）法律规定的其他情形。如因行使不安抗辩权而中止履行合同，对方在合理期限内未恢复履行能力，也未提供适当担保的，中止履行的一方可以请求解除合同。

合同成立以后客观情况发生了当事人在订立合同时无法预见的、非不可抗力造成的不属于商业风险的重大变化，继续履行合同对于一方当事人明显不公平或者不能实现合同目的，当事人请求人民法院变更或者解除合同的，人民法院应当根据公平原则，并结合案件的实际情况确定是否变更或者解除。

合同解除后尚未履行的，终止履行；已经履行的，根据履行情况和合同性质，当事人可以要求恢复原状、采取其他补救措施，并有权要求赔偿损失。合同的权利义务终止，不影响合同中结算和清理条款的效力。

（三）抵销

1. 抵销的概念

抵销是指合同双方当事人互负债务时，各方相互充抵债务，而使各自的债务在对等额内相互消灭。当事人主张抵销的，应当通知对方。通知自到达对方时生效。抵销不得附条件或者附期限。

2. 不能抵销的债务

（1）按合同性质不能抵销。

（2）按照约定应当向第三人给付的债务。

（3）因故意实施侵权行为产生的债务。

（4）法律规定或当事人约定不得抵销的其他情形。如被人民法院查封、扣押、冻结的财产。当事人已无处分权，不能用来抵销债务。

（四）提存

1. 提存的概念

提存是指由于债权人的原因，债务人无法向其交付合同标的物而将该标的物交给提存机关，从而消灭债务、终止合同的制度。

2. 提存适用情形

有下列情形之一，难以履行债务的，债务人可以将标的物提存。

（1）债权人无正当理由拒绝受领。如在仓储合同中，存储期届满，仓单持有人不提取仓储物，保管人在催告其在合理期限内提取货物后，逾期仍不提取的。保管人可以提存该货物。以下情况不能认为债权人拒绝受领：①债务履行期间债务人没有提出履行请求；②债务履行期限没有届至，债务人提前履行债务，债权人没有接受履行。

（2）债权人下落不明。

（3）债权人死亡未确定继承人或者丧失民事行为能力未确定监护人。

（4）法律规定的其他情形。如担保法规定，抵押人转让抵押物所得的价款，应当向抵押权人提前清偿所担保的债权或者向与抵押权人约定的第三人提存。

▶ 3. 提存法律效力

标的物提存后，除债权人下落不明的情况以外，债务人应当及时通知债权人或者债权人的继承人、监护人。标的物不适于提存或者提存费用过高的，债务人依法可以拍卖或者变卖标的物，提存所得的价款。我国目前还没有专门的提存所，依现行法律的规定，拾得遗失物的，可向公安机关提存；公证提存的，由公证处为提存机关；此外，法院、银行也可为提存机关。提存期间，标的物的孳息归债权人所有。提存费用由债权人负担。标的物提存后，毁损、灭失的风险由债权人承担。债权人领取提存物的权利，自提存之日起 5 年内不行使而消灭，提存物扣除提存物费用后归国家所有。

【案例】甲向乙定制了一套西装，但甲迟迟不来领取西服，乙无法找到甲向其交付订货，于是半年后乙将该套西服变卖，将所得价款扣除了报酬和保管费用后，以甲的名义存入银行。乙的行为属于什么性质？是否合法？

【解析】乙的行为属于依法将标的物提存，是合法的。

（五）免除

债务的免除是指合同没有履行或未完全履行，权利人放弃自己的全部或部分权利，从而使合同义务减轻或使合同终止的一种形式。

（六）混同

混同即债权债务同归于一人。合同的权利义务终止。例如，由于甲乙两企业合并，甲乙企业之间原先订立的合同中的权利义务同归于合并后的企业，债权债务关系自然终止。债权系他人权利的标的时，从保护第三人的合法权益出发，债权不消灭。例如，债权为他人质权的标的，为了保护质权人的利益，不使债权因混同而消灭。

（七）法律规定或者当事人约定终止的其他情形

略。

三、合同权利义务终止的法律后果

（1）合同失效，双方当事人不必继续履行合同义务。

（2）合同项下的从权利和从义务一并消灭。如债务的担保、违约金和利息的支付等也一并消灭。

（3）在合同当事人之间发生后合同义务。合同的权利义务终止后，当事人应当遵循诚实信用原则，根据交易习惯履行通知、协助、保密等义务。合同终止后，一方当事人应当将有关情况及时通知另一方当事人。

（4）合同中关于解决争议的方法、结算和清理条款继续有效，直至结算和清理完毕。合同无效、被撤销或者终止的，不影响合同中独立存在的有关解决争议方法的条款的效力。合同的权利义务终止，不影响合同中结算和清理条款的效力。

第七节 违约责任

一、违约责任的概念

违约责任是指合同当事人因违反合同义务所承担的民事责任。《合同法》规定，当事人一方或双方不履行合同义务或者履行合同义务不符合约定时，依照法律规定或者合同约定所承担的法律责任。依法订立的有效合同对当事人双方来说，都具有法律约束力。如果不履行或者履行义务不符合约定，就要承担违约责任。《合同法》在违约责任的问题上采用了严格责任原则。根据这一原则，如果一方当事人能够举证证明另一方构成违约，则另一方应负违约责任，除非另一方能够举证证明其违反合同具有法定和约定的免责事由。

二、承担违约责任的形式

《合同法》规定，当事人一方不履行合同义务或者履行合同义务不符合约定的，应当承担继续履行、采取补救措施或者赔偿损失等违约责任。当事人一方明确表示或者以自己的行为表明不履行合同义务的，对方可以在履行期限届满之前要求其承担违约责任。

违约的当事人承担违约责任的主要形式有继续履行、采取补救措施、赔偿损失、支付违约金、给付或者双倍返还定金等。具体适用哪种违约责任，由当事人根据自己的要求加以选择。

(一) 继续履行

订立合同的目的是为了实现合同的约定，即实际履行合同。继续履行合同既是为了实现合同目的，又是一种违约责任。当事人一方未支付价款或者报酬的，对方可以要求其支付价款或者报酬。当事人一方不履行非金钱债务或者履行非金钱债务不符合约定的，对方可以要求履行，但有下列情形之一的除外。

(1) 法律上不能履行。例如，债务人被宣告破产，一般会使合同不能继续履行。

(2) 事实上不能履行。例如，甲委托乙运输一件古董瓷器，乙不慎将瓷器摔坏，由于该瓷器不可复制而无法继续履行。

(3) 债务的标的不适于强制履行。一般是指提供服务和劳务的合同，例如，甲聘请乙为家庭教师，辅导子女的功课，乙无理由少上课一次。甲如果强制乙再补课一次，可能会造成非法限制人身自由。

(4) 履行费用过高。

(5) 债权人在合理期限内未要求履行。

【案例】甲公司将3万平方米商厦分割成摊位出租给1 000家租户。后因绝大部分租户生意萧条导致商厦停业，甲公司决定将商厦改造成酒店，并向租户支付违约金。众租户纷纷解约，唯有租户乙不同意解约，要求继续经营。请问租赁合同是否需继续履行？

【解析】尽管双方租赁合同合法有效，如继续履约，则甲公司必须以其3万平方米面积来为被告30平方米摊位提供服务，将导致甲公司所获利益严重不平衡，此情形即属于履行费用过高。法院可以判定解除租赁合同(多高算过高，法院掌握)。

(二) 采取补救措施

当事人一方履行合同义务不符合约定的，应当按照当事人的约定承担违约责任。受损害方可以根据受损害的性质及损失的大小，合理选择要求对方适当履行，如采取修理、更换、重作、退货、减少价款或者报酬等措施，也可以选择解除合同、中止履行合同、通过提存履行债务、行使担保债权等补救措施。

（三）赔偿损失

当事人一方不履行合同义务或者履行合同义务不符合约定的，在履行义务或者采取补救措施后，对方还有其他损失的，应当赔偿损失。损失赔偿额应当相当于因违约所造成的损失，包括合同履行后可以获得的利益，但不得超过违反合同一方订立合同时预见到或者应当预见到的因违反合同可能造成的损失。

当事人一方违约后，对方应当采取适当措施防止损失的扩大；没有采取适当措施致使损失扩大的，不得就扩大的损失要求赔偿。当事人因防止损失扩大而支出的合理费用，由违约方承担。赔偿损失的方式有三种。

（1）恢复原状，即恢复到损害发生前的原状。
（2）金钱赔偿，是赔偿损失的主要方式，需加付利息。
（3）代物赔偿，即以其他财产替代赔偿。

（四）支付违约金

为了保证合同的履行，保护自己的利益不受损失，合同当事人可以约定一方违约时应当根据情况向对方支付一定数额的违约金，也可以约定因违约产生的损失赔偿额的计算方法。

违约金是指合同当事人一方由于不履行合同或者履行合同不符合约定时，按照合同的约定，向对方支付的一定数额的货币。违约金有法定违约金和约定违约金之分。对违约金的约定是一种合同关系，违约金的标的物可以是金钱，也可以是金钱以外的其他财产。

违约金是对不能履行或者不能完全履行合同行为的一种带有惩罚性质的经济补偿手段，不论违约的当事人一方是否已给对方造成损失，都应当支付。约定的违约金低于造成的损失的，当事人可以请求人民法院或者仲裁机构予以增加；约定的违约金过分高于造成的损失的，当事人可以请求人民法院或者仲裁机构予以适当减少。当事人就迟延履行约定违约金的，违约方支付违约金后，还应当履行债务。

（五）给付或者双倍返还定金

定金是合同当事人一方为了确保合同的履行，依据法律规定或当事人双方的约定，由一方当事人按照合同标的额的一定比例，预先向对方支付的金钱。定金的最高额不得超过主合同标的额的20%。债务人履行债务后，定金应当抵作价款或者收回。给付定金的一方不履行约定的债务的，无权要求返还定金；收受定金的一方不履行约定的债务的，应当双倍返还定金。定金和违约金不能同时主张和适用。当事人既约定违约金，又约定定金的，一方违约时，对方可以选择适用违约金或者定金条款。两者在目的、性质、功能等方面具有共性而不能并用。当事人执行定金条款后不足以弥补所受损害的，仍可以请求赔偿损失。

三、违约责任的免除

（一）法定事由

根据《合同法》的规定，法定事由仅限于不可抗力，因不可抗力不能履行合同的，根据不可抗力的影响，部分或者全部免除责任，但法律另有规定的除外。当事人迟延履行后发生不可抗力的，不能免除责任。即是在合同订立后发生不可抗力的，可以视不可抗力的影响变更、解除合同，由此产生的违约责任均予以免除，即当事人不负违约责任。但法律规定因不可抗力造成的违约也要承担违约责任的，违约方也要承担无过错的违约责任。

不可抗力是指不能预见、不能避免并且不能克服的客观情况，具体包括以下方面。

（1）自然灾害，如火灾、地震等。

（2）政府行为，如政府征用、发布新政策法规等。

（3）社会异常事件，如罢工、战争等。

当事人一方因不可抗力不能履行合同的，应当及时采取一切可能采取的有效措施，尽量避免或减少损失；应当及时通知对方不能履行或不能完全履行合同的情况和理由；在合理期限内提供有关机关的证明，证明不可抗力及其影响当事人履行合同的具体情况。

（二）免责条款

免责条款是指当事人在合同中约定免除将来可能发生的违约责任的条款，其所规定的免责事由即约定免责事由。对此，合同法未做一般性规定（仅规定格式合同的免责条款）。免责条款不能排除当事人的基本义务，也不能排除故意或重大过失的责任。

（三）法律的特别规定

在法律有特别规定的情况下，可以免除当事人的违约责任。如《合同法》规定，承运人对运输过程中货物的毁损、灭失承担损害赔偿责任，但承运人证明货物的毁损、灭失是因不可抗力、货物本身的自然性质或者合理损耗以及托运人、收货人的过错造成的，不承担损害赔偿责任。

复 习 思 考 题

一、单项选择题

1. 甲公司与乙公司订立货物买卖合同，约定出卖人甲公司将货物送至丙公司，经丙公司验收合格后，乙公司应付清货款。甲公司在送货前发现丙公司已濒于破产，遂未按时送货。根据合同法律制度的规定，下列各项中，正确的是（　　）。
   A. 甲公司应向乙公司承担违约责任
   B. 甲公司应向丙公司承担违约责任
   C. 甲公司应向乙公司、丙公司分别承担违约责任
   D. 甲公司不承担违约责任

2. 甲将300册藏书送给乙，并约定乙不得转让给第三人，否则甲有权收回藏书。其后甲向乙交付了300册藏书，下列哪一说法是正确的？（　　）
   A. 甲与乙的赠与合同无效，乙不能取得藏书的所有权
   B. 甲与乙的赠与合同无效，乙取得了藏书的所有权
   C. 甲与乙的赠与合同为附条件的合同，乙不能取得藏书的所有权
   D. 甲与乙的赠与合同有效，乙取得了藏书的所有权

3. 甲、乙两公司的住所地分别位于北京和海口，甲向乙购买一批海南产香蕉，3个月后交货，但合同对于履行地点以及价款均无明确约定，双方也未能就有关内容达成补充协议，依照合同其他条款及交易习惯也无法确定，根据合同法律制度的规

定,下列关于合同履行价格的表述中,正确的是( )。
A. 按合同订立时海口的市场价格履行
B. 按合同履行时海口的市场价格履行
C. 按合同履行时北京的市场价格履行
D. 按合同订立时北京的市场价格履行

4. 甲被乙打成重伤,支付医药费5万元。甲与乙达成如下协议:"乙向甲赔偿医药费5万元,甲不得告发乙。"甲获得5万元赔偿后,向公安机关报案,后乙被判刑。下列( )选项是正确的。
A. 甲、乙之间的协议有效
B. 因甲乘人之危,乙有权撤销该协议
C. 甲、乙之间的协议无效
D. 乙无权要求甲返还该5万元赔偿费

5. 某酒店客房内备有零食、酒水供房客选用,价格明显高于市场同类商品。房客关某缺乏住店经验,又未留意标价单,误认为系酒店免费提供而饮用了一瓶洋酒。结账时酒店欲按标价收费,关某拒付。下列( )选项是正确的。
A. 关某应按标价付款
B. 关某应按市价付款
C. 关某不应付款
D. 关某应按标价的一半付款

6. 甲乙签订合同,合同总标的额为100万元;合同签订后,甲依照约定向乙实际支付了30万元的定金。合同履行期届至,乙拒不履行任何合同义务;已知双方未支付其他款项,也未引发其他任何损失。根据担保法律制度的规定,甲有权要求乙返还的款项金额是( )。
A. 30万元
B. 40万元
C. 50万元
D. 60万元

7. 甲科研所与乙企业于3月份签订一份设备改造的技术服务合同,约定自同年7月1日至12月1日,甲科研所负责对乙企业的自动生产线进行技术改造的指导工作。合同签订后,乙企业为履行合同做了一些准备工作。同年5月,甲科研所通知乙企业,因甲科研所某技术人员已经辞职,不能履行该合同。乙企业遂于同年6月1日诉至法院。下列说法正确的是( )。
A. 乙企业有权解除合同,并追究甲科研所违约责任
B. 乙企业有权主张合同无效,并追究甲科研所缔约过失责任
C. 乙企业有权撤销合同,并追究甲科研所缔约过失责任
D. 合同有效,乙企业至7月1日才有权主张违约责任

8. 甲、乙双方签订一份煤炭买卖合同,约定甲向乙购买煤炭1 000吨,甲于4月1日向乙支付全部煤款,乙于收到煤款半个月后装车发煤。3月31日,甲调查发现,乙的煤炭经营许可证将于4月15日到期,目前煤炭库存仅剩700余吨,且正加紧将库存煤炭发往别处。甲遂决定暂不向乙付款,并于4月1日将暂不付款的决定及理由通知了乙。根据合同法律制度的规定,下列表述中,正确的是( )。
A. 甲无权暂不付款,因为在乙的履行期届至之前,无法确知乙将来是否会违约
B. 甲无权暂不付款,因为甲若怀疑乙届时不能履行合同义务,应先通知乙提供担保,只有在乙不能提供担保时,甲方可中止履行己方义务
C. 甲有权暂不付款,因为甲享有先履行抗辩权

D. 甲有权暂不付款，因为甲享有不安抗辩权

二、多项选择题

1. 甲授权乙以甲的名义将甲的一台笔记本电脑出售，价格不得低于8 000元。乙的好友丙欲以6 000元的价格购买。乙遂对丙说："大家都是好朋友，甲说最低要8 000元，但我想6 000元卖给你，他肯定也会同意的。"乙遂以甲的名义以6 000元将笔记本电脑卖给丙。下列说法中，正确的是（   ）。
   A. 该买卖行为无效
   B. 乙是无权代理行为
   C. 乙可以撤销该行为
   D. 甲可以追认该行为

2. 甲商店向乙公司发出信函，表示愿以10 000元出让货车一台。乙公司回复：愿意购买。乙公司付款提走车后，甲商场问是否要办车辆过户手续，乙公司认为该车不跑远程，不用办理过户手续。对甲乙之间的车辆买卖合同表述正确的有（   ）。
   A. 该合同成立
   B. 该合同不成立
   C. 该合同有效
   D. 该合同无效

3. 甲对乙享有50 000元债权，已到清偿期限，但乙一直宣称无能力清偿欠款。甲调查发现，乙对丙享有3个月后到期的7 000元债权，丁因赌博欠乙8 000元；另外，乙在半年前发生交通事故，因事故中的人身伤害对戊享有10 000元债权，因事故中的财产损失对戊享有5 000元债权。乙无其他可供执行的财产，乙对其享有的债权都怠于行使。根据《合同法》的规定，下列各项中，甲不可以代位行使的债权有（   ）。
   A. 乙对丙的7 000元债权
   B. 乙对丁的8 000元债权
   C. 乙对戊的10 000元债权
   D. 乙对戊的5 000元债权

4. 甲、乙订立买卖合同，甲已经交付货物，乙尚欠货款50万元未付。下列各项中，能够导致乙对甲的50万元货款债务消灭的有（   ）。
   A. 甲吸收合并乙
   B. 丙代乙向甲支付了欠款
   C. 乙以货物质量不合格为由，解除了买卖合同
   D. 甲因另一交易需向乙提供价值50万元的劳务，乙通知甲将两项债务抵销

5. 甲公司的股东乙公司与丙公司签订合同，约定乙公司将其持有的60%甲公司的股权转让给丙公司，作为对价，丙公司应当承担甲公司截至股权变更日所有负债。根据相关法律制度的规定，下列说法正确的有（   ）。
   A. 如未通知甲公司债权人，对甲公司债权人不发生效力
   B. 如未经甲公司债权人同意，对甲公司债权人不发生效力
   C. 该协议因未经甲公司债权人同意而无效
   D. 该协议对乙公司、丙公司有效

6. 合同规定甲公司应当在8月30日向乙公司交付一批货物。8月中旬，甲公司把货物运送到乙公司。此时乙公司有权应当如何处理，正确的有（   ）。
   A. 拒绝接收货物
   B. 不接收货物并要求对方承担违约责任
   C. 接收货物并要求对方承担违约责任
   D. 接收货物并要求对方支付增加的费用

三、判断题

1. 政府机关购买建筑材料修缮办公大楼产生的纠纷不适用合同法。（　　）
2. 债权人既可以对已届清偿期债权行使代位权或撤销权，也可以对未届清偿期债权行使代位权或撤销权。（　　）
3. 受要约人在承诺期限内发出承诺，按照通常情形能够及时到达要约人，但因其他原因承诺到达要约人时超过了要约有效期限的，除要约人及时通知受要约人，因承诺超过期限不被接受的以外，该承诺为新要约。（　　）
4. 要式合同应当以完成法定形式或约定形式的地点为合同成立地点。（　　）
5. 甲公司与乙公司签订一买卖合同。合同约定：若发生合同纠纷，须提交A市仲裁委员会仲裁。后因乙公司违约，甲公司依法解除合同，并要求乙公司赔偿损失。双方对赔偿额发生争议，甲公司就该争议向A公司仲裁委员会申请仲裁。乙公司认为，因合同被解除，合同中的仲裁条款已失效，故甲公司不能向A市仲裁委员会申请仲裁。乙公司的观点是正确的。（　　）
6. 附随义务是当事人协商在合同主义务之外附加的义务。（　　）

四、案例分析题

1. 理会公司与家农公司于2月5日订立了一份买卖特殊物资的合同，该物资属于禁止流通物，对此理会公司是熟知的，而家农公司则不知情。合同订立后，理会公司于2月25日交付了物资20吨，家农公司依约支付了货款400万元。后双方因为纠纷起诉到法院，法院认定该合同违反了法律的强制性规定而废除了该合同。因该合同无效使家农公司损失300万元，而此时理会公司已经无财产可借清偿。但家农公司查明五明公司尚欠理会公司到期货款100万元，理会公司一直未追要；而且理会公司在法院废除合同后不久还将价值120万元的货物无偿送给了达达公司。家农公司便要求五明公司清偿其欠理会公司的100万元货款，但五明公司以自己与家农公司没有关系为由而拒绝；家农公司希望追回理会公司送给达达公司的货物以偿债，又遭到了达达公司的拒绝。

请根据《合同法》的规定回答下列问题：

（1）理会公司与家农公司订立的合同属于何种效力的合同？为什么？
（2）该合同何时开始不受法律保护？
（3）对该合同引起的财产后果如何处理？
（4）家农公司可否通过五明公司对理会公司的欠款得到部分清偿？
（5）家农公司能否通过理会公司送给达达公司货物得到部分清偿？该行为的期限如何？

2. 甲多年在外国留学打工，后在国内买了套商品房，因其长期住在国外，该房交由甲父管理。后因城市房屋增值，甲父擅自将房屋出售给乙，并已交付房屋，约定一个月后办过户手续，逾期支付违约金。甲在得知卖房之事后，表示坚决反对，甲根据物权法规定提起诉讼要求乙归还房产，法院判决乙退出房屋。乙因此损失了部分房屋装修、搬家等费用，还因未及时购得房产而遇到房产涨价导致损失，乙遂根据合同法状告甲父。

请根据《合同法》原理回答下列问题：

（1）如何评价甲父与乙之间的房屋买卖合同的效力？
（2）甲父是否要对不能依约办理登记过户承担违约责任？
（3）乙对甲父享有哪些权利？甲父应对哪些损失负赔偿责任？

3. 王某长期住在城里，乡间的 6 间祖传老屋一直委托曹某管理。曹某因办乡村企业缺乏资金，就打起了这 6 间老屋的主意。曹某一方面鼓动王某将老屋出售，一方面与朱某多次在现场看房协商出售。曹某对朱某称：只要你暂借给我 20 万元钱款，我就将老屋以最低价 12 万元卖给你。但在朱某向曹某提供了 20 万元借款后，曹某一直以各种借口拖延订立售房协议，而另以 15 万元的价格将老房卖给了钱某，收取了钱某 5 万元预付款，王某听说后表示不同意。随后曹某又以 18 万元的价格将 6 间老屋卖给了张某，约定一个月后付清余款并办理过户登记。一周后，曹某终于说动了王某将老屋以 13 万元的价格出售给曹自己，并办理过户手续。

请根据《合同法》原理回答下列问题：

(1) 曹某与朱某、钱某、张某之间是否达成售房协议，协议是否有效，为什么？

(2) 曹某分别对朱某、钱某、张某负何种责任？

第七章 票据法

> **学习目标**
> 1. 了解票据的概念与特征、票据的种类;掌握票据法律关系、票据权利、票据抗辩、票据的伪造和变造。
> 2. 掌握汇票法律制度、本票和支票的基本内容;能够初步掌握票据在实践运用中的法律程序和基本技能。

第一节 票据法概述

一、票据概述

(一)票据的概念

广义的票据,是商业活动中代表一定权利义务关系的各种有价证券和凭证,如汇票、本票、提单、仓单、保单、股票、债券等。我国《票据法》规定的票据是狭义票据,指出票人依法签发的,约定自己或委托付款人在见票时或指定日期向收款人或持票人无条件支付一定金额并可转让的有价证券,包括汇票、本票和支票。

(二)票据的特征

票据具有有价证券的一般特征,票据的特征是指区别于其他有价证券的本质属性,主要包括以下方面。

▶ 1. 票据是货币债权证券

票据是以一定金额的金钱给付为目的而创设的金钱债权证券,票据关系实质为一种债权债务关系,票据持票人可以就票据上所记载金额向特定票据债务人行使请求权,以非金钱的其他财物为给付标的的证券,不属于票据。

▶ 2. 票据为设权证券

票据并非是证明已存在的权利(证权证券),票据权利发生必须作成票据,无票据即无票据权利。

3. 票据为文义证券

票据权利义务必须依票据记载的文义，为保证善意持票人权益，票据记载文义不得用票据外的证据方式变更或附加。因此，票据是不能被解释的证券。

4. 票据是要式证券

《票据法》严格规定票据制作格式和记载事项，票据行为如签发、转让、保证和承兑行为应符合法定形式，否则不产生票据法效力。

5. 票据为无因证券

票据权利人主张权利，以提示票据为必要，而不必证明取得票据原因。票据债务人也不得以原因关系对抗善意第三人。

6. 票据是流通证券

票据权利在到期前可依背书或交付方式自由流通转让，不须经债务人同意。

（三）票据的功能

票据的功能，指票据在社会经济生活中的作用。票据的主要功能如下。

1. 汇兑功能

汇兑功能是票据的原始功能。进行异地贸易特别是国际贸易时使用现金既费力，又要承担风险，而且政府还经常下令禁止现金输出和现金交易，为了转移现金和兑换货币需要，通过票据可以解决现金支付的空间障碍。

2. 支付功能

支付功能是票据最简单、最基本功能。用票据代替现金作为支付工具，具有便携、快捷、安全等优点。

3. 结算功能

结算功能是指通过票据交换，使不同当事人收付抵销，相互冲减债务。票据结算成为现代经济中银行结算的主要方式。

4. 信用功能

信用功能是票据的核心功能，商品交易中，票据作为预付货款或延期付款工具，发挥商业信用功能。金融活动中，贴现制度可以使持票人提前将票据转化为现金，发挥银行信用功能。

二、票据法概述

（一）票据法的概念

票据法是调整票据关系的法律规范的总称。有广狭义之分，广义票据法是指各种法律中有关票据法规。一般意义的票据法是狭义票据法，即1995年5月第八届全国人大常委会第十三次会议通过，2004年8月第十届全国人大常委会第十一次会议修订，自1996年1月1日施行的《中华人民共和国票据法》。

（二）票据法的特征

1. 强行性特征

票据法是强行法，一是票据种类是法定的，二是票据是严格要式证券，票据权利义务不得由当事人随意约定改变。

2. 技术性特征

票据法为了保证票据效力的确定性和使用安全，对票据采用许多技术性规定，如对票据形式、票据行为的无因性、背书连续、抗辩切断和付款责任规定等，类似于交通法规，具有较强技术性。

三、票据法上的关系和票据基础关系

（一）票据法上的关系

▶ 1. 票据法上的票据关系

票据法上的票据关系，指当事人基于票据行为产生的票据权利义务关系。票据法律关系由主体、客体和内容三方面构成。

（1）票据法律关系的主体，指在票据上签章并承担责任的人和享有票据权利的人。票据当事人一般包括出票人、收款人、付款人、持票人、承兑人、背书人、保证人等。其中，出票人、收款人、付款人是票据基本当事人。

（2）票据法律关系的客体，指票据记载的一定数额的货币。

（3）票据法律关系的内容，指票据当事人依法享有的票据权利和承担的票据义务。票据权利和义务可分为两个层次：第一层次是付款请求权和付款义务；第二层次是追索权和偿付义务。

▶ 2. 票据法上的非票据关系

票据法上的非票据关系，指由《票据法》直接规定的，不基于票据行为而发生票据当事人之间与票据有关的法律关系。票据规定非票据关系，目的是保护票据债权人利益，因某种原因丧失票据权利时，法律可给予债权人补救。票据法上的非票据关系直接由票据法规定而发生，而票据关系则是因当事人的票据行为而发生；前者权利的行使不以持有票据为必要，而后者则须以持有票据为前提。票据法上的非票据关系主要包括以下方面。

（1）票据返还的非票据关系，指票据上正当权利人对法律规定不享有票据权利的人行使票据返还请求权而发生的关系。

（2）利益返还的非票据关系，指因时效届满或手续欠缺而丧失票据上权利的持票人对出票人或承兑人行使利益偿还请求权而发生的关系。

（二）票据基础关系

票据基础关系，又称民法上的非票据关系，指作为产生票据关系的事实和前提存在于票据关系之外而由民法规定的非基于票据行为产生的法律关系。票据基础关系主要有三种：票据原因关系、票据资金关系和票据预约关系。

▶ 1. 票据原因关系

票据原因关系，指票据当事人之间授受票据的理由，如买卖、担保、借贷、赠与等原因。原因关系只存在于授受票据的直接当事人之间，票据一经转让，其原因关系对票据效力的影响力即被切断。

▶ 2. 票据资金关系

票据资金关系，指汇票的出票人和付款人之间、支票的出票人和银行机构之间的票据基础关系。票据资金关系不以金钱为限，债权、信用等也可以构成资金关系。一般来说，票据资金关系只存在于汇票和支票中，本票是自付证券，不存在委托付款问题。

▶ 3. 票据预约关系

票据预约关系，指票据当事人在授受票据之前，就票据的种类、金额、到期日、付款地等事项达成协议而产生的法律关系。它是沟通票据原因和票据行为的桥梁。

【案例】A公司以欺诈手段骗得B公司与之订立合同，B公司因而签发一张汇票给A公司，随后A公司将汇票背书转让给C公司。汇票到期前，B公司发现受骗，即向法院申请

撤销与 A 公司的合同。如果合同撤销，请问是否影响该汇票的效力？

【解析】票据关系一经形成，就与基础关系相分离，基础关系是否存在，是否有效，对票据关系都不起影响作用。不影响汇票的效力。如果持票人是 A 公司，B 公司可以拒绝 A 公司的付款请求。如果持票人是 C 公司，票据原因关系经转让对票据效力切断，不影响汇票效力。

四、票据行为

（一）票据行为的概念

票据行为是指能够产生票据债权债务关系的要式法律行为，即以承担票据债务为目的而在票据上做出意思表示的法律行为。汇票包括出票、背书、承兑、保证，本票包括出票、背书、保证，支票包括出票和背书。其中出票是最基本票据行为，其他票据行为必须在出票行为的基础上才能进行。

（二）票据行为的要件

▶ 1. 票据行为的实质要件

（1）票据能力。票据能力包括票据权利能力和票据行为能力。只要具备民事主体资格都具有票据权利能力。无民事行为能力人或者限制民事行为能力人不具有票据行为能力，只有完全民事行为能力的自然人、法人和其他单位才具有票据行为能力。

（2）票据意思表示。行为人意思表示必须真实合法，票据签发、取得和转让，应当遵循诚实信用原则，具有真实的交易关系和债权债务关系。票据法对虚假、非法的意思表示，如欺诈、偷盗、胁迫、恶意通谋的意思表示的票据行为，不予保护。

▶ 2. 票据行为的形式要件

票据行为必须符合法定形式。票据行为的形式要件有书面、签章、记载事项和交付四项。

（1）票据行为必须采用书面形式。未使用按中国人民银行统一规定印制的票据，票据无效。

（2）票据签章必须符合规定。票据签章是票据的绝对必要记载事项。票据的签章因票据行为不同，签章人也不相同。出票人在票据签章不符合规定的，票据无效；承兑人、保证人在票据签章不符合规定的，或者无民事行为能力人、限制民事行为能力人在票据签章的，签章无效，但不影响其他符合规定签章效力；背书人在票据签章不符合规定的，其签章无效，但不影响前手符合规定签章的效力。

（3）票据记载事项。票据记载事项可以分为必要记载事项、任意记载事项、不得记载事项等。

（4）票据交付。票据交付是票据行为人将票据交付给对方持有。不同票据行为，接受交付的相对人也不一样。出票人须将票据交付给收款人，背书人须将票据交付给被背书人，承兑人及保证人须将票据交付给持票人等。

五、票据权利

（一）票据权利概述

票据权利，指持票人向票据债务人请求支付票据金额的权利，包括付款请求权和追索权。通常情况下，票据债权人只有首先向付款人行使付款请求权得不到付款时，才可以行使追索权。

（二）票据权利的取得

▶ 1. 票据权利取得的情形

（1）出票取得。出票是创设票据权利的票据行为，从出票人处取得票据，即取得票据权利。

（2）转让取得。票据通过背书或交付等方式可以转让他人，以此取得票据即获得票据权利。

(3) 通过税收、继承、赠与、企业合并等方式取得票据。

▶ 2. 票据权利取得的限制

(1) 票据的取得，必须给付对价。无对价或无相当对价取得票据的，如果属于善意取得，享有票据权利，但票据持有人的票据权利不得优于其前手。

(2) 因税收、继承、赠与可以依法无偿取得票据的，不受给付对价的限制。但是票据权利不得优于其前手的权利。

(3) 因欺诈、偷盗、胁迫、恶意取得票据或因重大过失取得不符合法律规定的票据的，不得享有票据权利。

【案例】甲受乙胁迫开出一张以甲为付款人，以乙为收款人的汇票，之后乙通过背书将该汇票赠与丙，丙又将该汇票背书转让与丁，以支付货款。丙、丁对乙胁迫甲取得票据一事毫不知情。请问该案中当事人的票据权利？

【解析】丁合法取得票据，即取得了票据权利，甲无权请求丁返还票据。乙因欺诈、偷盗、胁迫、恶意或重大过失而取得票据的，不得享有票据权利。因税收、继承、赠与可以依法无偿取得票据的，不受给付对价的限制。但是，所享有的票据权利不得优于其前手的权利。丙的前手乙没有票据权利，丙也不享有票据权利。

(三) 票据权利的行使与保全

▶ 1. 票据权利的行使

票据权利的行使是指票据权利人向票据债务人提示票据，请求实现票据权利的行为，如请求承兑、提示付款、行使追索权等。持票人行使票据权利，应当按照法定程序在票据上签章，并出示票据。

▶ 2. 票据权利的保全

票据权利的保全是指票据权利人为防止票据权利丧失而实施的行为。如为防止付款请求权与追索权因时效而丧失，采取中断时效的行为；为防止追索权丧失而请求做成拒绝证明的行为等。

(四) 票据丧失与权利补救

票据丧失，指票据因灭失、遗失、被盗等原因使票据权利人非出于本意丧失票据占有。票据丧失后有三种补救措施，即挂失止付、公示催告、普通诉讼。

▶ 1. 挂失止付

挂失止付是指失票人将票据丧失的情况通知付款人并由接受通知的付款人暂停支付，以防止票据款项被他人取得，暂时保全失票人票据权利的一种补救措施。

(1) 未记载付款人的票据或者无法确定付款人及其代理付款人的票据不能挂失止付。未填明以"现金"字样和代理付款人的银行汇票及未填明"现金"字样的银行本票丧失，不得挂失止付。

(2) 付款人或者代理付款人收到挂失止付通知书后，查明挂失票据确未付款时，应立即暂停支付。否则，应承担民事赔偿责任。

▶ 2. 公示催告

公示催告是指在票据丧失后，由失票人向人民法院提出申请，请求人民法院以公告方法通知不确定的利害关系人限期申报权利，逾期未申报者，由人民法院通过除权判决宣告所丧失票据无效的一种制度。

▶ 3. 普通诉讼

普通诉讼是指丧失票据的失票人向人民法院提起民事诉讼，要求法院判定付款人向其支付票据金额的活动。

（五）票据权利的消灭

票据权利的消灭，指因发生一定的法律事实而使票据权利不复存在。票据权利可因履行、免除、抵销、时效届满等事由而消灭。《票据法》规定，票据权利在下列期限内不行使而消灭。

（1）持票人对票据出票人和承兑人的权利，自票据到期日起2年。见票即付的汇票、本票，自出票日起2年。

（2）持票人对支票出票人的权利，自出票日起6个月。

（3）持票人对前手的追索权，在被拒绝承兑或者被拒绝付款之日起6个月。

（4）持票人对前手的再追索权，自清偿日或者被提起诉讼之日起3个月。

六、票据抗辩

票据抗辩，指票据债务人依照《票据法》的规定，对票据债权人拒绝履行义务的行为。根据抗辩原因及抗辩效力的不同，票据抗辩可分为对物抗辩和对人抗辩。

（一）对物抗辩

对物抗辩，也称绝对的抗辩或客观的抗辩，是基于票据本身存在的事由发生的抗辩。对物抗辩包括以下情形。

（1）票据行为不成立的抗辩，如票据记载的内容有欠缺、票据债务人无行为能力、无权代理或超越代理权进行票据行为、票据有禁止记载事项、背书不连续、持票人的票据权利有瑕疵等。

（2）依票据记载不能提出请求的抗辩，如票据未到期、付款地不符等。

（3）票据载明的权利已消灭或已失效的抗辩，如票据债权因付款、抵销、提存、免除、除权判决、时效届满而消灭等。

（4）票据权利保全手续欠缺的抗辩，如应作成拒绝证书而未作等。

（5）票据上有伪造、变造情形的抗辩。

（二）对人抗辩

对人抗辩，也称相对抗辩或主观抗辩，是基于票据债务人和特定票据债权人之间的关系而发生的抗辩，多与票据基础关系有关。票据债务人可以对不履行约定义务与自己有直接债权债务关系的持票人，进行抗辩。

（三）票据抗辩的限制

票据债务人不得以自己与出票人之间或者持票人前手之间的抗辩事由，对抗持票人。持票人明知存在抗辩事由而取得票据的除外。凡是善意的、已付对价的正当持票人可以向票据上的一切债务人请求付款，不受前手权利瑕疵和前手相互间抗辩的影响。持票人取得的票据是无对价或不相当对价的，由于其享有的权利不能优于其前手的权利，故票据债务人可以对抗持票人前手的抗辩事由对抗该持票人。票据抗辩的限制仅存在于人的抗辩中。

【案例】5月8日，甲公司向乙公司出售10万元的货物，收到乙开出7月8日到期的、面额10万元的商业承兑汇票一张。6月8日，甲从丙厂购买原材料，于是将该商业汇票背书转让给了丙厂。7月8日，丙厂持到期的商业汇票向乙提示付款时，乙以甲公司所售货物质量有问题为由拒绝付款。试分析乙的理由是否成立？为什么？

【解析】不成立。《票据法》规定，只能对直接当事人进行抗辩，即乙可以拒绝支付甲的货款，但不允许扩大到其他人之间，所以，乙不能拒绝丙的付款请求。对人的抗辩只能乙依法对丙付款，然后根据合同条款向甲主张赔偿损失。

七、票据的伪造和变造

（一）票据伪造

▶ 1. 票据伪造的概念

票据伪造，指无权限人假冒他人名义或以虚构人名义签章的行为，包括假冒出票人名义签发票据行为和假冒他人名义进行出票行为之外的其他票据行为，如伪造背书签章、承兑签章、保证签章等票据签章。

▶ 2. 票据伪造的效力

票据伪造行为自始无效，持票人即使善意取得，对被伪造人也不能行使票据权利。对伪造人而言，由于票据没有以自己名义所作的签章，因此也不应承担票据责任。但是，如果伪造人行为给他人造成损害的，必须承担民事责任，构成犯罪的，应承担刑事责任。票据上有伪造签章的，不影响票据其他真实签章效力。票据上真正签章的人应对被伪造票据债权人承担票据责任，票据债权人依法提示承兑、提示付款或行使追索权时，票据上真正签章的人不能以票据伪造为由进行抗辩。

（二）票据的变造

▶ 1. 票据变造的概念

票据变造，指无权更改票据内容的人，对票据签章以外的记载事项加以变更的行为。如变更票据上的到期日、付款日、付款地、金额等。构成票据的变造，须符合以下条件。

(1) 变造的票据是合法成立的有效票据。

(2) 变造内容是票据上所记载的除签章以外的事项。

(3) 变造人无权变更票据的内容。

▶ 2. 票据变造的效力

票据的变造应依照签章是在变造之前或之后来承担责任。如果当事人签章在变造之前，应按原记载的内容负责；如果当事人签章在变造之后，则应按变造后的记载内容负责；如果无法辨别是在票据被变造之前或之后签章的，视同在变造之前签章。

下列行为与票据的变造相似，但不属票据的变造。

(1) 有变更权限的人依法对票据进行的变更（除法定不得变更的事项外），属于有效变更，不属票据的变造。

(2) 在空白票据上经授权进行补记的，由于该空白票据欠缺有效成立的条件，此等补记只是使票据符合有效票据的条件，不属票据的变造。

(3) 变更票据上的签章的，属于票据的伪造，而不属票据的变造。

第二节 汇 票

一、汇票概述

（一）汇票的概念

汇票是出票人签发的，委托付款人在见票时或者在指定日期无条件支付确定的金额给收款人或者持票人的票据。汇票具有以下特征。

(1) 汇票有三个基本当事人，即出票人、付款人和收款人。出票人是指依照法定方式签发汇票委托他人付款的人。付款人，指按照出票人的付款委托无条件支付汇票金额的人。收款人，指汇票上记载的收取票款的人。其中出票人和付款人为票据义务人，收款人为票据权利人。随着汇票的背书转让，汇票上设立保证等，被背书人、保证人等也成为汇票当事人。本票的基本当事人只有出票人和收款人。支票的基本当事人虽然也有三个，但付款人仅限于办理支票存款业务的银行和其他金融机构，而汇票付款人则没有这一限制。

(2) 汇票是由出票人委托他人支付的票据，是一种委托证券，而本票是自付证券。

(3) 汇票是在见票时或者指定到期日无条件付款的票据。指定到期日是指见票即付、定日付款、出票后定期付款、见票后定期付款四种形式。本票和支票一般为见票即付。

(4) 汇票是付款人无条件支付票据金额给持票人的票据。此处的持票人包括收款人、被背书人或受让人。

(二) 汇票的种类

▶ 1. 银行汇票和商业汇票

根据汇票出票人的不同，可将汇票分为银行汇票和商业汇票。银行汇票是指由银行签发的，由其在见票时按照实际结算金额无条件支付给收款人或者持票人的票据。银行汇票限于见票即付。银行汇票一般由汇款人将款项交存当地银行，由银行签发给汇款人持往异地办理转账结算或支取现金。单位、个体经济户和个人需要使用各种款项，均可使用银行汇票。商业汇票是出票人签发的，委托付款人在指定日期无条件支付确定的金额给收款人或者持票人的票据。商业汇票的出票人为银行以外的企业和其他组织；其付款人可以是银行，也可以是银行以外的企业或其他组织，凡由银行承兑的，称为银行承兑汇票；凡由银行以外的付款人承兑的，称为商业承兑汇票。

银行汇票提示付款期限自出票日起1个月，商业汇票付款期限，最长不得超过6个月；商业汇票提示付款期限，自汇票到期日起10日。汇票付款人必须无条件支付票据金额给持票人。

▶ 2. 即期汇票和远期汇票

即期汇票，指见票即付的汇票，持票人提示汇票之日作为汇票到期日。远期汇票是指必须到约定日期才能请求付款的汇票。

二、汇票的出票

(一) 出票的概念

出票亦称发票，指出票人签发票据并将其交付给收款人的票据行为。出票必须具备两个行为：一是出票人依照票据法作成票据，即在原始票据上记载法定事项并签章；二是交付票据，即将作成的票据交付给他人占有。只有作成和交付票据，票据才具有效力。出票人签发汇票以后，应该保证汇票承兑和付款责任。如果持票人得不到承兑或者付款，应当向出票人追索相应金额和费用。付款人只有对汇票进行承兑以后才成为汇票主债务人。

(二) 出票的记载事项

根据不同记载事项对汇票效力的不同影响，可将出票的记载事项分为绝对必要记载事项、相对必要记载事项、任意记载事项和不发生票据法上效力的记载事项。

▶ 1. 绝对必要记载事项

汇票的绝对必要记载事项是指必须在汇票上记载的事项，否则，汇票就无效。汇票的绝对必要记载事项包括七个方面的内容。

(1) 表明"汇票"的字样。汇票可有"银行汇票""银行承兑汇票""商业承兑汇票"等称谓。

(2) 无条件支付的委托。票据在付款上附有条件，如收货后付款会导致票据无效。

(3) 确定的金额。记载的金额有汇票金额和实际结算金额。汇票上记载有实际结算金额的，以实际结算金额为汇票金额。实际结算金额只能小于或等于汇票金额，如果实际结算金额大于汇票金额的，实际结算金额无效，以汇票金额为付款金额。

(4) 付款人名称。付款人是指出票人在汇票上的委托支付汇票金额的人。付款人只有在承兑后，才成为汇票上的主债务人，承担到期无条件付款的绝对责任。

(5) 收款人名称。收款人是指出票人在汇票上记载的受领汇票金额的最初票据权利人。收款人名称的记载必须用全称，不得使用简称或企业的代号。

(6) 出票日期。出票日期指出票人在汇票上记载的签发汇票的日期。由于票据是文义证券，汇票出票日不必一定为实际出票日，但不得为公历上没有的日期，也不能晚于汇票付款日期。否则汇票无效。

(7) 出票人签章。出票人签章指出票人在票据上亲自书写自己的姓名或盖章。

▶ 2. 相对必要记载事项

相对必要记载事项，指在出票时应当予以记载，但如果未作记载，可以通过法律规定来补充确定的事项。未记载该事项并不影响汇票本身的效力，汇票仍然有效。相对必要记载事项有三项。

(1) 付款日期。未记载付款日期的，视为见票即付。

(2) 付款地。未记载付款地的，以付款人的营业场所、住所或者经常居住地为付款地。

(3) 出票地。未记载出票地的，以出票人的营业场所、住所或者经常居住地为出票地。

▶ 3. 任意记载事项

任意记载事项，指出票人可以选择是否记载的事项，但该事项一经记载即发生票据法上的效力。如出票人在汇票上记载"不得转让"字样的，汇票持票人不得转让、贴现或者质押。

▶ 4. 不发生票据法上效力的记载事项

汇票上可以记载票据法规定事项以外的其他出票事项，但是该记载事项不具有汇票上的效力，主要包括签发票据的原因或用途、该票据项下交易的合同号码等。

(三) 出票的效力

汇票出票后，票据关系人依票据所载文义享有票据权利、承担票据义务。

▶ 1. 对出票人的效力

出票人签发汇票后，即承担保证该汇票承兑和付款的责任。出票人在汇票得不到承兑或付款时必须承担清偿责任。

▶ 2. 对付款人的效力

出票行为并不必然对付款人发生约束力，只有当付款人承兑汇票后，付款人才负有付款的义务，成为汇票上的主债务人。

▶ 3. 对收款人的效力

收款人取得一定的票据权利，即付款请求权和追索权。

三、汇票的背书

(一) 背书的概念

背书是指持票人以转让票据权利、质押票据权利或授权行使票据权利为目的，在票据背面或者粘单上记载有关事项并签章的票据行为。票据权利与票据是不可分的，因而票据的转让也就是票据权利的转让。票据转让有背书交付和单纯交付两种。单纯交付是指持票人未在票据上做任何转让事项记载而直接将票据交与他人的法律行为；背书交付是指持票人以转让票据权利为目的，按法定的事项和方式记载于票据上的一种票据行为。《票据法》规定，汇票转让只能采用背书方式，不能仅凭单纯交付方式，否则不产生票据转让效力。

(二) 背书的分类

1. 转让背书

转让背书是指持票人以转让票据权利为目的的背书。如果出票人在汇票上记载有"不得转让"字样的，汇票不得背书转让。

2. 设质背书

设质背书是指背书人以票据权利设定质押为目的的背书。背书人为出质人，被背书人为质权人。汇票可以设定质押，质押时应当以背书记载"质押"字样或表明质押意思的质押文句，如"为担保""为设质"等并且签章。被背书人依法实现其质权时，可以行使汇票权利。

3. 委托收款背书

委托收款背书，指持票人不以转让票据权利为目的，委托他人收款而为的背书。背书记载"委托收款"字样的，被背书人有权代背书人行使被委托的汇票权利。但是，被背书人不得再以背书转让汇票权利。否则，原背书人对后手的被背书人不承担票据责任，但不影响出票人、承兑人以及原背书人的前手的票据责任。

(三) 背书的格式

背书的格式包括三方面内容。

1. 应记载事项

应记载事项包括绝对记载事项和相对记载事项。

背书人签章和被背书人名称属于绝对记载事项。背书日期属于相对记载事项，如果没有记载推定为到期日前背书。如果背书人未记载被背书人名称而将票据交付他人的，持票人在票据被背书人栏内记载自己的名称与背书人记载具有同等法律效力。

2. 可以记载的事项

背书人在汇票上记载"不得转让"字样，其后手再背书转让的，原背书人对后手的被背书人不承担保证。其中的"不得转让"即为可以记载事项。其后手再背书转让的，不发生票据法的效力，只具有普通债权让与的效力。出票人对受让人不承担票据责任。

3. 不得记载的事项

不得记载的事项：一是附有条件的背书，二是部分背书。附有条件的背书是指背书人在背书时，记载一定的条件，以限制或者影响背书效力。如果背书附有条件，所附条件无效，背书仍然有效。部分背书是指背书人在背书时，将汇票金额一部分或者将汇票金额分别转让给两人以上的背书。部分背书无效。

(四) 背书连续

背书连续是指在票据转让中，转让汇票背书人和受让汇票被背书人在汇票签章依次前后衔接。主要是指背书在形式上连续，如果背书在实质上不连续，如有伪造签章等，付款人仍应对持票人付款。

(五) 法定禁止背书

法定禁止背书是指根据票据法禁止背书转让的情形，有以下三种情形。

(1) 被拒绝承兑的汇票。

(2) 被拒绝付款的汇票。
(3) 超过付款提示期限以及票据权利中的付款权利已经丧失的汇票。

四、汇票的承兑

（一）承兑的概念

承兑，指汇票付款人承诺在汇票到期日支付汇票金额的票据行为。承兑是汇票特有制度，本票和支票都没有承兑。

（二）承兑的程序

▶ 1. 承兑的记载事项

承兑的记载事项，指付款人办理承兑手续时需要在汇票上记载的事项。付款人承兑汇票的，应当在汇票正面记载"承兑"字样和承兑日期并签章。汇票承兑的应记载事项必须记载于汇票正面，而不能记载于汇票的背面或粘单上。

▶ 2. 提示承兑

提示承兑，指持票人向付款人出示汇票，并要求付款人承诺付款的行为。

(1) 见票即付的汇票无需提示承兑。这种汇票包括两种：一是明确记载有"见票即付"的汇票；二是汇票上没有记载付款日期，视为见票即付的汇票。我国的银行汇票，未记载付款日期，属于见票即付的汇票，该汇票无须提示承兑。

(2) 定日付款或者出票后定期付款的汇票，持票人应当在汇票到期日前向付款人提示承兑。

(3) 见票后定期付款的汇票，持票人应当自出票日起1个月内向付款人提示承兑。

（三）承兑的效力

付款人承兑汇票，不得附有条件；承兑附有条件的，视为拒绝承兑。付款人承兑汇票后，应当承担到期付款的责任。具体表现在以下方面。

(1) 汇票一经承兑，承兑人就成为汇票的主债务人，承兑人于汇票到期日必须向持票人无条件地当日足额付款，否则其必须承担迟延付款责任。

(2) 承兑人不得以与出票人间资金关系对抗持票人，拒绝支付汇票金额。

(3) 承兑人票据责任不因持票人未在法定期限提示付款而解除。

(4) 承兑人必须对汇票上的一切权利人承担责任，这些权利人包括付款请求权人和追索权人。

五、汇票的保证

（一）保证的概念

汇票的保证，指汇票债务人以外的第三人，以担保特定汇票债务人履行票据债务为目的，而在票据上所为的一种附属票据行为。

（二）保证的当事人

保证的当事人为保证人和被保证人。

▶ 1. 保证人

保证人是指票据债务人以外的，为票据债务的履行提供担保而参与票据关系的第三人。汇票保证人由汇票债务人以外的他人担当。保证人应是具有代为清偿票据债务能力的法人、其他组织或者个人。国家机关及以公益为目的的事业单位、社会团体和企业法人的分支机构和职能部门不得为保证人，但是经国务院批准为使用外国政府或者国际经济组织贷款进行转贷，国家机关提供票据保证的，以及企业法人的分支机构在法人书面授权范围内提供票据保证的除外。

2. 被保证人

被保证人是指票据关系中已有的债务人，包括出票人、背书人、承兑人等。票据债务人一旦由他人为其提供保证，其在保证关系中就被称为被保证人。

(三) 保证事项的记载

1. 保证的记载事项

保证人必须在汇票或粘单上记载下列事项。

(1) 表明"保证"的字样。
(2) 保证人名称和住所。
(3) 被保证人的名称。
(4) 保证日期。
(5) 保证人签章。

其中，保证文句和保证人签章属于绝对必要记载事项；如果欠缺，票据无效。被保证人的名称、保证日期和保证人住所属于相对必要记载事项。根据《票据法》规定未记载被保证人名称的，已承兑的汇票，承兑人为被保证人；未承兑的汇票，出票人为被保证人。保证人未记载保证日期的，出票日期为保证日期。同时，保证不得附有条件；附有条件的，不影响对汇票的保证责任。

2. 保证事项的记载方法

保证人为出票人、承兑人保证的，记载于汇票正面；保证人为背书人保证，记载于汇票背面或者粘单。

(四) 保证的效力

1. 保证人的责任

被保证的汇票，保证人应与被保证人对持票人承担连带责任。保证人为2人以上的，保证人之间承担连带责任。保证人对合法取得汇票的持票人所享有的汇票权利，承担保证责任。但是，被保证人债务因汇票记载事项欠缺无效的除外。

2. 保证人的追索权

保证人清偿汇票债务后，可以行使持票人对被保证人及其前手的追索权。

六、汇票的付款

(一) 付款的概念

付款是指付款人依据票据文义支付票据金额，以消灭票据关系的行为。

(二) 付款的程序

付款的程序包括付款提示、支付票款和收回汇票。

1. 付款提示

付款提示是指持票人向付款人出示票据，请求付款的行为。持票人应当按照下列期限提示付款：见票即付的汇票，自出票日起1个月内向付款人提示付款；定日付款、出票后定期付款或者见票后定期付款的汇票，自到期日起10日内向承兑人提示付款。持票人未在上述规定期限内提示付款的，丧失对前手的追索权，在做出说明后，承兑人或者付款人仍应当继续对持票人承担付款责任。持票人通过委托收款银行或者通过票据交换系统向付款人提示付款的，视同持票人提示付款。

2. 支付票款

持票人向付款人进行付款提示后,付款人无条件在当日按票据金额足额支付给持票人。在票款支付时,持票人可以委托银行收款,付款人也可委托银行付款。付款人及其代理付款人在付款时,负有审查的义务。即应当审查汇票背书的连续,并审查提示付款人的合法身份证明或者有效证件。付款人及其代理付款人以恶意或者重大过失付款的,应当自行承担责任。

3. 收回汇票

持票人获得付款的,应当在汇票上签收,并将汇票交给付款人。持票人委托银行收款的,受委托的银行将代收的汇票金额转账收入持票人账户,视同签收。

七、汇票的追索权

(一) 追索权概述

1. 追索权的概念

追索权,指持票人在汇票到期不获付款,或期前不获承兑,或有其他法定原因发生时,向其前手请求偿还票据金额、利息及费用的权利。

2. 行使追索权的情形

(1) 期前追索权,指在汇票上所载到期日到来之前持票人所行使的追索权。汇票到期日前,有下列情形之一的,持票人也可以行使追索权:汇票被拒绝承兑的;承兑人或者付款人死亡、逃匿的;承兑人或者付款人被依法宣告破产的或者因违法被责令终止业务活动的。

(2) 到期追索权,指在汇票到期时持票人因不获付款而行使的追索权。汇票到期被拒绝付款的,持票人可以对背书人、出票人以及汇票的其他债务人行使追索权。

(二) 追索权的主体

追索权的主体包括追索权人和被追索人。追索权人包括最后持票人和已为清偿的汇票债务人。最后持票人是汇票上的唯一债权人,也是最初追索权人;其他汇票债务人被持票人追索而清偿债务后,享有与持票人同一权利,可以向自己的前手行使再追索权。被追索人是指追索权所针对的义务人,包括出票人、背书人和其他债务人。为避免追索权出现逻辑矛盾,《票据法》规定,持票人为出票人的,对其前手无追索权;持票人为背书人的,对其后手为无追索权。

【案例】甲公司向乙公司开具了一张金额为20万元的商业承兑汇票,乙公司将此汇票背书转让给丙,丙又将汇票背书转让给甲。甲在汇票得不到付款时,请问能否向丙行使票据追索权?

【解析】持票人甲为出票人的,对其前手丙无追索权。这是有关回头背书中持票人追索权限制的规定。

(三) 追索权的客体

追索权的客体,指追索权人有权取得的、被追索人应当支付的金额和费用,包括汇票金额、法定利息和行使追索权的费用。追索权的客体包括两种。

1. 最初追索权的客体

持票人行使追索权,可以请求被追索人支付下列金额和费用:被拒绝付款的汇票金额;汇票金额自到期日或者提示付款日起至清偿日止,按照中国人民银行规定的流动资金贷款利率计算的利息;取得有关拒绝证明和发出通知书的费用。

▶ 2. 再追索权的客体

被追索人清偿债务后，即可从持票人处取得票据、有关拒绝证明和利息、费用的收据，并可据此向其他票据债务人行使再追索权。被追索人行使再追索权，可以请求其他汇票债务人支付下列金额和费用：已清偿的全部金额及其自清偿日起至再追索清偿日止，按照中国人民银行规定的流动资金贷款利率计算的利息；发出通知书的费用。

（四）追索程序

▶ 1. 取得拒绝证明

票据不获承兑或付款，持票人应请求作成拒绝证明或依法取得其他有关证明，以便行使追索权。承兑人拒绝承兑或者付款人拒绝付款的，必须出具拒绝证明或者出具退票理由书。因承兑人或者付款人死亡、逃匿或者其他原因，持票人不能取得拒绝证明的，可以依法取得其他有关证明，如医院或有关单位出具的死亡证明、司法机关出具的逃匿证明、公证机关出具的具有证明效力文书、人民法院宣告承兑人或者付款人破产司法文书等，具有拒绝证明的效力。

▶ 2. 发出追索通知

持票人应当自收到被拒绝承兑或者被拒绝付款的有关证明之日起 3 日内，将被拒绝事由书面通知其前手；其前手应当在收到通知之日起 3 日内再通知其再前手。持票人也可以同时向各汇票债务人发出书面通知。但是，通知义务并不是行使追索权必经程序，未按规定期限通知的，持票人仍可以行使追索权。不过，因延期通知给其前手或者持票人造成损失的，要在汇票金额限度内承担损失赔偿责任。

▶ 3. 确定追索对象，请求偿还

追索通知发出后，如无债务人自动偿还，追索权人可以依法确定具体追索对象进行追索。《票据法》规定：汇票出票人、背书人、承兑人和保证人对持票人承担连带责任。持票人可以不按照汇票债务人先后顺序，对其中任何一人、数人或者全体行使追索权。持票人对汇票债务人一人或者数人追索的，对其他汇票债务人仍可以行使追索权。

持票人在向追索对象行使追索权时，应当向其出示汇票、拒绝证明或退票理由书或其他具有法定证明效力文书，请求其依法偿还追索金额。该请求可以诉讼方式，也可以非诉讼方式进行。

第三节 本 票

一、本票概述

（一）本票的概念和特征

本票是出票人签发的，承诺自己在见票时无条件支付确定金额给收款人或者持票人的票据。

与汇票相比，本票具有下列特征。

（1）本票是自付证券。本票是由出票人约定自己付款的一种自付证券，其基本当事人有两个，即出票人和收款人，在出票人之外不存在独立的付款人。

（2）本票无须承兑。在出票人完成出票行为之后，即承担了到期日无条件支付票据金额的责任，不需要在到期日前进行承兑。

(二) 本票的种类

依照不同的标准,可以对本票进行不同分类,例如记名式本票、指定式本票和不记名本票;远期本票和即期本票;银行本票和商业本票等。在我国,本票仅限于银行本票,且为记名式本票和即期本票。

银行本票是银行签发的,承诺自己在见票时无条件支付确定金额给收款人或者持票人的票据。单位和个人在同一票据交换区域需要支付各种款项,均可以使用银行本票。银行本票可以用于转账,注明"现金"字样的银行本票可以用于支取现金。银行本票分为定额银行本票和不定额银行本票。定额银行本票面额为1 000元、5 000元、1万元和5万元。

(三) 本票适用汇票规定的情况

本票作为票据的一种,具有其他票据相同的一般性质和特征。因此,《票据法》总则的内容均适用于本票。汇票的有关规定,如出票、背书、保证、付款、追索权等具体制度,除特别规定外,都可适用于本票。

二、本票的出票

本票的出票与汇票一样,包括作成票据和交付票据。本票的出票行为是以自己负担支付本票金额的债务为目的的票据行为。

(一) 出票人资格

本票的出票人必须具有支付本票金额的可靠资金来源,并保证支付。因此,本票出票人是票据金额的直接支付人,与汇票的承兑人相同,与汇票的出票人只承担担保责任是不同的。

(二) 本票的记载事项

▶ 1. 绝对应记载事项

本票的绝对应记载事项包括以下六个方面的内容:①表明"本票"字样;②无条件支付的承诺;③确定的金额;④收款人名称;⑤出票日期;⑥出票人签章。本票未记载上述绝对必要记载事项之一的,本票无效。

▶ 2. 相对应记载事项

本票的相对应记载事项包括两项内容。

(1) 付款地。本票上未记载付款地的,出票人的营业场所为付款地。

(2) 出票地。本票上未记载出票地的,出票人的营业场所为出票地。

本票上可以记载《票据法》规定事项以外的其他出票事项,但是这些事项并不发生本票上的效力。

三、见票付款

根据《票据法》的规定,银行本票是见票付款的票据,收款人或持票人在取得银行本票后,随时可以向出票人请求付款。跨系统银行本票的兑付,持票人开户银行可根据中国人民银行规定的金融机构同业往来利率向出票银行收取利息。

本票自出票日起,付款期限最长不得超过2个月。持票人在规定的期限提示本票的,出票人必须承担付款的责任。持票人超过付款期限提示付款的,代理付款人不予受理。银行本票的代理付款人是代理出票银行审核支付银行本票款项的银行。如果持票人超过提示付款期限不获付款的,在票据权利时效内向出票银行做出说明,并提供本人身份证或单位证明,可持银行本票向出票银行请求付款。如果本票的持票人未按照规定期限提示本票的,则丧失对出票人以外的前手的追索权。这里所指的出票人以外的前手是指背书人及其保证人。由于本票出票人是票据上的主债务人，对持票人负有绝对付款责任，除票据时效届满而使票据权利消灭或者要式欠缺而使票据无效外，并不因持票人未在规定期限内向其行使付款请求权而使其责任得以解除。因此，持票人仍对出票人享有付款请求权和追索权，只是丧失对背书人及其保证人的追索权。

【案例】甲出具一张本票给乙，乙将该本票背书转让给丙，丁作为乙的保证人在票据上签章。丙又将该本票背书转让给戊，戊作为持票人未按规定期限向出票人提示本票。请问戊可对谁行使追索权。

【解析】如果本票的持票人未按照规定期限提示本票的，则丧失对出票人以外的前手的追索权。出票人以外的前手是指背书人及其保证人。因此，戊只能对甲行使追索权。

第四节 支 票

一、支票概述

(一) 概念

支票是出票人签发的，委托办理支票存款业务的银行或者其他金融机构在见票时无条件支付确定的金额给收款人或者持票人的票据。

(二) 特征

与汇票和本票相比，支票的显著特征如下。

(1) 支票的付款人仅限于银行或者其他金融机构。

(2) 支票是见票即付的票据。不像汇票、本票有即期和远期之分。

(3) 支票的无因性受到一定限制。《票据法》规定，支票的出票人签发支票不得超过其付款时在付款人处实有的存款金额；超过其实有存款金额的，为空头支票，禁止签发空头支票。

(三) 支票的种类

《票据法》按照支付票款方式，将支票分为现金支票、转账支票和普通支票。

▶ 1. 现金支票

支票中专门用于支取现金的，可以另行制作现金支票，现金支票只能用于支取现金。

▶ 2. 转账支票

支票中专门用于转账的，可以另行制作转账支票，转账支票只能用于转账，不得支取现金。

▶ 3. 普通支票

支票上未印有"现金"或"转账"字样的为普通支票，普通支票可以用于支取现金，也可以用于转账。在普通支票左上角划两条平行线的，为划线支票，划线支票只能用于转账，不得支取现金。

在实践中，我国一直采用的是现金支票和转账支票，没有普通支票。但为了方便当事人，借鉴国外方法和经验，《票据法》规定了普通支票形式。

(四) 支票适用汇票的有关规定

与本票一样，《票据法》只对支票个性问题做了特别规定，一般性的问题适用《票据法》总则的有关规定和汇票相关规定。除特别规定外，支票背书、付款行为和追索权行使，适用汇票有关规定。

二、支票的出票

(一) 支票出票的概念

出票人签发支票并交付的行为即为出票。但是,出票人签发支票必须具备一定的条件,即为在经中国人民银行当地分支行批准办理支票业务的银行机构开立可以使用支票的存款账户的单位和个人。开立支票存款账户,申请人必须使用其本名,并提交证明其身份的合法证件。开立支票存款账户和领用支票,应当有可靠的资金,并存入一定的资金。开立支票存款账户,申请人应当预留其本名的签名式样和印鉴。

(二) 支票的记载事项

▶ 1. 绝对应记载事项

支票的绝对应记载事项共有六项内容:①表明"支票"字样;②无条件支付的委托,一般是支票上已印好的"上列款项请从我账户内支付"的字样;③确定的金额;④付款人名称;⑤出票日期;⑥出票人签章。

有两项绝对应记载事项可以通过授权补记的方式记载。

(1) 关于支票金额的授权补记。《票据法》规定,出票人可以授权收款人就支票金额补记,收款人以外的其他人不得补记;在支票金额未补记之前,收款人不得背书转让,提示付款。

(2) 关于收款人名称的授权补记。我国《票据法》规定的票据都是记名式票据,故无收款人名称记载,票据即为无效。但是在实际中,出票人往往不能事先确定收款人,无法在出票时记载收款人名称。《票据法》规定,支票上未记载收款人名称的,经出票人授权,可以补记。未补记这一内容的,支票不得背书转让、提示付款。此外,由于实践中存在出票人兼任收款人的情况,如单位签发支票向其开户银行领取现金,故《票据法》规定,出票人可以在支票上记载自己为收款人。

▶ 2. 相对应记载事项

相对应记载事项包括两项内容。

(1) 付款地。支票上未记载付款地的,付款人的营业场所为付款地。

(2) 出票地。支票上未记载出票地的,出票人的营业场所、住所或者经常居住地为出票地。

此外,支票上可以记载非法定记载事项,但这些事项并不发生支票上的效力。

(三) 出票的其他法定条件

支票的出票行为除须按法定格式签发票据外,还须符合以下其他法定条件:

(1) 支票的出票人所签发的支票金额不得超过其付款时在付款人处实有的存款金额。如果出票人签发的支票金额超过其付款时在付款人处实有的存款金额,在法律上,该支票称为空头支票。签发空头支票是一种违法行为,对其责任人要给予严厉的处罚和制裁,构成犯罪的,要依法追究其刑事责任。

(2) 支票的出票人不得签发与其预留本名的签名式样或者印鉴不符的支票,使用支付密码的,出票人不得签发支付密码错误的支票。

(3) 签发现金支票和用于支取现金的普通支票,必须符合国家现金管理的规定。

(四) 出票的效力

(1) 出票人必须按照签发的支票金额承担向持票人付款的保证责任,包括保证自己在付款银行有足够的存款,未签发空头支票等。

(2) 当付款人对支票拒绝付款或者超过支票付款提示期限的,出票人应向持票人承担付款责任。

三、支票的付款

支票属于见票即付的票据，因而没有到期日的规定。支票的出票日实质上就是到期日。《票据法》规定，支票限于见票即付，不得另行记载付款日期。另行记载付款日期的，该记载无效。因此，出票人在付款人处的存款足以支付支票金额时，付款人应当在见票当日足额付款。

（一）提示付款

支票为见票即付的票据，但是，为了防止持票人久不提示支票，给出票人在管理上造成不便，以及防止空头支票的出现，《票据法》规定，支票的持票人应当自出票日起10日内提示付款；异地使用的支票，其提示付款的期限由中国人民银行另行规定。目前，我国支票主要在城市票据交换范围内使用和流通，故在同城范围内，支票的提示期间为10天。在异地使用时，则需延长提示期间，而这一提示期间最终由中国人民银行另行规定。

（二）逾期提示的法律后果

超过提示付款期限的，付款人可以不予付款，但是付款人不予付款的，出票人仍应当对持票人承担票据责任。由于支票不同于汇票、本票，没有主债务人，出票人处于相当于主债务人的地位，所以必须加重出票人的责任。持票人超过提示付款期限的，并不丧失对出票人的追索权，出票人仍应当对持票人承担支付票款的责任。

（三）付款

持票人在提示期间内向付款人提示票据，付款人在对支票进行审查之后，如未发现有不符规定之处，即应向持票人付款。《票据法》规定，出票人在付款人处的存款足以支付支票金额时，付款人应当在当日足额付款。

（四）付款责任的解除

付款人依法支付支票金额的，对出票人不再承担受委托付款的责任，对持票人不再承担付款的责任。但是，付款人以恶意或者有重大过失付款的除外。恶意或者有重大过失付款是指付款人收到持票人提示支票时，明知持票人不是真正票据权利人，支票的背书以及其他签章系属伪造，或者付款人不按正常操作程序审查票据等情形。在此情况下，付款人不能解除付款责任。造成损失的，由付款人承担赔偿责任。

【案例】甲公司为了支付货款，签发了一张以本市的乙银行为付款人、以丙公司为收款人的转账支票。丙公司在出票日之后的第14天向乙银行提示付款。请问乙银行是否仍需付款？

【解析】根据规定，支票的持票人丙公司应当自出票日起10日内提示付款。超过提示付款期限的，付款人乙银行可以不予付款；付款人乙银行不予付款的，出票人甲公司仍应当对持票人丙公司承担票据责任。

复习思考题

一、单项选择题

1. 依票据法原理，票据被称为无因证券，其含义是指（　　）。

    A. 取得票据无须合法原因，即使是盗窃而得的票据，持票人也享有票据权利

B. 票据权利以票面记载为准，即使票据上记载的文义与记载人的真实意思有出入，也要以该记载为准

C. 占有票据即能行使票据权利，不问占有该票据的原因和资金关系

D. 当事人签发、转让、承兑等票据行为须依法定形式进行

2. 甲公司是一张 3 个月以后到期的银行承兑汇票所记载的收款人。甲公司和乙公司合并为丙公司，丙公司于上述票据到期时向承兑人提示付款。下列表述中，正确的是(　　)。

A. 丙公司不能取得票据权利

B. 丙公司取得票据权利

C. 甲公司背书后，丙公司才能取得票据权利

D. 甲公司和乙公司共同背书后，丙公司才能取得票据权利

3. 下列关于本票的说法正确的是(　　)。

A. 收款人必须写全称，收款人名称经过更改的，更改后的收款人不享有票据权利，但是该本票仍有效

B. 票据金额记载的中文大写与数码不一致的，以中文大写为准

C. 本票上未记载出票日期的，本票无效

D. 本票上未记载付款地的，出票人的营业场所、住所或经常居住地为付款地

4. 如果持票人将出票人禁止背书的汇票转让，在汇票不获承兑时，下列有关出票人票据责任的表述中，正确的是(　　)。

A. 出票人不负任何票据责任

B. 出票人仍须对善意持票人负偿还票款的责任

C. 出票人与背书人对善意持票人负偿还票款的连带责任

D. 出票人与背书人、持票人共同负责

5. 下列关于本票和支票的说法正确的是(　　)。

A. 我国票据法上的本票包括银行本票和商业本票，而支票只有银行支票

B. 我国票据法上的本票和支票都仅限于见票即付

C. 本票和支票的基本当事人都只包括银行和收款人

D. 普通支票只能用于支取现金，不得用于转账

6. 以下关于支票付款的有关说法，不正确的有(　　)。

A. 支票限于见票即付，不得另行记载付款日期；另行记载付款日期的，该票据无效

B. 支票的持票人应当自出票日起 10 日内提示付款

C. 超过付款提示期限的，付款人可以不予付款

D. 持票人超过付款提示期限的，并不丧失对出票人的追索权

二、多项选择题

1. 甲签发汇票一张，汇票上记载收款人为乙，保证人为丙、丁，金额为 20 万元，汇票到期日为 2012 年 11 月 1 日。乙持票后将其背书转让给戊，戊再背书转让给己，己要求付款银行付款时被以背书不具连续性为由拒绝付款。则下列说法中正确的是(　　)。

A. 己可以向戊行使追索权，也可以同时向甲、乙、戊行使追索权

B. 己向乙行使追索权时，只有当乙不能偿付时，丙、丁才对己承担保证责任

C. 如果丙、丁在保证时约定有份额，则丙、丁按该约定的份额对己承担保证责任

D. 保证人丙、丁对己的追索支付了全部款项后，可以向乙或甲追索

2. 甲公司在与乙公司交易中获得由乙公司签发的面额50万元的汇票一张，付款人为丙银行。甲公司向丁某购买了一批货物，将汇票背书转让给丁某以支付货款，并记载"不得转让"字样。后丁某又将此汇票背书给戊某。如戊某在向丙银行提示承兑时遭拒绝，戊某可向（　　）行使追索权。

　　A. 丁某　　　　　B. 乙公司　　　　　C. 甲公司　　　　　D. 丙银行

3. 甲公司与乙公司签订买卖合同后，为了支付价款，甲公司签发了一张以乙公司为收款人的银行承兑汇票，公司财务经理签字，并加盖了公司的合同专用章。承兑人丙银行的代理人签字并加盖了银行的汇票专用章。乙公司背书转让给丁公司后，丁公司在票据到期时向丙银行请求付款。根据票据法律制度的规定，下列表述中，错误的有（　　）。

A. 丙银行可以拒绝付款

B. 丙银行无权拒绝付款

C. 如果丙银行拒绝付款，丁公司可以向甲公司行使追索权

D. 如果丙银行拒绝付款，丁公司可以向乙公司行使追索权

4. 票据的对物抗辩是指基于票据本身的内容而发生的事由所进行的抗辩。下列情形中，属于对物抗辩的理由有（　　）。

A. 背书不连续

B. 票据被伪造

C. 票据债务人无行为能力

D. 直接后手交付的货物存在质量问题

5. 下列有关票据伪造的表述中，符合票据法律制度规定的有（　　）。

A. 票据的伪造仅指假冒他人名义签章的行为

B. 票据上有伪造签章的，不影响票据上其他真实签章的效力

C. 善意的且支付相当对价的合法持票人有权要求被伪造人承担票据责任

D. 票据伪造人的伪造行为即使给他人造成损害，也不承担票据责任

6. 下列关于票据文义记载的法律效果的表述中，符合相关法律规定的有（　　）。

A. 汇票上未记载付款日期的，为见票即付

B. 票据金额的中文大写与数码不一致的，票据无效

C. 出票人记载"不得转让"字样的票据，其后手以此票据进行贴现的，通过贴现取得票据的持票人享有票据权利

D. 背书人未记载被背书人名称即将票据交付他人的，持票人在票据被背书人栏内记载自己的名称与背书人记载具有同等法律效力

三、判断题

1. 票据金额应以中文大写和数码同时记载，两者必须一致，如不一致，则票据无效。（　　）

2. 无民事行为或限制民事行为能力人在票据上签章的，因为其签章无效，由此造成其他的签章也无效。（　　）

3. 付款人承兑汇票时附有条件的，所附条件不具有票据法上的效力，但该承兑是有效的。（　　）

4. 凡是无对价或者无相当对价取得票据的，无论善意、恶意取得，均不得享有票据权利。（　　）

5. 汇票应该记载付款日期以便收款人或持票人在指定日期内提示付款。（　　）

四、案例分析题

1. 甲、乙企业签订了100万元的买卖合同，乙企业向甲企业发货后，债务人甲企业应当向债权人乙企业支付100万元的货款。为此，甲企业向乙企业签发了100万元的支票，付款人为丙银行。请问，本案中的票据法律关系是什么？

2. A公司为支付货款，2014年3月1日向B公司签发一张金额为50万元、见票后1个月付款的银行承兑汇票。B公司取得汇票后，将汇票背书转让给C公司。C公司在汇票的背面记载"不得转让"字样后，将汇票背书转让给D公司。其后，D公司将汇票背书转让给E公司，但D公司在汇票粘单上记载"只有E公司交货后，该汇票才发生背书转让效力"。后E公司又将汇票背书转让给F公司。2014年3月25日，F公司持汇票向承兑人甲银行提示承兑，甲银行以A公司未足额交存票款为由拒绝承兑，且于当日签发拒绝证明。2014年3月27日，F公司向A、B、C、D、E公司同时发出追索通知。B公司以F公司应先向C、D、E公司追索为由拒绝承担担保责任；C公司以自己在背书时记载"不得转让"字样为由拒绝承担担保责任。

根据上述情况和票据法律制度的有关规定，回答下列问题。

(1) D公司背书所附条件是否具有票据上的效力？简要说明理由。

(2) B公司拒绝承担担保责任的主张是否符合法律规定？简要说明理由。

(3) C公司拒绝承担担保责任的主张是否符合法律规定？简要说明理由。

3. 老王系某大学一教师，2014年职称评定时因受刺激而致精神失常。2015年4月5日，老王签了一张10万元转账支票给某建筑公司购买修建房屋用材料，因支票的出票人系个人，某建筑公司提出应有保证人进行保证。老王同意并找到邻居小王（已单独立户），小王进行了保证。建筑公司收受支票后于4月8日以背书方式将支票转让给甲公司以支付所欠房屋租金。4月12日甲公司持支票向某商场购置计算机10台，4月16日商场通过其开户银行提示付款时，开户银行以超越提示付款期为由做退票处理。商场只好通知其前手进行追索。在追索过程中，甲公司和建筑公司均以有保证人为由推卸责任，保证人小王以老王系精神病人其签发支票无效为由拒不承担责任。经鉴定，老王确属精神不正常，属无行为能力人。

根据上述情况和票据法律制度的有关规定，回答下列问题。

(1) 无行为能力人的票据行为是否有效？其所签发票据是否有效？

(2) 在有保证人的情况下，票据行为人是否应负票据责任？

(3) 本案中，保证人是否应承担保证责任？

第八章 市场规制法

>>> **学习目标**

1. 了解不正当竞争行为与限制竞争行为的关系；掌握不正当竞争行为的危害性；能够依法维护企业经营权利，追究侵权人责任。
2. 了解垄断的含义；掌握《反垄断法》规定的垄断行为；熟悉垄断行为危害性及适用条件。
3. 了解消费者概念；掌握消费者权利和义务，以及经营者义务内容；了解消费争议解决途径及经营者责任；知道如何对生产者行为进行监督；
4. 了解《产品质量法》界定的"产品"范围；掌握产品质量监督管理的组织体制和具体管理措施；理解产品责任的含义、性质及责任构成。

第一节 反不正当竞争法律制度

一、反不正当竞争法律制度概述

（一）不正当竞争行为的概念

不正当竞争行为，是指经营者在生产经营活动中，采用有悖于商业道德且违反法律规定的市场竞争手段和方式，损害其他经营者或者消费者的合法权益的行为。判断不正当竞争行为，可以从竞争性、反道德性和违法性上分析。

（二）反不正当竞争法的概念

反不正当竞争法是调整经营者因从事不正当竞争活动而发生的经济竞争关系以及有关国家机关监督检查发生的经济管理关系法律规范总称。狭义的反不正当竞争法是指1993年9月2日第八届全国人民代表大会常务委员会第三次会议通过，1993年12月1日起实施，2017年11月4日全国人民代表大会常务委员会修订通过的《中华人民共和国反不正当竞争法》。广义的反不正当竞争法，是调整在国家规制不正当竞争行为过程中发生的社会关系的法律规范的总称。

二、不正当竞争行为的类型

2017年修订的《反不正当竞争法》删除了限制竞争行为的条款,该部分内容纳入反垄断法、招标投标法及反倾销条例的规制范围。现行的反不正当竞争法规制的对象是指七种不正当竞争行为。现分述如下。

(一) 商业混淆行为

商业混淆行为是指经营者在市场经营活动中,对自己商品或服务做虚假表示、说明或承诺,或不当利用他人智力劳动成果推销自己商品或服务,使用户或者消费者产生误解,扰乱市场秩序、损害同业竞争者利益或者消费者利益行为。《反不正当竞争法》禁止以下四种仿冒行为。

(1)擅自使用与他人有一定影响的商品名称、包装、装潢等相同或者近似的标识。

(2)擅自使用他人有一定影响的企业名称(包括简称、字号等)、社会组织名称(包括简称等)、姓名(包括笔名、艺名、译名等)。

(3)擅自使用他人有一定影响的域名主体部分、网站名称、网页等。

(4)其他足以引人误认为是他人商品或者与他人存在特定联系的混淆行为。

【案例】甲公司将其生产并上市销售矿泉水冠以"恒信天泉"名称,且其包装、装潢与乙公司的知名商品"恒信天泉"矿泉水非常相似。"恒信天泉"矿泉水经乙公司在全国范围内密集宣传、传播,在饮用水行业内具有一定的市场知名度,为社会公众普遍知悉。立案时,双方都在申请恒信天泉为注册商标,但均尚未核准。根据《反不正当竞争法》规定。下列对甲公司行为定性表述,正确的是(   )。

A. 假冒他人注册商标
B. 擅自使用与他人有一定影响的商品名称、包装、装潢等相同或者近似的标识
C. 擅自使用他人有一定影响的企业名称
D. 其他足以引人误认为是他人商品或者与他人存在特定联系的混淆行为

【解析】正确答案是 B,甲公司被控侵权商品突出显示"恒信天泉"作为商品名称,与乙公司主张保护的知名商品特有名称完全一致,包装、装潢足以造成被控侵权商品与"恒信天泉"矿泉水相混淆,使得消费者在购买时产生误认或者混淆。甲公司行为构成对乙公司的不正当竞争。

(二) 商业贿赂行为

商业贿赂行为是指经营者为了获取交易机会或者竞争优势,向能够影响交易的人秘密给付财物或者其他经济利益的行为。《反不正当竞争法》第7条规定,经营者不得采用财物或者其他手段进行贿赂以销售或者购买商品。在账外暗中给予对方单位或者个人回扣的,以行贿论处;对方单位或者个人在账外暗中收受回扣的,以受贿论处。经营者销售或者购买商品,可以以明示方式给对方折扣,可以给中间人佣金。经营者给对方折扣、给中间人佣金的,必须如实入账。接受折扣、佣金的经营者必须如实入账。回扣与正当折扣、佣金的根本区别在于,折扣和佣金必须如实入账,按《会计法》和相关会计准则办理,而回扣是账外暗中进行的。

【案例】甲酒店向该市出租车司机承诺,为酒店每介绍一位客人,酒店向其支付该客人房费的5%作为奖励,与其相邻乙酒店向有关部门举报了这一行为。有关部门调查发现甲酒店给付奖励在公司账面皆有明确详细记录。甲酒店行为是否属于正当竞争行为?

【解析】要注意回扣与佣金、折扣的区别。经营者可以以明示方式给予中间人佣金，但必须如实入账。甲酒店对给付奖励有明确详细记录，属于正当竞争行为。

（三）虚假宣传行为

虚假宣传行为是指经营者利用广告或者新闻、信息发布会等具有商业目的的传播行为，对商品的性能、功能、质量、销售状况、用户评价、曾获荣誉等作虚假或者引人误解的商业宣传。以及通过组织虚假交易等方式，帮助其他经营者进行虚假或者引人误解的商业宣传。引人误解的虚假宣传行为包括：对商品作片面的宣传或者对比的；将科学未定论观点、现象等当作定论事实用于商品宣传的；以歧义性语言或者其他引人误解方式进行商品宣传的。以明显夸张方式宣传商品，不足以造成相关公众误解的，不属于引人误解的虚假宣传行为。

（四）侵犯商业秘密行为

商业秘密，指不为公众所知悉、能为经营者带来经济利益、具有实用性并经权利人采取保密措施的技术信息和经营信息。技术信息包括工艺流程、技术秘诀、设计图纸、化学配方等；经营信息包括管理方法、产销策略、资源情报、客户名单等。侵犯商业秘密行为表现在以下方面。

（1）以盗窃、贿赂、欺诈、胁迫、电子侵入或者其他不正当手段获取权利人的商业秘密。

（2）披露、使用或者允许他人使用以前项手段获取权利人的商业秘密。

（3）违反约定或者违反权利人有关保守商业秘密要求，披露、使用或者允许他人使用其所掌握的商业秘密。第三人明知或者应知商业秘密权利人的员工、前员工或者其他单位、个人实施前款所列违法行为，仍获取、披露、使用或者允许他人使用该商业秘密的，视为侵犯商业秘密。

通过自行开发研制或者反向工程等方式获得商业秘密，不认定为上述第（1）项、第（2）项侵犯商业秘密行为。反向工程是指通过技术手段对从公开渠道取得的产品进行拆卸、测绘、分析等而获得该产品有关技术信息。当事人以不正当手段知悉他人商业秘密后，又以反向工程主张获取行为合法的，人民法院不予支持。

（五）不正当有奖销售行为

不正当有奖销售行为是指经营者销售商品或提供服务时，以提供奖励为名，采取欺骗或者其他不当手段损害用户、消费者利益，或者损害其他经营者合法权益行为。不正当有奖销售行为有以下情形。

（1）所设奖的种类、兑奖条件、资金金额或者奖品等有奖销售信息不明确，影响兑奖；

（2）采用谎称有奖或者故意让内定人员中奖欺骗方式进行有奖销售。

（3）抽奖式的有奖销售，最高奖金额超过 50 000 元。

附奖赠促销行为利弊互现，它有利于扩大销售、促进竞争，但如果奖赠额度比例过度或者奖赠虚假，会导致价格虚高，价格信号失真，损害了大多数未获奖购买者、消费者利益，因此应当予以禁止。

（六）诋毁商誉行为

诋毁商誉行为是指经营者编造传播有关竞争对手的虚假或误导性信息，以破坏竞争对手商业信誉、商品声誉的不正当竞争行为。诋毁声誉，侵害竞争对手商誉权，给竞争者带来精神和物质利益损失，应予禁止。

（七）互联网不正当竞争行为

为了适应市场经济行为多元、复杂的现状，及互联网的快速发展带来的经济运行模式不断变化，规定了互联网不正当竞争行为条款。经营者利用网络从事生产经营活动的，不得利用技术手段，通过影响用户选择或者其他方式，实施下列妨碍、破坏其他经营者合法提供的网络产品或者服务正常运行的行为。

（1）未经其他经营者同意，在其合法提供的网络产品或者服务中，插入链接、强制进行目标跳转。

（2）误导、欺骗、强迫用户修改、关闭、卸载其他经营者合法提供的网络产品或者服务。

（3）恶意对其他经营者合法提供的网络产品或者服务实施不兼容。

（4）其他妨碍、破坏其他经营者合法提供的网络产品或者服务正常运行的行为。

三、对不正当竞争行为的监督检查

（一）监督检查部门

县级以上人民政府履行工商行政管理职责的部门对不正当竞争行为进行监督检查；与市场管理有关的其他行政职能部门，如质量技术监督部门、物价部门、食品卫生行政管理部门等，依法对特定领域不正当竞争行为进行监督检查。

（二）监督检查部门的职权

（1）进入涉嫌不正当竞争行为的经营场所进行检查。

（2）询问被调查的经营者、利害关系人及其他有关单位、个人，要求其说明有关情况或者提供与被调查行为有关的其他资料。

（3）查询、复制与涉嫌不正当竞争行为有关的协议、账簿、单据、文件、记录、业务函电和其他资料。

（4）查封、扣押与涉嫌不正当竞争行为有关的财物。

（5）查询涉嫌不正当竞争行为的经营者的银行账户。

（6）监督检查部门有权对从事不正当竞争行为的经营者依法给予行政处罚。

四、违反《反不正当竞争法》的法律责任

经营者违反本法规定，应当承担民事责任、行政责任和刑事责任，其财产不足以支付的，优先用于承担民事责任。

（一）民事责任

《反不正当竞争法》第17条规定：经营者违反本法规定，给他人造成损害的，应当依法承担民事责任。因不正当竞争行为受到损害的经营者的赔偿数额，按照其因被侵权所受到的实际损失确定；实际损失难以计算的，按照侵权人因侵权所获得的利益确定。赔偿数额还应当包括经营者为制止侵权行为所支付的合理开支。经营者实施商业混淆行为、侵犯商业秘密行为，权利人因被侵权所受到的实际损失、侵权人因侵权所获得的利益难以确定的，由人民法院根据侵权行为的情节判决给予权利人500万元以下的赔偿。

（二）行政责任

《反不正当竞争法》对于不正当竞争行为的制裁措施有：①责令停止违法行为；②责令消除影响；③没收违法商品；④没收违法所得；⑤罚款；⑥吊销营业执照；⑦信用制裁，即将上述行政处罚记入信用记录，并依法公示。

对于妨碍监督检查行为的行政制裁措施有：①责令改正；②罚款；③治安管理处罚。对于监督检查部门的工作人员违反本法行为的行政制裁措施为依法给予处分。

(三) 刑事责任

《反不正当竞争法》规定，违反本法规定，构成犯罪的，依法追究刑事责任。结合刑法等相关规定，上述行为包括销售伪劣商品的行为、商业贿赂行为、侵犯商业秘密的行为等。

第二节 反垄断法律制度

一、反垄断法律制度概述

(一) 反垄断法的概念

反垄断法，有广义和狭义之分。广义的反垄断法，是调整在国家规制垄断过程中所发生的社会关系的法律规范总称，是由反垄断法律规范构成的系统。狭义的反垄断法，是作为规范性法律文件的反垄断基本法律，现代意义的反垄断法产生于19世纪末，西方自由资本主义进入垄断资本主义时期。1890年，美国颁布的《谢尔曼法》是世界第一部反垄断立法。在我国，是指2007年8月全国人大常委会通过的《中华人民共和国反垄断法》，2008年8月1日起施行，该法共八章、57条。

(二) 反垄断法的地位

从法的体系来看，反垄断法是经济体系中市场规制法的重要部门法之一。从法的作用看，反垄断法是保障市场竞争公平、自由和秩序的重要部门法，被称为"经济宪法"。反垄断法调整具有竞争关系的经营者之间的法律关系。反垄断法抑制垄断并不消灭垄断。它承认并保护经营者经济自由权，允许经营者通过公平竞争、自愿联合，依法实施集中，扩大经营规模，提高市场竞争能力；为建立健全统一、开放、竞争、有序市场体系而监管和调控经营者反竞争行为。

二、垄断行为

垄断，指经营者或其利益代表者，滥用市场支配地位，或者通过协议、合并或其他方式谋求或谋求并滥用市场支配地位，借以排除或限制竞争，牟取超额利益，依法应予规制的行为。反垄断法将垄断行为分为四类。

(一) 垄断协议

垄断协议，指排除、限制竞争的协议、决定或者其他协同行为。根据参与垄断协议的经营者之间是否具有竞争关系。

垄断协议有横向垄断协议与纵向垄断协议之分。横向垄断协议也称为卡特尔，是具有竞争关系的经营者达成联合限制竞争行为的协议，比如彩电销售商之间的固定价格、划分市场的行为。横向垄断协议被认为是最原始、最直接、危害最大的垄断行为。纵向垄断协议是指同一产业不同市场环节具有买卖关系的企业达成联合限制竞争行为的协议，如产品生产商与销售商之间关于限制转售价格的协议。

▶ 1. 垄断协议的特征

(1) 垄断协议主体是两个或两个以上有竞争关系的经营者，具有"多个主体共同行为"

特征，从而与单个经营者的市场垄断行为(如滥用市场支配地位等)区别开来。行业协会是同行经营者共同体，也属于反垄断法关注对象。

(2)垄断协议指当事人之间通过意思联络取得一致后形成的协议、决定和其他协同行为。其中，"协议"与合同法的协议相同，既包括书面协议，也包括口头协议。"决定"则是指企业集团、其他形式的企业联合组织以及行业协会等要求其成员企业共同实施排除、限制竞争的决议。"其他协同行为"则指经营者虽然没有达成协议，也没有可供遵循的决定，但相互间通过意思联络，共同实施的排除、限制竞争的协调、合作行为。

▶ 2. 对垄断协议的规制

1)横向垄断协议与纵向垄断协议

关于横向垄断协议，《反垄断法》第13条规定，禁止具有竞争关系的经营者达成下列垄断协议：①固定或者变更商品价格；②限制商品的生产数量或者销售数量；③分割销售市场或者原材料采购市场；④限制购买新技术、新设备或者限制开发新技术、新产品；⑤联合抵制交易；⑥国务院反垄断执法机构认定的其他垄断协议。

关于纵向垄断协议，《反垄断法》第14条规定，禁止经营者与交易相对人达成下列垄断协议：①固定向第三人转售商品的价格；②限定向第三人转售商品的最低价格；③国务院反垄断执法机构认定的其他垄断协议。

2)行业协会限制竞争行为

行业协会应当加强行业自律，引导本行业经营者依法竞争，维护市场竞争秩序。行业协会不得组织本行业经营者从事禁止的垄断行为。

3)垄断协议的豁免

《反垄断法》第15条有关垄断协议的豁免条款，即有下列情形之一的，不适用前述第13条和第14条规定：①为改进技术、研究开发新产品的；②为提高产品质量、降低成本、增进效率，统一产品规格、标准或者实行专业化分工的；③为提高中小经营者经营效率，增强中小经营者竞争力的；④为实现节约能源、保护环境、救灾救助等社会公共利益的；⑤因经济不景气，为缓解销售量严重下降或者生产明显过剩的；⑥为保障对外贸易和对外经济合作中的正当利益的；⑦法律和国务院规定的其他情形。

(二)滥用市场支配地位

▶ 1. 概述

市场支配地位，指经营者在相关市场内具有能够控制商品价格、数量或者其他交易条件，或者能够阻碍、影响其他经营者进入相关市场能力的市场地位。认定市场支配地位依据，一般以市场份额为主，兼顾市场行为及其他相关因素，主要依据如下。

(1)该经营者在相关市场市场份额，以及相关市场竞争状况。

(2)该经营者控制产品销售市场或者原材料采购市场能力。

(3)该经营者财力和技术条件。

(4)其他经营者对该经营者交易依赖程度。

(5)其他经营者进入相关市场难易程度。

(6)与认定该经营者市场支配地位有关的其他因素。

依据市场份额标准时，可以根据被告的市场份额，推定其具有市场支配地位。

(1)一个经营者在相关市场的市场份额达到1/2的。

(2)两个经营者在相关市场的市场份额合计达到2/3的。

(3) 三个经营者在相关市场的市场份额合计达到 3/4 的。有第(2)项、第(3)项规定的情形，其中有的经营者市场份额不足 1/10 的，不应当推定该经营者具有市场支配地位。被推定具有市场支配地位的经营者，有证据证明不具有市场支配地位的，不应当认定其具有市场支配地位。

▶ 2. 滥用市场支配地位的行为

滥用市场支配地位行为，指具有市场支配地位的经营者利用其市场支配地位所实施的妨碍竞争的行为，主要包括以下方面。

(1) 垄断高价和垄断低价。即具有市场支配地位的经营者，以不公平高价销售商品或者以不公平低价购买商品的行为。电信、邮政、电力、交通、城市自来水、管道燃气等自然垄断行业经营者易于实施垄断高价和垄断低价行为。

(2) 掠夺性定价。即具有市场支配地位的经营者，没有正当理由，以低于成本价格销售商品的行为。正当理由包括销售鲜活商品、季节性降价、处理积压商品、转产或歇业及其他有正当理由的情形。成本标准要有具体标准和会计人员的核定。

(3) 拒绝交易。即具有市场支配地位的经营者，没有正当理由，拒绝与交易相对方进行交易的行为。

(4) 独家交易。即具有市场支配地位的经营者，没有正当理由，限定交易相对人只能与其进行交易或者只能与其指定的经营者进行交易的行为。独家交易，会损害交易相对方、竞争对手合法权益。

(5) 搭售。即具有市场支配地位的经营者，没有正当理由，在销售市场份额高的商品和服务时，搭配销售市场份额低的商品和服务行为。

(6) 差别待遇。即具有市场支配地位的经营者，没有正当理由，对条件相同的交易相对人设定不同的交易价格等交易条件的行为。

(三) 经营者集中

▶ 1. 概念

经营者集中，指经营者通过合并、收购、委托经营、联营或其他方式，集合经营者经济力，提高市场地位的行为。经营者集中是指下列情形：①经营者合并；②经营者通过取得股权或者资产的方式取得对其他经营者控制权；③经营者通过合同等方式取得对其他经营者的控制权或者能够对其他经营者施加决定性影响。

▶ 2. 经营者集中行为的申报许可

(1) 申报标准

经营者集中达到下列标准之一的，经营者应当事先向国务院商务主管部门申报，未申报的不得实施集中：①参与集中的所有经营者上一会计年度在全球范围内的营业额合计超过 100 亿元人民币，并且其中至少两个经营者上一会计年度在中国境内的营业额均超过 4 亿元人民币；②参与集中的所有经营者上一会计年度在中国境内的营业额合计超过 20 亿元人民币，并且其中至少两个经营者上一会计年度在中国境内的营业额均超过 4 亿元人民币。营业额计算应当考虑银行、保险、证券、期货等特殊行业、领域实际情况。

(2) 申报豁免

母子公司和集团公司的内部重组行为，因不涉及市场竞争结构变化，集中不会产生或加强其市场支配地位。《反垄断法》第 22 条规定，经营者集中有下列情形之一的，可以不向国务院反垄断执法机构申报：参与集中的一个经营者拥有其他每个经营者 50% 以上有表决权的股份或者资产的;参与集中的每个经营者50%以上有表决权的股份或者资产被同一个未参与集中的经营者拥有的。

(3) 申报程序

符合上述条件的经营者应当事先向国务院反垄断执法机构申报,未申报的不得实施集中。申报书应当按照要求提交相应文件、资料。

① 初审。国务院反垄断执法机构自收到经营者提交的符合法定条件的文件、资料之日起30日内进行初步审查,做出不实施进一步审查的决定或者逾期未做出决定的,经营者可以实施集中,否则进行进一步审查。

② 进一步审查。进一步审查自决定之日起90日内审查完毕,做出决定并书面通知经营者。做出禁止决定的,应当说明理由。如有法定特殊情形,可以延长审查期限。逾期未做出决定的,经营者可以实施集中。所谓法定情形是指:一是经营者同意延长审查期限的;二是经营者提交的文件、资料不准确,需要进一步核实的;三是经营者申报后有关情况发生重大变化的。需要注意的是,在延长期限内,经营者不得实施集中。

(四) 行政性垄断

▶ 1. 行政性垄断的概念

行政性垄断,指行政机关和法律、法规授权的具有管理公共事务职能的组织,滥用行政权力、违反法律规定实施的限制市场竞争的行为。

▶ 2. 行政性垄断的表现

(1) 强制交易,指行政机关滥用行政权力,违反法律规定,限定或者变相限定经营者、消费者经营、购买、使用其指定经营者提供的商品。例如,某县政府要求县属所有机关、事业单位购买某啤酒厂质次价高、没有竞争力的啤酒,并且下达具体购买任务。

(2) 地区封锁,指行政机关滥用行政权力,违反法律规定,妨碍商品和服务在地区之间的自由流通,排除或限制市场竞争的行为。反垄断法第33~35条规定了地区封锁的三种表现形式。

① 限制商品在地区间自由流通,包括行政机关和其他依法具有管理公共事务职能组织实施的下列五类行为:一是对外地商品设定歧视性收费项目、实施歧视性收费标准,或者规定歧视性价格;二是对外地商品规定与本地同类商品不同的技术要求、检验标准,或者对外地商品采取重复检验、重复认证等歧视性技术措施,限制外地商品进入本地市场;三是采取专门针对外地商品的行政许可,限制外地商品进入本地市场;四是设置关卡或者采取其他手段,阻碍外地商品进入本地市场或者本地商品运出;五是妨碍商品在地区间自由流通的其他行为。

② 排斥或限制招标投标行为。即行政机关和其他依法具有管理公共事务职能的组织滥用行政权力以设定歧视性资质要求、评审标准或者不依法发布信息等方式,排斥或者限制外地经营者参加本地的招标投标活动。

③ 排斥或者限制外地投资或设立分支机构。即行政机关和其他依法具有管理公共事务职能的组织滥用行政权力,采取与本地经营者不平等待遇方式,排斥或者限制外地经营者在本地投资或设立分支机构。

(3) 行政性强制经营者限制竞争,指行政机关滥用行政权力,违反法律规定,强制经营者从事反垄断法所禁止的排除或者限制市场竞争的行为。例如,强制本地区、本部门的企业合并,或者通过经营者控制组建企业集团;强制经营者通过协议等方式固定价格、划分市场、联合抵制等。

【案例】某行政机关的下列行为中,属于《反垄断法》禁止的有( )。
A. 限制外地经营者在本地设立分支机构
B. 要求外地的货物必须通过指定物流公司进入本地市场
C. 禁止没有资质的经营者参加本地建筑项目招标投标
D. 强制下属单位每年消费一定数额的烟酒
【解析】正确答案 A、B。选项 C 的行为合法;选项 D 不属于《反垄断法》禁止的范围,适用其他法律法规。

(五) 反垄断法的执行和适用

▶ 1. 反垄断法的机构和职责

我国反垄断机构采取双层制模式:国务院反垄断执法机构负责反垄断法的行政执法;另外,在其之上还设反垄断委员会,负责组织、协调、指导反垄断工作。国务院反垄断执法机构主要指国家工商局、国家发改委和商务部。三家执法机构的职责为:国家工商局负责垄断协议、滥用市场支配地位、滥用行政权力排除、限制竞争方面的反垄断执法工作;国家发改委负责依法查处价格垄断行为;商务部负责经营者集中行为的反垄断审查工作。国务院反垄断执法机构根据工作需要,可以授权省、自治区、直辖市人民政府相应机构,负责有关反垄断执法工作。

▶ 2. 反垄断法执行的一般程序

反垄断法执行的一般程序如下。

(1) 启动。反垄断案件分因垄断行为受害人申请或控告、其他组织或个人报告(举报)和主管机关自行启动三种。

(2) 调查。调查的启动、方式、程序、中止、终止和恢复都应遵循《反垄断法》规定。

(3) 审议。在调查取证基础上,主管机构组织审议。

(4) 决定。主管机构应当做出违法与否的认定、违法处罚和合法许可的决定。

(5) 执行。经公布后,即进入执行环节。执行环节,可以是自动执行。如果被制裁人不服该决定的,可以向上级机关提起复议或者向法院提起诉讼。经营者集中需行政复议前置。被制裁人不服该决定,又不提起复议或者诉讼的,主管机关可以依法强制执行。

▶ 3. 反垄断法的域外效力

《反垄断法》第 2 条规定,中华人民共和国境内经济活动中的垄断行为,适用本法;中华人民共和国境外的垄断行为,对境内市场竞争产生排除、限制影响的,适用本法。

▶ 4. 反垄断法适用除外

反垄断法重心在于反竞争垄断行为而非垄断状态。为促进科技进步、保护幼稚产业或者弱势团体,维护全体或者长远社会公共利益,对于某些领域、某些行业还需承认维持某种垄断。反垄断法适用除外的领域及行业如下。

(1) 行使知识产权行为。知识产权法为鼓励创新,对发明创造权利人给予一定期限垄断特权。为避免法律之间的冲突,经营者依照有关知识产权的法律、行政法规规定行使知识产权的行为,不适用反垄断法。但是,经营者滥用知识产权,排除、限制竞争行为,适用反垄断法。

(2) 农业生产者及农村经济组织的联合。农业生产者及农村经济组织在农产品生产、加工、销售、运输、储存等经营活动中实施的联合或者协同行为，不适用反垄断法。对于从事农业生产经营活动给予特别保护，有利于疏导农业生产风险，促进我国农业规模化经营，也符合国际惯例。

第三节 消费者权益保护法

一、消费者权益保护法概述

（一）消费者的概念

消费者，指为个人生活消费需要购买、使用商品和接受服务的自然人。消费者是分散的、单个的自然人，在市场中处于弱者地位，需要法律特殊保护。所以，从事消费活动的社会组织、企事业单位不属于消费者保护法意义上的消费者。

（二）消费者权益保护法的概念

消费者权益保护法是调整保护公民消费权益中所产生的社会关系的法律规范总称。《消费者权益保护法》于1993年10月31日颁布、1994年1月1日起施行。第十二届全国人民代表大会常务委员会第五次会议于2013年10月25日通过修改决定，自2014年3月15日起施行。

消费者权益保护法的适用对象包括下列三个方面。

(1) 消费者为生活消费需要购买、使用商品或者接受服务的。

(2) 农民购买、使用直接用于农业生产的生产资料时，参照消费者权益保护法执行。

(3) 经营者为消费者提供生产、销售的商品或者提供服务，适用消费者权益保护法。

二、消费者的权利与经营者的义务

（一）消费者的权利

消费者的权利，指消费者在生活消费活动中依法享有的各项权利的总和。我国消费者共享有9项基本权利。

▶ 1. 安全保障权

消费者在购买、使用商品和接受服务时享有生命健康、财产安全不受损害的权利。对于经营者是法定义务，消费者不只是被动行使安全保障权，消费者有权要求经营者提供商品和服务，符合保障人身、财产安全的要求，不存在不合理缺陷或安全隐患。

▶ 2. 知悉真情权

消费者享有知悉购买、使用商品或者接受服务的真实情况的权利。消费者有权要求经营者提供商品价格、产地、生产者、用途、性能、规格、等级、主要成分、生产日期、有效期限、检验合格证明、使用方法说明书、售后服务，或者服务内容、规格、费用等情况。

▶ 3. 自主选择权

消费者享有自主选择商品和服务的权利，包括：①有权自主选择提供商品或者服务的经营者；②有权自主选择商品品种或者服务方式；③有权自主决定是否购买任何一种商品或是否接受任何一项服务；④有权对商品或服务进行比较、鉴别和选择。经营者不得以任何方式干涉消费者行使自主选择权。

4. 公平交易权

消费者在购买商品或者接受服务时，有权获得质量保障、价格合理、计量正确等公平交易条件，有权拒绝经营者的强制交易行为。

5. 获取赔偿权

消费者因购买、使用商品或者接受服务受到人身、财产损害的，享有依法获得赔偿的权利。求偿权主体包括：①商品购买者、使用者；②服务接受者；③第三人，指消费者之外的因某种原因在事故发生现场而受到损害的人。

求偿内容包括：①人身损害赔偿，生命健康及精神方面损害均可要求赔偿；②财产损害赔偿，包括直接损失及可得利益损失。

6. 结社权

消费者享有依法成立维护自身合法权益的消费者组织的权利。实践证明，中国消费者协会及地方各级消费者协会的工作对沟通政府与消费者联系，解决经营者与消费者矛盾，保护消费者权益，起到积极作用。

7. 获得知识权

消费者享有获得有关消费和消费者权益保护方面的知识的权利。消费知识指商品和服务知识；消费者权益保护知识指消费者权益保护及损害时如何有效解决。消费者应当努力掌握，提高自我保护意识。

8. 受尊重权

消费者购买、使用商品和接受服务时，享有人格尊严、民族风俗习惯得到尊重的权利。享有个人信息依法得到保护的权利。

9. 监督批评权

消费者享有商品和服务以及保护消费者权益工作进行监督的权利。监督权表现为：①有权对经营者的商品和服务进行监督，在权利受到侵害时有权提出检举或控告；②有权对国家机关及工作人员进行监督，对在保护消费者权益工作中的违法失职行为进行检举、控告；③对消费者权益工作批评、建议权。

(二) 经营者的义务

经营者的义务是指经营者在提供商品或服务、从事营利性经营活动时，必须按照法律规定或合同约定做出一定行为或者不做出一定的行为。

1. 守法义务

经营者向消费者提供商品或者服务，应当依照《消费者权益保护法》和其他有关法律、法规履行义务。经营者和消费者有约定的，应当按照约定履行义务，但双方约定不得违背法律、法规规定。经营者向消费者提供商品或者服务，应当恪守社会公德，诚信经营，保障消费者的合法权益；不得设定不公平、不合理的交易条件，不得强制交易。

2. 接受监督义务

经营者应当听取消费者对其提供的商品或服务的意见，接受消费者监督。

3. 安全保障义务

经营者应当保证提供的商品或服务符合保障人身、财产安全要求，应当做到以下几点。

（1）对可能危及人身、财产安全的商品和服务，作出真实说明和明确警示，标明正确使用及防止危害发生方法。

（2）宾馆、商场、餐馆、银行、机场、车站、港口、影剧院等经营场所的经营者，应当对消费者尽到安全保障义务。

（3）经营者发现其提供的商品或者服务存在缺陷，有危及人身、财产安全危险的，应当立即向有关行政部门报告和告知消费者，并采取停止销售、警示、召回、无害化处理、销毁、停止生产或者服务等措施。采取召回措施的，经营者应当承担消费者因商品被召回支出的必要费用。

▶ 4. 真实信息告知义务

经营者向消费者提供有关商品或者服务的质量、性能、用途、有效期限等信息，应当真实、全面，不得做虚假或者引人误解的宣传。经营者对消费者就其提供的商品或者服务的质量和使用方法等问题提出的询问，应当做出真实、明确的答复。经营者提供商品或者服务应当明码标价。

采用网络、电视、电话、邮购等方式提供商品或者服务的经营者，以及提供证券、保险、银行等金融服务的经营者，应当向消费者提供经营地址、联系方式、商品或者服务的数量和质量、价款或者费用、履行期限和方式、安全注意事项和风险警示、售后服务、民事责任等信息。

▶ 5. 真实标识义务

经营者应当标明其真实名称和标记。租赁他人柜台或者场地的经营者，应当标明其真实名称和标记。经营者名称和标记的主要功能是区别商品和服务来源，名称和标记不实会使消费者误认，发生纠纷时无法准确确定求偿主体。

▶ 6. 出具凭证或单据的义务

经营者提供商品或者服务，应按照国家规定或商业惯例向消费者出具购货凭证或者服务单据；消费者索要购货凭证或者单据的，经营者必须出具。

▶ 7. 质量保证义务

经营者有义务保证商品和服务质量，表现为以下方面。

（1）经营者应当保证在正常使用商品或者接受服务情况下其提供的商品或者服务应当具有的质量、性能、用途和有效期限；但消费者购买该商品或者接受服务前已经知道存在瑕疵，且存在该瑕疵不违反法律强制性规定的除外。

（2）经营者以广告、产品说明、实物样品或者其他方式表明商品或者服务质量状况的，应当保证提供商品或者服务的实际质量与表明质量状况相符。

（3）经营者提供的机动车、计算机、电视机、电冰箱、空调器、洗衣机等耐用商品或者装饰装修等服务，消费者自接受商品或者服务之日起 6 个月内发现瑕疵，发生争议的，由经营者承担有关瑕疵的举证责任。

▶ 8. 售后服务义务

经营者提供的商品或者服务不符合质量要求的，消费者可以依照国家规定、当事人约定退货，或者要求经营者履行更换、修理等义务。没有国家规定和当事人约定的，消费者可以自收到商品之日起七日内退货；七日后符合法定解除合同条件的，消费者可以及时退货，不符合法定解除合同条件的，可以要求经营者履行更换、修理等义务。依照规定进行退货、更换、修理的，经营者应当承担运输等必要费用。

经营者采用网络、电视、电话、邮购等方式销售商品，消费者有权自收到商品之日起七日内退货，且无须说明理由，但下列商品除外：①消费者定做的；②鲜活易腐的；③在线下载或者消费者拆封的音像制品、计算机软件等数字化商品；④交付的报纸、期刊。除所列商品外，其他根据商品性质并经消费者在购买时确认不宜退货的商品，不适用无理由退货。消费者退货的商品应当完好。经营者应当自收到退回商品之日起7日内返还消费者支付的商品价款。退回商品的运费由消费者承担；经营者和消费者另有约定的，按照约定。

▶ 9. 禁止不合理交易义务

经营者不得以格式条款、通知、声明、店堂告示等方式，做出排除或者限制消费者权利、减轻或者免除经营者责任、加重消费者责任等对消费者不公平、不合理的规定，不得利用格式条款并借助技术手段强制交易。

▶ 10. 尊重消费者人格权利义务

消费者的人格尊严和人身自由理应依法获得保障。经营者不得对消费者进行侮辱、诽谤，不得搜查消费者身体及其携带物品，不得侵犯消费者的人身自由。

▶ 11. 保护消费者个人信息义务

经营者收集、使用消费者个人信息，应当遵循合法、正当、必要的原则，明示收集、使用信息的目的、方式和范围，并经消费者同意。经营者收集、使用消费者个人信息，应当公开其收集、使用规则，不得违反法律、法规的规定和双方的约定收集、使用信息。

经营者及其工作人员对收集的消费者个人信息必须严格保密，不得泄露、出售或者非法向他人提供。经营者应当采取技术措施和其他必要措施，确保信息安全，防止消费者个人信息泄露、丢失。在发生或者可能发生信息泄露、丢失的情况时，应当立即采取补救措施。

经营者未经消费者同意或者请求，或者消费者明确表示拒绝的，不得向其发送商业性信息。

三、消费者权益的保护

(一) 争议解决的途径

▶ 1. 与经营者协商和解

协商和解为首选方式，因误解产生争议，通过解释、谦让及其他补救措施，可化解矛盾，平息争议。协商和解在自愿平等基础上进行。重大纠纷，双方立场对立严重等情况，选择其他解决途径。

▶ 2. 请求消费者协会或者依法成立的其他调解组织调解

消费者协会是依法成立的对商品和服务进行社会监督的保护消费者合法权益的社会团体。消费者协会可以在查明事实基础上，依照法律、行政法规及公认商业道德，对消费者投诉事项进行调查、调解，并由双方自愿接受和执行。

【案例】王某到商店给儿子购买了一辆儿童自行车，第二天，儿子在院内骑玩时，车身突然断裂致儿子摔伤，住院治疗花费两千多元。王某遂到商店索赔，商店以自行车不是自己生产为由，拒绝赔偿。

问题：(1) 王某可以向谁主张索赔？

(2) 王某可以提起哪些赔偿要求？

(3) 若王某向消费者协会投诉，消费者协会应该履行哪些职能？

【解析】(1)《消费者权益保护法》规定，消费者或者其他受害人因商品缺陷造成人身财产损害的，可以向销售者要求赔偿，也可以向生产者要求赔偿。本案中的王某可以向商店或者生产厂家要求赔偿，即商店不得拒绝赔偿。

(2)王某的儿子因车身断裂受伤住院，根据法律规定，王某有权要求责任方支付医疗费、护理费等，还可以要求商店更换自行车或者退还自行车货款。

(3)消费者协会应当受理王某的投诉，并对此事进行调查调解；就王某所购自行车的质量问题提请鉴定部门鉴定；支持王某的仲裁或者诉讼行为。

▶ 3. 向有关行政部门申诉

当权益受到侵害时，消费者可根据消费者权益争议涉及的领域，向不同行政职能部门，如物价部门、工商行政管理部门、技术质量监督部门等提出申诉，求得行政救济。

▶ 4. 提请仲裁

在双方订有书面仲裁协议或书面仲裁条款前提下，消费者权益争议可通过仲裁途径解决。

▶ 5. 向人民法院提起诉讼

消费者权益受到损害时，可直接向人民法院起诉，也可因不服行政处罚决定而向人民法院起诉。司法审判是解决争议的最后手段。

(二) 赔偿责任主体的确定

(1)消费者在购买、使用商品时，其合法权益受到损害的，可以向销售者要求赔偿。销售者赔偿后，属于生产者的责任或者属于向销售者提供商品的其他销售者的责任的，销售者有权向生产者或者其他销售者追偿。

(2)消费者或者其他受害人因商品缺陷造成人身、财产损害的，可以向销售者要求赔偿，也可以向生产者要求赔偿。属于生产者责任的，销售者赔偿后，有权向生产者追偿。属于销售者责任的，生产者赔偿后，有权向销售者追偿。

(3)消费者在接受服务时，其合法权益受到损害时，可以向服务者要求赔偿。

(4)消费者合法权益受到损害，因原企业分立、合并的，可以向变更后承受其权利义务的企业要求赔偿。

(5)使用他人营业执照的违法经营者提供商品或者服务，损害消费者合法权益的，消费者可向其要求赔偿，也可以向营业执照持有人要求赔偿。

(6)消费者在展销会、租赁柜台购买商品或者接受服务，其合法权益受到损害的，可以向销售者或服务者要求赔偿。展销会结束或者柜台租赁期满后，也可以向展销会的举办者、柜台的出租者要求赔偿。展销会的举办者、柜台的出租者赔偿后，有权向销售者或者服务者追偿。

(7)消费者通过网络交易平台购买商品或者接受服务，其合法权益受到损害的，可以向销售者或者服务者要求赔偿。网络交易平台提供者不能提供销售者或者服务者的真实名称、地址和有效联系方式的，消费者也可以向网络交易平台提供者要求赔偿；网络交易平台提供者做出更有利于消费者的承诺的，应当履行承诺。网络交易平台提供者赔偿后，有权向销售者或者服务者追偿。网络交易平台提供者明知、应知销售者或者服务者利用其平台侵害消费者合法权益，未采取必要措施的，依法与该销售者或者服务者承担连带责任。

(8)消费者因经营者利用虚假广告或者其他虚假宣传方式提供商品或者服务，其合法权益受到损害的，可以向经营者要求赔偿。广告经营者、发布者发布虚假广告的，消费者可以请求行政主管部门予以惩处。广告经营者、发布者不能提供经营者的真实名称、地址和有效联系方式的，应当承担赔偿责任。广告经营者、发布者设计、制作、发布关系消费者生命健康商品或者服务的虚假广告，造成消费者损害的，应当与提供该商品或者服务的经营者承担连带责任。

（9）社会团体或者其他组织、个人在关系消费者生命健康商品或者服务的虚假广告或者其他虚假宣传中向消费者推荐商品或者服务，造成消费者损害的，应当与提供该商品或者服务的经营者承担连带责任。

四、违反消费者权益保护法的法律责任

消费者权益保护法对侵害消费者合法权益的行为区分不同情况，规定经营者应分别或者同时承担民事责任、行政责任和刑事责任。

（一）民事责任

▶ 1. 人身伤害的民事责任

（1）经营者提供商品或者服务，造成消费者或者其他受害人人身伤害的，应当赔偿医疗费、护理费、交通费等为治疗和康复支出的合理费用，以及因误工减少的收入。造成残疾的，还应当赔偿残疾生活辅助具费和残疾赔偿金。造成死亡的，还应当赔偿丧葬费和死亡赔偿金。

（2）经营者侵害消费者的人格尊严、侵犯消费者人身自由或者侵害消费者个人信息依法得到保护的权利的，应当停止侵害、恢复名誉、消除影响、赔礼道歉，并赔偿损失。

（3）经营者有侮辱诽谤、搜查身体、侵犯人身自由等侵害消费者或者其他受害人人身权益的行为，造成严重精神损害的，受害人可以要求精神损害赔偿。

▶ 2. 财产损害的民事责任

（1）造成消费者财产损害的，应当以修理、重作、更换、退货、补足商品数量、退还货款和服务费用或者赔偿损失等方式承担民事责任。消费者与经营者对财产损害的补偿有约定的，可按照约定履行。

（2）对国家规定或者经营者与消费者约定包修、包换、包退的商品，经营者应当负责修理、更换或者退货。在保修期内两次修理仍不能正常使用的，经营者应当负责更换或者退货。对包修、包换、包退的大件商品，消费者要求经营者修理、更换、退货的，经营者应当承担运输等合理费用。

（3）经营者以邮购方式提供商品的，应当按照约定提供。未按照约定提供的，应当按照消费者的要求履行约定或者退回货款；并应当承担消费者必须支付的合理费用。

（4）经营者以预收款方式提供商品或者服务的，应当按照约定提供。未按照约定提供的，应当按照消费者的要求履行约定或者退回预付款；并应当承担预付款的利息、消费者必须支付的合理费用。

（5）依法经有关行政部门认定为不合格的商品，消费者要求退货的，经营者应当负责退货。

▶ 3. 惩罚性赔偿责任

经营者提供商品或者服务有欺诈行为的，应当按照消费者的要求增加赔偿其受到的损失，增加赔偿的金额为消费者购买商品的价款或者接受服务的费用的3倍；增加赔偿的金额不足500元的，为500元。法律另有规定的，依照其规定。经营者明知商品

或者服务存在缺陷，仍然向消费者提供，造成消费者或者其他受害人死亡或者健康严重损害的，受害人有权要求经营者依照法律规定赔偿损失，并有权要求所受损失2倍以下的惩罚性赔偿。

(二) 行政责任

经营者违反消费者权益保护法，侵害消费者合法权益的。其他有关法律、法规对处罚机关和处罚方式有规定的，依照法律、法规的规定执行；法律、法规未做规定的，由工商行政管理部门责令改正，根据情节单处或者并处警告、没收违法所得、处以违法所得一倍以上五倍以下的罚款，没有违法所得的，处以一万元以下的罚款；情节严重的，责令停业整顿、吊销营业执照。经营者对行政处罚不服的，可自收到处罚决定之日起15日内向上一级机关申请复议，对复议决定仍不服的，可以向人民法院提起诉讼。

(三) 刑事责任

违反消费者权益保护法，构成犯罪行为包括：①经营者提供商品或者服务，造成消费者或其他受害人受伤、残疾、死亡的；②以暴力、威胁等方法阻碍有关行政部门工作人员依法执行职务的；③国家机关工作人员玩忽职守或者包庇经营者侵害消费者合法权益的。对这些行为应根据情节依法追究刑事责任。

第四节 产品质量法

一、产品质量法概述

(一) 产品的概念

《产品质量法》所称的产品，指经过加工、制作，用于销售的产品。因此，天然物品、初级农产品、纯为科学研究或为自己使用而加工、制作的非用于销售的物品、劳务、服务、半成品或在制品、人体的器官及其组织体不属于该法的产品。另外，由于建设工程、军工产品在质量监督管理的特殊性，也不属于该法所称的产品，另由专门法律予以调整；但建设工程所用的建筑材料、建筑构配件和设备、军工企业生产的民用产品，适用该法的规定。因核设施、核产品造成损害的赔偿责任，法律、行政法规另有规定的，依照其规定。

(二) 产品质量法的概念

产品质量法是调整产品生产者、销售者与消费者之间在产品生产、流通、交换和消费以及监督管理过程发生的与产品质量有关的社会关系的法律规范总称。《中华人民共和国产品质量法》于1993年2月22日颁布、1993年9月1日施行，2018年12月29日第三次修订。

产品质量法调整的法律关系包括三个方面。

▶ 1. 产品质量监督管理关系

产品质量监督管理关系即各级市场监督管理部门在产品质量的监督检查、行使行政惩罚权时与市场经营主体所发生的法律关系。

▶ 2. 产品质量责任关系

产品质量责任关系即因产品质量问题引起的消费者与生产者、销售者以及相关受害人之间的商品交易关系和因产品缺陷导致的人身、财产损害赔偿关系。

▶ 3. 产品质量检验、认证关系

产品质量检验、认证关系即因中介服务所产生的中介机构与市场经营主体之间的法律关系，因产品质量检验和认证不实损害消费者利益而产生的法律关系。

二、产品质量监督

（一）产品质量监督管理机构

《产品质量法》第8条规定，国务院市场监督管理部门，即国家市场监督管理总局，负责全国产品质量监督管理工作，组织对重要产品的质量实施国家监督，管理全国产品质量认证工作，对质量管理进行宏观指导。国务院有关部门在各自的职责范围内负责产品质量监督工作，县级以上地方人民政府管理产品质量监督工作的部门，即国家及地方各级市场监督管理局，负责本行政区域内的产品质量监督管理工作。县级以上地方人民政府有关部门，即各级卫生行政部门、劳动部门、商品检验部门等，依相关法律授予各自的职权，对某些特定产品的质量进行监督管理。

（二）产品质量监督管理制度

▶ 1. 产品质量标准制度

产品质量应当检验合格。合格是指产品质量状况符合标准的具体指标。我国现行标准分为国家标准、行业标准、地方标准和经备案的企业标准。凡有国家标准、行业标准的，必须符合该标准；未制定国家标准、行业标准的，必须符合保障人体健康及人身、财产安全的要求。不符合保障人体健康和人身、财产安全标准和要求的工业产品，禁止生产和销售。

▶ 2. 企业质量体系认证制度

国家根据国际通用的质量管理标准，推行企业质量体系认证制度。企业质量体系认证制度，也称质量体系注册制度，指国务院市场监督管理部门或者其授权的部门认可的认证机构，根据国际通行用的"质量管理和质量保证"系列标准，对企业质量体系进行检查评审和确认，颁发企业质量体系认证证书，证明企业质量保证能力符合相应标准的制度。认证程序是：①企业根据自愿原则申请质量体系认证；②认证机构接受企业申请；③经认证合格的，由认证机构颁发企业质量体系认证证书。

▶ 3. 产品质量认证制度

国家参照国际先进的产品标准和技术要求，推行产品质量认证制度。产品质量认证制度，指根据产品标准和相应技术要求，经认证机构确认并通过颁发认证证书和认证标志，来证明某一产品符合相应标准和相应技术要求的活动。企业根据自愿原则可以向国务院市场监督管理部门认可的或者国务院市场监督管理部门授权部门认可的认证机构申请产品质量认证。经认证合格的，由认证机构颁发产品质量认证证书，准许企业在产品或者其包装上使用产品质量认证标志。认证机构还应对准许使用认证标志的产品进行认证后的跟踪检查，对不符合标准的，可要求其改正；情节严重的，取消其使用认证标志的资格。

▶ 4. 产品质量监督检查制度

国家对产品质量实行以抽查为主要方式的监督检查制度。监督抽查工作由国务院市场

监督管理部门规划和组织；县级以上地方市场监督管理部门在本行政区域内也可以组织监督抽查，为检验的公正，法律规定抽查的样品应当在待销产品中随机抽取；为防止增加企业的负担，不得向被检查人收取检验费用，抽取样品的数量也不得超过检验合理需要。生产者、销售者对抽查结果有异议的，可以在规定的时间内向监督抽查部门或者上级产品质量监督部门申请复检。为避免重复抽查，国家监督抽查的产品，地方不得另行重复抽查；上级监督抽查的产品，下级不得另行重复抽查。国家对产品质量抽查重点包括以下三个方面的产品：①可能危及人体健康和人身、财产安全的产品；②影响国计民生的重要工业产品；③用户、消费者、有关组织反映有质量问题的产品。

三、生产者、销售者的产品质量义务

(一) 生产者的产品质量义务

▶ 1. 生产者应当保证产品的内在质量

产品质量应符合下列要求。

(1) 不存在危及人身、财产安全的不合理危险，有国家标准、行业标准的应当符合该标准。

(2) 具备产品应当具备的使用性能，但是对产品存在使用性能的瑕疵作出说明的除外。

(3) 符合在产品或者其包装上注明采用的产品标准，符合以产品说明、实物样品的方式表明的质量状况。

▶ 2. 生产者应当提供必要、真实、明确的产品标识

包装及产品标识应当符合下列要求。

(1) 特殊产品(如易碎、易燃、易爆的物品，有毒、有腐蚀性、有放射性的物品，其他危险物品，储运中不能倒置和有其他特殊要求的产品)其标识、包装质量必须符合相应的要求，依照规定做出警示标志或者中文警示说明。

(2) 普通产品，应有产品质量检验的合格证明，有中文标明的产品名称、生产厂的厂名和地址；根据需要标明产品规格、等级、主要成分；限期使用的产品，应标明生产日期和安全使用期或者失效日期；产品本身易坏或者可能危及人身、财产安全的产品，有警示标志或者中文警示说明。

裸装食品和其他根据产品的特点难以附加标识的裸装产品，可以不附加产品标识。

▶ 3. 生产者的禁止性义务

(1) 不得生产国家明令淘汰的产品。

(2) 不得伪造产地，不得伪造或者冒用他人的厂名、厂址。

(3) 不得伪造或者冒用认证标志、名优标志等质量标志。

(4) 不得掺杂、掺假，不得以假充真、以次充好，不得以不合格产品冒充合格产品。

(二) 销售者的产品质量义务

▶ 1. 进货验收义务

销售者应当建立并执行进货检查验收制度，验明产品合格证明和其他标识。

▶ 2. 保持产品质量的义务

销售者进货后应对保持产品质量负责，以防止产品变质、腐烂，丧失或降低使用性能，产生危害人身、财产的瑕疵等。

3. 有关产品标识的义务

销售者在销售产品时,应保证产品标识符合产品质量法对产品标识的要求,符合进货时验收的状态,不得更改、覆盖、涂抹产品标识,以保证产品标识的真实性。

4. 销售者的禁止性规范

(1) 不得销售国家明令淘汰并停止销售的产品和失效、变质的产品。

(2) 不得伪造产地,不得伪造或者冒用他人的厂名、厂址。

(3) 不得伪造或者冒用认证标志、名优标志等质量标志。

(4) 不得掺杂、掺假,不得以假充真、以次充好,不得以不合格产品冒充合格产品。

四、违反产品质量法的法律责任

(一) 产品质量民事责任

产品质量民事责任,是指生产者或者销售者违反了产品质量义务所应当承担的民事法律后果。

1. 产品瑕疵责任

产品瑕疵是指产品除了危及人身、他人财产安全的不合理危险之外的其他一切质量问题。产品瑕疵责任属于合同责任的范畴,它不以违约人过错或违约造成损害为前提。

售出产品有下列情形之一的,销售者应当负责修理、更换、退货;给购买产品的消费者造成损失的,销售者应当赔偿损失。

(1) 不具备产品应当具备的使用性能而事先未作说明的。

(2) 不符合在产品或者其包装上注明采用的产品标准的。

(3) 不符合以产品说明、实物样品等方式表明的质量状况的。

销售者依照规定负责修理、更换、退货、赔偿损失后,属于生产者责任或者属于向销售者提供产品的其他销售者责任的,销售者有权向生产者、供货者追偿。销售者未按照规定给予修理、更换、退货或者赔偿损失的,由市场监督管理部门责令改正。生产者之间,销售者之间,生产者与销售者之间订立的买卖合同、承揽合同有不同约定的,合同当事人按照合同约定执行。

2. 产品缺陷责任

缺陷是指产品存在危及人身、他人财产安全的不合理的危险。产品缺陷责任是一种特殊的民事侵权责任,只要产品缺陷造成人身、缺陷产品以外的其他财产损害,不论受害者与生产者、销售者是否存在合同关系,缺陷产品的生产者、销售者都应承担侵权法律责任。

(1) 生产者的严格责任。因产品存在缺陷造成人身、他人财产损害的,生产者应当承担赔偿责任。无论生产者出于什么主观心理状态,都应承担赔偿责任。但严格责任不同于绝对责任,它仍然是一种有条件的责任。产品质量法同时规定了法定免责条件,即生产者能够证明有下列情形之一的,不承担赔偿责任:①未将产品投入流通的;②产品投入流通时,引起损害的缺陷尚不存在的;③将产品投入流通时的科学技术水平尚不能发现缺陷的存在的。

(2) 销售者的过错责任。由于销售者的过错使产品存在缺陷,造成人身、他人财产损害的,销售者应当承担赔偿责任。但销售者如果能够证明自己没有过错,则不必承担赔偿责任。销售者不能指明缺陷产品的生产者也不能指明缺陷产品的供货者的,应当承担赔偿责任。销售者负有举证责任,否则不能免除赔偿责任。

(3) 生产者与销售者的责任关系。因产品存在缺陷造成人身、他人财产损害的，受害人可以向产品的生产者要求赔偿，也可以向产品的销售者要求赔偿。属于产品的生产者的责任，产品的销售者赔偿的，产品的销售者有权向产品的生产者追偿。属于产品的销售者的责任，产品的生产者赔偿的，产品的生产者有权向产品的销售者追偿。

(4) 损害赔偿范围如下。

①人身伤害的赔偿范围。分为三种情况：第一，产品缺陷造成受害人人身伤害的，侵害人应当赔偿医疗费，治疗期间的护理费，因误工减少收入等费用；第二，造成残疾的，还应支付残疾者的生活自助具费、生活补助费、残疾赔偿金，由其抚养的人所必需生活费等；第三，造成受害人死亡的，并应当支付丧葬费，死亡赔偿金，由死者生前抚养的人所必需的生活费等。

②财产损害的赔偿范围。对于因产品缺陷造成受害人财产损失的，侵害人应当恢复原状或者折价赔偿；受害人因此遭受重大损失的，侵害人应当赔偿损失。

(5) 诉讼时效。因产品缺陷造成损害要求赔偿的诉讼时效期间为 2 年，自当事人知道或者应当知道其权益受到损害时起计算。

因产品存在缺陷造成损害要求赔偿的请求权，在造成损害的缺陷产品交付最初用户、消费者满 10 年丧失。但是，尚未超过明示的安全使用期的除外。

（二）产品质量行政责任

生产者、销售者违反产品质量法的行政责任，包括责令停止违法行为，没收违法所得，罚款，吊销营业执照。拥有行政处罚权的市场监督管理部门、其他行政管理部门应根据具体情节决定处罚种类及单处还是并处。没收对象除违法生产、销售产品和违法所得外，对生产者专门用于生产假冒伪劣产品、不合格产品的原辅材料、包装物、生产工具应予没收。罚款幅度最高可达违法生产、销售产品货值金额的 3 倍。应当承担民事赔偿责任和缴纳罚款、罚金的，其财产不足同时支付，先承担民事赔偿责任。

【案例】2014 年 8 月，某县工商局接到举报，反映某乡副食品商店出售白酒可能是用工业酒精勾兑而成，工商局接到举报后查明，这批散装白酒共 1 000 公斤，从个体酒商以每公斤 2 元价格批发来。个体酒商承认这批白酒用工业酒精勾兑而成，但保证不会出问题。购销人员认为有利可图，便购买 1 000 公斤，然后商店以每公斤 5 元的价格出售，工商局调查时，这批白酒已售出 425 公斤。经有关部门鉴定，这批白酒甲醇浓度严重超标，对人体有一定危害。问题：某县工商局应对谁做出处罚？可做哪些处罚？

【解析】根据《产品质量法》规定，本案例个体酒商、副食品商店明知用工业酒精勾兑的白酒对人体有一定危害，不符合国家标准，但为了牟取暴利置消费者人身安全于不顾，生产、销售假酒。工商局应处以没收违法销售的产品和违法所得，并处违法生产、销售产品货值金额等值以上 3 倍以下的罚款。但因尚未直接造成消费者的伤亡，故可以不吊销营业执照，也不须追究刑事责任。

（三）产品质量刑事责任

违反产品质量法规定，在产品中掺杂、掺假、以假充真、以次充好，或者以不合格产品冒充合格产品，销售失效、变质产品等行为，如已触犯刑法，构成犯罪的，依法追究刑事责任。对生产、销售伪劣商品犯罪行为，负有追究其责任的国家机关工作人员徇私舞弊，不履行法律规定的，法律追究该机关工作人员的责任；情节严重的，处 5 年以下有期徒刑或拘役。

复习思考题

一、单项选择题

1. 10月1日起,新星商店进行附奖赠促销,设三个等次的现金奖,其中一等奖100 000元。10月5日,该区市场监督管理局发现,以其违反《反不正当竞争法》所设定的奖励的最高限额,责令停止违法行为,并处罚款。根据规定,《反不正当竞争法》所规定的奖励的最高限额是( )。
   A. 90 000元　　　　B. 8 000元　　　　C. 50 000元　　　　D. 40 000元

2. 下列各项中,属于滥用市场支配地位行为的是( )。
   A. 固定价格　　　　B. 垄断高价　　　　C. 固定转售价格　　　　D. 联合抵制

3. 甲商场为打垮竞争对手乙商场,在网上发帖谎称乙商场销售假皮鞋,乙商场的声誉因此受到损害。根据《反不正当竞争法》的规定,下列对甲商场发帖行为定性的表述中,正确的是( )。
   A. 侵犯商业秘密行为　　　　　　　　B. 诋毁商誉行为
   C. 比较广告行为　　　　　　　　　　D. 虚假陈述行为

4. 下列行为中,属于没有正当理由,以低于成本的价格销售商品的是( )。
   A. 低于成本价销售鲜活产品
   B. 商场为了推广新产品而促销,在成本价以上将商品打折出售
   C. 企业经营不善,因为歇业而降价销售产品
   D. 某公司凭借其资金实力,为了迅速占领市场,持续低于成本价格销售商品

5. 关于产品缺陷责任,下列( )选项符合《产品质量法》的规定。
   A. 基于产品缺陷的更换、退货等义务属于合同责任,因产品缺陷致人损害的赔偿义务属于侵权责任
   B. 产品缺陷责任的主体应当与受害者有合同关系
   C. 产品缺陷责任一律适用过错责任原则
   D. 产品质量缺陷责任一律适用举证责任倒置

6. 根据《产品质量法》规定,下列说法正确的是( )。
   A. 《产品质量法》对生产者、销售者的产品缺陷责任均实行严格责任
   B. 《产品质量法》对生产者产品缺陷实行严格责任,对销售者实行过错责任
   C. 产品缺陷造成损害要求赔偿的诉讼时效期间为2年,从产品售出之日起计算
   D. 产品缺陷造成损害要求赔偿的请求权在缺陷产品生产日期满10年后丧失

二、多项选择题

1. 根据《反不正当竞争法》的规定,下列情形中,属于侵犯商业秘密行为的有( )。
   A. 甲公司将其与乙公司订立合同过程中获悉的乙公司商业秘密泄露给戊公司
   B. 甲企业盗窃乙企业的商业秘密用于产品制造
   C. 某技术研究院违反约定擅自将丙公司委托开发的某项技术出售给丁公司
   D. 丙企业在产品发布会上披露了同行业丁企业的商业贿赂行为

2. 以下行为中，构成诋毁商誉行为的有（　　）。
   A. 甲食品厂产品发生质量事故，舆论误指为乙食品厂产品，乙食品厂公开说明事实真相
   B. 甲汽车厂不满乙钢铁厂起诉其拖欠货款，散布乙钢铁厂产品质量低劣的虚假事实
   C. 甲冰箱厂散布乙冰箱厂售后服务差的虚假事实，虽未指名，但一般人可以推知
   D. 甲灯具厂捏造乙灯具厂偷工减料的事实，但只是告诉了乙灯具厂的几家客户
3. 甲企业租赁乙商场柜台销售产品。为提高销售额，甲企业采取了多种促销措施。下列措施中，不违反法律规定的有（　　）。
   A. 在摊位广告牌上标明"厂家直销"
   B. 声明"购物抽奖"，一等奖为价值 1 万元的电脑
   C. 开展"微利销售"，实行买一送一或者买 100 元返券 50 元
   D. 一周之内"无理由退换"
4. F 公司是一家专营进口高档家具的企业。媒体曝光该公司有部分家具是在国内生产后，以"先出口，再进口"的方式取得进口报关凭证，在销售时标注为外国原产，以高于出厂价数倍的价格销售。此时，已经在 F 公司购买家具的顾客，可以行使下列（　　）权利。
   A. 顾客有权要求 F 公司提供所售商品的产地、制造商、采购价格、材料等真实信息并提供充分证明
   B. 如 F 公司不能提供所售商品的真实信息和充分证明，顾客有权要求退货
   C. 如能够确认 F 公司对所售商品的产地、材质等有虚假陈述，顾客有权要求双倍返还价款
   D. 即使 F 公司提供了所售商品的真实信息和充分证明，顾客仍有权以"对公司失去信任"为由要求退货
5. 王某以 5 万元从甲商店购得标注为明代制品的瓷瓶一件，放置于家中客厅。李某好奇把玩，不慎将瓷瓶摔坏。经鉴定，瓷瓶为赝品，市场价值为 100 元，甲商店系知假卖假。王某下列请求（　　）是合法的。
   A. 要求甲商店赔偿 10 万元　　　　B. 要求甲商店赔偿 5 万元
   C. 要求李某赔偿 5 万元　　　　　D. 要求李某赔偿 100 元

三、判断题

1. 某商场采取有奖销售方式促销商品，规定在本商场购买商品超过 100 元者，可凭当日购买商品小票获得一次抽奖机会，奖金共分三档：其中，一等奖 1 名，奖金为 30 000 元，二等奖 3 名，奖金为 20 000 元；三等奖 10 名，奖金为 10 00 元。该商场的有奖销售行为属于不正当竞争行为。（　　）
2. 豁免是指某些特定领域排除在反垄断法的适用范围。（　　）
3. 根据经营者集中的申报标准，参与集中的所有经营者上一会计年度在全球范围内的营业额合计超过 100 亿元人民币，并且其中至少两个经营者上一会计年度在中国境内的营业额均超过 4 亿元人民币的，应该依法进行申报。（　　）
4. 以明显的夸张方式宣传商品的，即使不足以造成相关公众误解，也构成引人误解的虚假宣传。（　　）。

5. 消费者或者其他受害人因商品缺陷造成人身、财产损害的，只能向生产者要求赔偿。（　　）

6. 因产品存在缺陷造成损害要求赔偿的诉讼时效期间为两年，自当事人知道或应当知道其权益受到损害时起计算。（　　）

四、案例分析题

1. 2014年3月15日，徐某一家到某摄影公司拍照，在交了照相费及化妆费1 275元后，共拍了10张照片，数日后徐某来取照片，却被告知：只有一张全家福照片，其余9张因技术问题全部报废，徐某要求摄影公司赔偿损失。该案应如何解决？依据是什么？

2. 王某是养鸡专业户，某天早上给鸡喂了新买的饲料，当天中午100多只鸡死亡，其余大部分染病，经兽医诊断为食物中毒。王某便向饲料代销店索赔，代销店以饲料加工厂责任为由拒绝赔偿。王某遂向工商部门投诉，经工商部门查处发现代销店现存饲料有发霉现象，后经调查得知：王某所买饲料系饲料加工厂以低价收购的变质玉米配置而成。

根据上述资料及法律制度的相关规定，回答下列问题。

(1) 王某能不能直接向代销店索赔？为什么？

(2) 饲料加工厂、代销店在生产经营方面存在哪些违法行为？

3. 2010年1月8日，在国家新闻出版总署等部门主导下，中国出版工作者协会、中国书刊发行业协会、中国新华书店协会联合制定的《图书公平交易规则》正式发布。《图书公平交易规则》的主要内容集中在两个方面：①规定出版1年内的新书（以版权页出版时间为准）进入零售市场时，须按图书标定的实价销售；②网上书店卖新书不得低于8.5折。

请问：《图书公平交易规则》的主要内容是否涉嫌违反相关法律法规的规定？为什么？

第九章 会计法律制度

> **学习目标**
> 1. 了解会计法律制度的概念；熟悉会计法律制度的构成。
> 2. 了解企业会计准则基本框架；熟悉企业会计准则最新变化；掌握企业会计准则与小企业会计准则差异。
> 3. 了解企业内部控制规范概念及适用对象；掌握企业内部控制规范五要素基本内容。
> 4. 了解注册会计师法的基本框架；掌握注册会计师执业准则的鉴证业务基本准则内容。

第一节 会计法律制度概述

一、会计法律制度的概念

会计法律制度是指国家权力机关和行政机关制定的各种会计规范性文件的总称，包括会计法律、会计行政法规、会计规章等，是调整各种会计关系的法律规范。

二、会计法律制度的构成

目前，我国的会计法律制度的构成主要包括四个层次，即会计法律、会计行政法规和国家统一的会计制度、地方性会计法规。我国会计工作紧紧围绕服务经济财政工作大局，会计准则、内控规范、会计信息化等会计标准体系基本建成，并得到持续平稳有效实施。

（一）会计法律

会计法律，指由全国人民代表大会及其常委会经过一定立法程序制定的有关会计工作的法律，是调整我国经济生活中会计关系的法律总规范。我国目前有两部会计法律，即《中华人民共和国会计法》和《注册会计师法》。我国第一部《会计法》于1985年5月1日开始实施。现行的《会计法》是2017年11月4日第十二届全国人大常委会第三十次会议修订通过的《中华人民共和国会计法》(以下简称《会计法》),2017年11月5日起开始实施。《会计法》是我国会计制度中最高层次的法律规范,是制定其他会计法规的依据,也是指导会计工作的最高准则。《注册会计师法》于1993年10月31日第八届全国人民代表大会常务委员会第四次会议通过,1994年1月1日开始施行。2014年8月31日第一次修正《注册会计师法》是规范注册会计师及其行业行为规范的最高准则。

(二) 会计行政法规

会计行政法规,指国务院制定发布或者国务院有关部门拟定、经国务院批准发布,调整经济生活中某些方面会计关系的法律规范,其制定依据是《会计法》,如2000年6月21日国务院颁布的287号令《企业财务会计报告条例》,1990年12月31日国务院颁布的《总会计师条例》等。

(三) 国家统一的会计制度

国家统一的会计制度,指国务院财政部门根据《会计法》制定的关于会计核算、会计监督、会计机构和会计人员以及会计工作管理的制度,包括会计部门规章和会计规范性文件。

(1) 会计部门规章是根据《立法法》规定的程序,由财政部制定,并由部门首长签署命令予以公布的制度办法,如财政部发布的《财政部门实施会计监督办法》《企业会计准则——基本准则》《代理记账管理办法》等。

(2) 会计规范性文件是指主管全国会计工作的行政部门即国务院财政部以文件形式印发的制度办法,如《小企业会计准则》《会计基础工作规范》以及财政部门与国家档案局联合发布的《会计档案管理办法》等。财政部分别于2006年2月15日和2006年10月30日以文件形式印发的《企业会计准则——具体准则》及《企业会计准则——应用指南》也属于会计规范性文件。《企业会计准则》适用于中国境内设立的企业。《小企业会计准则》适用于在中国境内设立的不对外筹集资金、经营规模较小的企业。不对外筹集资金、经营规模较小的企业是指不公开发行股票或债券,符合《中小企业标准暂行规定》中界定的小企业,不包括以个人独资及合伙形式设立的小企业。《会计基础工作规范》适用于国家机关、社会团体、企业、事业单位、个体工商户和其他组织的会计基础工作。

(四) 地方性会计法规

地方性会计法规是指各省、自治区、直辖市人民代表大会及其常委会在与会计法律、会计行政法规不相抵触的前提下制定发布的会计规范性文件,也是我国会计法律制度的重要组成部分。例如,厦门市为保障会计人员依法履行职责,加强会计人员管理,规范会计行为,于2009年9月30日厦门市第十三届人民代表大会常务委员会第十八次会议通过,2009年11月26日福建省第十一届人民代表大会常务委员会第十二次会议批准的《厦门市会计人员条例》,2010年3月1日起施行。

三、会计工作管理体制

会计工作管理体制是指国家划分会计工作管理权限关系的制度。我国会计工作管理体制的总原则是统一领导、分级管理,主要包括会计工作的行政管理、会计工作的自律管理和单位会计工作管理等。

(一) 会计工作的行政管理

▶ 1. 财政部门

财政部门主管会计工作,并在管理体制上实行"统一领导,分级管理"的原则。国务院财政部门主管全国的会计工作,县级以上地方各级人民政府财政部门管理本行政区域内的会计工作。

▶ 2. 其他政府管理部门

财政、审计、税务、人民银行、证券监管、保险监管等部门应当依照有关法律、行政法规规定的职责,对有关单位的会计资料实施监督检查。这一规定体现了财政部门与其他政府管理部门在管理会计事务中的相互协作、配合的关系。

《会计法》规定由财政部"主管"全国会计工作,而不是"管理"会计工作,说明对会计工作的管理不仅只是财政部门的事,税务、审计、人民银行、证券监管、保险监管等其他相关部门也应当在各自职责范围内发挥作用,参与会计管理。

▶ 3. 财政部门的会计行政管理职能

(1) 会计准则制度及相关标准规范的制定和组织实施。国家统一的会计制度由国务院财政部门根据《会计法》制定并公布。国务院有关部门可以依照《会计法》和国家统一的会计制度制定对会计核算和会计监督有特殊要求的行业实施国家统一的会计制度的具体办法或者补充规定,报国务院财政部门审核批准。中国共产党中央军事委员会后勤保障部(原国人民解放军总后勤部)可以依照《会计法》和国家统一的会计制度制定军队实施国家统一的会计制度的具体办法,报国务院财政部门备案。

(2) 会计市场管理。我国财政部门对会计市场的管理主要包括会计市场的准入管理、运行管理和退出管理三个方面。

① 会计市场准入管理,是对会计人员从事会计工作的准入要求,指财政部门对会计人员的专业能力、代理记账机构的设立、注册会计师资格的取得及注册会计师事务所的设立等所进行的条件设定。

② 会计市场运行管理,指财政部门对获准进入会计市场的机构和人员,是否遵守各项法律法规,获准进入会计市场的机构和人员是否持续符合相关的资格和条件,依据相关准则、制度和规范执行业务的过程及结果所进行的监督和检查。会计市场的运行管理是会计市场管理的重要组成部分。

③ 会计市场退出管理,指财政部门对在执业过程中有违反《会计法》《注册会计师法》行为的机构和个人进行处罚,情节严重的,吊销其执业资格,强制其退出会计市场。

(3) 会计专业人才评价。会计专业人才是我国经济建设中不可或缺的重要力量,也是我国人才队伍中的重要组成部分。目前,我国基本形成了阶梯式的会计专业人才评价机制,包括初级、中级、高级会计人才评价机制和会计行业领军人才的培养、评价等。财政部和地方财政部门对先进会计工作者的表彰奖励也属于会计人才评价的范畴。

(4) 会计监督检查。会计监督是会计的基本职能之一,是我国经济监督体系中的重要组成部分,经济越发展,越需要加强会计监督检查。财政部门对会计市场的监督检查主要包括对会计信息质量的检查、会计师事务所执业质量的检查以及对会计行业自律组织的监督、指导等。

(二) 会计工作的自律管理

▶ 1. 中国注册会计师协会

注册会计师协会是由注册会计师组成的社会团体。中国注册会计师协会是注册会计师的全国组织,省、自治区、直辖市注册会计师协会是注册会计师的地方组织。中国注册会计师协会最高权力机构为全国会员代表大会,全国会员代表大会选举产生理事会,主要履行以下职能:加强自律监督,指导、督促注册会计师公正执业,严格遵守职业道德规范;加强执业标准建设,强化业务指导,不断提高注册会计师执业水平;认真组织注册会计师全国统一考试,完善后续教育制度;及时向政府有关部门反映注册会计师的意见和建议,努力改善注册会计师的执业环境;提供必要的专业援助,维护会员的合法权益等。

▶ 2. 中国会计学会

中国会计学会是由全国会计领域各类专业组织及个人自愿结成的学术性、专业性、非营利性社会组织。中国会计学会接受财政部和民政部的业务指导、监督和管,主要职能是:宣传党和国家有关会计、财务和经济方面的方针政策及法规制度,向有关业务主管部门提供意见和建议;总结我国会计工作经验,探讨工作规律;总结我国会计教育的实践经验,研究和推动会计专业的教育改革;开展多层次、多渠道、多形式的智力服务,培养会计人才,提高会计队伍的职业道德素质和会计工作水平;编辑出版会计刊物、专著、资料,组织学术交流;反映会计人员在工作中的意见、建议和要求等。该组织依据《中国会计师学会章程》行使行业自律管理职责。

(三) 单位会计工作管理

▶ 1. 单位负责人要组织、管理好本单位的会计工作

(1) 单位负责人是指法定代表人或者法律、行政法规规定代表单位行使职权的主要负责人。主要包括两类人员:一是单位的法定代表人(也称法人代表),即指依法代表法人单位行使职权的负责人,如国有企业的厂长(经理)、公司制企业的董事长、国家机关的最高行政官员等;二是按照法律、行政法规规定代表单位行使职权的负责人,即指依法代表法人单位行使职权的负责人,如代表合伙企业事务的合伙人、个人独资企业的投资人等。

(2) 单位负责人负责单位内部的会计工作管理,应当保证会计机构、会计人员依法履行职责,不得授意、指使、强令会计机构和会计人员违法办理会计事项,对本单位的会计工作和会计资料的真实性、完整性负责。

▶ 2. 会计人员的选拔任用由所在单位具体负责

财政部门负责对会计人员的业务管理,主要通过建立并实施会计人员奖惩制度、会计专业职务制度、会计专业技术资格考试制度、会计人员继续教育制度等,实现对会计人员的适度管理;业务主管部门或所在单位,负责会计人员的人事管理。会计人员是单位的成员,应依法行使会计人员职责,对所在单位负责,服从单位的管理,其选拔任用由所在的单位具体负责。单位应当在法律、法规规定范围内结合自身实际情况制定会计人员的选拔任用制度。

四、会计监督

目前,我国的会计监督体系包括单位内部会计监督、以政府财政部门为主体的政府监督和以注册会计师为主体的社会监督。

(一) 单位内部会计监督

单位内部会计监督是指为了保护单位资产的安全、完整,保证其经营活动符合国家法律、法规和内部有关管理制度,是为提高经营管理水平和效率,而在单位内部采取的一系列相互制约、相互监督的制度和方法。

1. 单位内部会计监督的主体和对象

根据《会计法》规定，各单位的会计机构、会计人员对本单位的经济活动进行会计监督。内部会计监督的主体是各单位的会计机构、会计人员；内部会计监督的对象是单位的经济活动。单位负责人负责单位内部会计监督制度的组织实施，对本单位内部会计监督制度的建立及有效实施承担最终责任。

2. 单位内部会计监督制度的基本要求

根据《会计法》的规定，单位内部会计监督制度应当符合以下要求。

（1）记账人员与经济业务或会计事项的审批人员、经办人员、财物保管人员的职责权限应当明确，并相互分离、相互制约。

（2）重大对外投资、资产处置、资金调度和其他重要经济业务，应当明确其决策和执行程序，并体现相互监督、相互制约的要求。

（3）财产清查的范围、期限和组织程序应当明确。

（4）对会计资料定期进行内部审计的办法和程序应当明确。

3. 会计机构和会计人员在单位内部会计监督中的职权

（1）依法开展会计核算和监督。对违反《会计法》和国家统一的会计制度规定的会计事项，有权拒绝办理或者按照职权予以纠正。

（2）对单位内部的会计资料和财产物资实施监督。发现会计账簿记录与实物、款项及有关资料不相符的，按照国家统一的会计制度规定有权自行处理的，应当及时处理；无权处理的，应当立即向单位负责人报告，请求查明原因，做出处理。

（二）会计工作的政府监督

1. 会计工作的政府监督的概念

会计工作的政府监督主要是指财政部门代表国家对单位和单位中相关人员的会计行为实施的监督检查，以及对发现的违法会计行为实施的行政处罚，是一种外部监督。

2. 会计工作的政府监督的主体和对象

《中华人民共和国会计法》规定："国务院财政部门主管全国的会计工作。县级以上地方各级人民政府财政部门管理本行政区域内的会计工作。"财政部门是《中华人民共和国会计法》的执法主体，是会计工作的政府监督实施主体。

此外，《中华人民共和国会计法》规定，除财政部门外，审计、税务、人民银行、证券监管、保险监管等部门依照有关法律、行政法规规定的职责和权限，可以对有关单位的会计资料实施监督检查。

根据《财政部门实施会计监督办法》的规定，财政部门实施会计监督检查的对象是会计行为，并对发现的有违法会计行为的单位和个人实施行政处罚。

3. 财政部门实施会计监督的主要内容

根据《会计法》的规定，财政部门可以依法对各单位的下列情况实施监督。

（1）对单位依法设置会计账簿的检查。

（2）对单位会计资料真实性、完整性的检查。

（3）对单位会计核算情况的检查。

（4）对单位会计人员从业资格和任职资格的检查。

（5）对会计师事务所出具的审计报告的程序和内容的检查。

（三）会计工作的社会监督

会计工作的社会监督主要是指由注册会计师及其所在的会计师事务所依法对委

托单位的经济活动进行的审计、鉴证的一种监督制度。此外，单位和个人检举违反《中华人民共和国会计法》和国家统一的会计制度规定的行为，也属于会计工作社会监督。

五、会计机构和会计人员

会计机构是指各单位办理会计事务的职能部门。会计人员是直接从事会计工作的人员。

(一) 会计机构的设置

▶ 1. 单位会计机构的设置

各单位应当根据会计业务的需要设置会计机构，或者在有关机构中设置会计人员并指定会计主管人员；不具备设置条件的，应当委托经批准设立从事会计代理记账业务的中介机构代理记账。

(1) 根据业务需要设置会计机构。各单位是否设置会计机构，应当根据会计业务的需要来决定，即各单位可以根据本单位会计业务的繁简情况决定是否设置会计机构。一个单位是否需要设置会计机构，一般取决于以下几个方面的因素：单位规模的大小、经济业务和财政收支的繁简、经营管理的要求。

(2) 不设置会计机构的应设置会计人员并指定会计主管人员。会计主管人员是负责组织管理会计事务、行使会计机构负责人职权的负责人。

▶ 2. 会计机构负责人（会计主管人员）的任职资格

会计机构负责人（会计主管人员）是在一个单位内具体负责会计工作的中层领导人员。

担任单位会计机构负责人（会计主管人员）的，应当具备会计师以上专业技术职务资格或者从事会计工作3年以上经历。

在国家机关、社会团体、公司、企业、事业单位和其他组织从事会计工作的人员（包括在中国境内从事会计工作的香港特别行政区、澳门特别行政区、台湾地区及外籍人员），应当具备从事会计工作所需要的专业能力，遵守职业道德。

▶ 3. 会计人员回避制度

根据《会计基础工作规范》规定，即国家机关、国有企业、事业单位任用会计人员应当实行回避制度；单位负责人的直系亲属不得担任本单位的会计机构负责人、会计主管人员；会计机构负责人、会计主管人员的直系亲属不得在本单位会计机构中担任出纳工作。直系亲属包括夫妻关系、直系血亲关系、三代以内旁系血亲及近姻亲关系。

【案例】某国有独资公司，生产经营规模不大，当地财政部门在对该公司进行执法检查的过程中发现下列问题：①该公司会计机构负责人李某，是该公司法定代表人王某的配偶；②该公司出纳系单位办公室主任的女儿小王，小王刚刚计算机专业本科毕业，尚不具备从事会计工作专业能力，同时她还兼管稽核、会计档案保管和固定资产账簿的登记工作；请问上述问题应如何处理？

【解析】会计机构负责人由李某担任不符合会计人员回避制度。李某可以担任出纳工作，但不得担任会计机构负责人的工作。从事出纳工作应当具备从事会计工作所需要的专业能力，该公司任用小王担任出纳不符合规定，根据内部牵制制度，出纳不得兼管稽核、会计档案保管的工作。出纳可以兼管固定资产账目的登记工作。

第二节　企业会计法律制度

随着企业公司制的建立和所有权、经营权的分离以及资本市场的发展，企业会计逐步演化为两大分支：一是服务于企业内部管理信息及其决策需要的管理会计，或者叫对内报告会计；二是服务于企业外部信息使用者信息及其决策需要的财务会计，或者叫对外报告会计。财务会计由于需要服务于外部信息使用者，在保护投资者及社会公众利益、维护市场经济秩序及其稳定方面扮演着越来越重要的角色，迫切需要一套社会公认的统一的会计工作标准来规范其行为。企业会计准则应运而生，核心是通过规范企业财务会计确认、计量和报告内容，提高会计信息质量，降低资金成本，提高资源配置效率。我国现行会计法规体系以《中华人民共和国会计法》为核心，以《企业会计准则》为主要内容。

一、企业会计准则概述

（一）企业会计准则基本框架

1992年，我国发布了第一项会计准则，即《企业会计准则》，为适应我国市场经济发展和经济全球化的需要，按照立足国情、国际趋同、涵盖广泛、独立实施的原则设立。2006年2月15日，财政部颁布了新《企业会计准则》，包括1项基本准则和38项具体准则，以及配套的应用指南、解释公告、讲解和实施问题专家工作组意见等。新的企业会计准则体系自2007年1月1日起在上市公司范围内实施。2014年财政部制定（修订）并发布了《长期股权投资》等8项会计准则，自2014年7月1日期实施。2017年，财政部又发布了七项新增或修订的企业会计准则。这是继2014年第一次大规模修订和增补后，财政部第二次大规模准则修订和增补企业会计准则。这些新准则基本与相关国际财务报告准则一致，保持了持续趋同。目前，包括1项基本准则和42项具体准则。

我国企业会计准则体系由基本准则、具体准则、会计准则应用指南和解释等组成。其中，基本准则在整个企业会计准则体系中扮演着概念框架的角色，起着统驭作用；具体准则是在基本准则的基础上，对具体交易或者事项会计处理的规范；应用指南是对具体准则的一些重点难点问题做出的操作性规定；解释是随着企业会计准则的贯彻实施，就实务中遇到的实施问题而对准则做出的具体解释。

在我国现行企业会计准则体系中，基本准则规范了包括财务报告目标、会计基本假设、会计信息质量要求、会计要素的定义及其确认、计量原则、财务报告等在内的基本问题，是会计准则制定的出发点，是制定具体准则的基础，其作用主要表现为两个方面。

（1）统驭具体准则的制定。各项具体准则严格按照基本准则的要求加以制定和完善，并且在各具体准则的第一条中做了明确规定。

（2）为会计实务中出现的、具体准则尚未规范的新问题提供会计处理依据，从而确保企业会计准则体系对所有会计实务问题的规范作用。

（二）企业会计准则的修订内容概述

为适应社会主义市场经济发展，进一步完善我国企业会计准则体系，提高财务报表列报质量和会计信息透明度，保持我国企业会计准则与国际财务报告准则的持续趋同，2014年财政部出台一系列准则，新增了《企业会计准则第39号——公允价值计量》《企业会计准则第 40 号——合营安排》和《企业会计准则第 41 号——在其他主体中权益的披露》等 3 项新具体准则。修订了《企业会计准则第 2 号——长期股权投资》《企业会计准则第 9 号——职工薪酬》《企业会计准则第 30 号——财务报表列报》《企业会计准则第 33 号——合并财务报表》《企业会计准则第 37 号——金融工具列报》等 5 项具体准则。2014 年 7 月 29 日修订了《企业会计准则——基本准则》。2017 年财政部修订了《企业会计准则第 14 号——收入》《企业会计准则第 16 号——政府补助》《企业会计准则第 22 号——金融工具确认和计量》《企业会计准则第 23 号——金融资产转移》《企业会计准则第 24 号——套期会计》《企业会计准则第 37 号——金融工具列报》等 6 项具体准则。新增了《企业会计准则第 42 号——持有待售的非流动资产、处置组和终止经营》。2018 年 12 月修订了《企业会计准则第 21 号——租赁》。下面对这些企业会计准则的修订内容做个概述。

▶ 1.《企业会计准则第 2 号——长期股权投资》的主要变化

（1）缩小适用范围。新准则下不能在长期股权投资核算的权益投资包括：达不到重要影响的权益性投资；风险投资机构、共同基金以及类似主体持有的、在初始确认时按照《企业会计准则第 22 号——金融工具确认和计量》的规定以公允价值计量且其变动计入当期损益的金融资产；投资性主体对不纳入合并财务报表的子公司的权益性投资；其他未在长期股权投资准则中规范的权益性投资。按《企业会计准则第 22 号——金融工具确认和计量》处理。

（2）成本法的适用范围变化。成本法仅适用对子公司的投资。原不具有控制、共同控制和重大影响的其他投资，不再采用成本法核算。

（3）投资收益确认的变化。删除了《中国企业会计准则（2006）》中"投资企业确认投资收益，仅限于被投资单位接受投资后产生的累积净利润的分配额，所获得的利润或现金股利超过上述数额的部分作为初始投资成本的收回"并修订为"被投资单位宣告分派的现金股利或利润，应当确认为当期投资收益"。即不再区分投资前获得的净利润分配额和投资后的分配额并分别进行会计处理。（这项修改可以增加利润表中的投资收益，最终会增加企业的利润总额）

（4）豁免采用权益法核算。投资方对联营企业的权益性投资，其中一部分通过风险投资机构、共同基金、信托公司或包括投连险基金在内的类似主体间接持有的，无论以上主体是否对这部分投资具有重大影响，投资方都可以按照《企业会计准则第 22 号——金融工具确认和计量》的有关规定，对间接持有的该部分投资选择以公允价值计量且其变动计入损益，并对其余部分采用权益法核算。

被划分为持有待售的联营及合营投资，不再适用权益法，投资方应当按照《企业会计准则第 4 号——固定资产》的有关规定处理。

（5）权益法中引进了利润表的新概念"其他综合收益"。其他综合收益，是反映企业根据企业会计准则规定未在损益中确认的各项利得和损失扣除所得税影响后的净额。明确规定投资方享有的权益包含被投资单位的其他综合收益。

（6）成本法与权益法的转换由 4 种增加为 6 种。因追加投资等原因导致的转换包括：金融工具模式→权益法、权益法→成本法、金融工具模式→成本法。因减少投资等原因导致的转换包括：成本法→权益法、权益法→金融工具模式、成本法→金融工具模式。

▶ 2.《企业会计准则第 9 号——职工薪酬》的主要变化

（1）明确了职工薪酬的分类。职工薪酬包括短期薪酬、离职后福利、辞退福利和其他长期职工福利，"五险一金"中养老保险和失业保险不属于短期薪酬，调整至离职后福利，属于设定提存计划。明确职工薪酬还包括企业提供给职工配偶、子女、受赡养人、已故员工遗属及其他受益人等的福利。职工薪酬的范围进一步延伸到离职后福利,重新分类职工薪酬;增设"其他长期职工福利",有助于囊括实务中可能存在的其他职工薪酬。明确了全职、兼职与临时工,劳务派遣工包括在内的职工范围,涵盖了除以企业年金基金和股份为基础的薪酬以外的各类职工薪酬。

(2) 短期薪酬。强调以实际发生的短期薪酬确认为负债;明确非货币性福利按公允价值计量;明确带薪缺勤的分类及其会计处理;明确利润分享计划的确认原则。

(3) 离职后福利。明确了离职后福利分为两类,即设定提存计划和设定受益计划。明确设定提存计划的会计处理原则,在职工为其提供服务的会计期间,将根据设定提存计划计算的应缴存金额确认为负债,并计入当期损益或相关资产成本。新增了关于设定受益计划的会计处理规范。将企业为职工缴纳的养老、失业保险调整至离职后福利中。

(4) 辞退福利。简化了辞退福利的确认条件,规范了辞退福利的确认时点。同时,明确在报告期末 12 个月内不需要支付的辞退福利应适用其他长期福利的有关规定。

(5) 其他长期职工福利。对于其他长期职工福利,分别按设定提存计划、设定受益计划的原则处理,但对归类为设定受益计划所产生的职工薪酬成本采用简化处理方法,即全部计入当期损益或相关资产成本。

(6) 完善职工福利的披露要求。要求分别就短期薪酬、设定提存计划、设定受益计划、辞退福利、其他长期职工福利进行披露,并对具体披露内容做出要求。

▶ 3.《企业会计准则第 30 号——财务报表列报》的主要变化

(1) 细化完善规范内容。借鉴国际财务报告准则,在重要性、正常经营周期、净额列示情形、持有待售、持续经营能力评价、与所有者的资本交易、终止经营等方面明晰完善。

(2) 资产负债表的变化包括以下方面。

① 增减报表项目。资产负债表应单独列示的项目中,在资产类增加了"以公允价值计量且其变动计入当期损益的金融资产""被划分为持有待售的非流动资产及被划分为持有待售的处置组中的资产""可供出售金融资产"等项目,删除了"交易性投资"项目;在负债类增加了"以公允价值计量且其变动计入当期损益的金融负债""被划分为持有待售的处置组中的负债"等项目。

② 新增混合列报方式。金融企业等销售产品或提供服务不具有明显可识别营业周期的企业,其各项资产或负债按照流动性列示能够提供可靠且更相关信息的,可以按照其流动性顺序列示。从事多种经营的企业,其部分资产或负债按照流动和非流动列报、其他部分资产或负债按照流动性列示能够提供可靠且更相关信息的,可以采用混合的列报方式。

(3) 利润表的变化包括以下方面。

① 在利润表中增加"其他综合收益各项目分别扣除所得税影响后的净额"和"综合收益总额"。同时将其他综合收益项目进一步划分为"以后会计期间不能重分类进损益的其他综合收益项目"和"以后会计期间在满足规定条件时将重分类损益的其他综合收益项目"两类区别列报。

② 在合并利润表中,增加综合收益总额的归属的列报。

(4) 所有者权益变动表的变化。原在所有者权益变动表中反映的"综合收益"有关内容也做出相应调整,在合并所有者权益变动表中还应单独列示归属于母公司所有者的综合收益总额和归属于少数股东的综合收益总额。

(5)附注变化。充实附注披露内容,披露有助于财务报表使用者评价企业管理资本的目标、政策及程序的信息。披露费用按照性质分类的利润表补充资料,可将费用分为耗用的原材料、职工薪酬费用、折旧费用、摊销费用等。披露其他综合收益各项目的信息。明确某些项目的重要性程度不足以在资产负债表、利润表、现金流量表或所有者权益变动表中单独列示,但对附注却具有重要性,则应当在附注中单独披露。

▶ 4.《企业会计准则第33号——合并财务报表》的主要变化

(1)丰富了"母公司""子公司"的定义。提出"主体"概念,并采取列举式对"主体"进行定义。主体包括企业、被投资单位中可分割的部分,以及企业所控制的结构化主体等,提出了"投资性主体""结构化主体"概念,并列举了投资性主体一般特征。

(2)豁免编制合并财务报表的情形。如果母公司是投资性主体,且不存在为其投资活动提供相关服务的子公司。这种情况下,该母公司应当仅将为其投资活动提供相关服务的子公司(如有)纳入合并范围并编制合并财务报表;其他子公司不应当予以合并,母公司对其他子公司的投资应当按照公允价值计量且其变动计入当期损益。

【案例】A公司系投资性主体类公司,投资8 000万元于B高科技公司,持股比例80%(无其他子公司)。A公司之母公司H公司系房地产公司。请问,A公司和H公司是否需要编制合并财务报表?

【解析】因B公司不属于为A投资活动提供相关服务的子公司,A公司不能编制合并财务报表,但投资性主体的母公司——H公司(H公司不是投资性主体)仍需要将其控制的全部主体(含投资性主体控制的主体)纳入合并范围,因此H公司应编制A和B公司合并财务报表。

(3)合并范围增大。对"控制"概念进行了重述,强调控制构成的三要素为对被投资者的权力、可变回报以及能够行使权力影响可变回报。使用"投资方"和"被投资方"取代了原"企业"的说法,并且明确了控制中提出的"相关活动"的概念。

① 引入实质性控制概念,即投资方虽持有小于50%的表决权,但综合考虑投资方拥有的表决权相对于其他各方拥有的表决权份额的大小、其他各方表决权的分散程度、潜在表决权、其他合约性安排、被投资方以往的表决权行使情况等所有因素和条件后仍可具有控制。

② 引入关于拥有决策制定权利的投资者是委托人还是代理人的判断指引。其中,代理人作为代表其他方行使权力的第三方,并不控制被投资方。

③ 引入对被投资方可分割部分的控制。投资方通常是在被投资方整体层面对是否控制进行评估,但极个别情况下,可以将被投资方的一部分视为被投资方可分割的部分,进而判断是否控制该部分。

(4)细化合并程序。删除了2006年版准则第11条中"按照权益法调整对子公司的长期股权投资后,由母公司编制"规定,直接基于成本法代替模拟权益法,母公司应当将整个企业集团视为一个会计主体来编制财务报表,提出编制合并财务报表的程序。

① 合并母公司与子公司的资产、负债、所有者权益、收入、费用和现金流等项目。

② 抵销母公司对子公司的长期股权投资与母公司在子公司所有者权益中所享有的份额。

③ 抵销母公司与子公司、子公司相互之间发生的内部交易的影响。内部交易表明相关资产发生减值损失的,应当全额确认该部分损失。

④ 站在企业集团角度对特殊交易事项予以调整。

【案例】甲公司持有乙公司80%股份，2014年甲公司将成本为200万元的存货以300万元的价格销售给乙公司（顺流交易），至年末乙公司尚未对外销售，企业所得税税率为25%。假设2014年甲公司实现净利润600万元，乙公司实现净利润200万元，请计算合并报表净利润、少数股东损益、归属于母公司所有者净利润？

【解析】合并报表净利润＝母公司净利润＋子公司净利润－抵销未实现内部损益＝600＋200－（300－200－25）＝800－75＝725（万元）

少数股东损益＝子公司净利润×少数股东持股比例＝200×20%＝40（万元）

归属于母公司所有者净利润＝合并报表净利润－少数股东损益＝725－40＝685（万元）

（4）其他增减条款概述。

① 新增母公司在投资性主体与非投资性主体之间互相转换时的会计处理原则；修改了交叉持股的合并抵销处理原则。对于交叉持股的合并抵销处理进行了明确规定，即子公司持有母公司的长期股权投资，应当视为企业集团的库存股，作为所有者权益的减项，在合并资产负债表中所有者权益项目下以"减：库存股"项目列示。

② 新增合并现金流量表可以根据合并资产负债表和合并利润表进行编制的规定，原只允许补充资料。

▶ 5.《企业会计准则第37号——金融工具列报》的主要变化

金融工具是指形成一方的金融资产并形成其他方的金融负债或权益工具的合同。金融工具包括金融资产、金融负债和权益工具。其中，合同的形式多种多样，可以是书面的，也可以是不采用书面形式。实务中的金融工具合同通常采用书面形式。非合同的资产和负债不属于金融工具。例如，应交所得税是企业按照税收法规规定承担的义务，不是以合同为基础的义务，因此不符合金融工具定义。

本准则为适应金融工具确认和计量、金融资产转移、套期会计的修订，对企业财务报表相关列示项目和附注披露内容作出了相应修改。修订内容主要有以下几个方面。

（1）适用范围增加。新增了股份支付中属于本准则范围的买入或卖出非金融项目的合同等。

（2）适应金融资产新的三分类。根据金融资产新的三分类，对企业财务报表相关列示项目和附注披露内容作出了相应修改，保持与金融工具确认和计量准则的一致。

（3）适应套期会计的修订。套期会计要求披露风险管理策略、套期活动对未来现金流量的影响、套期会计对报表的影响等。

（4）采用新的"预期信用损失法"。详细规定了企业信用风险、预期信用损失的计量和减值损失准备等金融工具减值相关信息的列报要求。

【案例】分析甲公司2019年发生的业务，判断是否是金融资产、金融负债和权益工具。

① 以赚取短期差价为目的从二级市场购入乙公司发行的10万股普通股。

② 为购原材料向丁公司支付预付账款100万元。

③ 发行了名义金额人民币10元的优先股，合同条款规定甲公司在3年后将优先股强制转换为普通股，转股价格为转股日前一工作日的该普通股市价。

④ 发行了股利率为6%的不可赎回累积优先股，公司可自行决定是否派发股利。公司的董事会在各期末可以决定是否支付及支付多少优先股股利。

【解析】① 购入为赚取差价的乙公司普通股是持有其他方的权益工具，属于交易性金融资产。

② 预付账款不是金融资产，因其产生的未来经济利益是商品或服务，不是收取现金

或其他金融资产的权利。

③ 合同中的转股条款将使用自身普通股并按其公允价值履行支付人民币 10 元的义务。合同条款以可变数量的股票偿付固定价值的义务。该金融工具是一项金融负债,因为甲公司履行合同义务时所交付的自身股票的数量会发生变动以使其价值等于人民币 10 元。

④ 金融工具条款中包括一项股利制动机制,即如果甲公司不支付优先股股利,则其也不可支付任何普通股股利。因为优先股的股利分派完全取决于董事会的决定,所以甲公司拥有无条件避免交付现金的权利。该优先股是权益工具。

▶ 6.《企业会计准则第 39 号——公允价值计量》的主要内容

(1) 规范了公允价值定义。公允价值,指市场参与者在计量日发生的有序交易中,出售一项资产所能收到或者转移一项负债所需支付的价格。衡量公允价值的关键在于以市场为基础的计量,而不是特定主体的计量。有序交易,是指在计量日前一段时期内相关资产或负债具有惯常市场活动的交易。清算等被迫交易不属于有序交易。企业以公允价值计量相关资产或负债,应当假定出售资产或者转移负债的有序交易在相关资产或负债的主要市场进行。不存在主要市场的,企业应当假定该交易在相关资产或负债的最有利市场进行。交易费用,指在相关资产或负债的主要市场(或最有利市场)中,发生的可直接归属于资产出售或者负债转移的费用。在进行公允价值计量时,不应该调整交易费用。运输费用,指将资产从当前位置运抵主要市场(或最有利市场)发生的费用。企业应当根据使该资产从当前位置转移到主要市场(或最有利市场)的运输费用调整主要市场(或最有利市场)的价格。

【案例】某企业在两个活跃市场对 A 资产以不同价格出售,并能获得计量日的市场价格。在 A 市场出售价格为 26 元,交易费用为 3 元,运输费用 2 元;在 B 市场出售价格为 25 元,交易费用为 1 元,运输费用为 2 元。如果 A 市场是主要市场,或这两个市场均不是主要市场。请问这两种情况下,A 资产公允价值是多少?

【解析】如果 A 市场是主要市场,A 资产公允价值 = 26 − 2 = 24(元)。

如果这两个市场均不是主要市场,则 A 资产公允价值应选择最有利市场价格。因为 A 市场出售资产净金额 = 26 − 3 − 2 = 21(元),B 市场出售资产净金额 = 25 − 1 − 2 = 22(元)。因此应选择 B 市场价格计量公允价值。A 资产公允价值 = 25 − 2 = 23(元)。

(2) 明确了公允价值的计量方法。规定企业可选择应用市场法、收益法、成本法计量相关资产、负债、企业自身权益工具的公允价值。企业使用多种估值技术计量公允价值的,应当考虑各估值结果的合理性,选取在当前情况下最能代表公允价值的金额作为公允价值。

(3) 公允价值计量输入值层次。企业应当将公允价值计量所使用的输入值划分为三个层次,并首先使用第一层次输入值,其次使用第二层次输入值,最后使用第三层次输入值。第一层次输入值是在计量日能够取得的相同资产或负债在活跃市场上未经调整的报价。第二层次输入值是除第一层次输入值外相关资产或负债直接或间接可观察的输入值。第三层次输入值是相关资产或负债的不可观察输入值。公允价值计量结果所属的层次,取决于估值技术的输入值,而不是估值技术本身。

(4) 公允价值披露。企业应当根据相关资产或负债的性质、特征、风险及公允价值计量的层次对该资产或负债进行恰当分组,并按照组别披露公允价值计量的相关信息。区分持续和非持续的公允价值计量,并规定不同披露要求。

▶ 7.《企业会计准则第40号——合营安排》的主要内容

合营安排准则对合营安排的认定、分类及各参与方在合营安排中权益等的会计处理进行了明确规范。

合营安排，指一项由两个或两个以上的参与方共同控制的安排。共同控制，指按照相关约定对某项安排所共有的控制，并且该安排的相关活动必须经过分享控制权的参与方一致同意后才能决策。合营安排具有下列特征。

（1）各参与方均受到该安排的约束。

（2）两个或两个以上的参与方对该安排实施共同控制。

任何一个参与方都不能够单独控制该安排，对该安排具有共同控制的任何一个参与方均能够阻止其他参与方或参与方组合单独控制该安排。

【案例】某项安排由A、B、C、D、E、F、G公司共同参与，如果仅由A、B公司共同控制，是否构成合营安排？如果其中两个或两个以上公司不能单独集体控制该安排，而是必须经过A、B与C、D、E或者E、F、G等的组合才能够集体控制该项安排，请问是否构成合营安排？

【解析】合营安排不要求所有参与方都对该安排实施共同控制。合营安排参与方既包括对合营安排享有共同控制的参与方（即合营方），也包括对合营安排不享有共同控制的参与方。第一项安排构成合营安排。如果存在两个或两个以上的参与方组合能够集体控制某项安排的，不构成共同控制。第二项安排不构成合营安排。

合营安排分为共同经营和合营企业。共同经营，指合营方享有该安排相关资产且承担该安排相关负债的合营安排。合营企业，指合营方仅对该安排的净资产享有权利的。通过单独主体达成的合营安排，通常应当划分为合营企业，但有确凿证据表明满足下列任一条件并且符合相关法律法规规定的合营安排应当划分为共同经营：①合营安排的法律形式表明，合营方对该安排中的相关资产和负债分别享有权利和承担义务；②合营安排的合同条款约定，合营方对该安排中的相关资产和负债分别享有权利和承担义务；③其他相关事实和情况表明，合营方对该安排中的相关资产和负债分别享有权利和承担义务，如合营方享有与合营安排相关的几乎所有产出，并且该安排中负债的清偿持续依赖于合营方的支持。

【案例】A和B共同建立了一个公司C，A和B能够共同控制C。初步判断存在单独主体，并且单独主体（公司制主体）的法律形式表明C是合营企业。但是，合同安排表明A和B以约定比例享有C资产的权利，并承担C负债的义务。

【解析】当合同安排约定各参与方享有与该安排相关资产的权利，并承担与该安排相关负债的义务时，他们是共同经营参与方，不需要为了划分合营安排而考虑其他事实或情况。实际上，合同条款撤销了该公司制主体的法律形式的影响。因此，C变成了共同经营。

▶ 8.《企业会计准则第41号——在其他主体中权益的披露》主要内容

在其他主体中的权益是指通过合同或其他形式能够使企业参与其他主体的相关活动并因此享有可变回报的权益。参与方式包括持有其他主体的股权、债权，或向其他主体提供资金、流动性支持、信用增级和担保等。企业通过这些参与方式实现对其他主体的控制、共同控制或重大影响。其他主体包括企业的子公司、合营安排（包括共同经营和合营企业）、联营企业以及未纳入合并财务报表范围的结构化主体等。结构化主体是指在确定其控制方时没有将表决权或类似权利作为决定因素而设计的主体。

准则整合并优化在子公司、联营企业、合营企业中权益的披露；要求拥有重要少数股东权益的子公司、合营企业和联营企业均需要披露主要财务信息；在持股比例和表决权比例方面，将母公司和子公司作为一个整体考虑，要求披露少数股东的持股比例和表决权比例；从不同报告主体（报告企业或集团）角度，对有关重要限制的披露进行了区分，要求披露集团内企业（或主体）之间相互转移资金受到的限制等；在失去对子公司控制时，要求披露剩余权益投资的公允价值及按照公允价值重新计量产生的相关利得和损失金额；对于重要的合营企业或联营企业，采用权益法进行会计处理但该投资存在公开报价的，还应当披露其公允价值；增加在结构化主体中权益的披露，并分别对纳入合并范围的结构化主体和未纳入合并范围的结构化主体规范了披露要求。新增了重大判断和假设的披露。

▶ 9.《企业会计准则——基本准则（2014修订）》的主要变化

将《企业会计准则——基本准则》第四十二条第五项修改为："（五）公允价值。在公允价值计量下，资产和负债按照市场参与者在计量日发生的有序交易中，出售资产所能收到或者转移负债所需支付的价格计量。"

基本准则重新定义了公允价值概念，有四处新亮点：用市场参与者代替熟悉情况的交易双方。强调是基于市场的计量，而不是基于特定主体的计量。将关联方排除在外；用有序交易代替自愿进行。明确排除被迫交易；用出售、转移代替交换、清偿。强调"脱手价格"而不是"入手价格"，强调"转移负债"而不是"清偿负债"。不是取得资产而支付的价格和承担负债而收到的价格；增加计量日标准。使公允价值计量时点更明确。

▶ 10.《企业会计准则第14号——收入》的主要变化

（1）收入确认模型，单一的收入确认模型，不再区分业务类型。采用"五步法"模型确认收入。包括：识别客户合同；识别合同中的履约义务；确定交易价格；将交易价格分摊至合同中的履约义务；在企业履行履约义务时（或履约过程中）确认收入。收入确认的核心原则是"控制权转移"。收入确认金额为分摊至履约义务的金额。履约义务可在某一时点（对于向客户转让商品的承诺）或在某一时段内（对于向客户转让服务的承诺）履行。对于在某一时段内履行的履约义务，企业应通过选择计量企业履约义务的履约进度的适当方法在一段时间内确认收入。

（2）收入确认条件，在控制权转移的时点或某一时段确认收入。在控制权转移模型下，风险和报酬仍作为控制权转移的一个指标。取消了收入的金额能够可靠地计量、相关的已发生或将发生的成本能够可靠地计量的标准。

（3）交易价格的确定，企业应当按照分摊至各单项履约义务的交易价格计量收入。交易价格是指企业因向客户转让商品而预期有权收取的对价金额。取消了按照从购货方已收或应收的合同或协议价款确定收入金额的这种不能反映交易实质的方法。

（4）多重交易安排的合同的会计处理，提供了更明确的指引，要求企业在合同开始日对合同进行评估，识别合同所包含的各项履约义务，按照各项履约义务所承诺商品（或服务）的相对单独售价将交易价格分摊至各项履约义务，进而在履行各履约义务时确认相应的收入。

（5）合同成本的处理，合同成本包括取得合同的增量成本（如销售佣金）和履行合同的成本。企业为取得合同发生的增量成本预期能够收回的，应当作为合同取得成本确认为一项资产；但是，该资产摊销期限不超过一年的，可以在发生时计入当期损益。

（6）特定交易（或事项）的会计处理，对于某些特定交易（或事项）的收入确认和计量给出了明确规定。例如，附有销售退回条款的销售，只对预计不会退回的部分确认收入和成本，对预计会退回部分不确认收入成本，而是确认为合同负债和合同资产。新收入准则对销售退回不再作为资产负债表日后事项处理进行追溯调整，而是在资产负债表日对销售退回采用未来适用法。

（7）列报和披露，增加新的术语，要求在资产负债表中列示合同资产和合同负债，制定了广泛的新披露要求，例如，收入确认和计量所采用的会计政策、对于确定收入确认的时点和金额具有重大影响的判断以及这些判断的变更；与合同相关的信息；与合同成本有关的资产相关的信息等。

▶ 11.《企业会计准则第16号——政府补助》的主要变化

（1）政府补助强调了实质重于形式的原则，来源于政府的经济资源并不一定都是政府补助，反之来源于其他企业的也可能是政府补助。例如，政府给予生产新能源汽车企业的价格补贴及政府给予执行家电下乡政策的生产厂家的补贴，形式上是政府将资金拨付给了企业，实质上是补贴给消费者，是企业销售商品或提供服务的对价的组成部分。应当作为收入进行会计处理。

（2）政府补助分为与收益相关的政府补助和与资产相关的政府补助。会计处理方法分为总额法和净额法，总额法是指将政府补助全额确认为收益。净额法是指将政府补助作为相关成本费用、相关资产的账面价值的扣减。

（3）与资产相关的政府补助，总额法和净额法选择适用，可以确认为递延收益或冲减相关资产的账面价值，确认为递延收益的，不再平均分配，而按照合理、系统的方法分期计入损益；相关资产在使用寿命前被出售、转让、报废或发生毁损的，将尚未分配的递延收益转入资产处置当期损益。政府补助需退回时，采用净额法冲减相关资产的账面价值的，退回时调整资产的账面价值。

（4）与收益相关的政府补助，与收益相关的政府补助也分为总额法和净额法，与日常活动相关，可以冲减"管理费用""财务费用"，也可以用总额法记入"其他收益"。与日常活动无关的，记入"营业外收入"。难以区分是资产相关或收益相关的政府补助，应当整体归类为与收益相关的政府补助。

【案例】分析甲公司下列业务是否是政府补助，属于何种类型的政府补助。

① 2019年12月，甲公司收到财政部门拨款2 000万元，系对甲公司2019年执行国家计划内政策价差的补偿。甲公司A商品单位售价为5万元/台，成本为2.5万元/台，但在纳入国家计划内政策体系后，甲公司对国家规定范围内的用户销售A商品的售价为3万元/台，国家财政给予2万元/台的补贴。2019年甲公司共销售政策范围内A商品1 000件。

② 按照国家有关政策，购置环保设备可以申请补贴以补偿其环保支出。甲公司于2019年1月向政府有关部门提交了300万元的补助申请，作为对其购置环保设备的补贴。2019年3月15日，甲公司收到政府补贴款300万元。

③ 甲公司生产一种先进的模具产品，按照国家相关规定，该企业的这种产品适用增值税先征后返政策，即先按规定征收增值税，然后按实际缴纳增值税额返还70%。2019年1月，该企业实际缴纳增值税额120万元。2019年2月，该企业实际收到返还的增值税额84万元。

【解析】① 甲公司自财政部门取得的款项不属于政府补助，该款项与具有明确商业实质的交易相关，不是公司自国家无偿取得的现金流入，应作为企业正常销售价款的一部分。

②该政府补贴款属于与资产相关的政府补助。因为相关补助文件要求企业将补助资金用于取得长期资产。长期资产将在较长的期间内给企业带来经济利益。

③甲公司收到返还的增值税税额属于以收益相关的政府补助，且用于补偿企业已发生的相关费用，且增值税先征后返属于与企业的日常活动密切相关的补助，应在实际收到时直接计入当期损益（其他收益）。

▶ 12.《企业会计准则第22号——金融工具确认和计量》的主要变化

（1）减少了金融资产的分类。金融资产基于合同现金流量特征及企业管理该等资产的业务模式分类为：以摊余成本计量的金融资产；以公允价值计量且其变动计入其他综合收益的金融资产；以公允价值计量且其变动计入当期损益的金融资产三类。取消了贷款和应收款项、持有至到期投资和可供出售金融资产等原有分类。

（2）金融负债的分类。金融负债分类为以公允价值计量且其变动计入当期损益的金融负债和以摊余成本计量的金融负债两类。将"其他金融负债"改为"以摊余成本计量的金融负债"。

（3）金融工具的重分类。金融资产重分类的前提是改变管理金融资产的业务模式；金融负债不得重分类。

（4）简化嵌入衍生工具的会计处理。对于主合同为金融资产的混合合同，应作为一个整体进行会计处理，不再分拆。对于包含金融负债主合同以及非金融工具主合同的其他混合合同，仍需评估嵌入衍生工具是否与主合同紧密相关并确定是否分拆。

（5）强化金融工具减值会计要求。考虑包括前瞻性信息在内的各种可获得信息，不再采用"已发生损失法"，而是根据"预期信用损失法"，使得损失更早地被确认。

【案例】判断甲公司2019年发生金融资产业务的分类：

① 1月1日购入乙公司发行在外的股票100万股，并以短期持有赚取差价为主要目的。

② 2月1日购入丙公司债券200万份，票面年利率为8%，单利计息，到期一次还本付息。甲公司不考虑出售其投资。

③ 3月1日购入丁公司债券150万份，该债券为当日发行的5年期债券，票面年利率为10%，单利计息，到期一次还本付息。甲公司考虑出售其投资。

【解析】①购入乙公司的股票不以收取合同现金流量为目标，而是以短期持有赚取差价为主要目的，属于交易性的，故购入乙公司的股票应分类为以公允价值计量且其变动计入当期损益的金融资产。②企业管理丙公司债券的业务模式是以收取合同现金流量为目标，投资时不准备出售；特定日期产生的现金流量，仅为收回的本金和以未偿付本金金额为基础收取的利息，故购入丙公司的债券应当分类为以摊余成本计量的金融资产。③企业管理丁公司债券的业务模式既以收取合同现金流量为目标又以出售该金融资产为目标，投资时考虑出售；在特定日期产生的现金流量，仅为收回的本金和以未偿付本金金额为基础收取的利息，故购入丁公司的债券应当分类为以公允价值计量且其变动计入其他综合收益的金融资产。

▶ 13.《企业会计准则第23号——金融资产转移》的主要变化

（1）金融资产转移及其终止确认判断，新准则重新定义金融资产终止确认，是指企业将之前确认的金融资产从其资产负债表中予以转出。明确金融资产转移包括现金流量。

【案例】2019年1月1日，甲公司将持有的乙公司发行的10年期公司债券出售给丙公司，经协商出售价格为330万元。同时签订了一项看涨期权合约，期权行权日为2019年12月31日，行权价为400万元。假定行权日该债券的公允价值为300万元。

【解析】本例中,由于期权的行权价(400万元)大于行权日债券的公允价值(300万元),因此,该看涨期权属于重大价外期权,即甲公司在行权日不会重新购回该债券。所以,在转让日,可以判定债券所有权上的风险和报酬已经全部转移给丙公司,甲公司应当终止确认该债券。

(2) 重新表述了终止确认和继续确认的常见情形。继续确认的情形不再包含"采用附追索权方式出售金融资产",继续确认的情形增加"融出证券或进行证券出借""总回报互换",继续涉入的情形增加"附有既非重大价内也非重大价外的看涨期权或看跌期权"。

【案例】2018年1月1日,A公司购买股票,买价为80万元,确认为交易性金融资产,2018年12月31日,该股票的市场价格为104万元。2019年1月1日,A公司将该金融资产出售给B公司,售价为104万元,同时与B公司签订了一份看涨期权,支付了期权费4万元,行权价格为105万元,行权日为2020年12月31日。假设该股票投资属于在公开市场上不容易获得的金融资产。

【解析】由于该股票在出售日的公允价值为104万元,在行权日的行权价格为105万元,可以判断该看涨期权既不是重大价内期权,也不是重大价外期权。因此,A公司既没有转移也没有保留该股票投资所有权上几乎所有的风险和报酬;同时,由于该股票投资属于在公开市场上不容易获得的金融资产,即表明A公司企业没有放弃对该金融资产的控制;所以,A公司应当按照继续涉入程度确认和计量所转移的金融资产。

(3) 明确继续涉入情况下相关负债的计量方法。以摊余成本计量的:相关负债的账面价值=继续涉入被转移金融资产的账面价值-保留的权利的摊余成本+承担的义务摊余成本;以公允价值计量的:相关负债的账面价值=继续涉入被转移金融资产的账面价值-保留的权利的公允价值+承担的义务的公允价值。

▶14.《企业会计准则第24号——套期会计》的主要变化

(1) 拓宽套期工具和被套期项目的范围。新准则允许将以公允价值计量且其变动计入当期损益的非衍生金融工具指定为套期工具。拓宽了可以被指定的被套期项目的范围,增加了以下符合条件的被套期项目:一是允许将非金融项目的组成部分指定为被套期项目;二是允许将一组项目的风险总敞口和风险净敞口指定为被套期项目,并且对于风险净敞口套期的列报作出了单独的要求;三是允许将包括衍生工具在内的汇总风险敞口指定为被套期项目。

(2) 改进套期有效性评估。取消80%~125%的套期高度有效性量化指标,代之以定性的套期有效性要求:经济关系、信用风险的影响不占主导地位;指定套期比率与风险管理策略一致。

(3) 引入套期关系"再平衡"机制。企业可以进行套期关系再平衡,通过调整套期关系的套期比率,使其重新满足套期有效性要求,从而延续套期关系。不再允许主动撤销符合条件的套期关系。

(4) 增加期权时间价值的会计处理方法。期权时间价值的公允价值变动应当首先计入其他综合收益,后续的会计处理取决于被套期项目的性质。

(5) 增加信用风险敞口的公允价值选择权。符合一定条件时,企业可以在金融工具初始确认时、后续计量中或尚未确认(如贷款承诺)时,将金融工具的信用风险敞口指定为以公允价值计量且其变动计入当期损益的金融工具。

【案例】某企业当前有60天后、公允价值为20万元的待销售铜存货,为了防止物价下降而遭受损失,卖出同样数额的铜期货合同以套期保值。60天后,期货合同下降2万元(不考虑手续费),该批物资下降1.6万元。请问该企业的套期关系及套期是否有效。

【解析】套期工具是铜期货合同,被套期项目是待销售铜存货,为规避所持有铜存货公允价值变动风险,铜存货与铜期货合同存在经济关系,且经济关系产生的价值变动中信用风险不占主导地位,套期比率也反映了套期的实际数量,使得套期工具和被套期项目的价值因面临相同的被套期风险而发生方向相反的变动,符合套期有效性要求。如果按原准则的量化规定。该案例套期工具与被套期项目的公允价值变动的数额之比为125%(20 000/16 000×100%),但若超过该比率,会影响套期会计的适用。

▶ 15.《企业会计准则第 42 号——持有待售的非流动资产、处置组和终止经营》的主要内容

(1) 明确持有待售类别的划分条件,非流动资产或处置组划分为持有待售类别,应当同时满足两个条件:一是根据类似交易中出售此类资产或处置组的惯例,在当前状况下即可立即出售;二是出售极可能发生,即企业已经就一项出售计划作出决议且获得确定的购买承诺,预计出售将在一年内完成。有关规定要求企业相关权力机构或者监管部门批准后方可出售的,应当已经获得批准。

(2) 持有待售类别的计量,取得持有待售按假定的持续计量金额和公允价值减去出售费用后的净额孰低计量;除合并取得外,减值计入损益;只允许将划分为持有待售类别后确认的持有待售资产减值损失转回;已抵减的商誉不得转回;转回的减值损失按各项非流动资产账面价值比重恢复;持有待售的负债的利息和其他费用应继续确认。

(3) 持有待售的非流动资产和处置组的列报,明确持有待售的资产和负债不得抵销,分别作为流动资产和流动负债在资产负债表中列示。

(4) 终止经营的列报,结束使用而非出售的终止经营,应作为终止经营列报。在利润表中分别列示持续经营损益和终止经营损益,在附注中进一步披露详细信息。

▶ 16.《企业会计准则第 21 号——租赁》的主要变化

(1) 完善了租赁的定义,增加了租赁识别、分拆、合并等内容。

租赁定义为"在一定期间内,出租人将资产的使用权让与承租人以获取对价的合同",并进一步说明如果合同中一方让渡了在一定期间内控制一项或多项已识别资产使用的权利以换取对价,则该合同为租赁或者包含租赁。同时,新租赁准则还对包含租赁和非租赁成分的合同如何分拆,以及何种情形下应将多份合同合并为一项租赁合同进行会计处理作了规定。

(2) 取消承租人经营租赁和融资租赁的分类,新准则采用统一的会计处理模型,要求对短期租赁和低价值资产租赁以外的其他所有租赁确认使用权资产和租赁负债,并分别计提折旧和利息费用。短期租赁,是指在租赁期开始日,租赁期不超过 12 个月的租赁。低价值资产租赁,是指单项租赁资产为全新资产时价值较低的租赁。承租人对于短期租赁和低价值资产租赁可以选择不确认使用权资产和租赁负债,而是采用与现经营租赁相似的方式进行会计处理。

(3) 改进承租人后续计量,增加选择权重估和租赁变更情形下的会计处理。

新准则明确规定发生承租人可控范围内的重大事件或变化,且影响承租人是否合理确定将行使相应选择权的,承租人应当对其是否合理确定将行使续租选择权、购买选择权或不行使终止租赁选择权进行重新评估。租赁变更,是指原合同条款之外的租赁范围、租赁对价、租赁期限的变更。企业应视其变更情况将其作为一项单独租赁进行会计处理或重新计量租赁负债。

(4) 丰富出租人披露内容。出租人发生的经营租赁,新准则要求出租人增加披露相关租赁收入及未折现租赁收款额等信息。此外,出租人还应当根据理解财务报表的需要,披露有关租赁活动的其他定性和定量信息。

二、小企业会计准则概述

(一)《小企业会计准则》制定的特点

2011年11月,财政部公布了《小企业会计准则》,自2013年1月1日起在小企业范围内施行,鼓励小企业提前执行。《小企业会计准则》浓缩《企业会计准则》的精华,并进行有序衔接。《小企业会计准则》充分考虑小企业的特点,简单、便于使用;能够提供管理信息;尽可能地标准化;兼顾纳税目的;适应中小企业的经营环境。《小企业会计准则》足够灵活,能适应企业成长,并且具有提高中小企业随着其业务扩张适用国际会计准则要求的潜能。小企业会计准则具有以下特点。

▶ 1. 简化了会计核算,是简化版的企业会计准则

我国小企业规模小、业务简单、会计基础工作较为薄弱、会计信息使用者的信息需求相对单一等实际,小企业会计准则应当简化要求。《小企业会计准则》比《企业会计准则》少设了91个一级科目,总共只有66个科目,但其科目名称与《企业会计准则》大体一致,提高了会计信息的可比性与一致性。考虑到小企业会计人员的知识结构及企业规模特点,减少职业判断,简化会计核算,提高会计信息的质量,具体表现为:①资产采用历史成本计量,不计提任何资产减值准备;②长期股权投资仅采用成本法,取消了权益法;③资本公积仅核算资本溢价(股本溢价);④所得税采用应付税款法;⑤外币报表一律采用资本负债表日汇率折算,不产生外币报表折算差额;⑥利息收入和利息费用按票面利率计算,不按实际利率计算;⑦财务报表包括资产负债表、利润表、现金流量表和附注,不编制所有者权益变动表。制定小企业会计准则是规范小企业会计行为的重要制度基础。

▶ 2. 减少了与税收的差异,满足税收征管信息需求

税务部门主要利用小企业会计信息做出税收决策,包括是否给予税收优惠政策、采取何种征税方式、应征税额等,它们希望减少小企业会计与税法的差异,减少了职业判断的内容,小企业会计准则有助于查账征税、同时规范小企业的会计工作。《小企业会计准则》基本消除了小企业会计与税法的差异,具体表现为:①不计提减值准备;②固定资产折旧、无形资产摊销、长期待摊销费用摊销考虑税法的规定,与税法一致。

▶ 3. 有利于加强小企业贷款管理,有助于银行提供信贷

银行主要利用小企业会计信息做出信贷决策,他们更多希望小企业按照国家统一的会计准则制度提供财务报表。小企业的财务报表应当成为商业银行贷款的重要依据。《小企业会计准则》要求提供的财务报表能更简明扼要地反映小企业的财务状况、经营成果和现金流量,从而有便于银行读懂报表。如在资产负债表的"存货"项目下分项列示了其中原材料、在产品、库存商品、周转材料的信息;在利润表"营业外支出"项目下分项列示了其中坏账损失、无法收回的长期债券投资损失、无法收回的长期股权投资损失、自然灾害等不可抗力因素造成的损失、税收滞纳金的信息等,以便于引起债权人的关注。

▶ 4. 与《企业会计准则》相协调,健全企业会计标准体系

《小企业会计准则》对于小企业不经常发生甚至基本不可能发生的交易或事项未做规范,这些交易或事项一旦发生,可以参照《企业会计准则》中的相关规定进行会计处理;对于小企业今后公开发行股票或债券的,或者因经营规模或企业性质变化导致不符合小企业标准而成为大中型企业或金融企业的,应当自次年1月1日起转为执行《企业会计准则》;小企业转为执行《企业会计准则》时,应当按照《企业会计准则第38号——首次执行企业会计准则》等相关规定进行会计处理。

三、《小企业会计准则》与《企业会计准则》的差异

比较归纳《小企业会计准则》与《企业会计准则》两个会计准则的差异，对促使企业依法执行会计政策，保证会计信息质量，促进企业可持续发展起着重要作用。

（一）适用范围不同

《小企业会计准则》适用于中华人民共和国境内依法设立、符合《中小企业划型标准规定》所规定小型企业标准的企业。下列三类小企业除外：①股票或债券在市场上公开交易的小企业；②金融机构或其他具有金融性质的小企业；③企业集团内的母公司和子公司。而企业会计准则适用于在中华人民共和国境内依法设立的企业（包括公司）。同时《小企业会计准则》规定，符合该准则规定的小企业，可以执行该准则，也可以执行《企业会计准则》。执行该准则的小企业，发生的交易或者事项本准则未做规范的，可以参照《企业会计准则》中的相关规定进行处理；执行《企业会计准则》的小企业，不得在执行《企业会计准则》的同时，选择执行本准则的相关规定；执行该准则的小企业公开发行股票或债券的，应当转为执行《企业会计准则》；因经营规模或企业性质变化导致不符合本准则规定而成为大中型企业或金融企业的，应当从次年1月1日起转为执行《企业会计准则》；已执行《企业会计准则》的上市公司、大中型企业和小企业，不得转为执行该准则；执行该准则的小企业转为执行《企业会计准则》时，应当按照《企业会计准则第38号——首次执行企业会计准则》等相关规定进行会计处理。

（二）资产类会计科目的差异

《小企业会计准则》规定，小企业的资产应当按照成本计量，不要求计提资产减值准备。《企业会计准则第8号——资产减值》规定，资产减值是指资产的可收回金额低于其账面价值。如果可收回金额的计量结果表明资产的可收回金额低于其账面价值的，应当将资产的账面价值减记至可收回金额，减记的金额确认为资产减值损失，计入当期损益，同时计提相应的资产减值准备。

▶ 1. 短期投资

有关短期投资的差异如表9-1所示。

表9-1 有关短期投资的差异

短期投资	小企业会计准则	企业会计准则
资产类科目	短期投资/应收股利/应收利息	交易性金融资产，下设成本/公允价值变动两个明细科目
损益类科目	投资收益	公允价值变动损益/投资收益
取得	采用历史成本计量，交易费用计入投资成本	按照公允价值计量，交易费用在发生时直接计入投资收益
持有期间公允价值变动	不处理	计入公允价值变动损益
出售	不需要	需将公允价值变动损益转入投资收益

▶ 2. 应收及预付款项

《小企业会计准则》下，不计提坏账准备。应收及预付款项的坏账损失采用的是直接转销法，而非备抵法。坏账损失应当于实际发生时计入营业外支出。已确认为损失的款项收回，贷方应计入营业外收入而非坏账准备。

3. 存货

《小企业会计准则》规定，对于周转材料，采用一次转销法进行会计处理，金额较大的周转材料，也可以采用分次摊销法进行会计处理；《企业会计准则第1号——存货》的规定，企业应当采用一次转销法或者五五摊销法对低值易耗品和包装物进行摊销。小企业出租周转材料取得的租金作为营业外收入而不是其他业务收入进行核算。出租或出借周转材料，不需要结转其成本，但应当进行备查登记。小企业盘盈存货实现的收益应当计入营业外收入。非冲减管理费用，盘亏存货发生的损失应当计入营业外支出，而非根据不同原因分别计入营业外支出、管理费用。小企业不计提或冲减存货跌价准备。

4. 长期债券投资

长期债券投资，指小企业准备长期（在1年以上，下同）持有的债券投资。《企业会计准则》没有长期债券投资项目，而是按照管理意图将其分别计入持有至到期投资和可供出售金融资产。《小企业会计准则》对长期债券投资的规定则相对简单一些，不再区分债券是否持有到期，对购入时的溢价或折价也不采用实际利率法，而是直线法进行摊销。资产负债表日不考虑减值准备。

5. 长期股权投资

《小企业会计准则》规定，统一采用成本法核算。对于通过非货币性资产交换取得的长期股权投资，不区分有无商业实质，也不区分对被投资企业有无控制、共同控制或重大影响，均采用成本法核算，与税法规定基本一致。《企业会计准则第2号——长期股权投资》规定，初始计量需区分是企业合并形成还是其他方式取得，来确定其初始投资成本，其中涉及货币性资产交换、债务重组的，要按相关具体会计准则进行确认。在后续计量上，投资企业对被投资企业实施控制、不具有共同控制或重大影响，并且在活跃市场中没有报价，公允价值不能可靠计量的应该采用成本法；对被投资企业具有共同控制或重大影响的应采用权益法。

处置长期股权投资与《企业会计准则》存在的差异：一是由于不要求计提长期股权投资减值准备，因此，处置长期股权投资时所结转的长期股权投资账面价值不考虑减值因素；二是由于小企业长期股权投资一律采用成本法核算，因此，也不存在原计入所有者权益的部分相应结转的问题。小企业长期股权投资损失应当于实际发生时计入营业外支出，而不是预计或预期发生时确认计入投资收益借方。

6. 固定资产

有关固定资产的差异如表9-2所示。

表9-2 有关固定资产的差异

固定资产	小企业会计准则	企业会计准则
自建固定资产	成本截至竣工决算前，竣工决算前发生的借款费用，应当计入固定资产的成本	成本截至达到预定可使用状态，符合资本化条件的资产发生在资本化期间内的有关借款费用应该资本化
投资者投入的固定资产	评估价值和相关费用	按照投资合同或协议约定的价值确定，但合同或协议价值不公允的除外

续表

固定资产	小企业会计准则	企业会计准则
融资租赁固定资产	按照租赁合同约定的付款总额和在签订租赁合同过程中发生的相关税费等确定	按照租赁开始日租赁资产公允价值与最低租赁付款额现值两者中较低者作为会计计量基础
盘盈	通过待处理财产损益科目过渡，计入营业外收入	通过以前年度损益调整科目核算
分期付款	实际支付的购买价款和相关税费	各期付款额的现值之和确定，各期付款额之和与现值的差额计入"未确认融资费用"
固定资产大修理费用	先计入长期待摊费用，然后进行摊销	符合固定资产确认条件的部分，可以计入固定资产成本，不符合固定资产确认条件的应当费用化，计入当期损益
固定资产的日常修理费	根据收益对象计入制造费用/管理费用等	根据不同情况计入管理费用/销售费用
关于固定资产弃置费用和持有待售固定资产的处理	无	按照现值计算确定应计入固定资产成本的金额和相应的预计负债
关于资产减值准备的提取	无	计提
关于对固定资产的使用寿命、预计净残值和折旧方法进行复核	固定资产的折旧方法、使用寿命、预计净残值一经确定，不得随意变更	企业至少应当于每年年度终了，对资产的使用寿命、预计净残值和折旧方法进行复核

▶ 7. 无形资产

有关无形资产的差异如表 9-3 所示。

表 9-3　有关无形资产的差异

无形资产	小企业会计准则	企业会计准则
减值处理	不计提	须计提，不得转回
摊销方法	直线法摊销	应根据资产经济利益的实现方式确定，可采用年限平均法/产量法/年数总和法等
不能可靠估计使用寿命的无形资产	不短于10年摊销	可以不摊销，但每期期末要做减值测试
已出租的土地使用权和持有并准备增值后转让的土地使用权	无形资产	投资性房地产

▶ 8. 长期待摊费用

《小企业会计准则》规定，小企业的长期待摊费用包括：已提足折旧的固定资产的改建支出、经营租入固定资产的改建支出、固定资产的大修理支出和其他长期待摊费用(开办费)等。长期待摊费用应当在其摊销期限内采用年限平均法进行摊销,根据其受益对象计入相关资产的成本或者管理费用,并冲减长期待摊费用。保持与所得税法基本一致的后续支出的会计处理方法。《企业会计准则》规定,"长期待摊费用"核算企业已经发生但应由本期和以后各期负担的,分摊期限在1年以上的各项费用,如以经营租赁方式租入的固定资产发生的改良支出等。筹建期内发生的各项费用,直接列入了"管理费用"中。

(三)负债类会计科目的主要差异

▶ 1. 应付职工薪酬

《小企业会计准则》规定,因解除与职工的劳动关系给予的补偿,在实际支付补偿时计入损益科目,不采用在劳动合同解除日按折现值预提的做法。《企业会计准则》规定,辞退福利中如实质性辞退工作在一年内实施但补偿款项超过一年支付的辞退计划,要选择适当的折现率,以折现值后的金额作为该辞退福利的金额计入当期管理费用。

▶ 2. 长期借款

(1)利息费用计算不同。《小企业会计准则》规定,借款利息应当按照借款本金和借款合同利率在应付利息日计提利息费用,同短期借款利息的处理相同。《企业会计准则》中规定,借款利息应按照摊余成本和实际利率计算利息费用。

(2)期末计量不同。《小企业会计准则》规定,长期借款按照账面余额计量;《企业会计准则》规定,按摊余成本计量。

▶ 3. 长期应付款

《小企业会计准则》规定,在租赁期开始日,按照租赁合同约定的付款总额确认"长期应付款"的金额,不考虑未确认融资费用。《企业会计准则第21号——租赁》规定,在租赁期开始日,承租人应当将租赁开始日租赁资产公允价值与最低租赁付款额现值两者中较低者作为租入资产的入账价值,将最低租赁付款额作为长期应付款的入账价值,其差额作为未确认融资费用。

(四)所有者权益类会计科目的差异

所有者权益类会计科目中资本公积有较大差异,《小企业会计准则》规定,资本公积核算内容仅限于资本溢价部分,不核算其他资本公积。《企业会计准则》规定,资本公积中除核算资本溢价(或股本溢价)外,还核算其他资本公积,如以权益结算的股份支付等交易或事项引起的,直接计入所有者权益的利得与损失。会计处理相对复杂。

(五)损益类会计科目的差异

▶ 1. 主营业务收入

《小企业会计准则》规定:收入是指小企业在日常生产经营活动中形成的、会导致所有者权益增加、与所有者投入资本无关的经济利益的总流入,包括销售商品收入和提供劳务收入,不包括让渡资产使用权收入。而《企业会计准则》中的收入包括三部分,即销售商品收入、提供劳务收入和让渡资产使用权收入。

《小企业会计准则》规定,采用发出货物和收取款项作为标准,减少关于风险报酬转移的职业判断。例如,销售商品采用分期收款方式的,在合同约定的收款日期确认收入。而《企业会计准则第14号——收入》规定,只有在满足收入确认条件,才能进行确认,其中需要考虑所有权上的主要风险和报酬是否转让,对交易或者事项要贯彻实质重于形式的原则。因此,分期收款确认收入按是否满足收入确认条件确定。

2. 投资收益

《小企业会计准则》下，利息收入等于面值乘以票面利率。持有期间投资收益等于应收股利、应收利息等。《企业会计准则》下，利息收入等于摊余成本乘以实际利率；持有期间投资收益则需要根据具体准则确定。

3. 营业外收入

（1）存货盘盈的处理不同。《小企业会计准则》下，应计入营业外收入。《企业会计准则》下，冲减管理费用。

（2）固定资产盘盈的处理不同。《小企业会计准则》下，应计入营业外收入。《企业会计准则》下，作为前期差错处理，通过"以前年度损益调整"科目核算，最终转入年初留存收益。

（3）汇兑收益的处理不同。《小企业会计准则》下，应计入营业外收入。《企业会计准则》下，应冲减财务费用。

（4）出租包装物和商品的租金收入处理不同。《小企业会计准则》下，应计入营业外收入。《企业会计准则》下，应计入其他业务收入。

（5）逾期未退包装物押金收益的处理不同。《小企业会计准则》下，应计入营业外收入。《企业会计准则》下，应区分情况：逾期未退包装物没收的押金计入其他业务收入，逾期未退包装物没收的加收的押金计入营业外收入。

（6）已作坏账损失处理后又收回的应收款项处理不同。《小企业会计准则》下，应计入营业外收入。《企业会计准则》下，不影响损益，借记"应收账款"，贷记"坏账准备"；再借记"银行存款"，贷记"应收账款"。

4. 税金及附加

《小企业会计准则》规定，税金及附加是指小企业开展日常生产经营活动应负担的消费税、营业税、城市维护建设税、资源税、土地增值税、城镇土地使用税、房产税、车船税、印花税和教育费附加、矿产资源补偿费、排污费等。

在《企业会计准则》中，城镇土地使用税、房产税、车船税、印花税、矿产资源补偿费、排污费等需通过"管理费用"科目核算。但2017年后，也计入税金及附加。

5. 营业外支出

（1）存货的盘亏、毁损、报废损失处理不完全相同。《小企业会计准则》下，应计入营业外支出。《企业会计准则》下，因管理不善等原因造成的净损失计入管理费用；因自然灾害等非常原因造成的净损失计入营业外支出。

（2）坏账损失的处理不同。《小企业会计准则》下，应计入营业外支出。《企业会计准则》下，应收款项实际发生坏账损失时，借记"坏账准备"，贷记"应收账款"等科目。

（3）无法收回的长期债券投资、长期股权投资损失处理不同。《小企业会计准则》下，应计入营业外支出。《企业会计准则》下，应对债券投资、股权投资进行减值测试，若可收回金额低于账面价值，应计提减值准备，计入资产减值损失。

6. 所得税费用

《小企业会计准则》下，会计处理强调历史成本，不计提减值准备，基本实现会计税务处理相一致。由于不存在暂时性差异，采用应付税款法，不需要确认递延所得税费用。《企业会计准则》下，会计计量属性并不仅限于历史成本，会计账面价值与税法计税基础可能存在差异。因此，应当按照资产负债表债务法核算所得税费用，需要确认递延所得税费用。

（六）外币业务差异

《小企业会计准则》外币交易在初始确认时，采用交易发生日的即期汇率将外币金额折算为记账本位币金额,也可以采用交易当期平均汇率折算。《企业会计准则》采用交易发生日的即期汇率或按照系统合理的方法确定的、与交易发生日即期汇率近似的汇率折算。《小企业会计准则》规定:因资产负债表日即期汇率与初始确认时的即期汇率(或交易当期平均汇率)或者前一资产负债表日即期汇率不同而产生的汇兑差额,计入当期损益,其中,属于汇兑收益,计入营业外收入;属于汇兑损失,计入财务费用。《企业会计准则》汇兑损益均通过财务费用核算。《小企业会计准则》对于以历史成本计量的外币非货币性项目,仍采用交易发生日的即期汇率折算,不改变其记账本位币金额,不会产生汇兑差额。《企业会计准则》对于以历史成本计量的外币非货币性项目与《小企业会计准则》核算一致,以公允价值计量的外币非货币性项目,如交易性金融资产(股票、基金等),采用公允价值确定日的即期汇率折算,折算后的记账本位币金额与原记账本位币金额的差额,作为公允价值变动(含汇率变动)处理,计入当期损益。

【案例】甲公司的记账本位币为人民币,其外币交易采用交易日即期汇率折算。2014年3月2日,甲公司从国外乙公司购入某原材料,货款300 000美元,进口一台机器设备,支付价款1 000 000美元,当日的即期汇率为1美元=6.83人民币元,2014年3月31日,甲公司尚未向乙公司支付所欠货款,当日即期汇率为1美元=6.8人民币元。请计算甲公司汇兑差额?

【解析】对甲公司购入原材料产生的外币货币性项目"应付账款"采用资产负债表日即期汇率进行折算,折算为人民币2 040 000元(300 000×6.8)。由于人民币升值,使企业归还时付出的人民币金额少了,与其原记账2 049 000元(300 000×6.83)差额9 000元人民币,计入贷方的营业外收入。对甲公司进口的机器设备属于外币非货币性项目"固定资产",资产负债表日无须按照当日即期汇率进行调整,不会产生汇兑差额。

小企业对外币财务报表进行折算时,应当采用资产负债表日的即期汇率对外币资产负债表、利润表和现金流量表的所有项目进行折算。没有折算差额。《企业会计准则》因资产负债表,利润表项目采用不同汇率会产生折算差额。

(七) 财务报表的差异

《小企业会计准则》第79条规定,小企业应当编制资产负债表、利润表、现金流量表和报表附注。《企业会计准则》规定,企业应当编制资产负债表、利润表、现金流量表、所有者权益变动表和报表附注。可以看出《小企业会计准则》不强制要求编制所有者权益变动表。

资产负债表提供三张附表,应付职工薪酬明细表、应交税费明细表、利润分配明细表。同时要求小企业加强企业内部管理,附注要求披露短期投资、存货、应收账款账龄结构、固定资产项目等信息。在附注中增加对已在资产负债表和利润表中列示项目与企业所得税法规定存在差异的纳税调整过程。系《小企业会计准则》的新增内容,体现《小企业会计准则》与税法尽可能协调一致的基本出发点。《小企业会计准则》中现金流量表的"现金"仅包括库存现金、银行存款和其他货币资金。不采用"现金等价物"概念;《小企业会计准则》在会计报表附注中披露的内容相对更为简化。会计政策变更、会计估计变更和会计差错更正,均采用未来适用法进行会计处理,不必追溯调整。

除国家另有规定外,小企业对外提供财务报表的频率由财务报表外部使用者确定,如税务机关、银行等债权人、工商登记机关、小企业主管部门等确定。一般情况下,在一个会计年度内,小企业应当按月编制财务报表。如果按月编制财务报表有困难,或者小企业财务报表外部使用者不要求企业按月提供财务报表,则可以按季编制财务报表。

《小企业会计准则》发布，考虑了小企业的经济业务比较简单，小企业的财务人员业务水平相对较低的实际情况，又考虑了会计政策执行的有效性。《小企业会计准则》的实施将有助于规范小企业会计确认、计量和报告行为，保证小企业会计信息质量，是国家支持小企业发展的重大举措。

第三节 注册会计师法律制度

一、注册会计师法

注册会计师法是为了发挥注册会计师在社会经济活动中的鉴证和服务作用，加强对注册会计师的管理，维护社会公共利益和投资者的合法权益，促进社会主义市场经济的健康发展制定的法规。第八届全国人民代表大会常务委员会第四次会议于1993年10月31日通过，自1994年1月1日起施行。2014年8月31日第十二届全国人民代表大会常务委员会第十次会议修改。

（一）注册会计师的业务范围

根据《注册会计师法》的规定，注册会计师是依法取得注册会计师证书并接受委托从事审计和会计咨询、会计服务业务的执业人员，注册会计师依法承办如下两方面的业务。

▶ 1. 审计业务

（1）审查企业财务会计报表，出具审计报告。

（2）验证企业资本，出具验资报告。

（3）办理企业合并、分立、清算事宜中的审计业务，出具有关报告。

（4）法律、行政法规规定的其他审计业务。

▶ 2. 会计咨询、会计服务业务

（1）设计会计制度，担任会计顾问，提供会计、管理咨询。

（2）代理纳税申报，提供税务咨询。

（3）代理、申请工商登记，拟定合同、章程和其他业务文件。

（4）办理投资评价、资产评估和项目可行性研究中的有关业务。

（5）培训会计、审计和财务管理人员。

（6）其他会计咨询、服务。

（二）注册会计师的行为规范

（1）注册会计师承办业务，由其所在的会计师事务所统一受理并与委托人签订委托合同。会计师事务所对本所注册会计师依照规定承办的业务，承担民事责任。

（2）注册会计师执行业务，可以根据需要查阅委托人的有关会计资料和文件，查看委托人的业务现场和设施，要求委托人提供其他必要的协助。

（3）注册会计师与委托人有利害关系的，应当回避；委托人有权要求其回避。

（4）注册会计师对在执行业务中知悉的商业秘密，负有保密义务。

（5）注册会计师执行审计业务，必须按照执业准则、规则确定的工作程序出具报告。

（6）注册会计师不得有下列行为：在执行审计业务期间，在法律、行政法规规定不得买卖被审计单位的股票、债券或者不得购买被审计单位或者个人的其他财产的期限内，买卖被审计单位的股票、债券或者购买被审计单位或者个人所拥有的其他财产；索取、收受委托合同约定以外的酬金或者其他财物，或者利用执行业务之便，谋取其他不正当的利益；接受委托催收债款；允许他人以本人名义执行业务；同时在两个或者两个以上的会计师事务所执行业务；对其能力进行广告宣传以招揽业务；违反法律、行政法规的其他行为。

（三）会计师事务所

会计师事务所是依法设立并承办注册会计师业务的机构。注册会计师执行业务，应当加入会计师事务所。

▶ **1. 会计师事务所的设立形式**

设立会计师事务所，由省、自治区、直辖市人民政府财政部门批准。

1) 合伙式

会计师事务所可以由注册会计师合伙设立。合伙设立的会计师事务所的债务，由合伙人按照出资比例或者协议的约定，以各自的财产承担责任。合伙人对会计师事务所的债务承担连带责任。2010年，为了促进我国会计师事务所做大做强，我国积极推动大中型会计师事务所采用特殊普通合伙组织形式，现行普通合伙制和有限责任公司制会计师事务所转制为特殊普通合伙组织形式，应当有25名以上符合规定的合伙人，50名以上的注册会计师，以及人民币1 000万元以上的注册资本。

2) 有限责任式

会计师事务所符合下列条件的，可以是负有限责任的法人：不少于30万元的注册资本；有一定数量的专职从业人员，其中至少有5名注册会计师；国务院财政部门规定的业务范围和其他条件。负有限责任的会计师事务所以其全部资产对其债务承担责任。

外国会计师事务所需要在中国境内临时办理有关业务的，须经有关的省、自治区、直辖市人民政府财政部门批准。境外会计师事务所确需设立驻华代表机构的，或者已设立的驻华代表机构需要延期的，只需到工商登记机关办理相关手续，不再履行财政审批程序。

▶ **2. 会计师事务所的行为规范**

会计师事务所受理业务，不受行政区域、行业的限制；但是，法律、行政法规另有规定的除外。委托人委托会计师事务所办理业务，任何单位和个人不得干预。会计师事务所承接业务时也必须遵守注册会计师的行为规范。

（四）注册会计师协会

中国注册会计师协会是依据《注册会计师法》和《社会团体登记条例》有关规定设立的社会团体法人，是中国注册会计师行业的自律管理组织，成立于1988年。注册会计师应当加入注册会计师协会。中国注册会计师协会依法拟定注册会计师执业准则、规则，报国务院财政部门批准后施行。注册会计师协会应当支持注册会计师依法执行业务，维护其合法权益，向有关方面反映其意见和建议。注册会计师协会应当对注册会计师的任职资格和执业情况进行年度检查。

二、内部控制规范概述

（一）企业内部控制规范体系简介

随着我国市场经济的发展，经济环境更加复杂，市场竞争更加激烈，传统管理方法已明显不能适应企业生存发展的需要，管理失控不仅导致企业的崩溃破产，甚至给国家和股东造成巨大经济损失，成为制约我国经济和企业健康发展的障碍。为加强上市公司的规范化运作和管理，提高财务信息的披露质量，2008年5月22日，财政部、中国证监会、审计署、银监会、保监会(以下简称五部委)联合发布了《企业内部控制基本规范》，明确企业建立健全内部控制应遵循的基本原则和基本要求。2010年4月26日，五部委又发布了企业内部控制配套指引，企业内部控制配套指引由18项应用指引、《企业内部控制评价指引》和《企业内部控制审计指引》组成。为企业实施内部控制规范体系提供了具体的操作指南。其中，应用指引是对企业按照内控原则和内控"五要素"建立健全本企业内部控制所提供的指引，在配套指引乃至整个内部控制规范体系中占据主体地位；企业内部控制评价指引是为企业管理层对本企业内部控制有效性进行自我评价提供的指引；企业内部控制审计指引是为注册会计师和会计师事务所执行内部控制审计业务的执业准则。三者之间既相互独立，又相互联系，形成一个有机整体。

企业内部控制配套指引和《企业内部控制基本规范》，共同构建了中国企业内部控制规范体系，自2011年1月1日起首先在境内外同时上市的公司施行，自2012年1月1日起扩大到在上海证券交易所、深圳证券交易所主板上市的公司施行；在此基础上，择机在中小板和创业板上市公司施行。同时，鼓励非上市大中型企业提前施行。内部控制规范强调以提高企业内部控制与经营管理水平为准绳，以《会计法》《公司法》《证券法》等法律法规为依据。施行企业内部控制规范体系的企业，必须对本企业内部控制的有效性进行自我评价，披露年度自我评价报告，同时聘请会计师事务所对其财务报告内部控制的有效性进行审计，出具审计报告。政府监管部门将对相关企业施行内部控制规范体系的情况进行监督检查。这是全面提升上市公司和非上市大中型企业经营管理水平的重要举措，也是我国应对国际金融危机的重要制度安排。

(二) 企业内部控制基本规范

《企业内部控制基本规范》由总则、内部环境、风险评估、控制活动、信息与沟通、内部监督和附则7章，共50条组成。其中，核心内容就是内部控制要素：内部环境、风险评估、控制活动、信息与沟通、内部监督。

▶ 1. 企业内部控制概念

企业内部控制是由企业董事会、监事会、经理层和全体员工实施的，旨在实现控制目标的过程。

▶ 2. 内部控制目标

内部控制目标是指合理保证企业经营管理合法合规、资产安全、财务报告及相关信息真实完整、提高经营效率和效果、促进企业实现发展战略。这里，合理保证财务报告及相关信息真实完整与公司年度财务报告密切相关，表明加强企业内部控制建设，对于合理保证年报质量是极为重要的。美国SOX404条款主要是基于这方面的考虑设立的。

▶ 3. 内部控制原则

企业建立与实施内部控制，应当遵循下列原则。

(1) 全面性原则。内部控制应当贯穿决策、执行和监督全过程，覆盖企业及其所属单位的各种业务和事项。

(2) 重要性原则。内部控制应当在全面控制的基础上，关注重要业务事项和高风险领域。

(3) 制衡性原则。内部控制应当在治理结构、机构设置及权责分配、业务流程等方面形成相互制约、相互监督，同时兼顾运营效率。

(4) 适应性原则。内部控制应当与企业经营规模、业务范围、竞争状况和风险水平等相适应，并随着情况的变化及时加以调整。

(5) 成本效益原则。内部控制应当权衡实施成本与预期效益,以适当的成本实现有效控制。

▶ **4. 内部控制要素**

(1) 内部环境。内部环境是企业实施内部控制的基础,一般包括治理结构、机构设置及权责分配、内部审计、人力资源政策、企业文化等。

(2) 风险评估。风险评估是企业及时识别、系统分析经营活动中与实现内部控制目标相关的风险,合理确定风险应对策略。

(3) 控制活动。控制活动是企业根据风险评估结果,采用相应的控制措施,将风险控制在可承受度之内。《企业内部控制基本规范》第28条明确了企业应当结合风险评估结果,通过手工控制与自动控制、预防性控制与发现性控制相结合的方法,运用相应的控制措施,将风险控制在可承受度之内。控制措施一般包括不相容职务分离控制、授权审批控制、会计系统控制、财产保护控制、预算控制、运营分析控制和绩效考评控制等。

【案例】丙企业规定"大金额采购除采购经理签字外,还需要负责采购的副总裁签字",体现了内部控制活动中的( )。
A. 不相容职务分离控制　　　　　　B. 授权审批控制
C. 财产保护控制　　　　　　　　　D. 会计系统控制
【解析】不同人员签字,体现的是授权审批控制。所以选项B正确。

(4) 信息与沟通。信息与沟通是企业及时、准确地收集、传递与内部控制相关的信息,确保信息在企业内部、企业与外部之间进行有效沟通。

《企业内部控制基本规范》第40条规定,企业应当将内部控制相关信息在企业内部各管理级次、责任单位、业务环节之间与外部投资者、债权人、客户、供应商、中介机构和监督部门等有关方面之间进行沟通和反馈。

(5) 内部监督。内部监督是企业对内部控制建立与实施情况进行监督检查,评价内部控制的有效性,发现内部控制缺陷,应当及时加以改进。

【案例】某快递公司负责将商品运到目的地,但是到达目的地后,对方厂家A公司没有及时安排卸货,于是快递公司将产品原封不动地带回。A公司的失误与( )相关。
A. 内部环境　　　B. 控制活动　　　C. 信息与沟通　　　D. 内部监督
【解析】因为A公司信息沟通不及时,所以造成无人卸货,所以选项C正确。

(三) 企业内部控制应用指引

应用指引可以划分为三类,即内部环境类指引、控制活动类指引和控制手段类指引,基本涵盖了企业资金流、实物流、人力流和信息流等各项业务和事项。

▶ **1. 内部环境类指引**

内部环境是企业实施内部控制的基础,支配着企业全体员工的内控意识,影响着全体员工实施控制活动和履行控制责任的态度、认识和行为。内部环境类指引有5项,包括组织架构、发展战略、人力资源、企业文化和社会责任等指引。

组织架构是企业按照国家有关法律法规、股东(大)会决议和企业章程,结合本企业实际,明确股东(大)会、董事会、监事会、经理层和企业内部各层级机构设置、职责权限、人员编制、工作程序和相关要求的制度安排。企业应当根据国家有关法律法规的规定,明确董事会、监事会和经理层的职责权限、任职条件、议事规则和工作程序,确保决策、执行和监督相互分离,形成制衡。

发展战略是指企业在对现实状况和未来趋势进行综合分析和科学预测的基础上，制定并实施的长远发展目标与战略规划。要求企业健全组织机构，在董事会下设立战略委员会，或指定相关机构负责发展战略管理工作；明确要求企业应在充分调查研究、科学分析预测和广泛征求意见的基础上制定发展目标；强调战略规划应当根据发展目标制定，明确发展阶段性和发展程度，确定每个发展阶段的具体目标、工作任务和实施路径；确保发展战略有效实施；设立发展战略实施后评估制度。

人力资源是指企业组织生产经营活动而录（任）用的各种人员，包括董事、监事、高级管理人员和全体员工。企业应当根据人力资源总体规划，结合生产经营实际需要，制订年度人力资源需求计划；明确各岗位的职责权限、任职条件和工作要求，通过公开招聘、竞争上岗等多种方式选聘优秀人才；企业确定选聘人员后，应当依法签订劳动合同，建立劳动用工关系；已选聘人员要进行试用和岗前培训，试用期满考核合格后，方可正式上岗；设置科学的业绩考核指标体系，对各级管理人员和全体员工进行严格考核与评价，并制定与业绩考核挂钩的薪酬制度；企业应当建立健全员工退出（辞职、解除劳动合同、退休等）机制，明确退出的条件和程序，确保员工退出机制得到有效实施。

社会责任是指企业在经营发展过程中应当履行的社会职责和义务，主要包括安全生产、产品质量（含服务，下同）、环境保护、资源节约、促进就业、员工权益保护等。企业应当重视履行社会责任，切实做到经济效益与社会效益、短期利益与长远利益、自身发展与社会发展相互协调，实现企业与员工、企业与社会、企业与环境的健康和谐发展。

企业文化是指企业在生产经营实践中逐步形成的、为整体团队所认同并遵守的价值观、经营理念和企业精神，以及在此基础上形成的行为规范的总称。打造以主业为核心的企业品牌，要求企业重视并购重组后的企业文化建设，要求董事、监事、经理和其他高级管理人员在企业文化建设中发挥主导和垂范作用，要求企业加强企业文化的宣传贯彻。

▶ 2. 控制活动类指引

企业在改进和完善内部环境控制的同时，还应对各项具体业务活动实施相应的控制。控制活动类应用指引包括资金活动、采购业务、资产管理、销售业务、研究与开发、工程项目、担保业务、业务外包、财务报告等9个指引。

资金活动是指企业筹资、投资和资金营运等活动的总称。企业应当根据自身发展战略，科学确定投融资目标和规划，完善严格的资金授权、批准、审验等相关管理制度，加强资金活动的集中归口管理，明确筹资、投资、营运等各环节的职责权限和岗位分离要求，定期或不定期检查和评价资金活动情况，落实责任追究制度，确保资金安全和有效运行。企业财会部门负责资金活动的日常管理，参与投融资方案等可行性研究。总会计师或分管会计工作的负责人应当参与投融资决策过程。企业有子公司的，应当采取合法有效措施，强化对子公司资金业务的统一监控。有条件的企业集团，应当探索财务公司、资金结算中心等资金集中管控模式。

采购是指购买物资（或接受劳务）及支付款项等相关活动。要求企业加强请购、审批、购买、验收、付款、采购后评估等环节的风险管控，确保物资采购满足企业生产经营需要。

企业应当结合实际情况，全面梳理采购业务流程，完善采购业务相关管理制度，统筹安排采购计划，明确请购、审批、购买、验收、付款、采购后评估等环节的职责和审批权限，按照规定的审批权限和程序办理采购业务，建立价格监督机制，定期检查和评价采购过程中的薄弱环节，采取有效控制措施，确保物资采购满足企业生产经营需要。

资产，指企业拥有或控制的存货、固定资产和无形资产。企业应当加强各项资产管理，全面梳理资产管理流程，及时发现资产管理中的薄弱环节，切实采取有效措施加以改进，并关注资产减值迹象，合理确认资产减值损失，不断提高企业资产管理水平。企业应当重视和加强各项资产的投保工作，采用招标等方式确定保险人，降低资产损失风险，防范资产投保舞弊。

销售，指企业出售商品（或提供劳务）及收取款项等相关活动。企业应当结合实际情况，全面梳理销售业务流程，完善销售业务相关管理制度，确定适当的销售政策和策略，明确销售、发货、收款等环节的职责和审批权限，按照规定的权限和程序办理销售业务，定期检查分析销售过程中的薄弱环节，采取有效控制措施，确保实现销售目标。

研究与开发是指企业为获取新产品、新技术、新工艺等所开展的各种研发活动。企业应当重视研发工作，根据发展战略，结合市场开拓和技术进步要求，科学制订研发计划，强化研发全过程管理，规范研发行为，促进研发成果的转化和有效利用，不断提升企业自主创新能力。

工程项目，指企业自行或者委托其他单位所进行的建造、安装工程。企业应当建立和完善工程项目各项管理制度，全面梳理各个环节可能存在的风险点，规范工程立项、招标、造价、建设、验收等环节的工作流程，明确相关部门和岗位的职责权限，做到可行性研究与决策、概预算编制与审核、项目实施与价款支付、竣工决算与审计等不相容职务相互分离，强化工程建设全过程的监控，确保工程项目的质量、进度和资金安全。

担保，指企业作为担保人按照公平、自愿、互利的原则与债权人约定，当债务人不履行债务时，依照法律规定和合同协议承担相应法律责任的行为。企业应当依法制定和完善担保业务政策及相关管理制度，明确担保的对象、范围、方式、条件、程序、担保限额和禁止担保等事项，规范调查评估、审核批准、担保执行等环节的工作流程，按照政策、制度、流程办理担保业务，定期检查担保政策的执行情况及效果，切实防范担保业务风险。

业务外包，指企业利用专业化分工优势，将日常经营中的部分业务委托给本企业以外的专业服务机构或其他经济组织（以下简称承包方）完成的经营行为。企业应当建立和完善业务外包管理制度，规定业务外包的范围、方式、条件、程序和实施等相关内容，明确相关部门和岗位的职责权限，强化业务外包全过程的监控，防范外包风险，充分发挥业务外包的优势。

财务报告，指反映企业某一特定日期财务状况和某一会计期间经营成果、现金流量的文件。企业应当严格执行会计法律法规和国家统一的会计准则制度，加强对财务报告编制、对外提供和分析利用全过程的管理，明确相关工作流程和要求，落实责任制，确保财务报告合法合规、真实完整和有效利用。总会计师或分管会计工作的负责人负责组织领导财务报告的编制、对外提供和分析利用等相关工作。企业负责人对财务报告的真实性、完整性负责。

▶ 3. 控制手段类指引

控制手段类指引偏重于"工具"性质，往往涉及企业整体业务或管理。此类指引有4项，包括全面预算、合同管理、内部信息传递和信息系统等指引。

全面预算是企业对一定期间经营活动、投资活动、财务活动等做出的预算安排。全面预算要求企业在加强全面预算工作的组织领导，明确预算管理体制以及各预算执行单位的职责权限、授权批准程序和工作协调机制。

合同，指企业与自然人、法人及其他组织等平等主体之间设立、变更、终止民事权利义务关系的协议。企业应当加强合同管理，确定合同归口管理部门，明确合同拟定、审批、执行等环节的程序和要求，定期检查和评价合同管理中的薄弱环节，采取相应控制措施，促进合同有效履行，切实维护企业的合法权益。

内部信息传递，指企业内部各管理层级之间通过内部报告形式传递生产经营管理信息的过程。内部信息传递要求企业建立科学的内部信息传递机制，明确内部信息传递的内容、保密要求、传递方式以及各管理层级的职责权限等，促进内部报告的有效利用，充分发挥内部报告的作用。

信息系统，指企业利用计算机和通信技术，对内部控制进行集成、转化和提升所形成的信息化管理平台。信息系统应当结合组织架构、业务范围、地域分布、技术能力等因素，制定信息系统建设整体规划，加大投入力度，有序组织信息系统开发、运行与维护，优化管理流程，防范经营风险。

(四) 企业内部控制评价指引

内部控制评价是指企业董事会或类似决策机构根据基本规范、应用指引及本企业的内部控制制度，围绕内部环境、风险评估、控制活动、信息与沟通、内部监督等要素，对内部控制有效性进行全面评价，形成评价结论、出具评价报告的过程。包括财务报告内部控制有效性和非财务报告内部控制有效性。

(五) 企业内部控制审计指引

内部控制审计是指会计师事务所接受委托，对特定基准日内部控制设计与运行的有效性进行审计。它是企业内部控制规范体系实施中引入的强制性要求，既有利于促进企业健全内部控制体系，又能增强企业财务报告的可靠性。

三、注册会计师执业准则

2006年2月15日，中国注册会计师协会拟定了《中国注册会计师鉴证业务基本准则》等22项准则，修订了《中国注册会计师审计准则第1142号——财务报表审计中对法律法规的考虑》等26项准则，共48项准则，并自2007年1月1日起施行。2010年中国注册会计师协会修订了《中国注册会计师审计准则第1101号——注册会计师的总体目标和审计工作的基本要求》等38项准则，其中对16项准则的内容进行实质性修订。未被财会〔2010〕21号文废止有13项准则。共51项准则。自2012年1月1日起施行。

(一) 中国注册会计师执业准则体系

中国注册会计师执业准则体系由鉴证业务准则和相关服务准则所构成。鉴证业务准则由鉴证业务基本准则统领，按照鉴证业务提供的保证程度和鉴证对象的不同，分为审计准则、审阅准则和其他鉴证业务准则。其中，审计准则是整个业务准则体系的核心。

(1) 审计准则用以规范注册会计师执行历史财务信息的审计业务。在提供审计服务时，注册会计师对所审计信息是否不存在重大错报提供合理保证，并以积极方式提出结论。

(2) 审阅准则用以规范注册会计师执行历史财务信息的审阅业务。在提供审阅服务时，注册会计师对所审阅信息是否不存在重大错报提供有限保证，并以消极方式提出结论。

(3) 其他鉴证业务准则用以规范注册会计师执行历史财务信息审计或审阅以外的其他鉴证业务，根据鉴证业务的性质和业务约定书的要求，提供有限保证或合理保证。其他鉴证业务主要包括预测性财务信息的审核等。

相关服务准则用以规范注册会计师执行除鉴证业务外的其他相关服务业务。相关服务业务主要包括对财务信息执行商定程序、代编财务信息、税务咨询和管理咨询等。在提供相关服务时,注册会计师不提供任何程度的保证。

(二)鉴证业务要素

鉴证业务要素,指鉴证业务的三方关系、鉴证对象、标准、证据和鉴证报告。

鉴证业务旨在增进某一鉴证对象信息的可信性。注册会计师通过收集充分、适当的证据来评价某个鉴证对象是否在所有重大方面符合适当的标准,并出具鉴证报告,从而提高该鉴证对象信息的可信性。

▶ 1. 三方关系

三方关系分别是注册会计师、责任方和预期使用者。注册会计师,指取得注册会计师证书并在会计师事务所执业的人员,有时也指其所在的会计师事务所(如在承接业务时)。责任方可能是鉴证业务的委托人,也可能不是委托人。例如,某政府组织聘请注册会计师对某企业的持续经营报告进行鉴证,该持续经营报告由该政府组织编制并分发给预期使用者。在该业务中,鉴证对象信息由该政府组织负责,该政府组织为责任方。该业务的鉴证对象为企业的持续经营状况,责任方即该政府组织却无须为它负责。预期使用者是指预期使用鉴证报告的组织或人员。在可行的情况下,鉴证报告的收件人应当明确为所有的预期使用者。有时鉴证报告并不向某些特定组织或人员提供,但这些组织或人员也有可能使用鉴证报告。例如,注册会计师为上市公司提供财务报表审计服务,其审计报告的收件人为"××股份有限公司全体股东",但除了股东之外,公司债权人、证券监管机构等显然也是预期使用者。

▶ 2. 鉴证对象

鉴证对象具有多种不同的表现形式,如财务或非财务的业绩或状况、物理特征、系统与过程、行为等。例如,责任方按照会计准则和相关会计制度(标准)对其财务状况、经营成果和现金流量(鉴证对象)进行确认、计量和列报而形成了财务报表(鉴证对象信息)。

▶ 3. 标准

标准即用来对鉴证对象进行评价或计量的基准。标准可以是正式的规定,如编制财务报表所使用的会计准则和相关会计制度;也可以是某些非正式的规定,如单位内部制定的行为准则或确定的绩效水平。

▶ 4. 证据

获取充分、适当的证据是注册会计师提出鉴证结论的基础。

▶ 5. 鉴证报告

注册会计师应当针对鉴证对象信息(或鉴证对象)在所有重大方面是否符合适当的标准,以书面报告的形式发表能够提供一定保证程度的结论。

复习思考题

一、单项选择题

1. 下列各项中,属于会计行政法规的是( )。
   A.《会计法》   B.《企业财务会计报告条例》
   C.《财政部门实施会计监督办法》   D.《企业会计制度》

2. 根据《中华人民共和国会计法》的规定，主管全国会计工作的政府部门是(　　)。
   A. 财政部　　　　B. 国家税务总局　　C. 审计署　　　　D. 商务部
3. 担任单位会计机构负责人(会计主管人员)的，除取得会计从业资格外还应当具备(　　)以上专业技术职务资格或者从事会计工作3年以上经历。
   A. 高级会计师　　B. 会计师　　　　C. 助理会计师　　D. 会计员
4. 下列各项中，应对本单位的会计工作和会计资料的真实性、完整性负责的是(　　)。
   A. 分管会计工作的副职领导　　　　B. 总会计师
   C. 单位负责人　　　　　　　　　　D. 会计主管
5. 以下各项中，不属于职工薪酬中的"职工"的是(　　)。
   A. 临时工　　　　　　　　　　　　B. 独立董事
   C. 兼职财务人员　　　　　　　　　D. 为企业提供审计服务的注册会计师
6. 在实际发生时计入当期损益或资产成本的是(　　)。
   A. 工会经费　　B. 职工福利费　　C. 职工教育经费　　D. 医保
7. 在合并利润表中，企业应当在(　　)之下单独列示归属于母公司的损益和归属于少数股东的损益。
   A. 所有者权益项目　B. 利润总额项目　C. 其他综合收益　　D. 净利润项目
8. 以下属于合并财务报表编制基础的是(　　)。
   A. 合并母公司与子公司的资产、负债、收入、费用和现金流等项目
   B. 抵销母公司对子公司的长期股权投资而不抵消母公司在子公司所有者权益中所享有的份额
   C. 抵销母公司与子公司、子公司相互之间发生的内部交易的影响。内部交易表明相关资产发生减值损失的，应当全额确认该部分损失
   D. 站在母公司角度对特殊交易事项予以调整
9. 企业在估值技术的应用中，应当优先使用相关(　　)。
   A. 交易价格　　　　　　　　　　　B. 协议价格
   C. 不可观察输入值　　　　　　　　D. 可观察输入值
10. 下列各项不属于控制活动的是(　　)。
    A. 授权审批控制　　　　　　　　　B. 财产保护控制
    C. 预算控制　　　　　　　　　　　D. 风险应对
11. 融资租入的固定资产的成本，应当按照租赁合同约定的(　　)和在签订租赁合同过程中发生的相关税费等确定。
    A. 付款总额现值　　　　　　　　　B. 付款总额
    C. 公允价值　　　　　　　　　　　D. 付款总额现值与公允价值孰低
12. 小企业对会计政策变更应当采用(　　)。
    A. 追溯调整法　　B. 追溯重述法　　C. 未来适用法　　D. 公允价值法

二、多项选择题

1. 下列属于会计部门规章的有(　　)。
   A.《中华人民共和国会计法》　　　　B.《财政部门实施会计监督办法》
   C.《金融企业会计制度》　　　　　　D.《代理记账管理办法》

2. 下列各项中，任用会计人员应当实行回避制度的有（   ）。
   A. 国家机关   B. 国有企业   C. 事业单位   D. 集体企业
3. 在下列各项中，属于注册会计师及其所在的会计师事务所可依法承办的审计业务有（   ）。
   A. 审查企业财务会计报告，出具审计报告
   B. 验证企业资本，出具验资报告
   C. 办理企业合并、分立、清算事宜中的审计业务出具有关报告
   D. 法律、行政法规规定的其他审计业务
4. 对合营企业不享有共同控制的参与方应当根据其对该合营企业的影响程度进行会计处理，（   ）。
   A. 对该合营企业具有重大影响的，应当采用权益法进行会计处理
   B. 对该合营企业具有重大影响的，应当采用成本法进行会计处理
   C. 对该合营企业不具有重大影响的，可分类为持有至到期投资进行会计处理
   D. 对该合营企业不具有重大影响的，可分类为可供出售金融资产进行会计处理
5. 下列关于小企业会计准则的说法中，正确的有（   ）。
   A. 小企业会计准则下，不计提存货跌价准备
   B. 小企业会计准则下，盘盈存货实现的收益应当冲减管理费用
   C. 小企业会计准则下，发生损失时直接冲减资产，不计提减值准备
   D. 小企业会计准则下，全部采用直线法摊销
6. 小企业在资产负债表日，应当按照以下哪些标准对外币货币性项目和外币非货币性项目进行报表折算（   ）。
   A. 外币存款，采用资产负债表日的即期汇率折算
   B. 外币借款，采用资产负债表日的即期汇率折算
   C. 固定资产，采用交易发生日的即期汇率折算
   D. 长期股权投资，采用交易发生日的即期汇率折算
   E. 存货，采用交易发生日的即期汇率折算
7. 下列各项中，不应划分为持有待售类别的有（   ）。
   A. 甲公司与乙公司签订办公大楼转让合同，约定甲公司于3个月内搬离该办公楼，并将其交付给乙公司
   B. 甲公司与丙公司签订办公大楼转让合同，约定甲公司将其在办公楼所在地经营业务清算后，将该办公楼转移给丙公司
   C. 甲公司与丁公司签订生产线转让合同，约定甲公司将与该生产线相关的订单与该生产线一并移交给丁公司
   D. 甲公司与戊公司签订X生产线转让合同，约定甲公司新建Y生产线完工可使用后，将X生产线转让给戊公司
8. 下列各项中，不属于与资产相关的政府补助的有（   ）。
   A. 企业收到的先征后返的增值税
   B. 企业获得政府给予的债务豁免
   C. 政府对企业用于建造固定资产的相关贷款给予的财政补贴
   D. 政府拨付的用于企业购买无形资产的财政拨款
9. 甲公司与乙公司签订合同，在乙公司的一宗土地使用权上按乙公司的设计要求建

造一栋办公楼。双方合同约定，在建造过程中乙公司有权修改办公楼的设计，并与甲公司重新协商设计变更后的合同价款；乙公司每月末按当月工程进度向甲公司支付工程款。如果乙公司终止该合同，已完成建造部分的办公楼归乙公司所有。根据上述资料，甲公司确认收入的时间点错误的是（　　）。

A. 办公楼建造完成时　　　　　　　B. 签订合同时
C. 提供服务的期间内　　　　　　　D. 终止合同时

三、判断题

1. 会计法律制度指的就是全国人大及其常委会制定的《中华人民共和国会计法》。（　　）
2. 出纳人员不得兼任任何账目的登记工作。（　　）
3. 记账人员与经济业务或会计事项的审批人员、经办人员、财物保管人员的职责权限应当明确，并相互分离、相互制约。（　　）
4. 投资企业能够对被投资单位施加重大影响的，是合营安排。（　　）
5. 子公司所有者权益中不属于母公司的份额，应当作为少数股东权益，不在合并资产负债表中列示。（　　）
6. 合并财务报表的合并范围应当以收购为基础予以确定。（　　）
7. 通过单独主体达成的合营安排，应当划分为共同经营。（　　）
8. 结构化主体，指在确定其控制方时将表决权或类似权利作为决定因素而设计的主体。（　　）
9. 固定资产的改建支出，应当计入固定资产的成本，包括已提足折旧的固定资产和经营租入的固定资产发生的改建支出。（　　）
10. 小企业的现金流量表所反映的现金，包括现金等价物。（　　）
11. A企业集团拥有丁企业5%的股权划分为交易性金融资产，拟出售4%的股权，A公司持有剩余的1%的股权，A公司应当将拟出售的4%股权划分为持有待售类别，不再按金融资产核算。（　　）

四、案例分析题

1. 明光公司是一家股份有限公司，2014年度发生以下事项。

（1）2月14日，公司从外地购买了一批货物，收到发票后，经办人员王某发现发票金额与实际支付金额不相符，便将发票退回给出具单位，要求对方重开。

（2）3月22日，公司从事收入、支出、费用账目登记工作的吴某休产假，公司决定由出纳员李某临时顶替其工作，并按规定办理了交接手续。

（3）5月15日，公司财务部门负责人张某根据工作需要，对部分会计工作岗位进行调整，原从事总账登记工作的陈某被调到稽核岗位协助另一位稽核员进行稽核工作，使该岗位一岗两人。

（4）6月8日，市财政部门要求到该公司进行检查，公司领导以"分管财务工作领导及财务部门负责人出差"为由，予以拒绝。

（5）9月22日，公司供销科钱某出差归来报销差旅费1 700元，同时将多余现金300元退回给出纳员李某，李某随即退还给钱某2 000元借款收据。

根据以上资料及会计法律制度的有关规定，回答下列问题。

（1）该公司经办人员王某退回金额错误的发票，要求出具单位重开的做法是否符合会计法律制度的规定？为什么？

（2）该公司决定由出纳人员李某临时顶替吴某兼管收入、成本、费用账目的登记工作是否符合会计法律制度的规定？为什么？

（3）该公司财务部门负责人调整部分会计工作岗位，使稽核岗位一岗两人的做法是否符合会计法律制度的规定？为什么？

（4）该公司领导拒绝市财政部门检查的做法是否符合会计法律制度的规定？

（5）该公司出纳员李某退回原借款收据的做法是否符合会计法律制度的规定？为什么？

2．甲公司持有乙公司80％股份，2014年乙公司将成本为200万元的存货以300万元的价格销售给甲公司（逆流交易），至年末甲公司尚未对外销售，企业所得税税率为25％。假设2014年甲公司实现净利润600万元，乙公司实现净利润200万元。请计算合并报表净利润、少数股东损益以及归属于母公司所有者净利润？

3．A公司、B公司均从事汽车装配和销售业务，为了保障正常装配过程中对于汽车座椅配件的供应并节约成本，A公司、B公司共同出资设立C公司专门生产汽车座椅配件，各占C公司50％的股权，对C公司实施共同控制。请问是否属于共同经营？

4．K公司发行了每股面值人民币100元的优先股，公司能够自主决定是否派发优先股股息，当期未派发的股息不会累积至下一年度。该优先股具有一项强制转股条款，即当某些特定触发事件发生时，优先股持有方需按每股10元的转股价将其持有的优先股转换为10股K公司的普通股。请问K公司优先股属于何种金融工具？

5．2014年，A公司全面启动内部控制体系实施工作，并指定财务总监负责拟定实施方案，该方案要点如下。

（1）梳理业务流程，完善内控制度。聘请负责本公司财务报表审计的B会计师事务所提供咨询，对照《企业内部控制基本规范》和《企业内部控制配套指引》的要求，结合公司实际，全面梳理现有各项业务流程，识别主要风险和关键控制点。在此基础上，制定《公司内部控制手册》。在梳理流程、完善《公司内部控制手册》的过程中，应当只要围绕内部控制五要素中的风险评估和控制活动展开，切实加强对各项经营业务的风险控制。

（2）升级信息系统，优化控制手段。为促进内部控制流程与信息系统的有机结合，实现业务和事项的自动控制，请本公司ERP系统提供商根据《企业内部控制基本规范》《企业内部控制配套指引》和《公司内部控制手册》，协助制定信息系统建设和升级整体规划，经本公司信息网络中心批准后实施。

（3）组织内部控制评价，监督整改落实。2014年年底，开展全公司范围内的内部控制评价工作，全面检查内部控制制度的运行情况，特别要将下属分、子公司作为重中之重，切实提高本公司总部对分、子公司的管控能力。

（4）强化内部审计，增强监督效能。董事会下设的审计委员会负责审查内部控制、监督内部控制的有效实施等工作，并由审计部经理兼任审计委员会主席；审计部调整职责定位，在开展传统财务审计、经济责任审计的同时，对内部控制的建立与实施进行监督检查和评价。

根据《企业内部控制基本规范》和《企业内部控制配套指引》，逐项判断A公司实施方案中的第（1）～（4）项工作安排是否存在不当之处。存在不当之处的，请逐项指出不当之处，并逐项简要说明理由。

第十章 银行业法

> **学习目标**
> 1. 了解中国人民银行的概念和法律地位;掌握中国人民银行的职责范围和业务内容。
> 2. 掌握银行业监督管理机构的监督管理职权和管理措施。
> 3. 掌握商业银行职责范围,能够判断商业银行的业务内容与服务是否合法。

第一节 中国人民银行法

一、中国人民银行法概述

(一)中国人民银行和中国人民银行法的概念

中国人民银行是中华人民共和国的中央银行,它在国务院直接领导下,在金融体系内居于核心地位,负责制定和执行国家货币政策,提供公共金融服务,维护国家金融稳定,依法实施金融监管的特殊金融机构。中国人民银行是我国金融活动的中心,处于金融组织体系的最高地位。

中国人民银行性质是政府的银行,是发行的银行,是银行的银行。

(1)中国人民银行作为中国的中央银行,首先是政府的银行。中国人民银行的全部资本由国家出资,属于国家所有。中国人民银行受托经理国库,充当国库出纳。

(2)中国人民银行是发行的银行,依法发行人民币,管理人民币流通。

(3)中国人民银行是银行的银行,以商业银行等为业务对象,保管其存款准备金、发放再贷款和提供清算服务等。

中国人民银行法即中央银行法,是调整我国中央银行因制定和实施货币政策、行使对金融业实施监督管理职能而产生的各种社会关系的法律规范总称。1995年3月18日第八届全国人民代表大会第三次会议通过《中国人民银行法》,根据2003年12月27日第十届全国人民代表大会常务委员会第6次会议《关于修改〈中华人民共和国中国人民银行法〉的决定》修正。

（二）中国人民银行的法律地位

（1）中国人民银行不同于一般的国家机关，它是在国务院领导下，制定和执行货币政策，防范和化解金融风险，维护金融稳定的特殊国家机关。属于国务院领导下的国家机关。

（2）中国人民银行不同于一般的金融机构，为实现其中央银行职能，还要从事特定的不以营利为目的的业务。

（3）中国人民银行作为中央银行，在国务院领导下依法独立执行货币政策，履行职责，开展业务，体现中国人民银行作为中央银行的超然地位，具有一定的独立性。

（三）中国人民银行履行的职责

（1）发布与履行其职责有关的命令和规章。
（2）依法制定和执行货币政策。
（3）发行人民币，管理人民币流通。
（4）监督管理银行间同业拆借市场和银行间债券市场。
（5）实施外汇管理，监督管理银行间外汇市场。
（6）监督管理黄金市场。
（7）持有、管理、经营国家外汇储备、黄金储备。
（8）经理国库。
（9）维护支付、清算系统的正常运行。
（10）指导、部署金融业反洗钱工作，负责反洗钱资金监测。
（11）负责金融业的统计、调查、分析和预测。
（12）作为国家中央银行，从事有关的国际金融活动。
（13）国务院规定的其他职责。

二、中国人民银行的组织机构

（一）中国人民银行的行长和副行长

中国人民银行设行长一人，副行长若干人。中国人民银行行长的人选，根据国务院总理提名，由全国人民代表大会决定；全国人民代表大会闭会期间，由全国人民代表大会常务委员会决定，由中华人民共和国主席任免。中国人民银行副行长由国务院总理任免。中国人民银行实行行长负责制。行长领导中国人民银行的工作，副行长协助行长工作。

（二）货币政策委员会

为了有效实施货币政策，《中国人民银行法》规定，中国人民银行设立货币政策委员会。政策委员会的职责、组成和工作程序，由国务院规定，报经全国人大常委会备案。

（三）中国人民银行的分支机构

中国人民银行根据履行职责需要设立分支机构，作为中国人民银行的派出机构。中国人民银行对分支机构实行统一领导和管理。中国人民银行的分支机构根据中国人民银行授权，维护本辖区金融稳定，承办有关业务。

三、人民币的发行和管理

（一）人民币的发行

人民币由中国人民银行统一印制、发行。人民币的单位为元，人民币辅币单位为角、分。中国人民银行发行新版人民币，应当将发行时间、面额、图案、式样、规格予以公告。

（二）人民币的管理

中华人民共和国的法定货币是人民币。以人民币支付中华人民共和国境内的一切公共的和私人的债务，任何单位和个人不得拒收。

禁止伪造、变造人民币；禁止出售、购买伪造、变造的人民币；禁止运输、持有、使用伪造、变造的人民币；禁止故意毁损人民币；禁止在宣传品、出版物或者其他商品上非法使用人民币图样；任何单位和个人不得印制、发售代币票券，以代替人民币在市场上流通；残缺、污损的人民币，按照中国人民银行的规定兑换，并由中国人民银行负责收回、销毁。

四、中国人民银行的业务

（一）中国人民银行的主要业务

（1）为执行货币政策、运用货币政策工具而开展的业务。货币政策是指国家为了保持货币币值的稳定、促进经济增长而制定的控制、调节和稳定货的经济政策，其目标是保持货币币值稳定，并以此促进经济增长。中国人民银行为执行货币政策，可以运用下列货币政策工具。

① 要求银行业金融机构按照规定的比例交存存款准备金。
② 确定中央银行基准利率。
③ 为在中国人民银行开立账户的金融机构办理再贴现。
④ 向商业银行提供贷款。
⑤ 在公开市场上买卖国债、其他政府债券和金融债券及外汇。
⑥ 国务院规定的其他货币政策工具。

（2）依照法律、行政法规的规定经理国库。

（3）可以代理国务院财政部门向各金融机构组织发行、兑付国债和其他政府债券。

（4）可根据需要，为银行业金融机构开立账户。

（5）应当组织或者协助组织银行业金融机构相互之间的清算系统，协调银行业金融机构相互之间的清算事项，提供清算服务。

（二）中国人民银行的业务限制和特点

▶ 1. 中国人民银行的业务限制

（1）不得为商业银行提供一年期以上的贷款。

（2）不得对银行业金融机构的账户透支。

（3）不得对政府财政透支，不得直接认购国债和其他政府债券。

（4）不得向地方政府、各级政府部门提供贷款，不得向非银行业金融机构以及其他单位和个人提供贷款，但国务院决定可以向特定的非银行业金融机构提供贷款的除外。

（5）不得向任何单位和个人提供担保。

▶ 2. 中国人民银行的业务特点

中国人民银行金融业务不以营利为目的，不经营商业银行业务，不与商业银行竞争，不直接对一般工商企业和个人提供服务，而是以执行货币政策、保证货币政策目标的实现为指导原则，以政府和金融机构为服务对象。

五、中国人民银行的金融监督管理

（1）中国人民银行依法监测金融市场的运行情况，对金融市场实施宏观调控，促进其协调发展。

（2）中国人民银行有权对金融机构以及其他单位和个人的下列行为进行监督检查：①执行有关存款准备金管理规定的行为；②与中国人民银行特种贷款有关的行为；③执行有关人民币管理规定的行为；④执行有关银行间同业拆借市场、银行间债券市场管理规定的行为；⑤执行有关外汇管理规定的行为；⑥执行有关黄金管理规定的行为；⑦代理中国人民银行经理国库的行为；⑧执行有关清算管理规定的行为；⑨执行有关反洗钱管理规定的行为。

（3）中国人民银行根据执行货币政策和维护金融稳定需要，可以建议国务院银行业监督管理机构对银行业金融机构进行检查监督。

（4）中国人民银行根据履行职责需要，有权要求银行业金融机构报送必要的资产负债表、利润表以及其他财务会计、统计报表和资料。中国人民银行应当和国务院银行业监督管理机构、国务院其他金融监督管理机构建立监督管理信息共享机制。

（5）中国人民银行负责统一编制全国金融统计数据、报表，并按照国家有关规定予以公布。

（6）中国人民银行应当建立健全本系统的稽核、检查制度，加强内部的监督管理。

六、中国人民银行的财务会计制度

中国人民银行实行独立财务预算管理制度。中国人民银行预算经国务院财政部门审核后，纳入中央预算，接受国务院财政部门预算执行监督。

中国人民银行每一会计年度的收入减除该年度支出，并按照国务院财政部门核定比例提取总准备金后的净利润，全部上缴中央财政。中国人民银行亏损由中央财政拨款弥补。

中国人民银行的会计年度自公历1月1日起至12月31日止。中国人民银行应当于每一会计年度结束后的3个月内，编制资产负债表、损益表和相关的财务会计报表，并编制年度报告，按照国家有关规定予以公布。

中国人民银行的财务收支和会计事务，应当执行法律、行政法规和国家统一的财务、会计制度，接受国务院审计机关和财政部门依法分别进行的审计和监督。

第二节 银行业监督管理法

一、银行业监督管理法概述

为了加强银行业监管，确保银行业金融机构合法、安全、稳健运行，第十届全国人民代表大会第一次会议于2003年3月审议通过国务院机构改革方案，决定成立中国银行业监督管理委员会。2003年4月初，国务院法制办和银监会组成起草小组，共同负责起草银行业监督管理法。2003年12月27日，第十届全国人大常委会第六次会议通过《银行业监督管理法》。自2004年2月1日起施行。2006年10月31日全国人大常委会对《银行业监督管理法》做了修正。

（一）银行业监督管理法的概念

银行业监督管理法是调整银行业监督管理关系的法律规范总称。银行业监督管理法是关于银行业监督管理行为的市场规制法，银行业监督管理的目标是促进银行业合法、稳健运行，维护公众对银行业信心。同时，银行业监督管理应当保护银行业公平竞争，提高银行业竞争能力。

(二) 银行业监督管理的对象

▶ 1. 银行业金融机构

银行业金融机构是指在中华人民共和国境内设立的商业银行、城市信用合作社、农村信用合作社等吸收公众存款的金融机构以及政策性银行，这是银行业监督管理的主要对象。

▶ 2. 其他金融机构

其他金融机构指在中华人民共和国境内设立的金融资产管理公司、信托投资公司、财务公司、金融租赁公司以及经银监会批准设立的其他金融机构。

▶ 3. 在境外设立的金融机构

在境外设立的金融机构指经银监会批准在境外设立的金融机构及前两种金融机构在境外的业务活动。

(三) 银行业监督管理的原则

▶ 1. 依法、公开、公正和效率的原则

略。

▶ 2. 独立性原则

银行业监督管理机构及其从事监督管理工作人员依法履行监督管理职责，受法律保护，地方政府、各级政府部门、社会团体和个人不得干涉。

▶ 3. 协同原则

银监会应当和中国人民银行、国务院其他金融监督管理机构建立监督管理信息共享机制，可以和其他国家或者地区的银行业监督管理机构建立监督管理合作机制，实施跨境监督管理，开展对银行业和金融市场的有效监督。

二、银行业监督管理机构

(一) 机构设置

国务院银行业监督管理机构负责对全国银行业金融机构及其业务活动监督管理的工作。银监会根据履行职责需要设立派出机构，并对派出机构实行统一领导和管理。国务院银行业监督管理机构的派出机构在国务院银行业监督管理机构授权范围内，履行监督管理职责。

(二) 机构运行

银行业监督管理法对银监会运行有如下基本要求。

(1) 国务院银行业监督管理机构应当公开监督管理程序，建立监督管理责任制度和内部监督制度。

(2) 银监机构在处置银行业金融机构风险、查处有关金融违法行为等监督管理活动中，地方政府、各级有关部门有义务予以配合和协助。

(3) 国务院审计、监察等机关应当依照法律规定对国务院银行业监督管理机构的活动进行监督。

(三) 从业人员基本规范

银行业监督管理法对银监机构从业人员设立如下基本规范。

（1）应当具备与其任职相适应的专业知识和业务工作经验。

（2）忠于职守，依法办事，公正廉洁，不得利用职务便利牟取不正当的利益，不得在金融机构等企业中兼任职务。

（3）保守国家秘密，并有责任为其监督管理的银行业金融机构及当事人保守秘密。

三、监督管理职责

（一）制定规章、规则

银监会依照法律、行政法规制定并发布对银行业金融机构及其业务活动监督管理的规章、规则。银行业金融机构的审慎经营规则，由法律、行政法规规定，也可以由国务院银行业监督管理机构依照法律、行政法规制定。审慎经营规则包括风险管理、内部控制、资本充足率、资产质量、损失准备金、风险集中、关联交易、资产流动性等内容。银行业金融机构应当严格遵守审慎经营规则。

（二）审批金融机构的市场准入管理

银监会依照法律、行政法规规定条件和程序，审查批准银行业金融机构设立、变更、终止以及业务范围。银监会应当在规定期限内，对申请事项做出批准或者不批准的书面决定；决定不批准的，应当说明理由，包括：①银行业金融机构的设立，自收到申请文件之日起6个月内；②银行业金融机构的变更、终止，以及业务范围和增加业务范围内的业务品种，自收到申请文件之日起3个月内。

银监会对于银行业金融机构业务范围内的业务品种，按照规定进行审查批准或者备案。需要审查批准或者备案的业务品种，由国务院银行业监督管理机构依照法律、行政法规做出规定并公布。

未经银监会批准，任何单位或者个人不得设立银行业金融机构或者从事银行业金融机构的业务活动。

（三）审查金融机构的股东及高级管理人员任职资格

银监会受理申请设立银行业金融机构，或者银行业金融机构变更持有资本总额或者股份总额达到规定比例以上的股东，负责对股东资金来源、财务状况、资本补充能力和诚信状况进行审查。

银监会对银行业金融机构董事和高级管理人员实行任职资格管理。审查董事和高级管理人员任职资格，自收到申请文件之日起30日内做出批准或者不批准书面决定；决定不批准的，应当说明理由。

（四）对银行业金融机构的常规性监管

银监会应当对银行业金融机构的业务活动及其风险状况进行非现场监管，建立银行业金融机构监督管理信息系统，分析、评价其风险状况。

银监会应当对银行业金融机构的业务活动及其风险状况进行现场检查。为此，银监会应当制定现场检查程序，规范现场检查行为。

银监会应当对银行业金融机构实行并监督管理。

银监会对中国人民银行提出的检查银行业金融机构的建议，应当自收到建议之日起30日内予以回复。

（五）其他监管职责

银监会应当建立银行业金融机构监督管理评级体系和风险预警机制，根据银行业金融机构的评级情况和风险状况，确定对其现场检查的频率、范围和需要采取的其他措施。

银监会应当建立银行业突发事件的发现、报告岗位责任制度。各级银监机构一旦发现可能引发系统性银行业风险、严重影响社会稳定的突发事件，应当立即向银监会负责人报告；银监会负责人认为需要向国务院报告的，应当立即向国务院报告，并告知中国人民银行、国务院财政部门等有关部门。

银监会应当会同中国人民银行、国务院财政部门等有关部门建立银行业突发事件处置制度，制定银行业突发事件处置预案，明确处置机构和人员及其职责、处置措施和处置程序，及时、有效地处置银行业突发事件。

银监会负责统一编制全国银行业金融机构的统计数据、报表，并按照国家有关规定予以公布。

银行业自律组织的章程应当报银监会备案。银监会对银行业自律组织的章程和活动进行行业指导和行政监管。

银监会开展与银行业监督管理有关的国际交流、合作活动。

四、监督管理措施

(一) 强制信息披露

▶ 1. 获取财务资料

银监会根据履行职责的需要，有权要求银行业金融机构按照规定报送资产负债表、利润表和其他财务会计、统计报表、经营管理资料以及注册会计师出具的审计报告。

▶ 2. 信息披露制度

银监会应当责令银行业金融机构按照规定，如实向社会公众披露财务会计报告、风险管理状况、董事和高级管理人员变更以及其他重大事项等信息。

(二) 基于审慎监管的措施

▶ 1. 现场检查

银监会根据审慎监管要求，可以采取下列措施进行现场检查。

（1）进入银行业金融机构进行检查。

（2）询问银行业金融机构的工作人员，要求其对有关检查事项做出说明。

（3）查阅、复制银行业金融机构与检查事项有关的文件、资料，对可能被转移、隐匿或者毁损的文件、资料予以封存。

（4）检查银行业金融机构运用电子计算机管理业务数据系统。进行现场检查应当经银监机构负责人批准。现场检查时，检查人员不得少于2人，并应当出示合法证件和检查通知书；检查人员少于2人或者未出示合法证件和检查通知书的，银行业金融机构有权拒绝检查。

▶ 2. 强制整改制度

银行业金融机构违反审慎经营规则的，银监会或者其省一级派出机构应当责令限期改正；逾期未改正的，或者其行为严重危及该银行业金融机构稳健运行、损害存款人和其他客户合法权益的，经银监会或省一级派出机构负责人批准，可以区别情形，采取下列措施。

（1）责令暂停部分业务、停止批准开办新业务。

（2）限制分配红利和其他收入。

（3）限制资产转让。

（4）责令控股股东转让股权或者限制有关股东权利。

(5) 责令调整董事、高级管理人员或者限制其权力。
(6) 停止批准增设分支机构。

银行业金融机构整改后，应当向银监会或者其省一级派出机构提交报告。银监会或者其省一级派出机构经验收，符合有关审慎经营规则的，应当自验收完毕之日起3日内解除对其采取的前款规定的有关措施。

（三）监管谈话

银监会根据履行职责需要，可以与银行业金融机构董事、高级管理人员进行监督管理谈话，要求银行业金融机构董事、高级管理人员就银行业金融机构业务活动和风险管理重大事项做出说明。

（四）接管、重组与撤销

银行业金融机构已经或者可能发生信用危机，严重影响存款人和其他客户合法权益的，银监会可以依法对该银行业金融机构实行接管或者促成机构重组，接管和机构重组依照有关法律和国务院规定执行。

银行业金融机构有违法经营、经营管理不善等情形，不予撤销将严重危害金融秩序、损害公众利益的，银监会有权予以撤销。银行业金融机构被接管、重组或者被撤销的，银监会有权要求该银行业金融机构的董事、高级管理人员和其他工作人员，按照银监会要求履行职责。

（五）对人员采取的措施

在接管、机构重组或者撤销清算期间，经银监会负责人批准，对直接负责董事、高级管理人员和其他直接责任人员，可以采取下列措施：①直接负责的董事、高级管理人员和其他直接责任人员出境将对国家利益造成重大损失的，通知出境管理机关依法阻止其出境；②申请司法机关禁止其转移、转让财产或者对其财产设定其他权利。

经银监会或者其省一级派出机构负责人批准，银监机构有权查询涉嫌金融违法的银行业金融机构及其工作人员以及关联行为人的账户；对涉嫌转移或者隐匿违法资金的，经银监机构负责人批准，可以申请司法机关予以冻结。

银行业监督管理机构依法对银行业金融机构进行检查时，经设区的市一级以上银行业监督管理机构负责人批准，可以对与涉嫌违法事项有关的单位和个人采取下列措施：①询问有关单位或者个人，要求其对有关情况做出说明；②查阅、复制有关财务会计、财产权登记等文件、资料；③对可能被转移、隐匿、毁损或者伪造的文件、资料，予以先行登记保存。

第三节 商业银行法

一、商业银行概述

（一）商业银行的概念

商业银行是指依照商业银行法和公司法规定的条件和程序，设立的吸收公众存款、发放贷款、办理结算等业务，具有独立的民事权利能力和民事行为能力的企业法人。商业银行不同于其他金融机构的最大特征在于，商业银行向社会吸收公众存款的业务。经营的是特殊商品，即货币资金。

(二) 商业银行的职能

▶ 1. 信用中介职能

信用中介职能是商业银行最基本的职能。商业银行通过负债业务(主要是吸收存款)把社会闲散货币集中起来，再通过资产业务(主要是贷款和投资)投向各经济部门。在这一过程中，商业银行作为资金贷出者与借入者中介人，实现资金融通，并从吸收资金成本与发放贷款利息收入或者投资收益差额中获取利润。

▶ 2. 支付中介职能

支付中介即货币经营职能，指将债务人客户账上的存款式货币转到债权人客户账上，帮助交易当事人实现支付与转移。商业银行中介职能主要表现在中间业务上，包括汇兑业务、代收代付业务和代理融资业务等。

▶ 3. 信用创造职能

信用创造是商业银行区别于其他金融机构最显著的特征，商业银行在吸收存款的基础上发放贷款，在票据流通和转账结算基础上，贷款又转化为存款，在存款不提取情况下，就增加了商业银行资金来源，可再次转为贷款，最后整个银行体系形成超过原始存款派生存款。

▶ 4. 创造金融工具的职能

商业银行在其负债业务和中间业务中不断创造着各种金融工具，如可转让大额定期存单，各种金融债券、银行支票、本票、银行承兑汇票、信用证、银行保函等能够代表一定货币的法律文件。

▶ 5. 金融服务职能

商业银行除了资产负债业务和汇兑、结算业务外，还有一些基本上无经营风险的业务，因为这些业务不列入资产负债表内，而且不影响银行资产与负债总额的经营活动，所以被称为表外业务。表外业务种类主要有现金管理、代理保管、代理租赁、代客资信调查、信息咨询业务、商业信用证、银行承兑汇票、备用信用证、贷款销售与资产证券化发行等业务。

(三) 商业银行法

商业银行法是调整商业银行组织关系和经营业务关系的法律规范总称。1995年5月10日第八届全国人大常委会第十三次会议通过《中华人民共和国商业银行法》，1995年7月1日实行。2003年12月27日，第十届全国人民代表大会常务委员会第六次会议予以修改，于2004年2月1日起施行。

(四) 商业银行的经营范围

商业银行可以经营下列部分或者全部业务。

(1) 吸收公众存款。

(2) 发放短期、中期和长期贷款。

(3) 办理国内外结算。

(4) 办理票据承兑与贴现。

(5) 发行金融债券。

(6) 代理发行、代理兑付、承销政府债券。

(7) 买卖政府债券、金融债券。

(8) 从事同业拆借。
(9) 买卖、代理买卖外汇。
(10) 从事银行卡业务。
(11) 提供信用证服务及担保。
(12) 代理收付款项及代理保险业务。
(13) 提供保管箱服务。
(14) 经国务院银行业监督管理机构批准的其他业务。

经营范围由商业银行章程规定,报国务院银行业监督管理机构批准。商业银行经中国人民银行批准,可以经营结汇、售汇业务。

(五)商业银行与中国人民银行和银监会的关系

▶ 1. 接受中国人民银行的业务指导

商业银行依法向主管人民银行分支机构报送资产负债表等报表和其他资料,接受主管人民银行业务指导和检查监督。商业银行办理存款业务,须遵循中国人民银行规定利率幅度确定存款利率,向人民银行交存存款准备金,以及遵循中国人民银行关于资产负债比例管理规定,保持合理资产种类和资产期限结构。

▶ 2. 商业银行接受银监会的行政监督管理

商业银行的设立、变更和终止,须经银监会批准;商业银行资产负债比例管理制度和平时业务接受银监会的行政监管。

二、商业银行的设立、变更、接管和终止

(一)商业银行的设立

▶ 1. 商业银行设立条件

(1) 有符合《商业银行法》和《公司法》规定的章程。
(2) 有符合《商业银行法》规定的注册资本最低限额;设立全国性商业银行的注册资本最低限额为10亿元人民币。设立城市商业银行的注册资本最低限额为1亿元人民币,设立农村商业银行的注册资本最低限额为5 000万元人民币。注册资本应当是实缴资本。国务院银行业监督管理机构根据审慎监管的要求可以调整注册资本最低限额,但不得少于前款规定的限额。
(3) 有具备任职专业知识和业务工作经验的董事、高级管理人员。
(4) 有健全的组织机构和管理制度。
(5) 符合要求的营业场所、安全防范措施和与业务有关的其他设施。

▶ 2. 商业银行设立程序

(1) 国务院银行业监督管理机构审查批准。设立商业银行,应当经国务院银行业监督管理机构审查批准。未经国务院银行业监督管理机构批准,任何单位和个人不得从事吸收公众存款等商业银行业务,任何单位不得在名称中使用"银行"字样。设立商业银行的分支机构须报主管银监会批准,在境内的商业银行分支机构不按行政区划定,由商业银行总行根据业务发展需要自行决定。
(2) 工商登记。经批准设立的商业银行,由国务院银行业监督管理机构颁发经营许可证,并凭该许可证向工商行政管理部门办理登记,领取营业执照。商业银行及其分支机构自取得营业执照之日起无正当理由超过6个月未开业的,或者开业后自行停业连续6个月以上的,由国务院银行业监督管理机构吊销其经营许可证,并予以公告。

（3）公告。经批准设立的商业银行及其分支机构，由国务院银行业监督管理机构予以公告。

（二）商业银行的变更

商业银行进行下列行为的，应当经银监会批准：①变更名称；②变更注册资本；③变更总行或者分行所在地；④调整业务范围；⑤变更持有资本总额或者股份总额5%以上的股东；⑥修改章程；⑦银监会规定的其他变更事项。更换董事、高级管理人员时，应当报经银监会审查其任职资格。商业银行的分立、合并，应当经国务院银行业监督管理机构审查批准。

（三）商业银行的接管

▶1. 接管条件

商业银行已经或者可能发生信用危机，严重影响存款人利益时，银监会可决定对该商业银行实行接管。对拟被接管商业银行采取必要措施，以保护存款人利益，恢复商业银行正常经营能力。

▶2. 接管程序

银监会认为商业银行出现信用危机或者即将出现信用危机时，可以决定对其接管，并组织实施。接管决定由银监会予以公告，公告应载明下列主要内容：被接管商业银行名称、接管理由、接管组织、接管期限和接管内容。自接管开始之日起，由接管组织取代银行原管理层，行使商业银行经营管理权力，接管组织的组成人员由银监会指定，被接管商业银行的债权债务关系不因接管发生变化。接管期限届满，银监会可以决定延期，但接管期限最长不得超过2年，以维持金融行业稳定。

▶3. 接管终止

有下列情形之一的，接管终止。
（1）接管决定规定的期限届满或者银监会决定的接管延期届满。
（2）接管期限届满前，该商业银行已经恢复正常经营能力。
（3）接管期限届满前，该商业银行被合并或者被依法宣告破产。

（四）商业银行的终止

▶1. 解散

商业银行因分立、合并或者出现公司章程规定的解散事由需要解散的，应当向银监会提出申请，并附申请解散理由和支付存款本金和利息等债权债务清偿计划，经银监会批准后解散。商业银行解散的，应当依法成立清算组，清算组成员由银监会指定。由清算组进行清算，按照既定清算计划及时偿还个人储蓄存款本金和利息等债务，然后再偿还银行其他债务，银监会监督清算过程，对清算重大事项有否决权。

▶2. 被撤销

商业银行因被吊销经营许可证被撤销的，银监会应当依法及时组织成立清算组进行清算，按照清偿计划及时偿还存款本金和利息，程序与解散清算程序相同。

▶3. 破产

商业银行不能支付到期债务，经银监会同意后向人民法院申请破产，或者由银监会向人民法院提出该银行破产申请。商业银行破产可适用重整程序或者破产清算程序。商业银行被宣告破产的，由人民法院组织银监会等有关部门和有关人员成立清算组，进行清算。商业银行破产清算时，在支付清算费用、所欠职工工资和劳动保险费用后，优先支付个人储蓄存款的本金和利息,剩余破产财产依次用于支付税款和普通债权。

三、商业银行的组织形式和组织机构

(一)商业银行的组织形式

商业银行的组织形式、组织机构适用《公司法》的规定。因此,商业银行的组织形式包括有限责任公司和股份有限公司两种。

(二)商业银行的组织机构

按照《商业银行法》和《公司法》的规定,商业银行设股东会(股东大会)、董事会和监事会。国有独资商业银行不设股东会,只设立监事会。监事会由中国人民银行、政府有关部门的代表、有关专家和本行工作人员的代表组成。

有下列情形之一的,不得担任商业银行的董事、高级管理人员。

(1)因犯有贪污、贿赂、侵占财产、挪用财产罪或者破坏社会经济秩序罪,被判处刑罚,或者因犯罪被剥夺政治权利的。

(2)担任因经营不善破产清算的公司、企业的董事或者厂长、经理,并对该公司、企业的破产负有个人责任的。

(3)担任因违法被吊销营业执照的公司、企业的法定代表人,并负有个人责任的。

(4)个人所负数额较大的债务到期未清偿的。

四、商业银行的业务

(一)存款业务

商业银行办理个人储蓄存款业务,应当遵循存款自愿、取款自由、存款有息、为存款人保密的原则。对个人储蓄存款,商业银行有权拒绝任何单位或者个人查询、冻结、扣划,但法律另有规定的除外。对单位存款,商业银行有权拒绝任何单位或者个人查询,但法律、行政法规另有规定的除外;商业银行有权拒绝任何单位或者个人冻结、扣划,但法律另有规定的除外。商业银行应当保证存款本金和利息的支付,不得拖延、拒绝支付存款本金和利息。

商业银行应当按照中国人民银行规定的存款利率的上下限,确定存款利率,并予以公告。商业银行应当按照中国人民银行的规定,向中国人民银行交存存款准备金,留足备付金。

(二)贷款业务

商业银行根据国民经济和社会发展的需要,在国家产业政策指导下开展贷款业务。商业银行贷款,应当对借款人借款用途、偿还能力、还款方式等情况进行严格审查。商业银行贷款,应当实行审贷分离、分级审批的制度。商业银行贷款,借款人应当提供担保。商业银行应当对保证人偿还能力,抵押物、质物的权属和价值及实现抵押权、质权可行性进行严格审查。经商业银行审查、评估,确认借款人资信良好,确能偿还贷款的,可以不提供担保。任何单位和个人不得强令商业银行发放贷款或者提供担保。商业银行有权拒绝任何单位和个人强令要求其发放贷款或者提供担保。

商业银行贷款,应当与借款人订立书面合同。合同应当约定贷款种类、借款用途、金额、利率、还款期限、还款方式、违约责任和双方认为需要约定的其他事项。借款人应当按期归还贷款的本金和利息。借款人到期不归还担保贷款的,商业银行依法享有要求保证人归还贷款本金和利息或者就该担保物优先受偿的权利。商业银行因行使抵押权、质权而

取得的不动产或者股权,应当自取得之日起两年内予以处分。借款人到期不归还信用贷款的,应当按照合同约定承担责任。

商业银行应当按照中国人民银行规定的贷款利率的上下限,确定贷款利率。商业银行贷款应当遵守资产负债比例管理的规定。商业银行不得向关系人发放信用贷款;向关系人发放担保贷款的条件不得优于其他借款人同类贷款的条件。关系人是指:①商业银行的董事、监事、管理人员、信贷业务人员及其近亲属;②前项所列人员投资或者担任高级管理职务的公司、企业和其他经济组织。

【案例】李大伟是 M 城市商业银行的董事,其妻张霞为 S 公司的总经理,其子李小武为 L 公司的董事长。2009 年 9 月,L 公司向 M 银行的下属分行申请贷款 1 000 万元。其间,李大伟对分行负责人谢二宝施加压力,令其按低于同类贷款的优惠利息发放此笔贷款。L 公司提供了由保证人陈富提供的一张面额为 2 000 万元的个人储蓄存单作为贷款质押。贷款到期后,L 公司无力偿还,双方发生纠纷。M 银行向 L 公司发放贷款的行为是否有效?

【解析】《商业银行法》第四十条规定,商业银行不得向关系人发放信用贷款;向关系人发放担保贷款条件不得优于其他借款人同类贷款条件。据此可知,商业银行可以向关系人发放担保贷款,但放贷条件不得优于其他同类借款人。M 银行可以向 L 公司发放担保贷款,故该贷款合同有效。

(三)其他业务

商业银行在中华人民共和国境内不得从事信托投资和证券经营业务,不得向非自用不动产投资或者向非银行金融机构和企业投资,但国家另有规定的除外。

▶ 1. 结算业务

商业银行办理票据承兑、汇兑、委托收款等结算业务,应当按照规定的期限兑现,收付入账,不得压单、压票或者违反规定退票。有关兑现、收付入账期限的规定应当公布。

▶ 2. 其他负债业务

商业银行发行金融债券或者到境外借款,应当依照法律、行政法规的规定报经批准。同业拆借,应当遵守中国人民银行规定。禁止利用拆入资金发放固定资产贷款或者用于投资。拆出资金限于交足存款准备金、留足备付金和归还中国人民银行到期贷款之后的闲置资金。拆入资金用于弥补票据结算、联行汇差头寸的不足和解决临时性周转资金的需要。

五、商业银行的财务会计与监督管理

(一)财务会计

商业银行应当依照法律和国家统一的会计制度及国务院银行业监督管理机构的有关规定,建立、健全本行的财务、会计制度。

商业银行应当按照国家有关规定,真实记录并全面反映其业务活动和财务状况,编制年度财务会计报告,及时向国务院银行业监督管理机构、中国人民银行和国务院财政部门报送。商业银行不得在法定的会计账册外另立会计账册。

商业银行应当于每一会计年度终了 3 个月内,按照国务院银行业监督管理机构的规定,公布其上一年度的经营业绩和审计报告。

商业银行应当按照国家有关规定,提取呆账准备金,冲销呆账。

(二)监督管理

商业银行应当按照有关规定,制定本行业务规则,建立、健全本行风险管理和内部控制制度。

商业银行应当建立、健全本行对存款、贷款、结算、呆账等各项情况稽核、检查制度。商业银行对分支机构应当进行经常性的稽核和检查监督。商业银行应当按照规定向国务院银行业监督管理机构、中国人民银行报送资产负债表、利润表以及其他财务会计、统计报表和资料。

国务院银行业监督管理机构有权随时对商业银行的存款、贷款、结算、呆账等情况进行检查监督。检查监督时，检查监督人员应当出示合法的证件。商业银行应当按照国务院银行业监督管理机构的要求，提供财务会计资料、业务合同和有关经营管理方面的其他信息。中国人民银行有权依照《中华人民共和国中国人民银行法》规定对商业银行进行检查监督。商业银行应当依法接受审计机关的审计监督。

复习思考题

一、单项选择题

1. 下列关于中国人民银行的表述，正确的是（　　）。
   A. 因为是国家机关，所以不能从事市场活动
   B. 因为属于国家所有，所以应在各级人民政府指导下进行工作
   C. 各地分行是总行的派出机构，享有独立的法人资格，总行授权范围内，负责本辖区的金融监管工作，独立行使权力
   D. 因为也从事金融业务活动，所以也存在盈亏问题

2. 中国人民银行的亏损应由（　　）弥补。
   A. 由下一年度的利润来弥补　　　　B. 从总准备金中弥补
   C. 通过发行货币弥补　　　　　　　D. 由中央财政拨款弥补

3. 下列（　　）选项不属于国务院银行业监督管理机构职责范围。
   A. 审查批准银行业金融机构的设立、变更、终止以及业务范围
   B. 受理银行业金融机构设立申请或者资本变更申请时，审查其股东的资金来源、财务状况、诚信状况等
   C. 审查批准或者备案银行业金融机构业务范围内的业务品种
   D. 接收商业银行交存的存款准备金和存款保险金

4. 在我国境内设立的（　　）机构不属于银行业监督管理的对象。
   A. 农村信用合作社　　　　　　　　B. 财务公司
   C. 信托投资公司　　　　　　　　　D. 证券公司

5. 根据《商业银行法》的规定，下列有关商业银行的表述正确的是（　　）。
   A. 商业银行既可以是国有独资银行，也可以是非国有的股份制银行
   B. 商业银行是依照《商业银行法》而非《公司法》设立的
   C. 经国务院银行业监督管理机构批准成立的商业银行的分支机构依法独立承担民事责任
   D. 商业银行只能被接管而不能破产

6. 商业银行的证券业务限于（　　）。
   A. 股票业务　　　　　　　　　　B. 金融期货业务
   C. 可转换公司债券业务　　　　　D. 国债业务
7. 下列不属于商业银行的主要经营范围的是（　　）。
   A. 买卖政府债券
   B. 提供保管箱服务
   C. 代理和推出新的保险业务
   D. 提供信用证服务及担保

二、多项选择题

1. 中国人民银行为执行货币政策，可以运用下列（　　）货币政策工具。
   A. 要求银行业金融机构按照规定的比例交存存款准备金
   B. 确定中央银行基准利率
   C. 为在中国人民银行开立账户的银行业金融机构办理再贴现
   D. 向商业银行提供贷款
   E. 在公开市场上买卖国债、其他政府债券和金融债券及外汇
   F. 向企业或个人提供贷款
2. 在中华人民共和国境内设立的（　　）及经国务院银行业监督管理机构批准设立的其他金融机构的监督管理，适用《中华人民共和国银行业监督管理法》对银行业金融机构监督管理的规定。
   A. 金融资产管理公司　　　　　　B. 信托投资公司
   C. 财务公司　　　　　　　　　　D. 金融租赁公司
3. 国务院银行业监督管理机构应当公开监督管理程序，建立（　　）制度。
   A. 监督管理责任　　　　　　　　B. 责任追究
   C. 内部监督　　　　　　　　　　D. 外部监督
4. 银行业监督管理机构在银行业金融机构违反审慎经营规则时，可以做出的行政管制措施有（　　）。
   A. 责令调整董事、高级管理人员或者限制其权力
   B. 限制资产转让
   C. 责令暂停部分业务，停止批准开办新业务
   D. 责令控股股东转让股权或者限制有关股东的权力
5. 下列业务中属于商业银行可以经营的有（　　）。
   A. 办理票据贴现　　　　　　　　B. 买卖政府债券
   C. 买卖、代理买卖外汇　　　　　D. 股票业务

三、判断题

1. 商业银行的组织形式、组织机构适用《中华人民共和国公司法》的规定。（　　）
2. 商业银行在中华人民共和国境内的分支机构，不按行政区划设立。（　　）
3. 商业银行的分支机构具有法人资格，其民事责任自行承担。（　　）
4. 商业银行以其全部法人财产独立承担民事责任。（　　）
5. 商业银行应当按照中国人民银行规定的存款利率的上下限，确定存款利率，并予以公告。（　　）

6. 企业事业单位可以自主选择至少一家商业银行的营业场所开立办理日常转账结算和现金收付的基本账户。（   ）

7. 对商业银行实行接管的目的是对被接管的商业银行采取必要措施，以保护存款人的利益，恢复商业银行的正常经营能力。被接管的商业银行的债权债务关系不因接管而变化。（   ）

四、案例分析题

1. 某市商业银行拟投资房地产行业，在进行市场调研时被法律顾问阻止了这一投资行为。次年，该商业银行股东会决定更换行长，并经选任确定甲为新行长，甲遂根据股东会的投票决定，担任了银行行长职务。

根据以上资料及法律制度的有关规定，回答下列问题。

（1）法律顾问是否应阻止银行向房地产业投资？为什么？

（2）新行长上任是否符合法定程序？请说明理由。

2. 某市商业银行决定在该市 A 区设立 A 区分行，经考察研究后，决定了 A 区分行的办公地点，并落实了主要管理人员及营运资金。然后，市商行依法向国务院银行业监督管理机构报送了申请书、近两年财务会计报告、经营方针计划等材料。国务院银行业监督管理机构批准后，颁发了经营许可证，市商行凭该许可证向工商行政管理部门办理登记并领取了营业执照。然而领取营业执照后不久，A 区分行的经营前准备发生意外，一是原拟定作为 A 区分行营业地的写字楼因开发商资金链断裂，无法按期交付使用，A 区分行所在地只好另寻新址；二是不久后，A 区分行行长李某携 A 区分行巨额营运资金潜逃，经查，李某一年前投资失败欠下巨额债务，于是挪用 A 区分行银行营运资金抵债。由于以上变故的影响，A 区分行迟迟无法开业经营，国务院银行业监督管理机构发现后，以 A 区分行设立过程中存在严重违法事项，且超过 6 个月未开业为由吊销了 A 区分行的营业许可证。

根据以上资料及法律制度的有关规定，回答下列问题。

（1）依《中华人民共和国商业银行法》规定，设立商业银行分支机构需经过哪些程序？

（2）A 区分行的设立过程中有哪些违法事项？

（3）国务院银行业监督管理机构吊销 A 区分行营业许可证是否符合法律规定？

第十一章 证券法

学习目标

1. 掌握证券的相关概念、证券法的基本原则、债券发行条件和程序以及股票发行条件和程序。
2. 掌握证券交易的一般规则；熟悉股票、债券上市交易条件和程序。
3. 了解禁止交易行为；掌握证券交易所、证券公司、证券结算登记机构和证券监督管理机构的法律规定。
4. 能够运用证券法知识对我国证券市场现状进行初步评判，为将来从事与证券相关业务奠定基础。

第一节 证券法概述

一、证券概述

（一）证券的概念

证券是证明特定经济权利的凭证。证券有广义和狭义之分。广义的证券包括财物证券（如货运单、提单等）、货币证券（如支票、汇票、本票等）、资本证券（如股票、公司债券、投资基金份额等）、证据证券（如借据、收据等）和资格证券（如车票、电影票等）等。狭义的证券仅指资本证券。我国《证券法》规定的证券仅为资本证券，即股票、债券和国务院依法认定的其他证券。其他证券主要指证券投资基金份额、证券衍生品种等。

（二）证券的特征

▶ 1. 证券是一种投资凭证

证券是投资者权利载体，投资者权利通过证券记载，并凭借证券获取相应收益。

▶ 2. 证券是一种权益凭证

证券体现一定的财产权利，如股票代表着股权，债券则体现的是债权。

3. 证券是一种可转让的权利凭证

证券具有流通性和变现性，持有者可以随时将证券转让出售，以实现自身的权利。

（三）证券的种类

我国证券市场上流通的证券主要有如下 5 类。

1. 股票

股票是股份有限公司签发的证明股东所持股份的凭证。股份公司借助发行股票来筹集资金，而投资者可以通过购买股票达到投资收益目的。我国股票按股东权益和风险大小，可以分为普通股和优先股；按投资主体不同分为国有股、法人股和社会公众股；按认购股票投资者身份和上市地点的不同分为人民币普通股（A 股）、境内上市外资股（B 股）和境外上市外资股（包括 H 股、N 股、S 股等）。

2. 债券

债券是企业、金融机构或政府为募集资金向社会公众发行的、保证在规定的时间内向债券持有人还本付息的有价证券。债券根据发行人的不同可分为政府债券、金融债券和企业债券三类。交易方式有现券交易和回购交易。我国证券市场流通的债券有国债、央行票据、短期融资券、金融债、企业债、公司债、可转换公司债券、资产支持证券等。

3. 证券投资基金

证券投资基金是一种利益共享、风险共担的集合证券投资方式，即通过发行基金单位，集中投资者的资金，由基金托管人托管，由基金管理人管理和运用资金，从事股票、债券等金融工具投资的方式。证券投资基金，依照其运作方式不同，可以分为封闭式基金和开放式基金。

封闭式基金，指经核准的基金份额在基金合同期限内固定不变，基金份额可以在依法设立的证券交易场所交易，但基金份额持有人不得申请赎回的基金。

开放式基金，指基金份额总额不固定，基金份额可以在基金合同约定的时间和场所申购或者赎回的基金。开放式基金包括股票型基金、债券型基金、货币型基金、混合型基金和合格境内机构投资者（QDII）基金、伞形基金、交易型开放式指数基金、上市开放式基金等。

4. 认股权证

权证，指证明持有人拥有特定权利的契约，持有权证的投资者有权在到期时（或到期前）以约定价格买入或卖出特定证券。按照未来权利的不同，权证可以分为认购权证和认沽权证，分别表明未来买入权利和未来卖出权利的权证。

认股权证，指股份有限公司给予持证人的无限期或在一定期限内，以确定价格购买一定数量普通股份的权利凭证。认股权证是持证人认购公司股票的一种长期选择权，本身不是权利证明书，其持有人不具备股东资格，认股权证的收益主要来自其依法转让的收益。

5. 期货

期货是一种跨越时间的交易方式。买卖双方通过签订标准化合约，同意按约定的时间、价格与其他交易条件，交收指定数量的现货。按照现货标的物的种类不同，期货可以分为商品期货与金融期货。

商品期货，由上海期货交易所、郑州商品交易所、大连商品交易所负责经营，主要品种有农产品期货、金属期货和能源期货等。

金融期货，由中国金融期货交易所负责经营，主要品种有外汇期货、利率期货和股指期货等。

二、证券法概述

(一) 证券法的概念

证券法是规范证券发行、交易及监管过程中产生的各种法律关系的法律规范。1998年12月29日，第九届全国人民代表大会常务委员会第六次会议通过了《中华人民共和国证券法》，于1999年7月1日起施行。2005年10月27日，第十届全国人民代表大会常务委员会第十八次会议对《证券法》做了大幅修订，自2006年1月1日起施行。新的《证券法》共十二章二百四十条，根据2013年6月29日第十二届全国人民代表大会常务委员会第三次会议，2014年8月31日第十二届全国人民代表大会常务委员会第十次会议对个别条款做了修改。《证券法》及其他法律中有关证券管理规定、国务院和政府有关部门发布的有关证券方面法规、规章以及规范性文件，构成我国证券法律体系。

(二) 证券法的基本原则

《证券法》规定，在证券活动和证券管理中应坚持如下原则。

▶ 1. 公开、公平、公正原则

公开原则是指市场信息要公开，公开的信息必须及时、完整、真实、准确。公平原则是指所有市场参与者具有平等的地位，其合法权益受到平等的保护。公正原则是指在证券发行和交易的有关事务处理上，对所有证券市场参与者都要给予公正的待遇，尤其是证券监管机关要坚持公正原则。

▶ 2. 自愿、有偿、诚实信用原则

证券发行、交易活动的当事人具有平等的法律地位，应当遵守自愿、有偿、诚实信用的原则。

▶ 3. 守法原则

证券发行、交易活动必须遵守法律、行政法规；禁止欺诈、内幕交易和操纵证券市场的行为。

▶ 4. 分业经营、分业管理原则

证券业和银行业、信托业、保险业分业经营、分业管理；证券公司与银行、信托、保险业务机构分别设立；国家另有规定的除外。国家另有规定的除外为混业经营留下了一定的法律空间，也为银行资金间接进入证券市场准备了条件。

▶ 5. 证券市场集中统一监管与行业自律原则

我国实行政府统一监管与行业自律相结合的模式。国务院证券监督管理机构依法对全国证券市场实行集中统一监督管理。根据需要可以设立派出机构，按照授权履行监督管理职责。国家对证券发行、交易活动实行集中统一监督管理的前提下，依法设立证券业协会，实行自律性管理。

▶ 6. 国家审计监督原则

国家审计机关对证券交易所、证券公司、证券登记结算机构、证券监督管理机构依法进行的审计监督。国家审计监督有利于促使证券机构依法经营和开展活动，有利于国家对证券市场的监督，有利于保护投资者的利益。

第二节 证券发行

一、证券发行概述

(一) 证券发行的概念

证券发行,指证券发行人以筹集资金为目的,在证券发行市场,依照法定条件和程序,向社会投资者出售证券的行为。

(二) 证券发行的种类

《证券法》将证券的发行分为公开发行与非公开发行,所谓公开发行,指有下列情形之一的,为公开发行:向不特定对象发行证券;向累计超过200人的特定对象发行证券;法律、行政法规规定的其他发行行为。

公开发行证券,必须符合法律、行政法规规定的条件,并依法报经国务院证券监督管理机构或者国务院授权的部门核准;未经依法核准,任何单位和个人不得公开发行证券。

上市公司以外的公司非公开发行证券,不需要经过证券监管机构或者政府行政部门核准;但是该种发行不得采用广告、公开劝诱和变相公开方式。

(三) 保荐制度

发起人申请公开发行股票、可转换为股票的公司债券,依法采取承销方式的,或者公开发行法律、行政法规规定实行保荐制度的其他证券的,应当聘请具有保荐资格的机构担任保荐人。保荐人应当遵守业务规则和行业规范,诚实守信,勤勉尽责,对发行人的申请文件和信息披露资料进行审慎核查,督导发行人规范运作。

(四) 证券发行市场的主体

▶ 1. 证券发行人

证券发行人是为筹集资金依法向投资人出售证券的主体,即资金的需求者和证券的供应者,包括政府、股份有限公司、有限责任公司、基金管理公司。

▶ 2. 证券投资者

证券投资者是以一定价格购买证券,获取赢利并承担风险的主体,即资金的供应者和证券的需求者。

▶ 3. 证券承销商

证券承销商实际上是发行人的代理人,它是与证券发行人签订协议,依协议帮助发行人出售证券,并取得差价或佣金的主体,一般为证券公司。

▶ 4. 证券中介机构

证券中介机构是指联系发行人和投资者的专业性中介服务组织,包括为证券发行服务的证券投资咨询机构、证券资信评估机构、律师事务所、会计师事务所。

二、股票发行

(一) 股票发行的概念

股票发行是证券发行最典型形式,股票发行是指发行人以筹资或实施股利分配为目的,依照法定程序向投资者或原股东发行股份或无偿提供股份行为。股票发行一般包括股票首次发行、增发新股、配股和无偿提供股份。无偿提供股份包括公积金转增股份和可分配利润转增股份两种情形。股票发行方式包括公开发行和非公开发行两种方式,股票的公开发行是指发行人通过证券经营机构向发行人以外的社会公众就发行人的股票发出的要约邀请、要约或者销售行为。股票的非公开发行是指向发行人依法向特定人发行本次发行的全部股票的行为。

(二) 股票公开发行的方式

股票公开发行的方式主要有以下两种。

▶ 1. 网上定价发行方式

网上定价发行方式是指利用证券交易所的交易系统,投资者在指定时间内,按照确定发行价格,向作为股票唯一"卖方"的主承销商买入股票进行申购的发行方式。

▶ 2. 向询价对象配售股票的发行方式

向询价对象配售股票的发行方式也叫网下定价发行方式。证监会核准发行人发行申请后,发行人应公告招股意向书,开始向网下机构投资者进行推介和询价,发行人及其保荐人在确定发行价后,按照规定向网下机构投资者配售股票。

三、首次公开发行股票的条件和程序

(一) 首次公开发行股票的条件

▶ 1. 在主板和中小板上市的公司首次公开发行股票的条件

公司在主板和中小板上市首次公开发行股票,应当符合《公司法》第77条的规定,包括:发起人符合法定人数;发起人认购和募集的股本达到法定资本最低限额;股份发行、筹办事项符合法律规定;发起人制定公司章程,采用募集方式设立的经创立大会通过;有公司名称,建立符合股份有限公司要求的组织机构;有公司住所。

作为拟上市公司,还应当符合《证券法》和《首次公开发行股票并上市管理办法》规定的如下条件。

(1) 发行人应当是依法设立且合法存续的股份有限公司。发行人合法存续期限符合下列情形之一即可:第一,该股份有限公司自成立后,持续经营时间在3年以上;第二,有限责任公司按原账面净资产值折股整体变更为股份有限公司的,持续经营时间可以从有限责任公司成立之日起计算,并达3年以上;第三,经国务院批准,可以不受上述时间的限制。

(2) 发行人注册资本足额缴纳,发起人或者股东出资资产财产权转移手续办理完毕,发行人主要资产不存在重大权属纠纷。

(3) 发行人的生产经营符合法律、行政法规和公司章程的规定,符合国家产业政策。

(4) 发行人最近3年内主营业务和董事、高级管理人员没有发生重大变化,实际控制人没有发生变更。

(5) 发行人的股权清晰,控股股东和受控股股东、实际控制人支配的股东持有发行人股份不存在重大权属纠纷。

(6) 发行人的资产完整,人员、财务、机构和业务独立。

(7) 发行人具备健全且运行良好的组织机构。

(8) 发行人具有持续赢利能力。

(9) 发行人的财务状况良好。如注册会计师出具了无保留结论的内部控制鉴证报告,无保留意见的审计报告,财务指标达到以下要求:①最近3个会计年度净利润均为正数且累计超过人民币3 000万元,净利润以扣除非经常性损益前后较低者为计算依据;②最近3个会计年度经营活动产生的现金流量净额累计超过人民币5 000万元;或者最近3个会计年度营业收入累计超过人民币3亿元;③发行前股本总额不少于人民币3 000万元;④最近一期期末无形资产(扣除土地使用权,水面养殖权和采矿权等后)占净资产比例不高于20%;⑤最近一期期末不存在未弥补亏损。

(10) 发行人募集资金用途符合规定。如募集资金原则上应当用于主营业务,除金融类企业外,募集资金使用项目不得为持有交易性金融资产和可供出售的金融资产,借予他人、委托理财等财务性投资,不得直接或者间接投资于以买卖有价证券为主要业务的公司。

(11) 发行人不存在法定的违法行为。如最近36个月内未经法定机关核准,擅自公开或者变相公开发行过证券;或者有关违法行为虽然发生在36个月前,但目前仍处于持续状态;最近36个月内违反工商、税收、土地、环保、海关以及其他法律、行政法规,受到行政处罚,且情节严重。

【案例】某股份有限公司拟公开发行股票并上市。根据证券法律制度的有关规定,下列各项中,符合公司首次公开发行股票并上市的条件有哪些?
(1) 公司发行股票前股本总额为人民币6 000万元。
(2) 公司上一年度严重违反环境保护管理法规受到罚款的行政处罚。
(3) 公司最近3个会计年度净利润均为正数且累计为人民币4 000万元。
(4) 最近3年内曾向中国证监会提出发行申请,但报送的发行申请文件有虚假记载。
(5) 最近3年内曾因产品质量问题,被工商局立案调查但未进行处罚。

【解析】根据证券法规定,发行人首次公开发行股票并上市的,发行前股本总额不少于人民币3 000万元,选项(1)正确;最近3年内,发行人没有违反工商、税收、土地、环保、海关以及其他法律、行政法规受到行政处罚且情节严重的情况,选项(2)不符合;最近3个会计年度净利润均为正数且累计超过人民币3 000万元,选项(3)正确;股票上市必须符合公司最近3年无重大违法行为,财务会计报告无虚假记载的条件,选项(4)不符合。选项(5)因只被立案调查而未处罚故仍符合条件。

▶2. 在创业板上市的公司首次公开发行股票的条件

在创业板上市公司一般是自主创新企业及其他成长型创业企业,根据《首次公开发行股票并在创业板上市管理暂行办法》的规定,公司在创业板上市,首次公开发行股票,与在主板和中小板上市的公司相比较,其条件相对要低。如财务指标标准是:最近两年连续赢利,最近两年净利润累计不少于1 000万元,且持续增长;或者最近一年赢利,且净利润不少于500万元,最近一年营业收入不少于5 000万元,最近两年营业收入增长率均不低于30%。净利润以扣除非经常性损益前后孰低者为计算依据。最近一期期末净资产不少于2 000万元,且不存在未弥补亏损。

(二) 首次公开发行股票的程序

(1) 发行人董事会应当依法就本次股票发行具体方案、本次募集资金使用可行性及其他必须明确事项做出决议,并提请股东大会批准。

(2) 发行人应当按照证监会的有关规定制作申请文件,由保荐人保荐并向证监会申报。特定行业的发行人应当提供管理部门的相关意见。

(3) 证监会收到申请文件后,应在5个工作日内做出是否受理的决定。证监会如果决定受理，应在受理申请文件后，由相关职能部门对发行人的申请文件进行初审，并由发行审核委员会审核。证监会在初审过程中，将征求发行人注册地省级人民政府是否同意发行人发行股票的意见，并就发行人的募集资金投资项目是否符合国家产业政策和投资管理的规定征求国家发展和改革委员会的意见。证监会依照法定条件对发行人的发行申请做出予以核准或者不予核准的决定，并出具相关文件。

(4) 股票发行申请经核准后，发行人应自证监会核准发行之日起 6 个月内发行股票；超过 6 个月未发行的，核准文件失效，须重新经证监会核准后方可发行。股票发行申请未获核准的，自证监会做出不予核准决定之日起 6 个月后，发行人可再次提出股票发行申请。

(5) 发行申请核准后、股票发行结束前，发行人发生重大事项的，应当暂缓或者暂停发行，并及时报告中国证监会，同时履行信息披露义务。影响发行条件的，应当重新履行核准程序。

(6) 证监会或者国务院授权的部门对已做出的核准证券发行的决定，发现不符合法定条件或者法定程序，尚未发行证券的，应当予以撤销，停止发行。已经发行尚未上市的，撤销发行核准决定，发行人应当按照发行价并加算银行同期存款利息返还证券持有人；保荐人应当与发行人承担连带责任，但是能够证明自己没有过错的除外；发行人控股股东、实际控制人有过错的，应当与发行人承担连带责任。

(7) 发行股票。发行人股票发行申请经核准同意后，发行的股票一般由证券公司承销。

四、上市公司公开发行新股的条件

上市公司发行新股是指股份有限公司成立后，基于增资目的而再次申请公开发行股票，包括增发和配股。增发是指再次向社会公众公开发行；配股是指向原有股东配售新发行的股票。我国《证券法》和《公司法》以及证监会于 2006 年 5 月 7 日公布并于次日实施的《上市公司证券发行管理办法》(以下简称《发行管理办法》)对上市公司发行新股做了相应规定。

(一) 上市公司公开发行新股的一般条件

(1) 具备健全且运行良好的组织机构。
(2) 具有持续赢利能力，财务状况良好。
(3) 最近 3 年财务会计文件无虚假记载，无其他重大违法行为。
(4) 经国务院批准的国务院证券监督管理机构规定的其他条件。

上市公司非公开发行新股，应当符合经国务院批准的国务院证券监督管理机构规定的条件，并报国务院证券监督管理机构核准。

公司对公开发行股票所募集资金，必须按照招股说明书所列资金用途使用。改变招股说明书所列资金用途，必须经股东大会做出决议。擅自改变用途而未做纠正的，或者未经股东大会认可的，不得公开发行新股，上市公司也不得非公开发行新股。

(二) 上市公司公开发行新股的其他法定条件

▶ 1. 配股

向原股东配售股份(以下简称配股)，除符合上市公司发行新股的一般条件外，还要符合下列条件。

(1) 拟配售股份数量不超过本次配售股份前股本总额的 30%。
(2) 控股股东应当在股东大会召开前公开承诺认配股份的数量。

(3) 采用证券法规定的代销方式发行。

控股股东不履行认配股份的承诺,或者代销期限届满,原股东认购股票的数量未达到拟配售数量的70%的,发行人应当按照发行价并加算银行同期贷款利息返还已经认购的股东。

▶ 2. 增发

向不特定对象公开募集股份(以下简称增发),除符合上市公司发行新股的一般条件外,还要符合下列条件。

(1) 最近3个会计年度加权平均净资产收益率不低于6%。扣除非经常性损益后净利润与扣除前净利润相比,以低者作为加权平均净资产收益率计算依据。

(2) 除金融类企业外,最近一期末不存在持有金额较大的交易性金融资产和可供出售的金融资产、借予他人款项、委托理财等财务性投资情形。

(3) 发行价格应不低于公告招股意向书前30个交易日公司股票均价或前1个交易日的均价。

【案例】某上市公司近年财务资料如表11-1所示。

表11-1 某上市公司近年财务资料　　　　　　　　单位:万元

年　度	2014年	2013年	2012年
净资产	27 000	22 000	20 000
扣除非经常性损益前净利润	1 810	1 380	2 100
扣除非经常性损益后净利润	2 630	1 760	1 680

根据上述资料,问该公司2015年能否发行新股?

【解析】根据财务数据,可以分别计算出该公司最近3个会计年度的净资产收益率(净资产收益率=净利润÷净资产),2012年为8.4%(即1 680÷20 000);2013年为6.3%(即1 380÷22 000);2014年为6.7%(即1 810÷27 000),净资产收益率均大于6%,符合规定。该公司2015年能发行新股。

五、公司债券发行条件

(1) 股份有限公司净资产不低于人民币3 000万元,有限责任公司净资产不低于人民币6 000万元。

(2) 累计债券余额不超过公司净资产的40%;累计债券余额是指已发行尚未到期的债券金额。

(3) 最近三年平均可分配利润足以支付公司债券一年的利息。

(4) 筹集的资金投向符合国家产业政策。

(5) 债券的利率不超过国务院限定的利率水平。

(6) 国务院规定的其他条件。

有下列情形的,不得再次公开发行公司债券:前一次公开发行的公司债券尚未募足;对已公开发行的公司债券或者其他债务有违约或者延迟支付本息的事实,仍处于继续状态;违反《证券法》规定,改变公开发行债券所募集资金的用途。例如将公司债券筹集的资金用于弥补亏损和非生产性支出。上市公司发行可转换为股票的公司债券,除应当符合证券法规定的公开发行公司债券的条件外,还应当符合证券法关于公开发行股票的条件,并报国务院证券监督管理机构核准。

六、证券承销

证券承销是指证券经营机构依照协议包销或者代销发行人向社会公开发行的证券的行为。

（一）证券承销方式

▶ 1. 根据责任与风险的不同，分为代销和包销两种方式

证券代销是指证券公司代发行人发售证券，在承销期结束时，将未售出证券全部退还给发行人的承销方式；证券包销是指证券公司将发行人证券按照协议全部购入或者在承销期结束时将售后剩余证券全部自行购入的承销方式。

▶ 2. 根据承销人数的不同，分为单独承销和承销团承销两种方式

单独承销是指由一名证券承销商承销发行人证券的承销，适用于向社会公开发行证券票面总额不超过 5 000 万元的情形。承销团承销是指由两个或两个以上承销人组成承销团承销发行人发行的证券承销。向不特定对象发行证券票面总值超过人民币 5 000 万元的，应当由承销团承销。承销团应当由主承销和参与承销证券公司组成。

（二）证券承销期限与法律后果

证券代销、包销期限最长不得超过 90 日。证券公司在代销、包销期内，对所代销、包销证券应当保证先行出售给认购人，证券公司不得为本公司预留所代销证券和预先购入并留存所包销证券。股票发行采用代销方式，代销期限届满，向投资者出售股票数量未达到拟公开发行股票数量 70% 的，为发行失败。发行人应当按照发行价并加算银行同期存款利息返还股票认购人。公开发行股票，代销、包销期限届满，发行人应当在规定期限内将股票发行情况报国务院证券监督管理机构备案。

第三节 证券交易

一、证券交易概述

证券交易是指依法买卖已经依法发行并交付的证券的行为。

（一）证券交易的一般规则

▶ 1. 证券交易标的必须合法

（1）证券交易必须是依法发行并交付的证券。非依法发行的证券，不得买卖。

（2）依法发行的股票、公司债券及其他证券，法律对转让期限有限制性规定的，在限定期限内不得买卖。如《公司法》规定，发起人持有本公司股份，自公司成立之日起 1 年内不得转让；公司董事、监事、高级管理人员在任职期间每年转让其持有本公司股份总数不得超过其所持有本公司股份总数的 25%。

▶ 2. 证券交易主体必须合法

证券交易所、证券公司和证券登记结算机构的从业人员、证券监督管理机构的工作人员以及法律、行政法规禁止参与股票交易的其他人员，在任期或者法定限期内，不得直接或者以化名、借他人名义持有、买卖股票，也不得收受他人赠送的股票。任何人在成为前

款所列人员时,其原已持有的股票,必须依法转让。

为股票发行出具审计报告、资产评估报告或者法律意见书等文件的证券服务机构和人员,在该股票承销期内和期满后6个月内,不得买卖该种股票。为上市公司出具审计报告、资产评估报告或者法律意见书等文件的证券服务机构和人员,自接受上市公司委托之日起至上述文件公开后5日内,不得买卖该种股票。

上市公司董事、监事、高级管理人员、持有上市公司股份5%以上的股东,将其持有的该公司的股票在买入后6个月内卖出,或者在卖出后6个月内又买入,由此所得收益归该公司所有,公司董事会应当收回其所得收益。但是,证券公司因包销购入售后剩余股票而持有5%以上股份的,卖出该股票不受6个月时间限制。

▶ 3. 必须在合法证券交易场所交易

依法公开发行的股票、公司债券及其他证券,应当在依法设立的证券交易所上市交易或者在国务院批准的其他证券交易场所转让。

▶ 4. 规范证券交易服务

(1)证券交易所、证券公司、证券登记结算机构必须依法为客户开立的账户保密。除法律和行政法规另有规定者,证券交易所、证券公司、证券登记结算等机构不向任何人提供客户开立账户情况,否则将承担相应法律责任。

(2)证券交易的收费必须合理,并公开收费项目、收费标准和收费办法。证券交易收费项目、收费标准和管理办法由国务院有关主管部门统一规定。

(二)证券交易的类型

根据证券交易形式不同,证券交易可以分为现货交易、期货交易、信用交易和期权交易。

(1)现货交易,指证券交易双方在成交后即时清算交割证券和价款的交易形式。

(2)期货交易,指证券交易双方在期货交易所集中交易标准化期货合约的交易形式。

(3)信用交易,又称保证金交易,指证券投资者按照法律规定,在买卖证券时只向证券公司交付一定的保证金,由证券公司进行融资或融券进行交易的交易形式。

(4)期权交易,指证券交易双方在期货交易所集中交易标准化期权合约的交易形式。

(三)证券交易的方式

证券交易的方式可以分为集中竞价交易和非集中竞价交易两种,分别适用于证券交易所和场外交易市场。

集中竞价交易,指所有有关购售某一证券的买主和卖主集中在证券交易所公开申报和竞价交易,实行价格优先、时间优先的原则。具体包括以下方式。

(1)集合竞价,指对一段时间内接受的买卖申报一次性集中撮合的集中竞价形式。

(2)连续竞价,指对买卖申报逐笔连续撮合的竞价方式。

场外交易市场是在证券交易所之外进行证券买卖的市场,包括银行间债券市场、代办股份转让系统(又称三板市场)。非集中竞价交易程序相对较为简单。

二、证券上市

(一)证券上市的一般要求

申请证券上市交易,应当向证券交易所提出申请,由证券交易所依法审核同意,并由双方签订上市协议。政府债券上市交易,由证券交易所根据国务院授权部门决定安排。申请股票、可转换为股票的公司债券或者法律、行政法规规定实行保荐制度的其他证券上市交易，应当聘请具有保荐资格的机构担任保荐人。证券交易所可以依法做出对证券不予上市、暂停上市、终止上市的决定，对证券交易所上述决定不服的，可以向证券交易所设立的复核机构申请复核。

(二) 证券上市的条件

▶ 1. 股票上市的条件

(1) 股票经国务院证券监督管理机构核准已公开发行。

(2) 公司股本总额不少于人民币3 000万元。

(3) 公开发行的股份达到公司股份总数的25%以上；公司股本总额超过人民币4亿元的，公开发行股份的比例为10%以上。

(4) 公司最近3年无重大违法行为，财务会计报告无虚假记载。

证券交易所可以规定高于上述规定的上市条件，并报国务院证券监督管理机构批准。国家鼓励符合产业政策并符合上市条件的公司股票上市交易。

▶ 2. 公司债券上市的条件

(1) 公司债券的期限为1年以上。

(2) 公司债券实际发行额不少于人民币5 000万元。

(3) 公司申请债券上市时仍符合法定的公司债券发行条件。

公司债券上市交易申请经证券交易所审核同意后，签订上市协议的公司应当在规定的期限内公告公司债券上市文件及有关文件，申请可转换为股票的公司债券上市交易，还应当报送保荐人出具的上市保荐书，并将其申请文件置备于指定场所供公众查阅。

【案例】某股份有限公司现有净资产5 000万元。该公司于2010年1月发行一年期公司债券500万元。2010年11月，该公司又发行三年期公司债券600万元。2011年7月，该公司拟再次发行公司债券。根据《证券法》的规定，该公司此次发行公司债券的最高限额是多少？

【解析】根据规定，公开发行公司债券，累计债券余额不超过公司净资产的40%。本案例中，一年期的公司债券截至2011年7月已经偿还完毕，因此发行前累计债券余额为600万元，发行后的累计债券余额不得超过净资产的40%，因此本次最多发行公司债券数额为5 000×40%－600＝1 400(万元)。

▶ 3. 证券投资基金上市的条件

申请基金份额上市交易，基金管理人应当向证券交易所提出申请，证券交易所依法审核同意的，双方应当签订上市协议。基金份额上市交易，应当符合下列条件。

(1) 基金的募集符合证券投资基金法的规定。

(2) 基金合同期限为5年以上。

(3) 基金募集金额不低于2亿元人民币。

(4) 基金份额持有人不少于1 000人。

(5) 基金份额上市交易规则规定的其他条件。

基金份额上市交易规则由证券交易所制定，报国务院证券监督管理机构核准。

开放式基金在销售机构的营业场所销售及赎回，不上市交易。开放式基金的基金份额的申购、赎回、登记，由基金管理人或者其委托的基金服务机构办理。

(三)证券上市的暂停与终止

▶ 1. 股票上市交易的暂停与终止

上市公司有下列情形之一的,由证券交易所决定暂停其股票上市交易:①公司股本总额、股权分布等发生变化不再具备上市条件;②公司不按照规定公开其财务状况,或者对财务会计报告作虚假记载,可能误导投资者;③公司有重大违法行为;④公司最近3年连续亏损;⑤证券交易所上市规则规定的其他情形。

上市公司有下列情形之一的,由证券交易所决定终止其股票上市交易:①公司股本总额、股权分布等发生变化不再具备上市条件,在证券交易所规定期限内仍不能达到上市条件;②公司不按照规定公开其财务状况,或者对财务会计报告作虚假记载且拒绝纠正;③公司最近3年连续亏损,在其后一个年度内未能恢复盈利;④公司解散或者被宣告破产;⑤证券交易所上市规则规定的其他情形。

股票终止上市的公司可以依照有关规定与中国证券业协会批准的证券公司签订协议,委托证券公司办理股份转让。

▶ 2. 公司债券上市交易的暂停与终止

公司有下列情形之一的,由证券交易所决定暂停其公司债券上市交易。
(1) 公司有重大违法行为。
(2) 公司情况发生重大变化不符合公司债券上市条件。
(3) 公司债券所募集资金不按照核准的用途使用。
(4) 未按照公司债券募集办法履行义务。
(5) 公司最近两年连续亏损。

公司有上述第(1)项、第(4)项所列情形之一经查实后果严重的,或者有第(2)项、第(3)项、第(5)项所列情形之一,在限期内未能消除的,由证券交易所决定终止其公司债券上市交易。公司解散或者被宣告破产的,由证券交易所终止其公司债券上市交易。

▶ 3. 证券投资基金上市的暂停或终止

基金份额上市交易后,有下列情形之一的,由证券交易所暂停其上市交易。
(1) 发生重大变更而不符合上市条件。
(2) 违反国家法律、法规,国务院证券监督管理机构决定暂停上市。
(3) 严重违反投资基金上市规则。
(4) 国务院证券监督管理机构和证券交易所认为须暂停上市的其他情形。

基金份额上市交易后,有下列情形之一的,由证券交易所终止其上市交易,并报国务院证券监督管理机构备案。
(1) 不再具备《证券投资基金法》规定的上市交易条件。
(2) 基金合同期限届满。
(3) 基金份额持有人大会决定提前终止其上市交易。
(4) 基金合同约定的或者基金份额上市交易规则规定的终止上市交易的其他情形。

三、禁止的交易行为

禁止的交易行为包括内幕交易行为、操纵证券市场行为、制造虚假信息行为和欺诈客户行为。

(一) 内幕交易行为

▶ 1. 内幕交易的概念

内幕交易是指证券交易内幕信息的知情人员利用内幕信息进行证券交易的行为。

▶ 2. 内幕信息的知情人

证券交易内幕信息的知情人包括：①发行人的董事、监事、高级管理人员；②持有公司5％以上股份的股东及其董事、监事、高级管理人员，公司的实际控制人及其董事、监事、高级管理人员；③发行人控股的公司及其董事、监事、高级管理人员；④由于所任公司职务可以获取公司有关内幕信息的人员；⑤证券监督管理机构工作人员以及由于法定职责对证券的发行、交易进行管理的其他人员；⑥保荐人、承销的证券公司、证券交易所、证券登记结算机构、证券服务机构的有关人员；⑦国务院证券监督管理机构规定的其他人员。

▶ 3. 内幕信息

证券交易活动中，涉及公司的经营、财务或者对该公司证券的市场价格有重大影响的尚未公开信息为内幕信息。下列信息皆属内幕信息：①《证券法》第67条所列应报送临时报告的重大事件；②公司分配股利或者增资的计划；③公司股权结构的重大变化；④公司债务担保重大变更；⑤公司营业用主要资产抵押、出售或者报废一次超过该资产的30％；⑥公司董事、监事、高级管理人员的行为可能依法承担重大损害赔偿责任；⑦上市公司收购的有关方案；⑧国务院证券监督管理机构认定的对证券交易价格有显著影响的其他重要信息。

证券交易内幕信息的知情人和非法获取内幕信息的人，在内幕信息公开前，不得买卖该公司证券，或者泄露该信息，或者建议他人买卖该证券。内幕交易行为给投资者造成损失的，行为人应当依法承担赔偿责任。

(二) 操纵证券市场行为

操纵证券市场行为是指在证券市场上，行为人通过不正当手段，人为扭曲证券交易价格或者制造虚假证券交易量，引诱他人参与证券交易并从中谋取不正当利益的行为。

操纵市场的行为具体表现如下。

(1) 单独或者通过合谋，集中资金优势、持股优势或者利用信息优势联合或者连续买卖，操纵证券交易价格或者证券交易量。

(2) 与他人串通，以事先约定的时间、价格和方式相互进行证券交易，影响证券交易价格或者证券交易量。

(3) 在自己实际控制的账户之间进行证券交易，影响证券交易价格或者证券交易量。

(4) 以其他手段操纵证券市场。操纵证券市场行为给投资者造成损失的，行为人应当依法承担赔偿责任。

(三) 制造虚假信息行为

制造虚假信息包括编造、传播虚假信息和进行虚假陈述或信息误导两种情况。各种传播媒介传播证券市场信息必须真实、客观、禁止误导。

制造虚假信息的行为，主要包括以下方面。

(1) 编制、传播影响证券交易的虚假信息。

(2) 对已有的信息进行歪曲、篡改。

(3) 发行人、证券经营机构在招募说明书、上市公告书、公司报告及其他文件中做出虚假陈述。

(4) 律师事务所、会计师事务所、资产评估机构等专业性证券服务机构在其出具的法律意见书、审计报告、资产评估报告及参与制作的其他文件中做出虚假陈述。

(5) 证券交易所、证券业协会或者其他证券业自律性组织作出对证券市场产生影响的虚假陈述。

(6) 发行人、证券经营机构、专业性证券服务机构、证券业自律性组织在向证券监管部门提交的各种文件、报告和说明中做出虚假陈述。

(7) 在证券发行、交易及其相关活动中的其他虚假陈述。

(四) 欺诈客户行为

欺诈客户是指证券公司及其从业人员在证券交易中违背客户的真实意愿，侵害客户利益的行为。

《证券法》规定，禁止证券公司及其从业人员从事下列损害客户利益的欺诈行为。

(1) 违背客户的委托为其买卖证券。

(2) 不在规定时间内向客户提供交易的书面确认文件。

(3) 挪用客户所委托买卖的证券或者客户账户上的资金。

(4) 未经客户的委托，擅自为客户买卖证券，或者假借客户的名义买卖证券。

(5) 为牟取佣金收入，诱使客户进行不必要的证券买卖。

(6) 利用传播媒介或者通过其他方式提供、传播虚假或者误导投资者的信息。

(7) 其他违背客户真实意思表示，损害客户利益的行为。欺诈客户行为给客户造成损失的，行为人应当依法承担赔偿责任。

(五) 其他禁止交易行为

《证券法》规定，依法拓宽资金入市渠道，禁止资金违规流入股市；修改原有的"禁止银行资金违规流入股市"规定，拓宽证券公司融资渠道，禁止法人非法利用他人账户从事证券交易；禁止法人出借自己或者他人的证券账户；禁止任何人挪用公款买卖证券；国有企业和国有资产控股的企业买卖上市交易的股票，必须遵守国家有关规定。

第四节 相关的证券机构

一、证券交易所

(一) 证券交易所的概念

证券交易所是为证券集中交易提供场所和设施，组织和监督证券交易，实行自律管理的法人。证券交易所有会员制证券交易所和公司制证券交易所两种形式。会员制证券交易所是以会员协会形式成立的不以营利为目的的法人组织，其会员主要为证券商，只有会员以及有特许权的经纪人，才有资格在交易所中交易。会员制证券交易所实行会员自治、自律、自我管理。目前，多数国家证券交易所都实行会员制。公司制证券交易所是以营利为目的的公司法人。公司制证券交易所对本所的证券交易负有担保责任。公司制证券交易所的证券商及其股东不得担任证券交易所的董事、监事或经理。我国的证券交易所是会员制证券交易所，是不以营利为目的的法人。我国目前有两家证券交易所，即 1990 年 12 月设立的上海证券交易所和 1991 年 6 月设立的深圳证券交易所。证券交易所的设立和解散由国务院决定。

(二) 证券交易所的组织机构

▶ 1. 会员大会

会员大会是证券交易所的权力机构,决定证券交易所重大问题,但它只是一个议事机构,不是常设机构。

▶ 2. 理事会

理事会是证券交易所的决策机构,理事会对会员大会负责。理事会主要职责是:制定修改证券交易所的业务规则;审定总经理提出的工作计划、财务预算、决算方案;审定对会员的接纳、处分;根据需要决定专门委员会的设置等。

▶ 3. 总经理

证券交易所设总经理一人,由国务院证券监督管理机构任免。总经理为证券交易所的法定代表人,主持证券交易所的日常管理工作。

(三) 证券交易所的职责

(1) 证券交易所依照证券法律、行政法规制定上市规则、交易规则、会员管理规则和其他有关规则,并报国务院证券监督管理机构批准;依据《证券法》的规定,办理证券的上市、暂停上市、恢复上市或者终止上市事务。

(2) 证券交易所应当为组织公平的集中交易提供保障,公布证券交易即时行情,并按交易日制作证券市场行情表,予以公布。

(3) 因突发性事件而影响证券交易的正常进行时,证券交易所可以采取技术性停牌的措施;因不可抗力的突发性事件或者为维护证券交易的正常秩序,证券交易所可以决定临时停市。证券交易所采取技术性停牌或者决定临时停市,必须及时报告国务院证券监督管理机构。

(4) 证券交易所对证券交易实行实时监控,并按照国务院证券监督管理机构的要求,对异常的交易情况提出报告。证券交易所应当对上市公司及相关信息披露义务人披露信息进行监督,督促其依法及时、准确地披露信息。证券交易所根据需要,可以对出现重大异常交易情况的证券账户限制交易,并报国务院证券监督管理机构备案。

(5) 筹集、管理风险基金。证券交易所应当从其收取的交易费用和会员费、席位费中提取一定比例的金额设立风险基金。风险基金由证券交易所理事会管理。

(6) 证券交易所可以自行支配的各项费用收入,应当首先用于保证其证券交易场所和设施的正常运行并逐步改善。实行会员制的证券交易所的财产积累归会员所有,其权益由会员共同享有,在其存续期间,不得将其财产积累分配给会员。

二、证券公司

(一) 证券公司的概念

证券公司是指依照《公司法》和《证券法》规定设立的经营证券业务的有限责任公司或者股份有限公司。证券公司依法享有自主经营的权利,其合法经营不受干涉。设立证券公司,必须经国务院证券监督管理机构审查批准。未经国务院证券监督管理机构批准,任何单位和个人不得经营证券业务。证券公司必须在其名称中标明"证券有限责任公司"或者"证券股份有限公司"字样。

(二) 证券公司的设立条件

(1) 有符合法律、行政法规规定的公司章程。

(2) 主要股东具有持续赢利能力,信誉良好,最近 3 年无重大违法违规记录,净资产不低于人民币 2 亿元。
(3) 有符合证券法规定的注册资本。
(4) 董事、监事、高级管理人员具备任职资格,从业人员具有证券从业资格。
(5) 有完善的风险管理与内部控制制度。
(6) 有合格的经营场所和业务设施。
(7) 法律、行政法规规定的和经国务院批准的国务院证券监督管理机构规定的其他条件。

国务院证券监督管理机构应当自受理证券公司设立申请之日起 6 个月内,依照法定条件和法定程序并根据审慎监管原则进行审查,做出批准或者不予批准的决定,并通知申请人;不予批准的,应当说明理由。证券公司设立申请获得批准的,申请人应当在规定的期限内向公司登记机关申请设立登记,领取营业执照。证券公司应当自领取营业执照之日起 15 日内,向国务院证券监督管理机构申请经营证券业务许可证。未取得经营证券业务许可证,证券公司不得经营证券业务。

(三) 证券公司的经营业务

经国务院证券监督管理机构批准。证券公司可以经营下列部分或者全部业务:①证券经纪;②证券投资咨询;③与证券交易、证券投资活动有关的财务顾问;④证券承销与保荐;⑤证券自营;⑥证券资产管理;⑦其他证券业务。

证券公司经营上述第(1)项至第(3)项业务的,注册资本最低限额为人民币 5 000 万元;经营第(4)项至第(7)项业务之一的,注册资本最低限额为人民币 1 亿元;经营第(4)项至第(7)项业务中两项以上的,注册资本最低限额为人民币 5 亿元。证券公司的注册资本应当是实缴资本。国务院证券监督管理机构根据审慎监管原则和各项业务的风险程度,可以调整注册资本最低限额,但不得少于上述规定限额。

三、证券登记结算机构

(一) 证券登记结算机构的概念

证券登记结算机构是为证券交易提供集中登记、存管与结算服务,不以营利为目的的法人。集中登记包括对投资者证券账户的开立、挂失等证券账户管理登记,上市证券的发行登记,上市证券非流通股份的抵押、冻结及法人股、国家股股权的转让过户登记和证券持有人名册登记等。存管包括上市证券的股份管理,证券存管与转存管,受发行人的委托派发证券权益等。结算服务指证券交易所上市证券交易的清算和交收,包括证券交易的清算过户、证券交易的资金交收和新股网上发行的资金清算等。设立证券登记结算机构必须经国务院证券监督管理机构批准。

(二) 证券登记结算机构的职能

(1) 证券账户、结算账户的设立。
(2) 证券的存管和过户。
(3) 证券持有人名册登记。
(4) 证券交易所上市证券交易的清算和交收。
(5) 受发行人的委托派发证券权益。
(6) 办理与上述业务有关的查询。
(7) 国务院证券监督管理机构批准的其他业务。

(三）证券登记结算机构的设立条件

设立证券登记结算机构必须经国务院证券监督管理机构批准。设立证券登记结算机构，应当具备下列条件。

（1）自有资金不少于人民币 2 亿元。
（2）具有证券登记、存管和结算服务所必需的场所和设施。
（3）主要管理人员和从业人员必须具有证券从业资格。
（4）国务院证券监督管理机构规定的其他条件。

证券登记结算机构的名称中应当标明证券登记结算字样。证券登记结算采取全国集中统一的运营方式。证券登记结算机构章程、业务规则应当依法制定，并须经国务院证券监督管理机构批准。

四、证券服务机构

（一）证券服务机构的概念和种类

证券服务机构是指为证券交易提供证券投资咨询和资信评估的机构，包括专业的证券服务机构和其他证券服务机构。专业的证券服务机构包括证券投资咨询机构、资信评估机构。其他证券服务机构主要是指经批准可以兼营证券投资咨询服务的资产评估机构、会计师事务所以及律师事务所。

（二）证券服务机构及其人员的资格

《证券法》规定，投资咨询机构、财务顾问机构、资信评级机构、资产评估机构、会计师事务所从事证券服务业务，必须经国务院证券监督管理机构和有关主管部门批准。投资咨询机构、财务顾问机构、资信评级机构、资产评估机构、会计师事务所从事证券服务业务的审批管理办法，由国务院证券监督管理机构和有关主管部门制定。

投资咨询机构、财务顾问机构、资信评级机构从事证券服务业务的人员，必须具备证券专业知识和从事证券业务或者证券服务业务两年以上经验。认定其证券从业资格的标准和管理办法，由国务院证券监督管理机构制定。

（三）证券服务机构行为规范

投资咨询机构及其从业人员从事证券服务业务不得有下列行为。

（1）代理委托人从事证券投资。
（2）与委托人约定分享证券投资收益或者分担证券投资损失。
（3）买卖本咨询机构提供服务的上市公司股票。
（4）利用传播媒介或者通过其他方式提供、传播虚假或者误导投资者的信息。
（5）法律、行政法规禁止的其他行为。

有上述所列行为之一，给投资者造成损失的，依法承担赔偿责任。

（四）证券服务机构的职能

证券服务机构为证券的发行、上市、交易等证券业务活动制作、出具审计报告、资产评估报告、财务顾问报告、资信评级报告或者法律意见书等文件，应当勤勉尽责，对所制作、出具的文件内容的真实性、准确性、完整性进行核查和验证。其制作、出具的文件有虚假记载、误导性陈述或者重大遗漏，给他人造成损失的，应当与发行人、上市公司承担连带赔偿责任，但是能够证明自己没有过错的除外。从事证券服务业务的投资咨询机构和资信评级机构，应当按照国务院有关主管部门规定的标准或者收费办法收取服务费用。

五、证券监督管理机构

(一)证券监督管理机构的概念

《证券法》中所称国务院证券监督管理机构是指中国证券监督管理委员会。国务院证券监督管理机构是依法对证券市场实行监督管理,维护证券市场秩序,保障其合法运行的国务院直属事业单位,是全国证券期货市场的主管部门。国务院证券监督管理机构根据需要可以设立派出机构,按照授权履行监督管理职责。

(二)国务院证券监督管理机构的职责

(1)依法制定有关证券市场监督管理的规章、规则,并依法行使审批或者核准权。

(2)依法对证券的发行、上市、交易、登记、存管、结算进行监督管理。

(3)依法对证券发行人、上市公司、证券交易所、证券公司、证券登记结算机构、证券投资基金管理公司、证券服务机构的证券业务活动进行监督管理。

(4)依法制定从事证券业务人员的资格标准和行为准则,并监督实施。

(5)依法监督检查证券发行、上市和交易的信息公开情况。

(6)依法对证券业协会的活动进行指导和监督。

(7)依法对违反证券市场监督管理法律、行政法规的行为进行查处。

(8)法律、行政法规规定的其他职责。

国务院证券监督管理机构可以和其他国家或者地区的证券监督管理机构建立监督管理合作机制,实施跨境监督管理。

(三)国务院证券监督管理机构的内部管理

国务院证券监督管理机构的工作人员必须忠于职守,依法办事,公正廉洁,不得利用职务便利谋取不正当利益,不得泄露所知悉的有关单位和个人的商业秘密。国务院证券监督管理机构的人员不得在被监管的机构中任职。国务院证券监督管理机构依法制定的规章、规则和监督管理制度应当公开。国务院证券监督管理机构依据调查结果,对证券违法行为做出的处罚决定,应当公开。国务院证券监督管理机构应当与国务院其他金融监督管理机构建立监督管理信息共享机制。

六、证券业协会

(一)证券业协会的概念

证券业协会是证券经营机构依法自行组织的证券行业自律性组织,是社会团体法人。中国证券业协会的会员分为团体会员和个人会员,团体会员为证券公司。《证券法》规定,证券公司应当加入证券业协会。个人会员只限于证券市场管理部门有关领导,以及从事证券研究及业务工作的专家,由协会根据需要吸收。证券业协会的权力机构为由全体会员组成的会员大会。证券业协会章程由会员大会制定,并报国务院证券监督管理机构备案。会员大会每两年举行一次,必要时经常务理事会决议可临时召开。证券业协会设会长、副会长。证券业协会设理事会,理事会成员依章程的规定由选举产生,每届任期两年,可连选连任。

(二)证券业协会的职责

证券业协会履行下列职责。

(1)协助证券监督管理机构教育和组织会员执行法律、行政法规。

(2)依法维护会员的合法权益,向证券监督管理机构反映会员的建议和要求。

（3）收集整理信息，为会员提供服务。
（4）制定会员应遵守的规则，组织会员单位从业人员的业务培训，开展会员间业务交流。
（5）调解会员之间、会员与客户之间发生的纠纷。
（6）组织会员就证券业的发展、运作及有关内容进行研究。
（7）监督、检查会员行为，对违反法律、行政法规或者协会章程，按规定给予纪律处分。
（8）证券业协会章程规定的其他职责。

复习思考题

一、单项选择题

1. 某股份有限公司首次公开发行股票 8 000 万股，下列情形属于发行失败的是（   ）。
   A. 包销期限届满，向投资者出售的股票数量为 3 000 万股
   B. 包销期限届满，向投资者出售的股票数量为 4 000 万股
   C. 代销期限届满，向投资者出售的股票数量为 5 000 万股
   D. 代销期限届满，向投资者出售的股票数量为 6 000 万股

2. 某上市公司拟申请发行公司债券。该公司最近一期末净资产额为 2 亿元人民币，3 年前该公司曾发行 5 年期债券 3 000 万元。该公司此次发行债券额最多不得超过（   ）。
   A. 1 000 万元   B. 3 000 万元
   C. 5 000 万元   D. 8 000 万元

3. 某上市公司 2011 年 5 月发行 5 年期公司债券 2 000 万元，2 年期公司债券 1 500 万元。2014 年 1 月，该公司鉴于到期债券已偿还且具备再次发行公司债券的其他条件，计划再次申请发行公司债券。经审计确认该公司 2013 年 12 月末净资产额为 6 000 万元。该公司此次发行公司债券额最多不得超过（   ）。
   A. 400 万元   B. 500 万元
   C. 800 万元   D. 100 万元

4. 下列各项中，符合股份有限公司股票上市条件的是（   ）。
   A. 公司股本总额不少于人民币 3 000 万元
   B. 公开发行的股份达到公司股份总数的 25% 以上，公司股本总额超过人民币 4 亿元的，公开发行股份的比例为 15% 以上
   C. 公司最近 1 年无重大违法行为，财务会计报告无虚假记载
   D. 必须是国家鼓励发展的产业

5. 下列人员中，不属于《证券法》规定的证券交易内幕信息的知情人员的是（   ）。
   A. 上市公司的总会计师
   B. 持有上市公司 3% 股份的股东
   C. 上市公司控股的公司的董事
   D. 上市公司的监事

6. 某证券公司利用资金优势，在 3 个交易日内连续对某一上市公司的股票进行买卖，

使该股票从每股10元上升至每股13元,然后在此价位大量卖出获利。根据《证券法》的规定,下列关于该证券公司行为效力的表述中,正确的是( )。
A. 合法,因该行为不违反平等自愿、等价有偿的原则
B. 合法,因该行为不违反交易自由、风险自担的原则
C. 不合法,因该行为属于操纵市场的行为
D. 不合法,因该行为属于欺诈客户的行为

二、多项选择题

1. 根据《证券法》规定,下列属于公开发行的有( )。
   A. 向累计超过100人的社会公众发行证券
   B. 向累计超过100人的本公司股东发行证券
   C. 向累计超过200人的社会公众发行证券
   D. 向累计超过200人的本公司股东发行证券

2. 某股份有限公司拟公开发行股票并上市。根据证券法律制度的有关规定,下列各项中,符合公司首次公开发行股票并上市的条件的有( )。
   A. 公司发行股票前股本总额为人民币6 000万元
   B. 公司上一年度严重违反环境保护管理法规受到罚款的行政处罚
   C. 公司最近3个会计年度净利润均为正数且累计为人民币4 000万元
   D. 公司最近1个会计年度的净利润主要来自合并财务报表范围以外的投资收益

3. 下列情形中,可以成为再次发行公司债券障碍的有( )。
   A. 最近3年平均可分配利润不足以支付公司债券1年的利息的
   B. 前一次发行的公司债券尚未募足的
   C. 对已发行的公司债券或者其债务有违约或者延迟支付本息的事实,且仍处于继续状态的
   D. 累计债券总额达到公司资产总额的30%的

4. 根据《证券法》的规定,上市公司的下列情形中,属于应当由证券交易所决定终止其股票上市交易的有( )。
   A. 不按规定公开其财务状况,且拒绝纠正
   B. 股本总额减至人民币5 000万元
   C. 最近3年连续亏损,在其后一个年度内未能恢复赢利
   D. 对财务会计报告做记载,且拒绝纠正

5. 根据《证券法》的规定,下列选项中,属于股份有限公司申请股票上市应当符合的条件有( )。
   A. 公司股本总额不少于人民币5 000万元
   B. 公司股本总额超过人民币2亿元的,公开发行股份的比例为10%以上
   C. 公司最近3年无重大违法行为,财务会计报告无虚假记载
   D. 股票经国务院证券监督管理机构核准已公开发行

6. 某上市公司董事吴某,持有该公司6%的股份。吴某将其持有的该公司股票在买入后的第5个月卖出,获利600万元。关于此收益,下列选项正确的是( )。
   A. 该收益应当全部归公司所有
   B. 该收益应由公司董事会负责收回

C. 董事会不收回该收益的，股东有权要求董事会限期收回
D. 董事会未在规定期限内执行股东关于收回吴某收益的要求的，股东有权代替董事会以公司名义直接向法院提起收回该收益的诉讼

三、判断题

1. 某有限责任公司于 2003 年依法设立，以截至 2006 年 12 月 31 日经评估的净资产折股整体变更为股份有限公司。如果该股份有限公司于 2008 年下半年申请首次公开发行股票并上市，可以认定其符合持续经营时间已达 3 年以上的首次公开发行股票的条件。（　　）

2. 上市公司最近 3 年连续亏损，在其后 1 个年度内未能恢复赢利的，由证券交易所决定终止其股票上市交易。（　　）

3. 有限责任公司发行公司债券必须具备的条件之一，即净资产额不低于 5 000 万元人民币。（　　）

4. 甲公司持有乙上市公司 20％的股份表决权，丙公司持有乙上市公司 15％的股份表决权，丙公司是甲公司的子公司。所以，甲公司获得对乙公司的实际控制权。（　　）

5. 证券的暂停上市就是我们常说的摘盘，终止上市就是停盘。（　　）

6. 某股份有限公司发行了可转换公司债券，当转换为公司股票的条件具备时，债券持有人必须将公司债券转换为公司股票。（　　）

四、案例分析题

1. 2008 年 7 月 18 日，广州市天河区检察院指控，广发证券原总裁董正青于 2006 年将"广发证券借壳延边公路上市"的内幕信息透露给被告人董德伟和赵书亚，董德伟和赵书亚利用该内幕信息大量买卖延边公路股票，分别获利人民币 5 000 多万元和 101.73 万元。法院查明，2006 年，董正青向董德伟和赵书亚泄露广发证券借壳延边公路的内幕信息，董德伟和赵书亚利用该内幕信息分别获利人民币 22 846 712.42 元和约 100 万元。为应付中国证监会调查，董德伟、赵书亚伙同他人向中国证监会做伪证，董德伟还指使多人迅速提取买卖延边公路股票的全部资金。2009 年 1 月 9 日，法院判决，董正青犯泄露内幕信息罪，判处有期徒刑 4 年，并处罚金人民币 300 万元；董德伟犯内幕交易罪，判处有期徒刑 4 年，并处罚金人民币 2 500 万元；赵书亚犯内幕交易罪，判处有期徒刑 1 年零 9 个月，并处罚金人民币 100 万元。判决结束后，董正青等三位被告人情绪十分激动，表示对判决结果不满，将选择上诉。

根据以上资料及法律制度的有关规定，回答下列问题。

(1) 你认为法院判决的法律依据是否正确？

(2) 被告选择上诉的理由是什么？

2. 远大股份有限公司经过法定程序批准，于 2014 年 2 月 10 日通过向社会公开发行股票成立，注册资本为 5 000 万元。为了扩大生产经营规模，公司决定通过增资扩股方式筹集资金。2014 年 8 月 28 日，该公司董事会向股东大会提交了一份增资扩股方案，该方案主要内容如下。

(1) 本次发行的新股一律为人民币普通股，每股面额为 1 元人民币，拟发行 2 000 万股，一律以配售方式发行。

(2) 根据公司赢利和财产增值情况，每股发行价格拟定为 3 元人民币，并委托大海证券公司独家承销。

3. 如果一切进展顺利，新股销售时间将安排在 2015 年 2 月 2 日—6 月 2 日之间进行。

请问：上述内容是否符合法律的规定，为什么？

第十二章 保险法律制度

>>> 学习目标

1. 了解保险的概念及分类,保险法的概念及基本原则。
2. 了解人身保险合同、财产保险合同的概念和特点;掌握人身保险合同、财产保险合同的特殊条款。
3. 了解保险公司的概念,设立、变更、终止、清算;熟悉保险经营规则;了解保险业监督管理的内容。
4. 能利用所学保险法基本知识分析、解决实际问题。

第一节 保险法概述

一、保险概述

(一) 保险的概念

广义的保险是指以集中起来的保险费建立保险基金,用于对被保险人因保险事故造成的经济损失进行补偿,或对被保险人人身伤亡或疾病等给予保险金行为,包括商业保险、社会保险、合作保险、政策保险等。保险法调整和规范的是商业保险,是狭义的保险。根据《保险法》第2条规定,保险是指投保人根据合同约定,向保险人支付保险费,保险人对于合同约定的可能发生的事故因其发生所造成财产损失承担赔偿保险金责任,或者当被保险人死亡、伤残、疾病或者到合同约定年龄、期限等条件时承担给付保险金责任的商业保险行为。

(二) 保险的要素

保险的要素是指保险得以产生、存在和发展的基本条件,包括以下三个条件。

▶ 1. 危险的存在

建立保险制度的目的在于应付自然灾害和意外事故发生。"无危险则无保险",危险的存在是构成保险的前提条件。但并非所有危险都在保险范围,只有具备一定条件的危险,保险人才予以承保,这种危险通常被称为"承保危险"或"可保危险"。

2. 众人协力

保险是多数人经济的互助共济关系，由众多社会成员参加保险，通过缴纳保险费积聚巨额保险基金，当少数成员遭受危险损失时给予其足额、及时补偿。参加保险的人越多，危险就越分散，参加保险者损失补偿就越有保障。

3. 补偿或给付

补偿或给付是对危险事故造成损失予以经济补偿。保险不可能也不能消灭危险，保险功能是投保人以缴纳保险费为代价，在保险事故发生后，由保险人对事故损失进行补偿或给付约定数额的金钱。财产保险的标的是可以用金钱衡量其价值，保险人按填补损失赔偿原则进行补偿；人身保险的标的是人的身体和寿命，无法以金钱衡量其价值，保险人是在保险事故发生后，按约定金额给付保险受益人一定数额金钱。

二、保险法概述

（一）保险法的概念

保险法是调整保险关系的法律规范总称。狭义的保险法指《中华人民共和国保险法》，1995年6月30日第八届全国人民代表大会常务委员会第十四次会议通过，根据2002年10月28日第九届全国人民代表大会常务委员会第三十次会议《关于修改〈中华人民共和国保险法〉的决定》修正，2009年2月28日第十一届全国人民代表大会常务委员会第七次会议修订，自2009年10月1日起施行。2014年8月31日第十二届全国人民代表大会常务委员会第十次会议修正，2015年4月24日第十二届全国人民代表大会常务委员会第十四次会议修正。广义的保险法，指狭义的保险法和其他法律、法规中有关调整保险关系的内容。

（二）保险法的内容

保险法一般由保险合同法律制度、保险业法律制度和保险监督管理法律制度三大部分构成。

1. 保险合同法律制度

投保人和保险人之间的权利义务关系是通过保险合同确立的。凡是有关保险合同订立、变更、终止以及当事人之间的权利义务关系均属于保险合同法调整范围。

2. 保险业法律制度

保险业法律制度是关于保险组织的法律规定，包括保险经营机构的设立、变更、解散与清算以及保险业的经营管理等方面的法律规范，还包括有关保险代理和保险经纪方面的法律规定。

3. 保险监督管理法律制度

保险监督管理法律制度是国家对保险业监管的法律制度，如保险监管机关对保险条款、保险费率、保险公司、保险代理人、保险经纪人及其业务的经营管理等方面的监督管理。

（三）保险法的基本原则

1. 公序良俗原则

保险业具有较大商业风险和社会风险，国家对保险业实行严格监管，以维护社会公共秩序和公共利益；同时，要求当事人遵守社会公德，服从善良风俗，不得损人利己。《保险法》第4条规定，从事保险活动必须遵守法律、行政法规，尊重社会公德，不得损害社会公共利益。

2. 最大诚信原则

《保险法》第5条规定，保险活动当事人行使权利、履行义务应当遵循诚实信用原则。保险活动具有不确定的保险风险和赔付风险,要求当事人讲求诚信,严格履行自己义务。对投保人而言,表现为两点,一是订立保险合同时的如实告知义务,即应当将有关保险标的重要情况如实向保险人做出陈述;二是履行保险合同时的信守保险义务,完成保险合同约定的作为或不作为义务。对保险人而言,表现为其应当承担的两项义务,一是在订立保险合同时将保险条款告知投保人义务,特别是保险人免责条款;二是及时与全面支付保险金义务。

▶ 3. 自愿原则

自愿原则指保险法律关系的当事人即投保人、保险人以及被保险人、受益人有权根据自己意愿设立、变更或终止保险法律关系,不受他人干预。《保险法》第 11 条规定,订立保险合同,应当协商一致,遵循公平原则确定各方的权利和义务。除法律、行政法规规定必须保险的外,保险合同自愿订立。

▶ 4. 保险利益原则

保险利益是指投保人或者被保险人对保险标的具有的法律上承认利益。《保险法》第 12 条规定:"人身保险的投保人在保险合同订立时,对被保险人应当具有保险利益。财产保险的被保险人在保险事故发生时,对保险标的应当具有保险利益。"订立合同时,投保人对被保险人不具有保险利益的,合同无效。保险事故发生时,被保险人对保险标的不具有保险利益的,不得向保险人请求赔偿保险金。保险利益原则目的是防止道德风险发生,禁止将保险作为赌博工具,防止故意诱发保险事故而牟利企图。实现保险分散危险和消化损失功能。

保险利益应具备三个要素:①必须是法律承认的合法利益;②必须是可以用金钱估计的经济利益;③必须是可以确定的利益。

▶ 5. 近因原则

近因原则是指保险人按照约定的保险责任范围承担责任时,其所承保危险的发生与保险标的的损害之间必须存在因果关系。在近因原则中造成保险标的损害的主要的、起决定性作用的原因,即属近因。只有近因属于保险责任,保险人才承担保险责任。

第 二 节　人身保险合同

一、人身保险合同概述

(一) 人身保险合同的概念

人身保险合同是指以人的寿命和身体为保险标的的保险合同。依照人身保险合同,投保人向保险人支付保险费,被保险人在保险期间因保险事故遭受人身伤亡,或者保险期届满时符合给付保险金条件时,保险人应当向被保险人或者受益人给付保险金。人身保险合同保险标的是人的寿命和身体。人身保险合同可分为人寿保险合同、伤害保险合同和健康保险合同。

(二) 人身保险合同的特点

▶ 1. 保险标的人格化

人身保险合同的保险标的是被保险人寿命或者身体,以被保险人寿命或者身体为存在形式的保险利益,属于被保险人的人格利益或者人身利益。

▶ 2. 定额保险

人身保险的保险标的不能用具体金钱价值予以确定,只能由投保人和保险人协商确定一个固定数额,作为保险人给付保险金最高限额。在发生约定保险事故时,保险人向被保险人或者受益人,依照保险条款给付保险金。因此,人身保险合同中约定的保险金额不构成人身保险合同的保险标的价值,除非保险人限定或者法律规定人身保险合同的最高保险金额,投保人可以投保任何金额的人身保险,而不会发生财产保险中超额保险问题。

▶ 3. 被保险人只能是自然人

人身保险的保险事故涉及人的生死、健康。人身保险合同的保险事故可以为任何导致保险人对被保险人或者受益人承担给付保险金责任的各种法律事实,包括被保险人生存到保险期限、被保险人在保险期限内发生死亡、伤残、疾病和分娩等。而法人就不可能作为被保险人。

▶ 4. 保险费不得强制请求

投保人不按照人身保险合同的约定支付保险费,保险人不得强制方式要求投保人支付保险费。就投保人而言,在应当支付保险费时,可以选择缴纳保险费以维持合同,也可以选择不缴纳保险费以终止合同。

▶ 5. 不适用代位求偿权

人身保险的被保险人因第三者行为而发生死亡、伤残或者疾病等保险事故的,保险人向被保险人或者受益人给付保险金后,不得享有向第三人追偿权利。被保险人或者受益人仍有权向第三者请求赔偿。

二、人身保险合同的特殊条款

(一) 保险利益

《保险法》第31条规定,在人身保险合同中,投保人只对下列人员具有保险利益,为其订立人身保险合同:①本人;②配偶、子女、父母;③前项以外与投保人有抚养、赡养或者扶养关系的家庭其他成员、近亲属;④与投保人有劳动关系的劳动者。除上述范围外,被保险人同意投保人为其订立合同的,视为投保人对被保险人具有保险利益。订立合同时,投保人对被保险人不具有保险利益的,合同无效。

【案例】张翰林为自己的妻子李善兰投保了一份意外伤亡险,受益人为他们6周岁的女儿张子涵,以上内容妻子均同意认可。半年后,张翰林与妻子离婚,一年后李善兰因交通事故身亡。问题:保险公司需要支付保险金吗?向谁支付?

【解析】订立合同时,投保人与被保险人具有合同利益,即使事后不再具有保险利益,保险合同依然有效,保险公司应当向受益人张子涵支付保险金,由其监护人张翰林管理。

(二) 申报虚假年龄的后果

人身保险合同中,投保人申报被保险人年龄如果不真实,对保险人决定是否承保、确定保险费率高低有重大影响,会导致相应法律后果,表现在以下方面。

▶ 1. 解除合同

《保险法》第32条规定,投保人申报被保险人年龄不真实,并且真实年龄不符合合同约定年龄限制的,保险人可以解除合同,并按照合同约定退还保险单现金价值。但保险人行使解除权应当自知道有解除事由之日起30日内行使,否则归于消灭。自合同成立之日起超过2年的,保险人不得再解除合同。

▶ 2. 保险费的更正补交或者保险金的减少

投保人申报的被保险人年龄不真实,致使投保人支付保险费少于应付保险费的,保险人有权更正并要求投保人补交保险费;或者在给付保险金时按照实付保险费与应付保险费的比例支付。这种情况一般是指投保人申报的被保险人年龄比被保险人的真实年龄要小。

▶ 3. 保险费的退还

投保人申报的被保险人年龄不真实,致使投保人实付保险费多于应付保险费的,保险人应当将多收的保险费退还投保人。这种情况一般是指投保人申报的被保险人年龄比被保险人的真实年龄要大。

(三)投保死亡保险的特殊规则

为防止道德风险,保险法对死亡保险有如下限制性规定。

(1)被保险人为无民事行为能力人的死亡保险,禁止投保人投保,承保人承保,父母为未成年子女投保的除外。

(2)死亡保险的投保,必须取得被保险人同意,并认可保险金额,父母为未成年的子女投保的除外。

(3)未经被保险人书面同意,死亡保险的保险单不得转让或者质押。

(四)保险费及其缴纳

▶ 1. 缴费方式

人身保险合同的保险费可以在合同成立后向保险人一次支付,也可以按照合同约定分期支付。合同约定分期支付保险费的,投保人应当于合同成立时支付首期保险费,并应当按期支付其余各期的保险费。保险人对人寿保险的保险费,不得用诉讼方式要求投保人支付。

▶ 2. 逾期付费后果

人身保险合同约定分期支付保险费的,投保人支付首期保险费后,除合同另有约定外,投保人自保险人催告之日起超过 30 日未支付当期保险费,或者超过规定的期限 60 日未支付当期保险费的,合同效力中止,或者由保险人按照合同约定的条件减少保险金额。被保险人在上述规定期限内发生保险事故的,保险人应当按照合同约定给付保险金,但可以扣减欠交的保险费。

▶ 3. 人身保险合同复效

人身保险合同因前述原因而致效力中止后 2 年内,经保险人与投保人协商并达成协议,在投保人补交保险费后,合同效力恢复。在此期间,除非保险合同另有约定,保险人不得解除合同。但是,自合同效力中止之日起 2 年内双方未达成协议的,保险人有权解除合同。按照合同约定退还保险单的现金价值。

(五)受益人

▶ 1. 受益人的确定

人身保险的受益人由被保险人或者投保人指定。只有人身保险合同有受益人,指定受益人的时间应在保险事故发生前。投保人指定受益人时须经被保险人同意。投保人为与其有劳动关系的劳动者投保人身保险,不得指定被保险人及其近亲属以外的人为受益人。被保险人为无民事行为能力人或者限制民事行为能力人的,可以由其监护人指定受益人。

▶ 2. 受益顺序及份额

被保险人或者投保人可以指定一人或者数人为受益人。受益人为数人的,被保险人或者投保人可以确定受益顺序和受益份额;未确定受益份额的,受益人按照相等份额享有受益权。

▶ 3. 受益人的变更

被保险人或者投保人可以变更受益人并书面通知保险人。保险人收到变更受益人书面通知后,应当在保险单或者其他保险凭证上批注或者附贴批单。投保人变更受益人时须经被保险人同意。

4. 受益权的丧失

受益人故意造成被保险人死亡、伤残或者疾病的，或者故意杀害被保险人未遂的，该受益人丧失受益权。受益人为骗保，故意造成被保险人伤亡的。保险人仍然要承担保险责任，保险金支付给被保险人或在没有其他受益人情况下作为被保险人遗产。

（六）保险金

1. 给付保险金

保险人在保险合同约定保险事故发生时，或者其他给付保险金条件具备时，应当向被保险人或者受益人给付保险金。保险合同约定或者投保人或者被保险人指定有受益人的，在发生保险事故时，保险人应当依照约定向受益人支付保险金。

2. 保险金的继承

被保险人死亡后，遇有下列情形之一的；保险金作为被保险人的遗产，由保险人依照继承法规定向被保险人继承人履行给付保险金的义务：①没有指定受益人的，或者受益人指定不明无法确定的；②指定的受益人先于被保险人死亡，没有其他受益人的；③受益人依法丧失受益权或者放弃受益权，没有其他受益人的。受益人与被保险人在同一事件中死亡且不能确定死亡先后顺序的，推定受益人死亡在先。

3. 保险金的丧失

（1）投保人故意造成被保险人死亡、伤残或者疾病的，保险人不承担给付保险金责任。但投保人已经交足2年以上保险费的，保险人应当按照合同约定向其他享有权利的人退还保险单现金价值。

（2）被保险人自杀。以被保险人死亡为给付保险金条件的合同，自合同成立或者合同效力恢复之日起2年内，被保险人自杀的，保险人不承担给付保险金责任，但被保险人自杀时为无民事行为能力人除外。保险人应当按照合同约定退还保险单现金价值。

（3）被保险人故意犯罪或者抗拒依法采取的刑事强制措施导致其伤残或者死亡的，保险人不承担给付保险金的责任。投保人已交足2年以上保险费的，保险人应当按照合同约定退还保险单的现金价值。

4. 保险人的禁止追偿

在人身保险中，保险人不享有代位求偿权。被保险人因第三者的行为而发生死亡、伤残或者疾病等保险事故的，保险人向被保险人或者受益人给付保险金后，不享有向第三者追偿的权利，但被保险人或者受益人仍有权向第三者请求赔偿。

（七）保险合同的解除

投保人解除合同的，保险人应当自收到解除合同通知之日起30日内，按照合同约定退还保险单现金价值。

第三节　财产保险合同

一、财产保险合同概述

（一）财产保险合同的概念

财产保险合同是指以补偿投保人经济损失为基本目的，以特定财产及其有关利益为保险标的的保险合同。

（二）财产保险合同的特点

▶ 1. 财产保险合同标的具有价值性

财产保险合同的标的可以计算确定，既可以是有形的物质财富，也可以是无形的与财产有关的利益。

▶ 2. 财产保险合同具有较强的补偿性

财产保险合同实行保险责任限定制度。目的是补偿被保险人的实际财产损失，保险补偿不能超过保险标的价值。保险标的的保险价值，可以由投保人和保险人约定并在合同中载明，也可以按照保险事故发生时保险标的的实际价值确定。就保险金额的约定而言，保险金额不得超过保险价值，超过保险价值的，超过的部分无效。保险金额低于保险价值的，除合同另有约定的外，保险人按照保险金额与保险价值的比例承担赔偿责任。

▶ 3. 财产保险合同中保险人有代位求偿权

在财产保险中，第三人造成的事故，被保险人有权向责任者请求损害赔偿，为避免被保险人获得双重赔偿，被保险人只能获得选择权，或者请求保险人赔偿，或者请求第三人赔偿。如果被保险人从保险人那里获得了赔偿，那么，他必须将对第三人的求偿权让渡给保险人，保险人获得代位求偿权。

（三）财产保险合同的种类

▶ 1. 财产损失保险合同

财产损失保险合同是指以补偿财产的损失为目的的保险合同。保险标的限于有形财产，包括企业财产保险合同、家庭财产保险合同、运输工具保险合同、货物运输保险合同以及农业保险合同等。

▶ 2. 责任保险合同

责任保险合同是指以被保险人对第三者依法应负的赔偿责任为保险标的的保险合同。责任保险的标的为一定范围内的侵权损害赔偿责任，非损害赔偿责任不能作为责任保险的标的，如刑事责任就不能作为责任保险的标的。责任保险在于转移被保险人对第三者应当承担的赔偿责任，不能涉及被保险人的人身或其财产。责任保险合同包括第三者责任保险合同、公众责任保险合同、产品责任保险合同、雇主责任保险合同、职业责任保险合同等。

▶ 3. 信用保险合同

信用保险合同指被保险人在信用贷款或售货交易过程中，债务人不为清偿或不能清偿时，保险人将给予赔偿的一种财产保险合同，包括出口信用保险、商业信用保险、投资信用保险等。

二、财产保险合同的特殊条款

（一）保险标的

保险标的即保险合同双方权利义务所指向的对象。财产保险的标的非常广泛，如房屋、机器设备、运输工具等。当事人在签订合同时，应当明确载明保险标的的名称、范围、价值、坐落地点。

▶ 1. 保险利益要求

财产保险是以财产及其有关利益为保险标的的保险。财产保险的被保险人在保险事故发生时，对保险标的应当具有保险利益。保险事故发生时，被保险人对保险标的不具有保险利益的，不得向保险人请求赔偿保险金。人身保险合同强调在投保人订立保险合同时对被保险人应当具有保险利益。

► 2. 保险标的转让

保险标的转让的,保险标的的受让人承继被保险人的权利和义务。保险标的转让的,被保险人或者受让人应当及时通知保险人,但货物运输保险合同和另有约定的合同除外。因保险标的的转让导致危险程度显著增加的,保险人自收到通知之日起 30 日内,可以按照合同约定增加保险费或者解除合同。保险人解除合同的,应当将已收取的保险费,按照合同约定扣除自保险责任开始之日起至合同解除之日止应收的部分后,退还投保人。被保险人、受让人未履行规定的通知义务的,因转让导致保险标的的危险程度显著增加而发生的保险事故,保险人不承担赔偿保险金的责任。

► 3. 保险标的的安全防护

被保险人应当遵守国家有关消防、安全、生产操作、劳动保护等方面的规定,维护保险标的的安全。保险人可以按照合同约定对保险标的的安全状况进行检查,及时向投保人、被保险人提出消除不安全因素和隐患的书面建议。投保人、被保险人未按照约定履行其对保险标的的安全应尽责任的,保险人有权要求增加保险费或者解除合同。保险人为维护保险标的的安全,经被保险人同意,可以采取安全预防措施。

► 4. 防止减少保险标的的损失的义务

保险事故发生时,被保险人应当尽力采取必要的措施,防止或者减少损失。保险事故发生后,被保险人为防止或者减少保险标的的损失所支付的必要的、合理的费用,由保险人承担;保险人所承担的费用数额在保险标的的损失赔偿金额以外另行计算,最高不超过保险金额的数额。

► 5. 保险标的残余权利归属

保险事故发生后,保险人已支付了全部保险金额,并且保险金额等于保险价值的,受损保险标的的全部权利归于保险人;保险金额低于保险价值的,保险人按照保险金额与保险价值的比例取得受损保险标的的部分权利。

(二) 财产保险合同的解除

► 1. 投保人解除合同的法律后果

保险责任开始前,投保人要求解除合同的,应当按照合同约定向保险人支付手续费,保险人应当退还保险费。保险责任开始后,投保人要求解除合同的,保险人应当将已收取的保险费,按照合同约定扣除自保险责任开始之日起至合同解除之日止应收的部分后,退还投保人。

► 2. 保险事故发生后的合同解除权

保险标的发生部分损失的,自保险人赔偿之日起 30 日内,投保人可以解除合同;除合同另有约定外,保险人也可以解除合同,但应当提前 15 日通知投保人。合同解除的,保险人应当将保险标的未受损失部分的保险费,按照合同约定扣除自保险责任开始之日起至合同解除之日止应收的部分后,退还投保人。

► 3. 禁止解除合同义务

货物运输保险合同和运输工具航程保险合同,保险责任开始后,合同当事人不得解除合同。

(三) 保险费用

保险费是投保人向保险人支付的费用,是保险方承担赔偿责任的代价和必要条件,必须在合同中写明。保险费的多少是根据保险金额的大小和保险费费率的高低来决定的。

▶ 1. 增加保险费用

在合同有效期内，保险标的的危险程度显著增加的，被保险人应当按照合同约定及时通知保险人，保险人可以按照合同约定增加保险费或者解除合同。保险人解除合同的，应当将已收取的保险费，按照合同约定扣除自保险责任开始之日起至合同解除之日止应收的部分后，退还投保人。被保险人未履行前款规定的通知义务的，因保险标的的危险程度显著增加而发生的保险事故，保险人不承担赔偿保险金的责任。

▶ 2. 降低保险费用

有下列情形之一的，除合同另有约定外，保险人应当降低保险费，并按日计算退还相应的保险费：①据以确定保险费率的有关情况发生变化，保险标的的危险程度明显减少的；②保险标的的保险价值明显减少的。

（四）保险价值、保险金确定

投保人和保险人约定保险标的的保险价值并在合同中载明的，保险标的发生损失时，以约定的保险价值为赔偿计算标准。投保人和保险人未约定保险标的的保险价值的，保险标的发生损失时，以保险事故发生时保险标的的实际价值为赔偿计算标准。保险金额不得超过保险价值。超过保险价值的，超过部分无效，保险人应当退还相应的保险费。保险金额低于保险价值的，除合同另有约定外，保险人按照保险金额与保险价值的比例承担赔偿保险金的责任。

（五）重复保险

重复保险是指投保人就同一保险标的、同一保险利益、同一保险事故与两个以上保险人订立保险合同，保险金额总和超过保险价值的保险。

▶ 1. 重复保险合同的效力

重复保险的投保人应当将重复保险的有关情况通知各保险人。重复保险合同有效取决于投保人主观上属于善意。善意指因估计错误，或保险标的价值突然跌落，以致保险金额超过保险价值，但投保人对此种情势的造成，主观上应无故意或重大过失。投保人应将其他保险人的名称及保险金额通知各保险人。

▶ 2. 重复保险合同的法律后果

重复保险的各保险人赔偿保险金的总和不得超过保险价值。除合同另有约定外，各保险人按照其保险金额与保险金额总和的比例承担赔偿保险金的责任。重复保险的投保人可以就保险金额总和超过保险价值的部分，请求各保险人按比例返还保险费。

（六）代位求偿权

代位求偿权是指因第三者对保险标的的损害而造成保险事故的，保险人自向被保险人赔偿保险金之日起，在赔偿金额范围内代位行使被保险人对第三者请求赔偿的权利。

▶ 1. 代位求偿权成立的基本条件

（1）第三方致使保险标的损失的责任属于保险责任范围。

（2）保险责任的形成必须由第三方所造成。

（3）保险人必须首先履行赔偿责任。

▶ 2. 代位求偿权的行使

保险事故发生后，被保险人已经从第三者取得损害赔偿的，保险人赔偿保险金时，可以相应扣减被保险人从第三者已取得的赔偿金额。保险人行使代位请求赔偿的权利，不影响被保险人就未取得赔偿的部分向第三者请求赔偿的权利。保险人向第三者行使代位请求赔偿的权利时，被保险人应当向保险人提供必要的文件和所知道的有关情况。

▶ 3. 代位求偿权不能行使的法律后果

保险事故发生后，保险人未赔偿保险金之前，被保险人放弃对第三者请求赔偿的权利的，保险人不承担赔偿保险金的责任。保险人向被保险人赔偿保险金后，被保险人未经保险人同意放弃对第三者请求赔偿的权利的，该行为无效。被保险人故意或者因重大过失致使保险人不能行使代位请求赔偿的权利的，保险人可以扣减或者要求返还相应的保险金。

▶ 4. 代位求偿权的例外规定

除被保险人的家庭成员或者其组成人员故意造成保险法规定的保险事故外，保险人不得对被保险人的家庭成员或者其组成人员行使代位请求赔偿的权利。

【案例】潘某向保险公司投保了一年期的家庭财产保险。保险期间内，潘某一家外出，嘱托保姆看家。某日，保姆外出忘记锁门，窃贼乘虚而入，潘某家被盗财物价值近5 000元。问题：保险公司能否行使代位求偿权？

【解析】潘某向保险公司投保了一年期的家庭财产保险，且在保险期内发生了保险事故，虽然是第三人引起的，但是保险公司依然负有支付保险金的责任。《保险法》第62条规定，除被保险人的家庭成员或者其组成人员故意造成保险事故外，保险人不得对被保险人的家庭成员或者其组成人员行使代位请求赔偿的权利。保姆属于潘某家庭的其他组成人员，且保姆对保险事故的发生仅存在过失，而非故意，因此，保险公司不得对保姆行使代位请求赔偿的权利。

（七）责任保险

▶ 1. 责任保险的概念和分类

责任保险是指以被保险人依法对第三者应负的赔偿责任为保险标的的保险。责任保险成立条件是：①损害事实或违约事实的存在；②受害人(第三者)向致害人(被保险人)提出索赔要求。责任保险可以保障被保险人履行损害赔偿责任受到的利益减损，还可以保护被保险人的侵权行为的直接受害者，使受害者获得及时的赔偿。

责任保险合同以责任保险发生效力的方式不同，可以分为自愿责任保险和强制责任保险。法律规定投保人必须投保的责任保险是强制责任保险，如机动车辆第三者责任险、航空运输险等。

▶ 2. 责任保险的赔付

责任保险合同是为第三人的利益而订立的保险合同。责任保险不能及于被保险人的人身或其财产。当被保险人的人身或者财产发生损失时，保险人不承担保险责任。赔付条款如下：

（1）保险人对责任保险的被保险人给第三者造成的损害，可以依照法律的规定或者合同的约定，直接向该第三者赔偿保险金。

（2）责任保险的被保险人给第三者造成损害，被保险人对第三者应负的赔偿责任确定的，根据被保险人的请求，保险人应当直接向该第三者赔偿保险金。被保险人怠于请求的，第三者有权就其应获赔偿部分直接向保险人请求赔偿保险金。

（3）责任保险的被保险人给第三者造成损害，被保险人未向该第三者赔偿的，保险人不得向被保险人赔偿保险金。

（4）责任保险的被保险人因给第三者造成损害的保险事故而被提起仲裁或者诉讼的，

被保险人支付的仲裁或者诉讼费用以及其他必要的、合理的费用，除合同另有约定外，由保险人承担。

【案例】 甲将自己的汽车向某保险公司投保财产损失险，附加盗抢险。保险金额按车辆价值确定为 20 万元。后该汽车被盗，在保险公司支付了全部保险金额之后，该车辆被公安机关追回。问题：应如何处置保险金和车辆？

【解析】 根据《保险法》第 59 条规定，保险事故发生后，保险人已支付了全部保险金额，并且保险金额等于保险价值的，受损保险标的的全部权利归于保险人，本案例中，在车辆被盗后，保险公司支付了全部保险金额，且等于车辆保险价值 20 万元，按照规定，保险公司成为该汽车的法律上的所有人，不管公安机关是否追回被盗汽车，甲都不能主张汽车的所有权。自然也无须退还保险金。

第四节　保险业法律制度

一、保险公司

（一）保险公司的概念

保险公司是指依法设立的专门经营保险业务的企业法人。保险公司采取有限责任公司或股份有限公司的组织形式。

（二）保险公司的设立

保险公司的设立首先适用保险法的规定，保险法没有规定的，适用公司法以及其他行政法规的规定。

▶ 1. 保险公司的设立条件

（1）主要股东具有持续赢利的能力，信誉良好，最近三年内无重大违法违规记录，净资产不低于人民币 2 亿元。

（2）有符合保险法和公司法规定的章程。

（3）注册资本最低限额为人民币 2 亿元。保险公司注册资本必须为实缴货币资本。保险监督管理机构根据保险公司业务范围、经营规模，可以调整其注册资本的最低限额，但是不得低于前述法定的最低限额即 2 亿元人民币。

（4）有具备任职专业知识和业务工作经验的董事、监事和高级管理人员。

（5）有健全的组织机构和管理制度。

（6）有符合要求的营业场所和与经营业务有关的其他设施。

（7）法律、行政法规和国务院保险监督管理机构规定的其他条件。

▶ 2. 设立保险公司的程序

（1）申请和审查。设立保险公司，应向保险监督管理机构提出申请，并提交下列资料：设立申请书，申请书应当载明拟设立的保险公司的名称、注册资本、业务范围等；可行性研究报告；筹建方案；投资人的营业执照或者其他背景资料；经会计事务所审计的上一年度财务会计报告；投资人认可的筹备组负责人和拟任董事长、经理名单及本人认可证明，等等。

（2）审批。保险公司的设立采取许可主义，必须经保险监督管理机构批准。审批部门自受理之日起 6 个月内做出批准或者不批准筹建的决定，并书面通知申请人。决定不批准的，应当书面说明理由。

(3) 筹建。申请人应当自收到批准筹建通知之日起 1 年内完成筹建工作；筹建期间不得从事保险经营活动。

(4) 开业申请和审批。筹建工作完成后，申请人具备《保险法》第 68 条规定的设立条件的，可以向国务院保险监督管理机构提出开业申请。国务院保险监督管理机构应当自受理开业申请之日起 60 日内，做出批准或者不批准开业的决定。决定批准的，颁发经营保险业务许可证；决定不批准的，应当书面通知申请人并说明理由。

(5) 工商登记。经批准设立的保险公司，由批准部门颁发经营保险业务许可证，凭经营保险业务许可证向工商行政管理机关办理登记，领取营业执照。保险公司及其分支机构自取得经营保险业务许可证之日起 6 个月内，无正当理由未向工商行政管理机关办理登记的，其经营保险业务许可证失效。

▶ 3. 保险公司的分支机构的设立

保险公司设立分支机构同样需要取得保险监督管理机构的批准并经工商行政管理机关登记注册，但分支机构不能取得法人资格，故不能独立承担民事责任。

保险公司在中华人民共和国境外设立子公司、分支机构应当经国务院保险监督管理机构批准。外国保险机构在中华人民共和国境内设立代表机构，应当经国务院保险监督管理机构批准。代表机构不得从事保险经营活动。

二、保险公司的变更、终止与清算

(一) 保险公司的变更

保险公司的变更是指保险公司的名称、组织机构、业务范围等方面的变化。保险公司有下列变更事项之一的，须经保险监督管理机构批准：①变更名称；②变更注册资本；③变更公司或者分支机构的营业场所；④撤销分支机构；⑤公司分立或者合并；⑥修改公司章程；⑦变更出资额占有限责任公司资本总额 5% 以上的股东，或者持有股份有限公司股份 5% 以上的股东；⑧保险监督管理机构规定的其他变更事项。

(二) 保险公司的终止

保险公司的终止是指保险公司因解散、依法被撤销、依法被宣告破产而终止其经营保险业务，亦指保险公司法人资格的丧失和公司主体地位的消灭。保险公司依法终止其业务活动，应当注销其经营保险业务许可证。保险公司终止的原因如下。

▶ 1. 解散

保险公司因分立、合并需要解散，或者股东会、股东大会决议解散，或者公司章程规定的解散事由出现，经保险监督管理机构批准后解散。保险公司应当依法成立清算组，进行清算。经营人寿保险业务的保险公司，除分立、合并或者被依法撤销外，不得解散。

▶ 2. 破产

保险公司有《企业破产法》第 2 条规定情形，经保险监督管理机构同意，保险公司或者债权人可以依法向人民法院申请重整、和解或者破产清算。国务院保险监督管理机构也可以向人民法院申请对该保险公司进行重整或者破产清算。

保险公司破产时破产财产的清偿顺序。破产财产在优先清偿破产费用和共益债务后，按照下列顺序清偿：①所欠职工工资和医疗、伤残补助、抚恤费用，所欠应当划入职工个人账户的基本养老保险、基本医疗保险费用，以及法律、行政法规规定应当支付给职工的补偿金；②赔偿或者给付保险金；③保险公司欠缴的除第①项规定以外的社会保险费用和所欠税款;④普通破产债权。破产财产不足以清偿同一顺序的清偿要求的,按照比例分配。破产保险公司的董事、监事和高级管理人员的工资,按照该公司职工的平均工资计算。

三、保险经营规则

(一) 保险经营原则

▶ 1. 分业经营原则

分业经营有两层含义:①保险业和银行业、证券业、信托业实行分业经营、分业管理,保险公司与银行、证券、信托业务机构分别设立;②保险人不得兼营人身保险业务和财产保险业务。但是,经营财产保险业务的保险公司经保险监督管理机构批准,可以经营短期健康保险业务和意外伤害保险业务。

▶ 2. 禁止兼营原则

禁止兼营原则是指保险公司不得同时兼营非保险业务。保险公司的业务范围由保险监督管理机构核定,保险公司只能在被核定的业务范围内从事保险业务,而不得兼营保险法及其他法律、行政法规规定以外的业务。

▶ 3. 保险专营原则

保险专营原则是指保险业务只能由依照保险法设立的商业保险公司经营,其他任何单位和个人不得经营商业保险业务。

(二) 偿付能力规则

保险公司偿付能力是指保险公司具备履行保险合同的能力,对承担的保险责任所具有的赔偿或者给付能力。偿付能力是国家对保险公司监督管理的核心内容。根据保险法的规定,保险监督管理机构应当建立健全保险公司偿付能力监管指标体系,对保险公司的最低偿付能力实施监控。

▶ 1. 资本金

保险公司应当具有与其业务规模相适应的最低偿付能力。保险公司的实际资产减去实际负债的差额不得低于保险监督管理机构规定的数额;低于规定数额的,应当增加资本金,补足差额。

▶ 2. 保证金

保险公司应当按照其注册资本总额的20%提取保证金,存入保险监督管理机构指定的银行,除保险公司清算时用于清偿债务外,不得动用。

▶ 3. 保险准备金

保险公司应当根据保障被保险人利益、保证偿付能力的原则,提取各项责任准备金,包括未到期责任准备金和未决赔款准备金。未到期责任准备金是指保险公司为了承担未了结的预期保险责任,依据法律规定从保险费中提取的责任准备基金。未决赔款准备金是指保险公司应当按照已经提出的保险赔偿或者给付金额,以及已经发生保险事故但尚未提出的保险赔偿或者给付金额中提取的未决赔款准备金。

▶ 4. 保险公积金

保险公司除应依法提取准备金外,还应当依照有关法律、行政法规及国家财务会计制度的规定从公司每年的税后利润中提取公积金。保险公积金是保险公司的储备基金,能增强资产实力、扩大经营规模以及预防亏损。

▶ 5. 保险保障基金

保险公司应当按照保险监督管理机构的规定提存保险保障基金。保险保障基金是保险公司的总准备金或者自由准备金,是指保险公司为发生周期较长、后果难以预料的巨灾或巨大危险而提存的资金,属于后备资金,其目的是为了保障被保险人的利益,支持保险公司的稳健经营。

(三) 保险公司的风险管理

▶ 1. 自留保险费的限制

经营财产保险业务的保险公司当年自留保险费,不得超过其实有资本金加公积金总和的 4 倍。对于经营人身保险业务的保险公司,其当年的自留保险费不受限制。

▶ 2. 再保险的强制规定

保险公司对每一危险单位,即对一次保险事故可能造成的最大损失范围所承担的责任,不得超过其实有资本金加公积金总和的 10%,超过的部分应当办理再保险。保险公司应当按照保险监督管理机构的有关规定办理再保险,并审慎选择再保险接受人。

▶ 3. 资金营运的限制

保险公司的资金运用限于下列形式:银行存款;买卖债券、股票、证券投资基金份额等有价证券;投资不动产;国务院规定的其他资金运用形式。

▶ 4. 经营禁止行为

保险公司及其工作人员在保险业务活动中不得有下列行为。

(1) 欺骗投保人、被保险人或者受益人。

(2) 对投保人隐瞒与保险合同有关的重要情况。

(3) 阻碍投保人履行保险法规定的如实告知义务,或者诱导其不履行保险法规定的如实告知义务。

(4) 给予或者承诺给予投保人、被保险人、受益人保险合同约定以外的保险费回扣或者其他利益。

(5) 拒不依法履行保险合同约定的赔偿或者给付保险金义务。

(6) 故意编造未曾发生的保险事故、虚构保险合同或者故意夸大已经发生的保险事故的损失程度进行虚假理赔,骗取保险金或者牟取其他不正当利益。

(7) 挪用、截留、侵占保险费。

(8) 委托未取得合法资格的机构从事保险销售活动。

(9) 利用开展保险业务为其他机构或者个人牟取不正当利益。

(10) 利用保险代理人、保险经纪人或者保险评估机构,从事以虚构保险中介业务或者编造退保等方式套取费用等违法活动。

(11) 以捏造、散布虚假事实等方式损害竞争对手的商业信誉,或者以其他不正当竞争行为扰乱保险市场秩序。

(12) 泄露在业务活动中知悉的投保人、被保险人的商业秘密。

(13) 违反法律、行政法规和国务院保险监督管理机构规定的其他行为。

四、保险业的监督管理

保险业的监督管理机关是国务院保险监督管理委员会。保险业的监督管理目标是:确保保险公司偿付能力、维护保险当事人利益、维持保险市场公平竞争。

(一) 保险业监督管理的内容

保监会有权检查保险公司的业务状况、财务状况及资金运用状况,主要内容如下。

▶ 1. 保险条款和保险费率的审批和备案

关系社会公众利益的保险险种、依法实行强制保险的险种和新开发的人寿保险险种等的保险条款和保险费率，应当报保险监督管理机构审批。其他保险险种的保险条款和保险费率，应当报保险监督管理机构备案。

▶ 2. 保险公司偿付能力的监督管理

保险公司未按照保险法规定提取或者结转各项准备金，或者未按照保险法规定办理再保险，或者严重违反保险法关于资金运用的规定的，由保险监督管理机构责令该保险公司限期改正。对偿付能力不足的保险公司，国务院保险监督管理机构应当将其列为重点监管对象。

▶ 3. 关联交易的监管

保险公司的股东利用关联交易严重损害公司利益，危及公司偿付能力的，由国务院保险监督管理机构责令改正。在按照要求改正前，国务院保险监督管理机构可以限制其股东权利；拒不改正的，可以责令其转让所持的保险公司股权。

（二）保险公司的整顿

保险公司未依照《保险法》规定提取或者结转各项责任准备金，或者未办理再保险，或者严重违反本法关于资金运用规定，由保险监督管理机构责令限期改正，并可以责令调整负责人及有关管理人员。保险公司逾期未改正的，国务院保险监督管理机构可以决定选派保险专业人员和指定该保险公司的有关人员组成整顿组，对公司进行整顿。整顿组有权监督被整顿保险公司的日常业务。被整顿公司的负责人及有关管理人员应当在整顿组的监督下行使职权。国务院保险监督管理机构可以责令被整顿公司停止部分原有业务、停止接受新业务，调整资金运用。被整顿的保险公司经整顿已纠正其违反本法规定的行为，恢复正常经营状况的，由整顿组提出报告，经国务院保险监督管理机构批准，结束整顿，并由国务院保险监督管理机构予以公告。

（三）保险公司的接管

接管的目的是保护被保险人的利益，恢复保险公司正常经营。保险公司违反《保险法》规定，保险公司偿付能力严重不足的，或者保险公司违反本法规定，损害社会公众利益，可能造成严重危害或者已经危及保险公司偿付能力的，保险监督管理机构可以对该保险公司实行接管。被接管的保险公司的债权债务关系不因接管而发生变化。

接管期限届满，保险监督管理机构可以决定延期，但接管期限最长不得超过 2 年。接管期限届满，被接管保险公司恢复正常经营能力，保险监督管理机构可以决定接管终止。接管组织认为被接管保险公司财产不足清偿债务，经保险监督管理机构批准，依法向人民法院申请该保险公司破产。

复习思考题

一、单项选择题

1. 新《保险法》自（　　）起施行。
   A. 2009 年 1 月 1 日　　　　　　　　B. 2009 年 2 月 28 日
   C. 2009 年 6 月 1 日　　　　　　　　D. 2009 年 10 月 1 日

2. 人身保险的投保人在（　　）时应对被保险人具有保险利益，财产保险的被保险人在（　　）时应对保险标的具有保险利益。
   A. 保险合同订立；保险合同订立
   B. 保险事故发生；保险事故发生
   C. 保险事故发生；保险合同订立
   D. 保险合同订立；保险事故发生

3. 丁某于2011年5月为其9周岁的儿子丁海购买一份人身保险。至2014年9月，丁某已支付了3年多的保险费。当年10月，丁海患病住院，因医院误诊误治致残。关于本案，下列表述正确的是（　　）。
   A. 丁某可以在向保险公司索赔的同时要求医院承担赔偿责任
   B. 应当先由保险公司支付保险金，再由保险公司向医院追偿
   C. 丁某应先向医院索赔，若医院拒绝赔偿或无法足额赔偿，再要求保险公司支付保险金
   D. 丁某不能用诉讼方式要求保险公司支付保险金

4. 保险人在合同订立时已经知道投保人未如实告知义务，发生保险事故，此时将产生（　　）的法律后果。
   A. 保险公司不得解除合同，并应承担相应保险责任
   B. 保险公司以投保人未如实告知为由，不承担保险责任，但退还保险费
   C. 保险公司以投保人未如实告知为由，不承担保险责任，也不退还保险费
   D. 保险公司以投保人未如实告知为由，解除合同

5. 在财产保险合同中，确定保险金额的基础是（　　）。
   A. 保险标的　　　B. 保险价值　　　C. 保险利益　　　D. 保险事故

6. 在保险合同所约定的各项保险人义务中，保险人最基本的义务是（　　）。
   A. 提供保险咨询服务
   B. 提供保险投资服务
   C. 提供保险防灾服务
   D. 承担赔偿或给付保险金

7. 某保险公司依法破产，其破产财产支付下列费用：(1)所欠税款；(2)普通破产债权；(3)破产费用；(4)所欠职工工资和社会保险费用；(5)赔偿或给付保险金，其清偿顺序为（　　）。
   A. (1)(2)(3)(4)(5)
   B. (3)(4)(5)(1)(2)
   C. (3)(4)(5)(2)(1)
   D. (3)(1)(4)(5)(2)

二、多项选择题

1. 对偿付能力不足的保险公司，国务院保险监督管理机构应当将其列为重点监管对象，并可以根据具体情况采取下列措施（　　）。
   A. 责令增加资本金、办理再保险
   B. 限制经营区域
   C. 限制增设分支机构
   D. 责令停业整顿
   E. 责令停止接受新业务

2. 保险公司有下列情形（　　）之一的，国务院保险监督管理机构可以对其实行接管。
   A. 保险公司未依照保险法规定提取或者结转各项责任准备金的
   B. 公司的偿付能力严重不足的
   C. 违反保险法规定，损害社会公众利益，可能严重危及或者已经危及公司的偿付能力的
   D. 保险公司的股东利用关联交易严重损害公司利益，危及公司偿付能力的

3. 王某将自己居住的房屋向某保险公司投保家庭财产保险。保险合同有效期内，该房屋因邻居家的小孩玩火而被部分毁损，损失 10 万元。下列选项错误的是（　　）。
   A. 王某应当先向邻居索赔，在邻居无力赔偿的前提下才能向保险公司索赔
   B. 王某可以放弃对邻居的赔偿请求权，单独向保险公司索赔
   C. 若王某已从邻居处得到 10 万元的赔偿，其仍可向保险公司索赔
   D. 若王某从保险公司得到的赔偿不足 10 万元，其仍可向邻居索赔

4. 某甲投保人身保险，约定具体遭受伤害时由保险公司给付保险金。合同成立 2 年后，某甲在一次翻墙入室行窃时从墙上掉下来，摔成粉碎性骨折。据此，下列说法正确的是（　　）。
   A. 保险公司应当给付保险金
   B. 保险公司可以不给付保险金
   C. 保险公司可以不按约定给付足额保险金
   D. 保险公司应按保险单退还某甲现金价值

5. 王某对其所有的一辆汽车投保机动车车辆保险，在保险责任期间，因李某违章驾驶造成王某与李某的两车相撞，王某为修复汽车花费 5 000 元，对此王某向保险公司提出索赔。根据我国保险法相关规定，以下说法正确的有（　　）。
   A. 保险公司对王某的损失全额赔偿，则自向王某赔偿保险金之日起，可代位行使向李某请求赔偿 5 000 元损失的权利
   B. 如果王某在向保险公司索赔之前已经从李某处获得 2 000 元赔偿金，则保险公司仅需赔付王某 3 000 元
   C. 如果保险公司仅向王某赔偿 3 000 元，则王某有权要求李某向其赔偿 2 000 元
   D. 保险公司在向王某做出赔偿后，其代位权自王某与李某汽车相撞之日起两年内不行使而消灭

6. 保险人在下列（　　）情况下享有解除保险合同的权利。
   A. 人身保险合同中约定采用分期缴纳保险费的方式，投保人支付首期保险费之后，未缴纳第二期的保险费已超过合同约定的期限两年半的
   B. 财产保险中保险事故发生后，被保险人不积极进行施救的
   C. 财产保险中保险合同成立后，保险标的的危险程度增加的
   D. 人身保险中投保人申报的被保险人年龄不真实，合同成立 3 个月后，保险人发现被保险人的真实年龄不符合合同约定的年龄限制的

7. 按照保险利益原则，下列当事人的投保行为（　　）是无效的。
   A. 甲为自己购买的一注彩票投保
   B. 乙为自己即将出生的女儿购买人寿保险
   C. 丙为屋前的一棵国家一级保护树木投保
   D. 丁为自己与女友的恋爱关系投保

三、判断题

1. 保险是指投保人根据合同约定，向保险人支付保险费，保险人对于合同约定的可能发生的事故因其发生所造成的财产损失承担赔偿保险金责任，或者当被保险人死亡、伤残、疾病或者达到合同约定的年龄、期限等条件时承担给付保险金责任的商业保险行为。（　　）

2. 根据我国《保险法》的规定，经营财产保险业务的保险公司不得经营短期健康保险业务和意外伤害保险业务。（　　）

3. 被接管的保险公司的债权债务关系随着被接管而转移。（　　）

4. 根据我国《保险法》的规定，保险标的是指作为保险对象的财产及其有关利益或者人的寿命、身体及有关价值。（　　）

5. 在人身保险中，被保险人因第三者的行为而发生死亡、伤残或者疾病等保险事故的，保险人给付保险金后，不得向第三者追偿，被保险人和受益人则有权向第三者追偿。（　　）

6. 雇主为与自己有雇佣关系的雇员投保人身保险，可以指定自己为受益人。（　　）

7. 根据我国《保险法》的规定，在财产保险合同中，保险人向被保险人赔偿保险金后，被保险人未经保险人同意放弃对第三者请求赔偿的权利，该行为部分有效。（　　）

四、案例分析题

1. 2014年1月，张甲与其父张某协商同意后为张某办理了期限为3年的人寿保险，保险合同约定：张某去世后保险公司向受益人——其妻李某支付保险金2万元。2015年4月，张某身体不适且查实为肝癌晚期，2月后张某死亡。李某向其子张甲索要保险单时被告知，他将保险单质押给同事许某并向其借款1万元。李某找许某索要保险单时，许某以质押物为由拒绝返还。李某遂诉至人民法院请求许某归还保险单，法院受理后通知张甲参加诉讼，张甲提出：他为其父张某投保并交的保险费，2万元保险金应属张某遗产，他有权继承其中的1万元用于还债。

根据以上资料及法律制度的有关规定，回答下列问题。

(1) 张甲与保险公司订立的保险合同效力如何？请说明理由。

(2) 李某能否要回保险单？为什么？

(3) 张甲的主张是否成立？为什么？

2. 2014年10月，雷某以1.2万元的价格从某工厂购买了一辆汽车，并与保险公司签订了保险合同。在合同中确定车辆重置价值为15万元，约定保险金额为12万元。2014年12月，雷某驾车行驶时该车突然起火并烧毁。保险公司勘查现场后，确认该事故为保险事故，车辆损失为13.2万元，残值为2万元。但保险公司以雷某虚报保险车辆价值、投保行为具有欺诈性为由，拒绝赔偿。雷某遂诉至法院。

根据以上资料及法律制度的有关规定，回答下列问题。

(1) 雷某的行为是否具有欺诈性？为什么？

(2) 本案应当如何处理？

第十三章 税 法

Chapter 13

>>> 学习目标

1. 了解税收的概念和特征；理解税收法律关系。
2. 理解和掌握税法构成要素及各要素的关系。
3. 理解税种的设计原理；熟悉主要税种的计算。
4. 掌握税收征管法的主要规定；了解违反税收征管法的法律责任。

第一节 税法概述

一、税法的概念

（一）税收概述

税收是国家为了实现其职能，凭借政治权力参与社会产品和国民收入分配，按照法律规定的标准，强制、无偿地取得财政收入的一种分配形式。

▶ 1. 税收的特征

税收是对社会产品的一种分配，与其他财政收入形式，如利润、公债、发行货币、规费等比较，具有自身的形式特征，即强制性、无偿性、固定性。税收的"三性"是税收本质决定的，是不同社会形态和不同类型国家税收共同具有的。

（1）强制性，指税收以法律形式规定，任何单位和个人都必须依法纳税，否则将受到法律制裁。

（2）无偿性，指国家取得税收收入不承担偿还义务，也不需要支付任何代价。

（3）固定性，指征税之前，通过法律形式预先规定征税对象、征税标准和征税方法等。

▶ 2. 税收的分类

（1）按征收对象为标准，将现有 18 个税种分为商品（货物）和劳务税、所得税、财产和行为税、资源税和环境保护税、特定目的税。这是最常见的税收分类方法。

商品（货物）和劳务税是以商品、劳务为征税对象的税收，包括增值税、消费税、关税；所得税是以纳税人的纯所得为征税对象的税收，包括企业所得税、个人所得税；财产和行为税是以财产价值或某种行为征税对象的税收，包括房产税、车船税、印花税、契税；资源税和环境保护税是以自然资源和某些社会资源为征税对象的税收，包括资源税、环境保护税、土地增值税、城镇土地使用税；特定目的税是指为了达到特定目的，以纳税人某些特定对象和特定行为为征税对象的税收，包括城市维护建设税、车辆购置税、耕地占用税、船舶吨税、烟叶税。

（2）按税收负担能否转嫁为标准，分为直接税和间接税。

直接税是指税负不能转嫁，直接对纳税人课征的税收，如所得税和财产税；间接税是指税负能够转嫁，对商品或劳务交易课征的税收，如增值税、消费税、关税。

（3）按照税收管理权限不同，分为中央税、地方税、中央和地方共享税。

凡是收入归中央政府所有的税种，属于中央税，如消费税、关税、车辆购置税等；凡是收入归地方政府所有的税种，属于地方税，如城市维护建设税、城镇土地使用税；凡是收入按一定比例分别归中央和地方政府所有的税种，属于中央和地方共享税，如增值税、企业所得税、个人所得税、证券交易印花税。

（二）税法概述

税法是国家制定的用以调整国家与纳税人之间在征纳税方面的权利及义务关系的法律规范的总称。目的是保障国家利益和纳税人合法权益、维护正常税收秩序，保证国家财政收入。

▶ 1. 税法的分类

（1）按照税法的基本内容和效力的不同，可分为税收基本法和税收普通法。税收基本法规定税收制度的基本内容，起着税收母法的作用，我国还没有税收基本法。税收普通法是对税收基本法规定的事项分别立法实施的法律。

（2）按照税法职能作用不同，分为税收实体法和税收程序法。税收实体法是具体税种的立法，具体规定各税种税收制度的法律。税收程序法是税务管理方面的法律，包括税收管理法、纳税程序法、发票管理法、税务机关组织法、税务争议处理法等。

▶ 2. 税收与税法的关系

税收和税法密不可分。任何一种税收都以一定的法律形式表示出来，并借助于法律的约束力保证其实现。因此，税收与税法之间的关系，是一种经济现象所体现出的内容与形式的关系。税收作为社会经济关系，是税法的实质内容，属于经济基础范畴。税法作为特殊的行为规范，是税收的法律形式，属于上层建筑范畴。

（三）税收法律关系

税收法律关系是指由税法所确认和调整的国家和纳税人之间的税收征纳权利义务关系。税收法律关系由权利主体、客体和法律关系内容三方面构成。

（1）权利主体，即税收法律关系中享有权利和承担义务的当事人，分为征税主体和纳税主体两类。征税主体是代表国家行使征税职责的国家机关，包括国家各级税务机关、海关征收关税和船舶吨税。其余税种由国家各级税务机关征收。纳税主体是履行纳税义务的人，包括法人、自然人和其他组织。权利主体双方法律地位平等，但双方是行政管理者与被管理者关系，权利与义务不对等。

（2）权利客体，即税收法律关系主体的权利、义务所共同指向的对象，又称征税对象，包括应税产品、财产、所得、资源、行为等。国家根据经济形势需要，通过调整征税对象，达到限制或鼓励某些产业、行业发展的目的。

（3）税收法律关系的内容，即权利主体所享有的权利和所承担的义务，这是税收法律关系中最实质的东西,也是税法的灵魂。国家税务机关的权力主要表现在依法进行征税、进行税务检查及对违章者进行处罚;义务主要是向纳税人宣传、咨询、辅导税法,及时把征收税款解缴国库,依法受理纳税人对税收争议申诉等。纳税人的权利主要有多缴税款申请退还权、延期纳税权、依法申请减免税权、申请复议和提起诉讼权等。纳税人的义务主要是按税法规定办理税务登记、进行纳税申报、接受税务检查、依法缴纳税款等。

二、税法的构成要素

税法的构成要素,是指一个完整的税种应由哪些要素构成。税制构成要素一般包括纳税人、征税对象、计税依据、税率、纳税环节、纳税期限、纳税地点、税收优惠等。其中,纳税人、征税对象和税率是税收制度的三个基本要素。

(一)纳税人

纳税人即纳税主体,是税法规定的直接负有纳税义务的法人、自然人及其他组织。

(二)征税对象

征税对象即纳税客体,是税收法律关系中征纳双方权利义务所指向的物或行为,即对什么征税,是划分不同税种的主要标志,体现不同税种征税的基本界限。

(三)计税依据

计税依据是税法规定的计算应纳税额依据或标准,是征税对象量的具体化。计税依据可以是一定的价值量,即从价计税,如增值税、所得税等;也可以是一定的实物标准单位,包括数量、重量、面积、体积等,即从量计税,如城镇土地使用税、车船税等。

(四)税率

税率是应纳税额与征税对象数额的法定比例,是计算税额的尺度。税率高低直接关系国家财政收入和纳税人负担水平,是税收制度的核心要素。我国现行税率如下。

▶ 1. 比例税率

比例税率即对同一征税对象,不论数额大小,规定一个比例的税率。采用比例税率的有增值税、企业所得税等。

▶ 2. 超额累进税率

超额累进税率是将征税对象数额划分为若干等级,从低到高每一等级规定一个适用税率,税率依次提高,各个等级的征税对象数额分别按本级适用税率计算,然后加总计算应纳税额的税率。个人所得税使用超额累进税率。

▶ 3. 超率累进税率

超率累进税率即征税对象按相对率划分为若干等级,分别规定相应的差别税率,相对率每超过一个级距的,对超过部分就按高一级税率计算征税。我国土地增值税使用超率累进税率。

▶ 4. 定额税率

定额税率即按征税对象确定的计算单位,直接规定应纳税额的税率。采用定额税率的有城镇土地使用税、车船税等。

(五)税目

税目是征税对象的具体化,是各税种规定的具体征税项目,体现征税范围,如消费税规定烟、酒等15个税目。

(六)纳税环节

纳税环节是指税法规定的征税对象在从生产到消费的流转过程中应当缴纳税款的环节。如流转税在生产和流通环节纳税、所得税在分配环节纳税等。

（七）纳税地点

纳税地点是指税法规定的纳税人缴纳税款的地点。我国采用属地和属人原则确定各税纳税地点。

（八）纳税期限

纳税期限是指纳税人按照税法规定缴纳税款的期限。纳税期限分为三种情况：一是实行按期纳税，如增值税，1日、3日、5日、10日、15日、1个月和1个季度共7种；二是实行按次纳税，如耕地占用税、车辆购置税、部分项目的个人所得税；三是实行按年计征，分期预缴或缴纳，如按年计征，分期预缴的企业所得税，按年计征，分期缴纳的房产税、城镇土地使用税。

（九）税收优惠

税收优惠是对某些纳税人和征税对象给予鼓励或照顾的一种特殊规定。税收优惠的形式包括减税、免税、退税、再投资抵免等。

三、现行税制的主要内容

我国实行流转税和所得税并重为双主体，其他税种配合发挥作用的税制结构。流转税占税收总收入60%左右，所得税占税收总收入的30%左右。双主体并重的税收体系，有利于加强市场经济调控，积累资金，实现按能负税原则，更好发挥税收调节作用。

（一）增值税

增值税是对在我国境内从事销售货物或者加工、修理修配劳务、销售服务、无形资产、不动产及进口货物的单位和个人取得的增值额和货物进口金额为计税依据征收的一种流转税。

▶ 1. 纳税人

凡是在我国境内销售货物或者提供加工、修理修配劳务、销售服务、无形资产、不动产及进口货物的单位和个人，都是增值税的纳税人。按年应税销售额的大小和会计核算是否健全，可分为一般纳税人和小规模纳税人。自2018年5月1日起，增值税小规模纳税人的年应税销售额认定标准为500万元及以下。

【案例】按照现行规定，下列各项中必须被认定为小规模纳税人的是（　　）。

A. 年应税销售额60万元的汽车修理厂

B. 年含税销售额600万元的广告公司

C. 年不含税销售额80万元以下，会计核算制度不健全的超市

D. 非企业性单位

【解析】选项A，汽车修理厂提供加工修理修配劳务，年应税销售额50万元为一般纳税人判定标准，该厂年应税销售额为60万元，应认定为一般纳税人；选项B，广告公司在营改增之后交增值税，认定标准为年应税销售额500万元，600/(1+3%)=582.52(万元)，超过500万元，应认定为一般纳税人；选项C，超市属于商业零售企业，判定标准为80万元以下，这里符合小规模纳税人标准；选项D，税法规定这种性质的企业，可以选择当小规模纳税人，不是必须被认定为小规模纳税人。因此选C。

▶ 2. 征税范围

（1）销售或者进口的货物。货物是指有形动产，包括电力、热力、气体在内，不包括不动产和无形资产。

（2）提供加工、修理修配劳务。

（3）提供的应税服务。应税服务是指陆路运输服务、水路运输服务、航空运输服务、管道运输服务、邮政普遍服务、邮政特殊服务、其他邮政服务、基础电信服务、增值电信服务、研发和技术服务、信息技术服务、文化创意服务、物流辅助服务、有形动产租赁服务、鉴证咨询服务和广播影视服务等。

▶ 3. 税率

（1）13%的税率，适用于纳税人销售货物、劳务、有形动产租赁服务或进口货物。

（2）9%的税率，①适用于纳税人销售交通运输、邮政、基础电信、建筑、不动产租赁服务，销售不动产，转让土地使用权。②适用于销售或者进口下列货物：粮食等农产品、食用植物油、食用盐；自来水、暖气、冷气、热水、煤气、石油液化气、天然气、二甲醚、沼气、居民用煤炭制品；图书、报纸、杂志、音像制品、电子出版物；饲料、化肥、农药、农机、农膜；国务院规定的其他货物。

（3）6%的税率，适用于纳税人销售服务、无形资产及增值电信服务，除另有规定外，税率为6%。

（4）零税率，适用于出口货物、劳务或者境内单位和个人发生的跨境应税行为，税率为零，具体范围由财政部和国家税务总局另行规定。

▶ 4. 征收率

（1）小规模纳税人征收率：①小规模纳税人不划分行业和类别，征收率一般为3%。②小规模纳税人销售自己使用过的固定资产减按2%征收率；销售自己使用过的其他物品3%。③小规模纳税人销售、出租不动产的，征收率为5%。

（2）一般纳税人采用简易计税的征收率：①一般纳税人生产销售的特定货物和应税劳务，可以选择适用简易计税方法计税，征收率为3%。②销售自己使用过的、未抵扣进项税额的固定资产，减按2%征收率。③2016年5月1日起，销售、出租其2016年4月30日前取得的不动产，房地产企业销售自行开发的老项目，可以选择适用简易计税方法，按5%征收率计算应纳税额。

（3）特殊情况的征收率：①纳税人提供劳务派遣服务，选择差额纳税的；纳税人提供安全保护服务，选择差额纳税的；一般纳税人提供人力资源外包服务选择简易计税方式计税的；征收率为5%。②个人出租住房，按照5%的征收率减按1.5%计算税额。

▶ 5. 计税方法

（1）一般纳税人采用扣税法。即先以企业一定期间商品与劳务销售收入乘以税率，计算出本环节累计税额（销项税额），然后再减去同期进货已纳税额（进项税额），得出应纳税额。计算公式：

$$应纳税额＝当期销项税额－当期进项税额$$

其中：

$$销项税额＝不含增值税销售额\times税率$$

进项税额有准予抵扣和不予抵扣两种情况，准予抵扣包括凭票抵扣和计算抵扣。凭票抵扣根据销售方取得的增值税专用发票（含机动车销售统一发票）注明税额，海关进口增值税专用缴款书注明税额，代扣代缴增值税的完税凭证注明税额抵扣。计算抵扣是指从生产者手中购进免税农产品，从2019年4月1日起，销售仍为农产品（9%）。进项税额以农产品销售发票或收购发票上注明的农产品买价和9%的扣除率计算。纳税人购进用于生产销售或委托加工13%税率货物的农产品，按照10%的扣除率计算进项税额。凭票抵扣符合条件的基本是一次抵扣，从2019年4月1日起，纳税人取得不动产或者不动产在建工程的进项税额不再分两年抵扣，此前尚未抵扣完毕的待抵扣进项税额，可自2019年4月所属期起从销项税额抵扣。

不予抵扣是指不符合增值税抵扣链条关系，用于非生产经营项目的进项税额不得抵扣。如用于简易计税方法计税项目、免征增值税项目、集体福利或者个人消费、非正常损失的购进货物或服务等、购进的旅客运输服务、贷款服务、餐饮服务、居民日常服务和娱乐服务发生的进项税额，以及未取得合法扣税凭证或未按期办理认证和申报抵扣的进项税额不得抵扣。

(2) 小规模纳税人采用征收率法。即实行简易方法计税，不得抵扣进项税额。一般纳税人发生财政部和国家税务总局规定的特定应税销售行为，也可以选择适用简易计税方法计税，但是不得抵扣进项税额，并且在36个月内不得变更。计算公式：

应纳税额＝不含增值税销售额×征收率

(3) 进口货物计算应纳增值税采用组成计税价格法。计算公式：

应纳税额＝组成计税价格×税率

组成计税价格＝关税完税价格＋关税＋消费税

【案例】 丰瑞物流公司为增值税物流企业，是增值税一般纳税人，2019年6月业务如下：

(1) 从事货运业务取得收入，开具增值税专用发票注明不含税价款1 400 000元，同时支付给快捷货运公司联运费65 400.00元，取得运输增值税专用发票注明税款5 400.00元，价款60 000.00元。

(2) 从事仓储业务取得收入，开具增值税专用发票注明不含税价款金额230万元，支付给安穗仓储有限公司合作价款106万元，取得服务业增值税专用发票注明税款60 000元。

(3) 本月外购材料、成品油、支付水电费等，取得增值税专用发票注明税款73 600.00元，专用发票已认证。

请计算本月应交增值税。

【解析】 丰瑞物流公司为增值税一般纳税人，货运业务属于交通运输业，增值税税率90%，首先应计算运输收入应交增值税 1 400 000.00×9%＝126 000.00元

仓储业务属于物流辅助服务，增值税税率6%，应交增值税为：2 300 000.00×6%＝138 000.00元

本月增值税销项税合计：126 000.00＋138 000.00＝264 000.00元

本月增值税进项税合计：5 400.00＋60 000.00＋73 600.00＝139 000.00元

本月应交增值税：264 000.00－139 000.00＝125 000.00元

(二) 消费税

消费税是国家为体现消费政策，对特定消费品和消费行为的流转额征收的一种税。

▶ 1. 纳税人

在我国境内生产、委托加工和进口应税消费品的单位和个人，以及2009年1月1日起国务院确定的销售应税消费品的其他单位和个人，为消费税纳税人。

▶ 2. 税目

消费税税目有15种，包括烟、酒、化妆品、贵重首饰及珠宝玉石、鞭炮及焰火、成品油、小汽车、摩托车、高尔夫球及球具、高档手表、游艇、木制一次性筷子、实木地板、电池、涂料。

▶ 3. 税率

消费税税率采用比例税率和定额税率两种。

比例税率共有 14 档，最低税率 1‰，适用于小排量的汽车；最高税率为 56%，适用于甲类卷烟。

定额税率共有 7 档，最低为每征税单位 0.003 元/支，适用于卷烟；最高为每征税单位 250 元/吨，适用于甲类啤酒。

大部分税目采用比例税率，其中，黄酒、啤酒、成品油采用定额税率；卷烟、白酒采用定额税率和比例税率复合征税。

▶ 4. 计税方法

消费税应纳税额的计算分为三种。

（1）从价定率的计算：

$$应纳税额 = 应税消费品销售额 \times 比例税率$$

（2）从量定额的计算：

$$应纳消费税 = 应税消费品销售数量 \times 定额税率$$

（3）卷烟、白酒实行复合计税法：

$$应纳税额 = 应税消费品销售额 \times 比例税率 + 应税消费品销售数量 \times 定额税率$$

（三）企业所得税

企业所得税是对我国境内的企业和其他取得收入的组织的生产经营所得和其他所得征收的一种税。

▶ 1. 纳税人

在我国境内，企业和其他取得收入的组织（以下统称企业）为企业所得税的纳税人，包括居民企业和非居民企业。居民企业，是指依法在中国境内成立，或者依照外国（地区）法律成立但实际管理机构在中国境内的企业。实际管理机构，是指对企业的生产经营、人员、账务、财产等实施实质性全面管理和控制的机构。非居民企业，是指依照外国（地区）法律成立且实际管理机构不在中国境内，但在中国境内设立机构、场所的，或者在中国境内未设立机构、场所，但有来源于中国境内所得的企业。个人独资企业、合伙企业不适用本法。

▶ 2. 征税对象

企业所得税的征税对象是指企业的生产经营所得、其他所得和清算所得。

居民企业应当就其来源于中国境内、境外的所得缴纳企业所得税。非居民企业在中国境内设立机构、场所的，应当就其所设机构、场所取得的来源于中国境内的所得，以及发生在中国境外但与其所设机构、场所有实际联系的所得，缴纳企业所得税。非居民企业在中国境内未设立机构、场所的，或者虽设立机构、场所但取得的所得与其所设机构、场所没有实际联系的，应当就其来源于中国境内的所得缴纳企业所得税。

▶ 3. 税率

企业所得税实行 25% 的比例税率。但对非居民企业在中国境内未设立机构、场所的，或者虽设立机构、场所但取得的所得与其所设机构、场所没有实际联系的，其来源于中国境内的所得，适用 20% 的比例税率，实际征税时适用 10% 的税率。符合条件的小型微利企业，减按 20% 的税率征收企业所得税。2019 年 1 月 1 日至 2021 年 12 月 31 日，对小型微利企业年应纳税所得额不超过 100 万元的部分，减按 25% 计入应纳税所得额，按 20% 的税率缴纳企业所得税；对年应纳税所得额超过 100 万元但不超过 300 万元的部分，减按 50% 计入应纳税所得额，按 20% 的税率缴纳企业所得税。小型微利企业无论按查账征收方式或核定征收方式缴纳企业所得税，均可享受上述优惠政策。上述小型微利企业是指从事国家非限制和禁止行业，且同时符合年度应纳税所得额不超过 300 万元、从业人数不超过

300 人、资产总额不超过 5 000 万元等三个条件的企业。小型微利企业所得税统一实行按季度预缴。资产总额、从业人数为"全年季度平均值",计算截至本期末的季度平均值;年应纳税所得额指标按截至本期末不超过 300 万元的标准判断。国家需要重点扶持的高新技术企业,减按 15% 的税率征收企业所得税。

▶ 4. 应纳税额计算

企业所得税的计算方法:

$$应纳税额 = 应纳税所得额 \times 适用税率 - 减免税额 - 抵免税额$$

其中,应纳税所得额是企业每一纳税年度的收入总额,减除不征税收入、免税收入、各项扣除及允许弥补的以前年度亏损后的余额。减免税额和抵免税额,是指依照企业所得税法和国务院的税收优惠规定减征、免征和抵免的应纳税额。

【案例】甲企业 2019 年第 1 季度预缴企业所得税时不符合小型微利企业条件,第 2 季度和第 3 季度预缴企业所得税时,经过判断符合小型微利企业条件。第 1 季度至第 3 季度相应的累计应纳税所得额分别为 60 万元、120 万元、240 万元。要求计算第 1 季度至第 3 季度实际应纳企业所得税额。

【解析】甲企业在预缴 2019 年第 1 季度至第 3 季度企业所得税时,实际应纳所得税额和减免税额的计算过程如表 13-1 所示:

表 13-1 预缴企业所得税计算表

计算过程	第 1 季度	第 2 季度	第 3 季度
预缴时,判断是否为小型微利企业	不符合小型微利企业条件	符合小型微利企业条件	符合小型微利企业条件
应纳税所得额(累计值,万元)	60	120	240
实际应纳所得税额(累计值,万元)	60×25%=15	100×25%×20%+(120−100)×50%×20%=7	100×25%×20%+(240−100)×50%×20%=19
本期应补(退)所得税额(万元)	15	0(7−15<0,本季度应缴税款为 0)	19−15=4
已纳所得税额(累计值,万元)	15	15+0=15	15+0+4=19
减免所得税额(累计值,万元)	60×25%−15=0	120×25%−7=23	240×25%−19=41

(五)个人所得税

个人所得税是对我国居民来源于我国境内外的一切所得和非我国居民来源于我国境内的所得征收的一种税。

▶ 1. 纳税人

个人所得税纳税人根据住所和居住时间两个标准,可以分为居民纳税人和非居民纳税人,分别承担不同纳税义务。

居民纳税人,是指在中国境内有住所或者无住所而在中国境内居住累计满 183 天的个人。在中国境内居住累计满 183 天的任一年度中有一次离境超过 30 天的,其在中国境内居住累计满 183 天的年度的连续年限重新起算。居民纳税人负有无限纳税义务,应就中国境内和境外取得的所得,依法缴纳个人所得税。非居民纳税人,是指在中国境内无住所又不居住，或者无住所且居住累计不满183天的个人。非居民纳税人负有限纳税义务，仅就中国境内所得，依法缴纳个人所得税。

▶ 2. 征税对象

（1）工资、薪金所得，指个人因任职或者受雇而取得的工资、薪金、奖金、年终加薪、劳动分红、津贴、补贴及任职或者受雇有关的其他所得。公司职工取得的用于购买企业国有股权的劳动分红，按"工资、薪金所得"项目计征个人所得税。出租汽车经营单位对出租车驾驶员采取单车承包或承租方式运营，出租车驾驶员从事客货营运取得的收入，按工资、薪金所得项目征税。不予征税项目：独生子女补贴；执行公务员工资制度未纳入基本工资总额的补贴、津贴差额和家属成员的副食品补贴；托儿补助费；差旅费津贴、误餐补助。

（2）劳务报酬所得，指个人独立从事各种非雇佣的各种劳务所取得的所得，分别为设计、装潢、安装、制图、化验、测试、医疗、法律、会计、咨询、讲学、翻译、审稿、书画、雕刻、影视、录音、录像、演出、表演、广告、展览、技术服务、介绍服务、经纪服务、代办服务、其他劳务。

（3）稿酬所得，指个人作品以图书、报刊形式出版、发表取得的所得。

（4）特许权使用费所得，指个人提供专利权、商标权、著作权、非专利技术及其他特许权的使用权取得的所得。提供著作权的使用权取得的所得，不包括稿酬所得。

（5）经营所得，经营所得，是指：

① 个体工商户从事生产、经营活动取得的所得，个人独资企业投资人、合伙企业的个人合伙人来源于境内注册的个人独资企业、合伙企业生产、经营的所得；

② 个人依法从事办学、医疗、咨询以及其他有偿服务活动取得的所得；

③ 个人对企业、事业单位承包经营、承租经营以及转包、转租取得的所得；

④ 个人从事其他生产、经营活动取得的所得。

（6）利息、股息、红利所得，指个人拥有债权、股权而取得的利息、股息、红利所得。免税的利息包括国债和地方政府债券利息、国家发行的金融债券利息和储蓄存款利息。

（7）财产租赁所得，指个人出租建筑物、土地使用权、机器设备、车船以及其他财产取得的所得。个人取得的财产转租收入，属于"财产租赁所得"的征税范围，由财产转租人缴纳个人所得税。

（8）财产转让所得，指个人转让有价证券、股权、建筑物、土地使用权、机器设备、车船以及其他财产取得的所得。

（9）偶然所得，指个人得奖、中奖、中彩以及其他偶然性质所得。个人取得单张有奖发票奖金所得不超过800元（含800元）的，暂免征收个人所得税；个人取得单张有奖发票奖金所得超过800元的，应全额按照个人所得税法规定的"偶然所得"项目征收个人所得税。

（10）个人取得的所得，难以界定应纳税所项目的，由国务院税务主管部门确定。

【案例】下列项目中，属于劳务报酬所得的有（　　）。

A. 个人书画展取得的报酬

B. 提供著作的版权而取得的报酬

C. 将国外的作品翻译出版取得的报酬

D. 高校教师受出版社委托进行审稿取得的报酬

【解析】答案为A、D，选项B属于特许权使用费用，选项C属于稿酬所得。

▶ 3. 税率

2019年1月1日后，综合与分类相结合的个人所得税制正式实施。与分类税制相比，新税制将居民个人工资、薪金所得，劳务报酬所得，稿酬所得，特许权使用费所得纳入综合所得。对不同所得项目分别采用超额累进税率和比例税率两种形式。具体税率形式如下。

(1) 综合所得，综合所得是指居民取得的工资、薪金所得、劳务报酬所得、稿酬所得、特许权使用费所得。这四项所得按纳税年度合并计算个人所得税。综合所得适用3%~45%的超额累进税率，税率如表13-2所示：

表13-2 综合所得税税率表

级 数	全年应纳税所得额	税 率	速算扣除数
1	不超过36 000元的	3%	0
2	超过36 000元至144 000元的部分	10%	2 520
3	超过144 000元至300 000元的部分	20%	16 920
4	超过300 000元至420 000元的部分	25%	31 920
5	超过420 000元至660 000元的部分	30%	52 920
6	超过660 000元至960 000元的部分	35%	85 920
7	超过960 000元的部分	45%	181 920

注：全年应纳税所得额是指居民个人取得综合所得以每一纳税年度收入额减除费用60 000元以及专项扣除、专项附加扣除和依法确定的其他扣除后的余额。非居民个人取得工资、薪金所得，劳务报酬所得，稿酬所得和特许权使用费所得，依照本表按月换算后计算应纳税额。

(2) 经营所得，适用5%~35%的超额累进税率。税率如表13-3所示：

表13-3 经营所得税率表

级 数	全年应纳税所得额	税 率	速算扣除数
1	不超过30 000元的	5%	0
2	超过30 000元至90 000元的部分	10%	1 500
3	超过90 000元至300 000元的部分	20%	10 500
4	超过300 000元至500 000元的部分	30%	40 500
5	超过500 000元的部分	35%	65 500

(3) 利息、股息、红利所得，财产租赁所得，财产转让所得，偶然所得和其他所得适用20%的比例税率。

▶ 4. 应纳税额计算

(1) 居民个人综合所得。居民的综合所得按纳税年度合并计算个人所得税；以每一纳税年度的收入额减除费用60 000元以及专项扣除、专项附加扣除和依法确定的其他扣除后的余额，为应纳税所得额。除了经营所得，居民个人综合所得和其他所得项目均可以代扣代缴税款。居民个人的综合所得由扣缴义务人按月或者按次预扣预缴税款。年度终了后纳税人进行汇算清缴，税款多退少补。扣缴义务人向居民个人支付工资、薪金所得时，需要按照"累计预扣法"计算预扣预缴税款。具体方法为：

① 工资、薪金所得税款计算方法。

第一，计算累计预扣预缴应纳税所得额。

具体公式：累计预扣预缴应纳税所得额＝累计收入－累计免税收入－累计减除费用－累计专项扣除－累计专项附加扣除－累计依法确定的其他扣除。

专项扣除，包括居民个人按照国家规定的范围和标准缴纳的基本养老保险、基本医疗保险、失业保险等社会保险费和住房公积金等；专项附加扣除，包括子女教育、继续教育、大病医疗、住房贷款利息或者住房租金、赡养老人等支出。如表13-4所示。其他扣除包括个人缴付符合国家规定的企业年金、职业年金，个人购买符合国家规定的商业健康保险、税收递延型商业养老保险的支出，以及国务院规定可以扣除的其他项目。专项扣除、专项附加扣除和依法确定的其他扣除以居民个人一个纳税年度的应纳税所得额为限额，一个纳税年度扣除不完的不结转并在以后年度扣除。

表13-4 个人所得税专项附加扣除政策标准表

专项附加扣除名称	扣除标准 每年	扣除标准 每月	适用范围和条件	享受扣除政策对象	享受环节
子女教育	—	每个子女1 000元	学前教育、学历教育	对每个子女，父母可以选择一方扣除1 000元，或双方各扣除500元。选好后一个纳税年度不得变更	预扣预缴或年度汇算清缴环节
继续教育	—	400元	学历（学位）教育最长不能超过48个月	接受教育的本人，符合规定条件的本科以下学历教育。可选择父母或本人扣除	预扣预缴或年度汇算清缴环节
继续教育	3 600元	—	技能人员职业资格教育，专业技术人员职业资格继续教育	接受教育本人扣除	
住房贷款利息	—	1 000元	纳税人本人或配偶单独或共同用银行或住房公积金贷款购买住房。扣除期限最长不得超过240个月	首套住房贷款利息支出，夫妻双方协商确定由一方扣除。婚前购买的，选择一套由购买一方扣除，或由双方按标准各扣50%。选好后一个纳税年度不得变更	预扣预缴或年度汇算清缴环节
住房租金	—	1 500元	直辖市、省会（首府）城市、计划单列市以及国务院确定的其他城市	纳税人及配偶在主要工作城市没有自有住房，在同一纳税年度内，均没有享受住房贷款利息专项附加扣除政策。纳税人及配偶主要工作城市相同的，由承租人扣除。不相同的，按标准分别扣除	预扣预缴或年度汇算清缴环节
住房租金	—	1 100元	除上述城市外，市辖区户籍人数超过100万的		
住房租金	—	800元	市辖区户籍人数不超过（含）100万的		

续表

专项附加扣除名称	扣除标准		适用范围和条件	享受扣除政策对象	享受环节
	每 年	每 月			
赡养老人	—	2 000元	独生子女 被赡养人是指年满60岁的父母以及子女均已去世的祖父母、外祖父母	独生子女本人	预扣预缴或年度汇算清缴环节
		具体分摊金额（≤1 000元）	非独生子女 被赡养人同上	子女协商确定，选好后一个纳税年度不得变更	
大病医疗	80 000元限额内据实	—	在医保目录范围内，个人负担累计超过15 000元的部分	纳税人发生的医药费用支出可以选择由本人或配偶扣除，未成年子女发生的医药费用可选择由父母一方扣除	年度汇算清缴环节

第二，计算本期应预扣预缴税额。

具体公式：本期应预扣预缴税额＝（累计预扣预缴应纳税所得额×预扣率－速算扣除数）－累计减免税额－累计已预扣预缴税额。

根据累计预扣预缴应纳税所得额，对照个人所得税预扣率表一（见表13-5），查找适用预扣率和速算扣除数，据此计算累计应预扣预缴税额，再减除累计减免税额和累计已预扣预缴税额。如果计算本月应预扣预缴税额为负值时，暂不退税。纳税年度终了后余额仍为负值时，由纳税人通过办理综合所得年度汇算清缴，税款多退少补。

表13-5 个人所得税预扣率表一
（居民个人工资、薪金所得预扣缴适用）

级 数	累计预扣预缴应纳税所得额	预 扣 率	速算扣除数
1	不超过36 000元的	3%	0
2	超过36 000元至144 000元的部分	10%	2 520
3	超过144 000元至300 000元的部分	20%	16 920
4	超过300 000元至420 000元的部分	25%	31 920
5	超过420 000元至660 000元的部分	30%	52 920
6	超过660 000元至960 000元的部分	35%	85 920
7	超过960 000元的部分	45%	181 920

【案例】某职员2018年入职，2019年每月应发工资均为32 000元，专项扣除为4 000元，享受子女教育、赡养老人两项专项附加扣除共计3 000元，假设没有减免收入及减免税额等情况。要求计算前三个月的预缴税款。

【解析】各月应预扣预缴税额计算如下：

1月份：（32 000－5 000－4 000－3 000）×3% ＝ 600（元）

2月份：（32 000×2－5 000×2－4 000×2－3 000×2）×10%－2 520－600＝880（元）

3月份：$(32\,000×3-5\,000×3-4\,000×3-3\,000×3)×10\%-2\,520-600-880=2\,000$元

② 劳务报酬所得、稿酬所得、特许权使用费所得税款的计算方法

扣缴义务人向居民个人支付劳务报酬所得、稿酬所得、特许权使用费所得时（以下简称"三项综合所得"），按以下方法按月或者按次预扣预缴个人所得税：

第一，计算预扣预缴应纳税所得额。三项综合所得以每次收入减除费用后的余额为收入额，其中稿酬所得的收入额减按70%计算。当三项综合所得每次收入不超过4 000元的，减除费用按800元计算；当每次收入在4 000元以上的，减除费用按20%计算。三项综合所得以每次收入额为预扣预缴应纳税所得额。属于一次性收入的，以取得该项收入为一次；属于同一项目连续性收入的，以一个月内取得的收入为一次。

第二，计算预扣预缴应纳税额。根据预扣预缴应纳税所得额乘以适用预扣率计算应预扣预缴税额。其中，劳务报酬所得适用个人所得税预扣率表二（见表13-6），稿酬所得、特许权使用费所得适用20%的比例预扣率。

表13-6　个人所得税预扣率表二
（居民个人劳务报酬所得预扣预缴适用）

级　数	预扣预缴应纳税所得额	预　扣　率	速算扣除数
1	不超过20 000元的	20%	0
2	超过20 000元至50 000元的部分	30%	2 000
3	超过50 000元的部分	40%	7 000

【案例】某居民取得劳务报酬所得3 600元，取得稿酬所得10 000元，要求计算这两笔所得应预扣预缴税额。

【解析】计算过程如下：

劳务报酬所得收入额：$3\,600-800=2\,800$（元）

劳务报酬所得应预扣预缴税额：$2\,800×20\%=560$（元）

稿酬所得收入额：$(10\,000-10\,000×20\%)×70\%=5\,600$（元）

稿酬所得应预扣预缴税额：$5\,600×20\%=1\,120$（元）

三项综合所得预扣预缴税款和年度汇算清缴税款的计算方法差异如表13-7所示：

表13-7　预扣预缴税款和年度汇算清缴税款差异对照表

三项综合所得	预扣预缴税款计算方法	年度汇算清缴税款计算方法
收入额的计算方法不同	每次收入减除费用后的余额，其中，"收入不超过4 000元的，费用按800元计算；每次收入4 000元以上的，费用按20%计算"	收入减除20%的费用后的余额
可扣除的项目不同	三项综合所得日常预扣预缴税款时暂不减除专项附加扣除	以三项综合所得加工资薪金所得合计收入额减除费用6万元以及专项扣除、专项附加扣除和依法确定的其他扣除后的余额，为应纳税所得额
适用的税率/预扣率不同	劳务报酬所得适用个人所得税预扣率表二，稿酬所得、特许权使用费所得适用20%的比例预扣率	各项所得合并适用3%至45%的超额累进税率

年度预扣预缴税额与年度应纳税额不一致的,由居民个人于次年3月1日至6月30日向主管税务机关办理综合所得年度汇算清缴,税款多退少补。

(2) 非居民个人综合所得

非居民个人取得综合所得,按月或者按次分项计算个人所得税。非居民个人的工资、薪金所得,以每月收入额减除费用5 000元后的余额为应纳税所得额;劳务报酬所得、稿酬所得、特许权使用费所得,以每次收入额为应纳税所得额,适用个人所得税税率表三(见表13-8)计算应纳税额。其中,劳务报酬所得、稿酬所得、特许权使用费所得以收入减除20%的费用后的余额为收入额。稿酬所得的收入额减按70%计算。非居民个人综合所得有扣缴义务人的,由扣缴义务人按月或者按次代扣代缴税款,不办理汇算清缴。

表13-8 个人所得税预扣率表二

(非居民个人工资、薪金所得,劳务报酬所得,稿酬所得,特许权使用费所得适用)

级 数	应纳税所得额	税 率	速算扣除数
1	不超过3 000元的	3%	0
2	超过3 000元至12 000元的部分	10%	210
3	超过12 000元至25 000元的部分	20%	1 410
4	超过25 000元至35 000元的部分	25%	2 660
5	超过35 000元至55 000元的部分	30%	4 410
6	超过55 000元至80 000元的部分	35%	7 160
7	超过80 000元的部分	45%	15 160

【案例】假设某非居民个人取得劳务报酬所得30 000元,取得稿酬所得12 000元,计算该非居民个人这两笔所得应纳个人所得税税额。

【解析】该非居民个人劳务报酬所得应扣缴税额为:(30 000-30 000×20%)×20%-1 410=3 390(元)。稿酬所得应扣缴税额为:(12 000-12 000×20%)×70%×10%-210=462(元)。

(3) 经营所得

经营所得,以每一纳税年度的收入总额减除成本、费用以及损失后的余额,为应纳税所得额。计算公式为:

应纳税额=应纳税所得额×适用税率-速算扣除数

=(全年收入总额-成本、费用以及损失)×适用税率-速算扣除数

成本、费用,是指生产、经营活动中发生的各项直接支出和分配计入成本的间接费用以及销售费用、管理费用、财务费用;所称损失,是指生产、经营活动中发生的固定资产和存货的盘亏、毁损、报废损失,转让财产损失,坏账损失,自然灾害等不可抗力因素造成的损失以及其他损失。取得经营所得的个人,没有综合所得的,计算其每一纳税年度的应纳税所得额时,应当减除费用6万元、专项扣除、专项附加扣除以及依法确定的其他扣除。专项附加扣除在办理汇算清缴时减除。从事生产、经营活动,未提供完整、准确的纳税资料,不能正确计算应纳税所得额的,由主管税务机关核定应纳税所得额或者应纳税额。纳税人取得经营所得,按年计算个人所得税,由纳税人在月度或者季度终了后15日内向税务机关预缴税款;在取得所得的次年3月31日前办理汇算清缴。

(4) 财产租赁所得

财产租赁所得适用20%的比例税率,但对个人按市场价格出租的居民住民取得的所得,自2001年1月1日起暂减按10%的税率征收个人所得税,财产租赁所得以1个月内

取得的收入为1次。计算公式为：
$$应纳税额＝应纳税所得额×适用税率$$
应纳税所得额的计算公式为：

①每次（月）收入不超过4 000元的：

应纳税所得额＝每次（月）收入额－准予扣除项目－修缮费用(800元为限)－800元

②每次（月）收入不超过4 000元的：

应纳税所得额＝[每次（月）收入额－准予扣除项目－修缮费用(800元为限)]×(1－20％)

(5) 财产转让所得，以转让财产的收入额减除财产原值和合理费用后的余额，为应纳税所得额。计算公式为：

应纳税额＝应纳税所得额×适用税率＝(每次收入额－财产原值－合理费用)×20％

(6) 利息、股息、红利所得，偶然所得和其他所得，以每次收入额为应纳税所得额。计算公式为：
$$应纳税额＝应纳税所得额×适用税率＝每次收入额×20\%$$

【案例】 假设有4位投资者共同开办一家公司，每人占25％的股份。本年度利润总额为400 000元，假设无纳税调整项目，并将税后利润全部分配给投资者。问题：每位投资者的实际收入是多少？若开办的是家合伙企业，每位投资者的实际收入是多少？

【解析】 由于公司具有法人资格，应首先缴纳企业所得税。应纳企业所得税＝400 000×25％＝100 000(元)，税后利润＝400 000－100 000＝300 000(元)。每位投资者平均分配获得75 000元的股息、红利收入。应按个人所得税中的利息、股息、红利所得项目缴纳个人所得税。应纳个人所得税＝75 000×20％＝10 500(元)，最终每位投资者实际收入＝75 000－15 000＝60 000(元)。若是开办合伙企业，因不具有法人资格，无须缴纳企业所得税。每位投资者可平均获得生产经营所得为100 000元，应按个人所得税中经营所得项目缴纳个人所得税，应纳个人所得税＝100 000×20％－10 550＝9 500(元)，最终每位投资者实际收入＝100 000－9 500＝90 500(元)。

第二节 税收征收管理法

一、税收征收管理机关

国家税务总局主管全国税收征收管理工作。国家税务总局隶属于国务院，受国务院的领导，对国务院负责。2018年初，党的十九届三中全会审议通过的《深化党和国家机构改革方案》明确提出，"改革国税地税征管体制，将省级和省级以下国税地税机构合并。"从2018年6月到7月，全国省市县乡四级国税和地税机构分步合并和相应挂牌工作圆满完成。地方各级人民政府应支持税务机关的工作，加强领导和协调本行政区域内税收征收管理工作。《税收征收管理法》只适用于由税务机关征收的各种税收的征收管理。

二、税务管理

(一) 税务登记

税务登记，是税务机关对纳税人开业、变更、歇业及生产经营范围实行法定登记的一项管理制度。

▶ 1. 开业登记

从事生产、经营的纳税人自领取营业执照之日起 30 日内，持有关证件，向税务机关申报办理税务登记。纳税人提交的证件和资料齐全且税务登记表的填写内容符合规定的，税务机关应当日办理并发放税务登记证件。纳税人提交的证件和资料不齐全或税务登记表的填写内容不符合规定的，税务机关应当场通知其补正或重新填报。

▶ 2. 变更登记

从事生产、经营的纳税人，税务登记内容发生变化的，自工商行政管理机关办理变更登记之日起 30 日内，持有关证件向税务机关申报办理变更税务登记。纳税人提交的有关变更登记的证件、资料齐全的，应如实填写税务登记变更表，符合规定的，税务机关应当日办理；不符合规定的，税务机关应通知其补正。

▶ 3. 注销登记

纳税人发生解散、破产、撤销及其他情形，依法终止纳税义务的，应当在向工商行政管理机关或者其他机关办理注销登记前，持有关证件向原税务登记机关申报办理注销税务登记；按照规定不需要在工商行政管理机关或者其他机关办理注册登记的，应当自有关机关批准或者宣告终止之日起 15 日内，持有关证件向原税务登记机关申报办理注销税务登记。

因住所、生产、经营场所变动而涉及改变主管税务登记机关的，在向办理工商变更或注销登记前，或者住所、生产、经营场所变动前，办理注销税务登记，并在 30 日内向迁达地主管税务登记机关申报办理税务登记。

被工商行政管理机关吊销营业执照的，应当自营业执照被吊销之日起 15 日内，办理注销税务登记。

▶ 4. 停业、复业登记

实行定期定额征收方式的纳税人，需要停业的，应当向税务机关提出停业登记，说明停业理由、时间、停业前的纳税情况和发票的领、用、存情况。税务机关经过审核（必要时可实地审查），应当责成申请停业的纳税人结清税款并收回税务登记证件、发票领购簿和发票，办理停业登记。纳税人应当于恢复生产、经营之前，向税务机关提出复业登记申请，经确认后，办理复业登记，领回或启用税务登记证件和发票领购簿及其领购的发票，纳入正常管理。纳税人停业期满不能及时恢复生产经营的，应当在停业期满前到税务机关办理延长停业登记。不申请延长停业的，视为已恢复营业，实行正常的税收征收管理。

（二）账簿、凭证管理

从事生产、经营的纳税人应自其领取工商营业执照之日起 15 日内按照国务院财政、税务部门的规定设置账簿。扣缴义务人应当自税收法律、行政法规规定的扣缴义务发生之日起 10 日内设置账簿。无建账能力的可聘请从事会计代理记账业务的专门机构或税务认可人员代理；有困难的，经县以上税务机关批准，可以按照税务机关的规定。建立收支凭证粘贴簿、进货销货登记簿或者使用税控装置。账簿、会计凭证和报表应当使用中文，民族自治地方或外商投资企业和外国企业可同时使用一种民族或外国文字。自领取税务登记证起 15 日内，将财务、会计制度或者处理办法报送税务机关备案。账簿、会计凭证、报表、完税凭证及其他有关资料，除法律另有规定外，应当保存 10 年。

（三）纳税申报

纳税申报是指纳税人、扣缴义务人就纳税事项依照法律、行政法规规定或者税务机关依照法律、行政法规的规定确定的申报期限、申报内容如实办理纳税申报，报送纳税申报表、财务会计报表、代扣代缴、代收代缴税款报告表及税务机关根据实际需要要求纳税人、扣缴义务人报送的其他有关资料的法律行为。纳税申报方式主要有三种：直接申报、邮寄申报和数据电文。除上述方式外，实行定期定额缴纳税款的纳税人，可以实行简易申报、简并征期等申报纳税方式。纳税人因有特殊情况，不能按期进行纳税申报的，经县以上税务机关核准，可以延期申报。

三、税款征收

税款征收是指税务机关依照法律、行政法规的规定将纳税人应纳税款及扣缴义务人代扣代缴、代收代缴税款组织入库的一系列活动的总称，是税收征收管理工作的中心环节。

（一）税款征收方式

税款征收方式是指税务机关根据各税种的不同特点、征纳双方的具体条件确定的计算征收税款的方法和形式，主要包括以下方式。

▶ 1. 查账征收

查账征收是指税务机关按照纳税人提供的账表所反映经营情况依照适用税率计算缴纳税款的方式，一般适用于财务会计制度较为健全，能够认真履行纳税义务的纳税单位。

▶ 2. 查定征收

查定征收是指税务机关对纳税人的从业人员、生产设备、采用原材料等因素，对其产制应税产品查实核定产量、销售额并据以征收税款的方式。一般适用于账册不够健全，但能够控制原材料或进销货的纳税单位。

▶ 3. 查验征收

查验征收是指税务机关对纳税人应税商品通过查验数量，按市场一般销售单价计算销售收入并据以征税的方式，一般适用于经营品种比较单一，经营地点、时间和商品来源不固定的纳税单位。

▶ 4. 定期定额征收

定期定额征收是指税务机关通过典型调查，逐户确定营业额和所得额并据以征税的方式。一般适用于无完整考核依据的小型纳税单位。

▶ 5. 委托代征税款

委托代征税款是指税务机关委托代征人以税务机关的名义征收税款，并将税款缴入国库的方式。这种方式一般适用于小额、零散税源的征收。

▶ 6. 邮寄纳税

邮寄纳税是一种新的纳税方式。这种方式主要适用于那些有能力按期纳税，但采用其他方式纳税又不方便的纳税人。

▶ 7. 其他方式

其他方式包括利用网络申报、用 IC 卡纳税等。

（二）税款征收措施

税款征收措施是指为保证税款及时征收入库所采取的措施，包括以下内容。

▶ 1. 加收滞纳金

纳税人、扣缴义务人未按照规定期限缴纳税款的，税务机关除责令限期缴纳外，从滞纳税款之日起，按日加收滞纳税款万分之五的滞纳金。

▶ 2. 由主管税务机关调整应纳税额

纳税人有下列情形之一的，税务机关有权核定其应纳税额：①依照法律、行政法规规定可以不设置账簿的;②依照法律、行政法规应当设置但未设置账簿的;③擅自销毁账簿或者拒不提供纳税资料的;④虽设置账簿,但账目混乱或者成本资料、收入凭证、费用凭证残缺不全,难以查账的;⑤发生纳税义务,未按照规定期限办理纳税申报,经税务机关责令限期申报,逾期仍不申报的;⑥纳税人申报的计税依据明显偏低,又无正当理由的。

▶ 3. 责令缴纳

对未按照规定办理税务登记的从事生产、经营的纳税人及临时从事经营的纳税人,由税务机关核定应纳税额,责令缴纳;不缴纳的,税务机关可以扣押其价值相当于应纳税款的商品、货物。对有些未取得营业执照从事经营的单位或个人,除工商行政管理机关依法处理外,由主管税务机关核定其应纳税额,责令缴纳。

▶ 4. 责令提供纳税担保

税务机关有根据认为从事生产、经营的纳税人有逃避纳税义务行为的,可以在规定纳税期之前,责令限期缴纳应纳税款;在限期内发现纳税人有明显的转移、隐匿其应纳税的商品、货物及其他财产或者应纳税的收入的迹象的,税务机关可以责成纳税人提供纳税担保。

▶ 5. 税收保全措施

纳税人不能提供纳税担保,经县以上税务局(分局)局长批准,税务机关可以采取下列税收保全措施:①书面通知纳税人开户银行或者其他金融机构冻结纳税人的金额相当于应纳税款的存款;②扣押、查封纳税人的价值相当于应纳税款的商品、货物或者其他财产。个人及其所扶养家属维持生活必需的住房和用品,不在税收保全措施的范围之内。生活必需的住房和用品不包括机动车辆、金银饰品、古玩字画、豪华住宅或者一处以外的住房。税务机关对单价5 000元以下的其他生活用品,不采取税收保全措施和强制执行措施。

税收保全措施的适用范围仅限于从事生产、经营的纳税人,不包括非从事生产、经营的纳税人,也不包括扣缴义务人和纳税担保人。采取税收保全措施时,应符合下列两个条件:①纳税人有逃避纳税义务的行为;②必须是在规定的纳税期之前和责令期限缴纳应纳税款的期限内。税务机关确定应扣押、查封的商品、货物或者其他财产的价值时,还应当包括滞纳金和扣押、查封、保管、拍卖、变卖所发生的费用。税务机关扣押商品、货物或者其他财产时,必须开付收据;查封商品、货物或者其他财产时,必须开付清单。税收保全措施期限一般不超过6个月;重大案件需要延长的,应当报国家税务总局批准。

【案例】下列关于税务机关实施税收保全措施的表述中,不正确的是( )。

A. 税收保全措施仅限于从事生产、经营的纳税人
B. 只有在事实全部查清,取得充分证据的前提下才能进行
C. 冻结纳税人的存款时,其数额要以相当于纳税人应纳税款的数额为限
D. 个人及其抚养家属维持生活必需的住房和用品,不在税收保全措施的范围之内

【解析】正确答案B。税收保全措施是针对纳税人即将转移、隐匿应税的商品、货物或其他财产的紧急情况下采取的一种紧急处理措施。不可能等到事实全部查清,取得充分的证据以后再采取行动,如果这样,纳税人早已将其收入和财产转移或隐匿完毕,到时再想采取税收保全措施就晚了。

▶ 6. 税收强制执行措施

从事生产、经营的纳税人、扣缴义务人未按照规定的期限缴纳或者解缴税款,纳税担保人未按照规定的期限缴纳所担保的税款,由税务机关责令限期缴纳,逾期仍未缴纳的,经县以上税务局(分局)局长批准,税务机关可以采取下列强制执行措施:①书面通知其开

户银行或者其他金融机构从其存款中扣缴税款;②扣押、查封、依法拍卖或者变卖其价值相当于应纳税款的商品、货物或者其他财产,以拍卖或者变卖所得抵缴税款。

▶ 7. 税款追征

因税务机关的责任,致使纳税人、扣缴义务人未缴或者少缴税款的,税务机关在3年内可以要求纳税人、扣缴义务人补缴税款,但是不得加收滞纳金。因纳税人、扣缴义务人计算错误等失误,未缴或者少缴税款的,税务机关在3年内可以追征税款、滞纳金;有特殊情况的,追征期可以延长到5年。对偷税、抗税、骗税的,税务机关追征其未缴或者少缴的税款、滞纳金或者所骗取的税款,不受前款规定期限的限制。

▶ 8. 税款征收的优先权

税务机关征收税款,税收优先于无担保债权,法律另有规定的除外;纳税人欠缴的税款发生在纳税人以其财产设定抵押、质押或者纳税人的财产被留置之前的,税收应当先于抵押权、质权、留置权执行。纳税人欠缴税款,同时又被行政机关决定处以罚款、没收违法所得的,税收优先于罚款、没收违法所得。

▶ 9. 税款征收的代位权和撤销权

欠缴税款的纳税人因怠于行使到期债权,或者放弃到期债权,或者无偿转让财产,或者以明显不合理的低价转让财产而受让人知道该情形,对国家税收造成损害的,税务机关可以依照合同法规定行使代位权、撤销权。税务机关依照前款规定行使代位权、撤销权的,不免除欠缴税款的纳税人尚未履行的纳税义务和应承担的法律责任。

四、税务检查

税务检查,指税务机关依据税法和财务会计制度规定,对纳税人履行纳税义务和扣缴义务人履行扣缴义务情况进行审查和监督活动。

▶ 1. 税务检查范围

(1)检查纳税人的账簿、记账凭证、报表和有关资料,检查扣缴义务人代扣代缴、代收代缴税款账簿、记账凭证和有关资料。

(2)到纳税人生产、经营场所和货物存放地检查纳税人应纳税的商品、货物或者其他财产,检查扣缴义务人与代扣代缴、代收代缴税款有关的经营情况。

(3)责成纳税人、扣缴义务人提供与纳税或者代扣代缴、代收代缴税款有关的文件、证明材料和有关资料。

(4)询问纳税人、扣缴义务人与纳税或者代扣代缴、代收代缴税款有关的问题和情况。

(5)到车站、码头、机场、邮政企业及其分支机构检查纳税人托运、邮寄应纳税商品、货物或者其他财产的有关单据、凭证和有关资料。

(6)经县以上税务局(分局)局长批准,凭全国统一格式的检查存款账户许可证明,查询从事生产、经营的纳税人、扣缴义务人在银行或者其他金融机构的存款账户。税务机关在调查税收违法案件时,经设区的市、自治州以上税务局(分局)局长批准,可以查询案件涉嫌人员的储蓄存款。税务机关查询所获得的资料,不得用于税收以外的用途。

▶ 2. 税务检查方法

税务机关派出的人员进行税务检查时,应当出示税务检查证和税务检查通知书,并有责任为被检查人保守秘密;未出示税务检查证和税务检查通知书的,被检查人有权拒绝检查。有关单位和个人有义务向税务机关如实提供有关资料及证明资料。

税务检查的主要方法有复核法、对账法、审阅法、盘点法和比较分析法,在实际工作中可结合起来运用。

五、法律责任

法律责任是指行为人由于实施违法行为而应依法承担的某种不利的法律后果。税收法律责任是指行为人违反税法规定须承担的法律责任。依据违法行为性质及其承担责任的方式不同,可分为税收行政责任和税收刑事责任。按照责任主体的不同,可分为税务行政相对人法律责任和税务机关、税务人员法律责任。

(一) 税务行政相对人法律责任

▶ 1. 违反税务管理的法律责任

纳税人有下列行为之一的,由税务机关责令限期改正,可以处2 000元以下的罚款;情节严重的,处2 000元以上10 000元以下的罚款:①未按照规定的期限申报办理税务登记、变更或者注销登记的;②未按照规定设置、保管账簿或者保管记账凭证和有关资料的;③未按照规定将财务、会计制度或者财务、会计处理办法和会计核算软件报送税务机关备查的;④未按照规定将其全部银行账号向税务机关报告的;⑤未按照规定安装、使用税控装置,或者损毁或者擅自改动税控装置的。⑥纳税人未按照规定办理税务登记证件验证或者换证手续的。

纳税人不办理税务登记的,由税务机关责令限期改正;逾期不改正的,经税务机关提请,由工商行政管理机关吊销其营业执照。纳税人、扣缴义务人逃避、拒绝或者以其他方式阻挠税务机关检查的,由税务机关责令改正,可以处10 000元以下的罚款;情节严重的,处10 000元以上50 000元以下的罚款。

▶ 2. 欠税行为的法律责任

纳税人欠缴应纳税款,采取转移或者隐匿财产的手段,妨碍税务机关追缴欠缴的税款的,由税务机关追缴欠缴的税款、滞纳金,并处欠缴税款50%以上5倍以下的罚款;构成犯罪的,依法追究刑事责任。扣缴义务人应扣未扣、应收而不收税款的,由税务机关向纳税人追缴税款,对扣缴义务人处应扣未扣、应收未收税款50%以上3倍以下罚款。

▶ 3. 偷税行为的法律责任

纳税人伪造、变造、隐匿、擅自销毁账簿、记账凭证,或者在账簿上多列支出或者不列、少列收入,或者经税务机关通知申报而拒不申报或者进行虚假的纳税申报,不缴或者少缴应纳税款的,是偷税。对纳税人偷税的,由税务机关追缴其不缴或者少缴的税款、滞纳金,并处不缴或者少缴的税款50%以上5倍以下的罚款;纳税人采取欺骗、隐瞒手段进行虚假纳税申报或者不申报,逃避缴纳税款数额较大并且占应纳税额10%以上的,处3年以下有期徒刑或者拘役,并处罚金;数额巨大并且占应纳税额30%以上的,处3年以上7年以下有期徒刑,并处罚金。扣缴义务人采取前款所列手段,与纳税人受同样处罚。

▶ 4. 抗税行为的法律责任

抗税行为是指纳税人、扣缴义务人以暴力、威胁方法拒不缴纳税款的行为,除由税务机关追缴其拒缴的税款、滞纳金外,依法追究刑事责任。情节轻微,未构成犯罪的,由税务机关追缴其拒缴的税款、滞纳金,并处拒缴税款1倍以上5倍以下的罚款。

▶ 5. 骗税行为的法律责任

以假报出口或者其他欺骗手段,骗取国家出口退税款的,由税务机关追缴其骗取的退税款,并处骗取税款1倍以上5倍以下的罚款;构成犯罪的,依法追究刑事责任。对骗取国家出口退税款的,税务机关可以在规定期间停止为其办理出口退税。

(二)税务机关、税务人员法律责任

▶ 1. 擅自改变税收征收管理范围的法律责任

税务机关违反规定擅自改变税收征收管理范围和税款入库预算级次的,责令限期改正,对直接负责的主管人员和其他直接责任人员依法给予降级或者撤职的行政处分。

▶ 2. 不移送的法律责任

纳税人、扣缴义务人的行为涉嫌犯罪的,税务机关应当依法移交司法机关追究刑事责任。税务人员徇私舞弊,对依法应当移交司法机关追究刑事责任的不移交,情节严重的,依法追究刑事责任。

▶ 3. 税务人员不依法行政的法律责任

税务人员与纳税人、扣缴义务人勾结,唆使或者协助纳税人、扣缴义务人有偷税、欠税、骗税的行为,构成犯罪的,依法追究刑事责任;尚不构成犯罪的,依法给予行政处分。

▶ 4. 渎职行为的法律责任

税务人员利用职务上的便利,收受或者索取纳税人、扣缴义务人财物或者牟取其他不正当利益,构成犯罪的,依法追究刑事责任;尚不构成犯罪的,依法给予行政处分。税务人员徇私舞弊或者玩忽职守,不征或者少征应征税款,致使国家税收遭受重大损失,构成犯罪的,依法追究刑事责任;尚不构成犯罪的,依法给予行政处分。税务人员滥用职权,故意刁难纳税人、扣缴义务人的,调离税收工作岗位,并依法给予行政处分。

▶ 5. 不按规定征收税款的法律责任

违反法律、行政法规的规定,提前征收、延缓征收或者摊派税款的,由其上级机关或者行政监察机关责令改正,对直接负责的主管人员和其他直接责任人员依法给予行政处分。违反法律、行政法规的规定,擅自做出税收的开征、停征或者减税、免税、退税、补税以及其他同税收法律、行政法规相抵触的决定的,撤销其擅自做出的决定外,补征应征未征税款,退还不应征收而征收的税款,并追究直接负责的主管人员和其他直接责任人员的行政责任;构成犯罪的,依法追究刑事责任。

复习思考题

一、单项选择题

1. 下列税种中属于特定目的税类的是( )。
   A. 资源税　　　　B. 房产税　　　　C. 个人所得税　　　　D. 船舶吨税
2. 根据税法规定,下列说法不正确的是( )。
   A. 凡是征收消费税的消费品都征收增值税
   B. 凡是征收增值税的货物都征收消费税
   C. 应税消费品征收增值税的,其税基含有消费税
   D. 应税消费品征收消费税的,其税基不含有增值税
3. 甲企业 2019 年应纳税所得额为 280 万元,如果其从业人数和资产总额符合小型微利企业条件,甲企业应纳的企业所得税为( )万元。
   A. 20　　　　　　B. 21　　　　　　C. 22　　　　　　D. 23

4. 纳税人在接受硕士学位继续教育的同时，当年取得两本技能人员职业资格证书或者专业技术人员职业资格证书的。当年继续教育可扣除（　　）元。
　　A. 4 800　　　　　B. 8 400　　　　　C. 12 000　　　　D. 3 600
5. 税务机关有根据认为从事生产、经营的纳税人有逃避纳税义务行为的，可以在规定的纳税期之前，采取的措施的是（　　）。
　　A. 书面通知纳税人开户银行或者其他金融机构暂停支付纳税人的金额相当于应纳税款的存款
　　B. 责令限期缴纳应纳税款
　　C. 责成纳税人提供纳税担保
　　D. 阻止出境

二、多项选择题

1. 下列税种属于商品（货物）和劳务税类的是（　　）。
　　A. 增值税　　　　B. 企业所得税　　　C. 消费税　　　　D. 房产税
2. 下列属于纳税人权利的是（　　）。
　　A. 多缴税款申请退还权　　　　　　B. 进行纳税申报权
　　C. 申请复议权　　　　　　　　　　D. 申请减免税权
3. 下列单位具有纳税主体身份的是（　　）。
　　A. 某生产销售化妆品的日化厂　　　B. 承担香烟消费税的香烟消费者
　　C. 缴纳个人所得税的某税务人员　　D. 依法代扣代缴税款的某事业单位
4. 下列货物，适用9%增值税税率的有（　　）。
　　A. 利用工业余热生产的热水　　　　B. 石油液化气
　　C. 宠物饲料　　　　　　　　　　　D. 蚊香、驱蚊剂
　　E. 食用盐
5. 实行从量定额和从价定率复合征收方式征收消费税的消费品是（　　）。
　　A. 酒精　　　　　B. 白酒　　　　　　C. 汽油　　　　　D. 柴油
　　E. 卷烟
6. 我国现行税制中采用的税率有（　　）。
　　A. 全额累进税率　B. 超率累进税率　　C. 超额累进税率　D. 超倍累进税率
7. 税款征收的方式包括（　　）。
　　A. 查定征收　　　B. 查验征收　　　　C. 核定征收　　　D. 代扣代缴
　　E. 委托代征
8. 以下属于偷税的是（　　）。
　　A. 未按规定安装税控装置　　　　　B. 伪造变造隐匿销毁账簿、凭证
　　C. 在账簿上多列支出或不列、少列收入　D. 经税务机关通知申报而拒不申报

三、判断题

1. 征税对象是划分不同税种的主要标志。体现不同税种征税的基本界限。是税收制度的核心要素。（　　）
2. 我国现行增值税是价外税，所以在计征增值税的销售额中不包括增值税，但包括消费税。（　　）
3. 对应税消费品征收消费税与征收增值税的征税环节相同，均在应税消费品的批发、

零售环节。( )

4. 居民纳税义务人来源于中国境内、境外的应纳税所得额都应征收个人所得税。( )

5. 增值税的销售额中不能包含增值税一般纳税人向买方收取的销项税额,但小规模纳税人向买方收取的增值税税额包含在内。( )

6. 我国境内的个人独资企业发生赢利时须缴纳企业所得税。( )

四、案例分析题

1. 某市汽车制造厂(增值税一般纳税人)2019年6月购进原材料等,取得增值税专用发票注明税款900万元,销售应纳消费税的小汽车取得销售收入(含增值税)8 120万元;兼营汽车租赁业务取得收入20万元;兼营汽车运输业务取得收入50万元。该厂分别核算汽车销售额、租赁业务和运输业务营业额。请分别计算该厂当期应纳增值税、消费税(该厂小汽车消费税税率为9%)。

2. 高级工程师王某2019年每月工资收入23 000元,专项扣除为2 000元,从1月起享受子女教育专项附加扣除1 000元,假设没有减免收入及减免税额等情况。1月份另有以下几项收入。

(1) 一次取得建筑工程设计费40 000元。

(2) 取得利息收入5 000元,其中国债利息收入2 000元,企业债券利息3 000元。

(3) 稿费收入5 000元。

(4) 取得省人民政府所颁发科技奖20 000元。

请计算王某2019年前3个月预扣预缴的个人所得税税额。

3. 2018年1月,陈某、王某共同投资设立一家制造实木地板的有限责任公司,开业后,公司生产经营状况良好,由于公司规模不断扩大,2019年3月,公司又购买一处房产作为生产用厂房,支付300万元,折旧年限50年。2019年8月,公司转让一项新专利获利10万元。2019年度产品销售收入900万元,购买原材料支出及其他合理费用支出800万元,在申报企业所得税时,该企业以年支出大于年收入为由拒绝缴纳所得税。另外,陈某在另一家公司还有投资,并从该公司收取股息1万元,还获得劳务报酬3万元;王某获得一笔稿酬5 000元。

根据以上资料和法律制度的有关规定,回答下列问题。

(1) 作为该公司应当缴纳哪些税种?该公司在2019年可以不缴企业所得税吗?

(2) 陈某、王某就哪些收入缴纳个人所得税?应适用何种税率?

4. 2014年8月,某市开发区国税局(县级局)管理二处接到举报,该市A企业有偷税行为,派检查人员李刚到企业检查。该企业拒不提供纳税资料,开发区局核定其应纳税额3万元,责令其8月15日之前缴纳。8月7日,李刚发现该企业将大量商品装箱运出厂外,李刚担心税款流失,到其开户银行出示税务检查证后要求银行提供企业资金情况,在银行不予配合的情况下,报经局长批准,扣押了A企业价值3万余元的商品,并委托商业机构拍卖,拍卖价款4万元。8月15日,该企业缴纳税款3万元,对其扣押措施不服,向当地中级人民法院提起诉讼。

根据以上资料和法律制度的有关规定,回答下列问题。

(1) 开发区国税局的执法行为不当之处在哪里?应如何做才正确?

(2) 银行是否应提供该企业的账户资金情况?为什么?

(3) 若法院受理应如何判决?

(4) 对该企业拒不提供纳税资料的行为应如何处理?

第十四章 劳动法
Chapter 14

>>> **学习目标**

1. 了解劳动法的概念、调整对象和适用范围；理解劳动法律关系。
2. 了解劳动合同的概念、种类；掌握劳动合同的订立、解除和劳动纠纷的解决途径。
3. 熟悉劳动者的基本权利和义务，能够在工作中保护合法权益。

第一节 劳动法概述

一、劳动法的概念和调整对象

（一）劳动法的概念

劳动法是调整劳动关系及与劳动关系密切相关的其他社会关系的法律规范的总和。狭义的劳动法，指最高立法机构制定颁布全国性、综合性的劳动法，即1994年7月5日公布，自1995年1月1日起施行，2018年12月29日第十三届全国人民代表大会常务委员会第七次会议第二次修正的《中华人民共和国劳动法》（以下简称《劳动法》），2007年6月29日公布，2008年1月1日起施行，2012年12月28日第十一届全国人民代表大会常务委员会第三十次会议修改的《中华人民共和国劳动合同法》（以下简称《劳动合同法》），2013年7月1日起施行。广义的劳动法，指调整劳动关系及与劳动关系有密切联系的其他社会关系的法律规范总称。劳动法与劳动合同法是一般法与特别法的关系，即劳动合同法有规定的，优先适用劳动合同法，劳动合同法没有规定的，适用劳动法。

（二）劳动法的调整对象

劳动法的调整对象为劳动关系和与劳动关系密切联系的其他社会关系。

▶ **1. 劳动关系**

劳动法的主要调整对象是劳动关系，指劳动者、劳动者的团体组织与用人单位之间在实现劳动过程中发生的社会关系。劳动关系的特征如下：

（1）劳动关系的当事人是特定的。劳动者是自然人，包括在法定劳动年龄内具有劳动能力的我国公民、外国人、无国籍人。用人单位是指使用和管理劳动者并付给其劳动报酬的单位,为依法成立的企业、个体经济组织、国家机关、事业组织、社会团体、民办非企业单位等组织。劳动关系是在实现劳动过程中发生的社会关系,是在职业劳动、集体劳动、工业劳动过程中发生的社会关系。私人雇佣劳动关系和农业劳动关系、家庭成员的共同劳动关系等不由劳动法调整。

(2) 劳动关系具有人身、财产关系的属性。劳动关系具有人身属性,用人单位有权依法管理和使用劳动者,劳动者必须亲自履行劳动义务,遵守用人单位的劳动规章制度,按照用人单位要求进行劳动。劳动关系具有财产关系的属性,指劳动者有偿提供劳动力,用人单位向劳动者支付劳动报酬,缔结的社会关系具有财产关系性质。不具有财产关系属性的无偿、义务、慈善性劳动关系不由劳动法调整。

(3) 劳动关系具有平等、从属关系的属性。劳动关系具有平等性,不具有惩罚性和强制性。劳动者在劳动关系建立后从属于用人单位,劳动者成为用人单位的职工,与用人单位存在身份、组织和经济上的从属关系,用人单位按照劳动规章制度管理和使用劳动者,双方形成管理与被管理、支配与被支配的关系。存在事实的不平等,需要国家公力干预劳动关系,制定强制实施的劳动条件和标准,以实现社会公平。

【案例】王某是甲企业的技术员,由于其技术好,在当地同类型企业中有一定知名度。2012年春节期间,当地乙公司请其帮助维修机器设备。在劳动过程中,不慎从梯子上摔下,造成重伤。在治疗过程中,在王某是否应享受工伤待遇问题上,王某与乙公司产生了分歧。王某认为,自己是为乙企业服务过程中出的事故,应当属于工伤,乙公司应按照工伤保险的有关规定,给予其工伤待遇;而乙公司认为,王某与其公司之间是劳务关系,而不是劳动关系,王某不应当享受工伤待遇。造成伤害的原因是由于其本人不谨慎造成,应当由其本人承担主要的责任。问题:王某与乙企业到底是劳务关系还是劳动关系?

【解析】王某与某企业之间是劳务关系,而不是劳动关系,理由有以下几点。

(1) 从王某提供劳动的内容来看,王某为乙公司检修机器设备,是短期的、一次性的劳动服务行为,双方的关系不是具有稳定性的劳动关系。

(2) 从王某与乙公司的在劳动中关系来看,王某在劳动过程中,不需要遵守乙公司的内部劳动纪律和规章制度,双方在劳动过程中是平等的协作关系。

(3) 王某的行为是属于技术人员业余时间在外兼职的行为,其实质是提供有偿的技术服务。王某没有成为乙公司员工中的一员,不是以乙公司员工的身份提供劳动。

▶ **2. 与劳动关系密切联系的其他社会关系**

(1) 劳动行政管理方面的社会关系,指劳动行政部门、其他业务主管部门因行使劳动行政管理权与用人单位之间发生的社会关系。

(2) 人力资源配置服务方面的关系,如职业介绍机构、职业培训机构为人力资源的配置与流动提供服务过程中与用人单位、劳动者之间发生的关系。

(3) 社会保险方面的社会关系,指国家和地方社会保险机构与用人单位及职工劳动者之间因执行社会保险制度而发生的关系。

(4) 工会组织关系、工会监督方面的社会关系,指工会在代表和维护职工合法权益的活动中与用人单位之间发生的关系。

(5) 处理劳动争议方面的社会关系,指劳动争议的调解机构、劳动争议的仲裁机构、人民法院与用人单位、职工之间由于调处和审理劳动争议而产生的关系。

(6) 劳动监督检查方面的社会关系，指国家劳动行政部门、卫生部门等有关主管部门与用人单位之间因监督、检查劳动法律、法规执行而产生的关系。

二、劳动法适用范围

中华人民共和国境内的企业、个体经济组织、民办非企业单位等组织与劳动者建立劳动关系，适用劳动法。国家机关、事业单位、社会团体和与其建立劳动关系的劳动者，订立、履行、变更、解除或者终止劳动合同关系，依照劳动法有关规定执行。不适用劳动法的主要有：国家机关的公务员，事业单位和社会团体中纳入公务员编制或者参照公务员进行管理的工作人员，适用《公务员法》，不适用劳动法。实行聘用制的事业单位与其工作人员的关系，法律、行政法规或国务院另有规定的，不适用劳动法；没有特别规定，适用劳动法。从事农业劳动的农村劳动者（乡镇企业职工和进城务工、经商的农民除外）不适用劳动法。现役军人、军队的文职人员不适用劳动法。家庭雇佣劳动关系不适用劳动法。在中华人民共和国境内享有外交特权和豁免权的外国人等不适用劳动法。

三、劳动法律关系

劳动法律关系是当事人依据劳动法律规范，在实现劳动过程中形成的权利义务关系。事实劳动关系与劳动法律关系，虽同属于劳动法调整范围，但由于事实劳动关系不符合法定模式（如未签订劳动合同），因而不是劳动法律关系，但事实劳动关系中劳动者合法权益仍受劳动法保护。狭义的劳动法律关系主体包括劳动者和用人单位。广义的劳动法律关系主体还应包括工会组织和雇主组织。

（一）劳动者

劳动者是在法定劳动年龄内具有劳动能力，以从事劳动获取合法劳动报酬的自然人。自然人要成为劳动者，须具有劳动权利能力和劳动行为能力。劳动权利能力是指自然人能够依法享有劳动权利和承担劳动义务的资格或能力；劳动行为能力是指自然人能够以自己行为依法行使劳动权利和履行劳动义务的能力。凡年满16周岁、在法定劳动年龄内有劳动能力的公民是具有劳动权利能力和劳动行为能力的人，包括我国公民、外国公民和无国籍人。劳动者最低就业年龄16周岁，退休年龄为男年满60周岁，女工人年满50周岁，女干部年满55周岁。为保护未成年人的合法权益，劳动法禁止使用童工，除法律另有规定以外，任何单位不得与未满16周岁的未成年人发生劳动法律关系。对有可能危害未成年人健康、安全或道德的职业或工作，最低就业年龄不应低于18周岁，用人单位不得聘用已满16周岁未满18周岁的未成年人从事过重、有毒、有害的劳动或者危险作业。凡用人单位使用童工的，由劳动保障行政部门按每使用一名童工每月处5 000元罚款的标准给予处罚；童工患病或者受伤的，用人单位应当负责送到医疗机构治疗，并负担治疗期间的全部医疗和生活费用。拐骗童工，强迫童工劳动，使用童工从事高空、井下、放射性、高毒、易燃易爆以及国家规定的第四级体力劳动强度的劳动，使用不满14周岁的童工，或造成童工死亡或严重伤残的，依照刑法关于拐卖儿童罪、强迫劳动罪或者其他罪的规定追究刑事责任。

劳动者的劳动权利主要有：①平等就业和选择职业的权利；②取得劳动报酬的权利；③休息休假的权利；④获得劳动安全卫生保护的权利；⑤接受职业技能培训的权利；⑥享受社会保险和福利的权利；⑦依法参加工会和职工民主管理的权利；⑧提请劳动争议处理的权利；⑨法律规定的其他劳动权利。

（二）用人单位

用人单位应具有用人权利能力和用人行为能力。用人权利能力是用人单位依法享有的用人权利和承担用人义务的资格或能力;用人行为能力是指用人单位能够以自己的行为依法行使用人权利和履行用人义务的能力。用人单位的用人权利能力和用人行为能力的范围取决于法律、法规的规定及用人单位的用人需求。对不具备合法经营资格的用人单位的违法犯罪行为,依法追究法律责任;劳动者已经付出劳动的,该单位或者其出资人应当依照法律有关规定向劳动者支付劳动报酬、经济补偿、赔偿金;给劳动者造成损害的,应当承担赔偿责任。个人承包经营违反法律规定招用劳动者,给劳动者造成损害的,发包的组织与个人承包经营者承担连带赔偿责任。

第二节 劳动合同法

一、劳动合同的概念和种类

(一)劳动合同的概念

劳动合同,是劳动者与用人单位之间确立劳动关系,明确双方权利和义务的书面协议。劳动合同是确立劳动关系的普遍性法律形式,是用人单位与劳动者履行劳动权利义务的重要依据。

(二)劳动合同的分类

劳动合同的类型分为固定期限、无固定期限和以完成一定工作任务为期限三种。用人单位与劳动者协商一致,可以订立固定期限劳动合同、无固定期限劳动合同、以完成一定工作任务为期限的劳动合同,但要遵守法律强制性规定,在具备签订无固定期限劳动合同的法定情形时,劳动者提出签订无固定期限劳动合同,用人单位应当与之签订无固定期限劳动合同。

▶ 1. 固定期限的劳动合同

固定期限的劳动合同,指用人单位与劳动者约定合同终止时间的劳动合同。固定期限劳动合同的期限届满,双方无续订劳动合同的意思表示,劳动合同即告终止,劳动关系消灭。如果双方有续订劳动合同的意思表示的,可以经协商一致续订。劳动合同法对固定期限劳动合同的期限长短及签订条件并无限制性规定,双方当事人可以自由协商确定是否签订固定期限劳动合同及起止时间,适用范围较为广泛。

▶ 2. 无固定期限劳动合同

无固定期限劳动合同,指用人单位与劳动者约定无确定终止时间的劳动合同。即双方当事人在合同书上只约定合同生效的起始日期,没有确定合同的终止日期。在不出现法律、法规规定的或当事人约定变更、解除劳动合同的条件或法定终止情形时,无固定期限劳动合同可持续至劳动者法定退休年龄为止。

有下列情形之一的,劳动者提出或者同意续订、订立劳动合同的,除劳动者提出订立固定期限劳动合同外,用人单位应当与劳动者订立无固定期限劳动合同:

(1)劳动者在该用人单位连续工作满10年的。连续工作满10年的起始时间应当自用人单位用工之日起计算,包括劳动合同法施行前的工作年限。

(2)用人单位初次实行劳动合同制度或者国有企业改制重新订立劳动合同时,劳动者在该用人单位连续工作满10年且距法定退休年龄不足10年的。

(3)连续订立2次固定期限劳动合同,且劳动者没有《劳动合同法》第39条规定的过错性辞退和第40条第1、2项规定的非过错性辞退情形，续订劳动合同的。

(4) 用人单位自用工之日起满1年不与劳动者订立书面劳动合同的，视为用人单位与劳动者订立无固定期限劳动合同。在符合上述签订无固定期限劳动合同的法定情形下，劳动者提出订立无固定期限劳动合同的，用人单位应当与其订立无固定期限劳动合同。用人单位违反劳动合同法规定不与劳动者订立无固定期限劳动合同的，自应当订立无固定期限劳动合同之日起向劳动者每月支付2倍的工资。

【案例】老王在单位干了十多年，一天他的劳动合同到期了，单位想让他留下来，双方就续签劳动合同。老王心想，自己已经在本单位工作十多年了，按《劳动合同法》规定，是可以与单位签订无固定期限合同的，单位人事部负责人起草一份一年期合同，让老王签字。老王没细看就签上名字。一个月后，老王无意间看了合同，发现劳动合同期限是一年。于是他问人事部经理："为什么没跟我签无固定期限合同？"人事部经理解释："当时你并没有说要签无固定期限合同啊，我们现在的合同并不违法。"

问题：人事经理的解释是否符合《劳动合同法》规定。

【解析】按照《劳动法》规定，劳动者在同一用人单位连续工作满十年以上，续签劳动合同时，劳动者本人没有提出来要签无固定期限合同的话，用人单位可以与其签订一个一年或几年期的劳动合同。2008年《劳动合同法》第十四条规定，劳动者在用人单位连续工作满十年的，续订劳动合同时，除劳动者提出订立固定期限劳动合同外，应当订立无固定期限劳动合同。在《劳动合同法》实施以后，单位必须与老王签订无固定期限的合同。在《劳动合同法》出台前后，用人单位所承担的法律责任是不同的。解决法律冲突时候，要遵循《劳动合同法》规定。

用人单位与劳动者协商一致，也可以订立无固定期限劳动合同。但地方各级人民政府及县级以上地方人民政府有关部门为安置就业困难人员提供的给予岗位补贴和社会保险补贴的公益性岗位，其劳动合同不适用劳动合同法有关无固定期限劳动合同的规定。

▶ 3. 以完成一定工作任务为期限的劳动合同

以完成一定工作任务为期限的劳动合同，指用人单位与劳动者约定以某项工作任务的完成时间为合同期限的劳动合同。当该项工作完成后，劳动合同即告终止。劳动合同法对以完成一定工作任务为期限的劳动合同在签订上没有特殊或强制性的要求，用人单位与劳动者协商一致，可以订立以完成一定工作任务为期限的劳动合同。

二、劳动合同的订立

(一) 劳动合同应采用书面形式订立

除非全日制用工双方当事人可以以口头订立劳动合同外，用人单位与劳动者建立劳动关系，均应订立书面劳动合同；已建立劳动关系，未同时订立书面劳动合同的，应当自用工之日起1个月内订立书面劳动合同。用人单位与劳动者在用工前订立劳动合同的，劳动关系自用工之日起建立。劳动合同文本应当由用人单位和劳动者各执一份。

自用工之日起1个月内，经用人单位书面通知后，劳动者不与用人单位订立书面劳动合同的，用人单位应当书面通知劳动者终止劳动关系，依法向劳动者支付其实际工作时间的劳动报酬，但无须向劳动者支付经济补偿而使双方的劳动关系消灭；自用工之日起超过1个月不满1年，劳动者不与用人单位订立书面劳动合同的，用人单位应当书面通知劳动者终止劳动关系，但应依法向劳动者支付经济补偿金。签订书面劳动合同是用人单位应履行的强制性义务，不签订书面劳动合同，用人单位将承担相应的法律责任。用人单位自用工之日起超过1个月不满1年未与劳动者订立书面劳动合同的，应当向劳动者每月支付2倍的工资，并与劳动者补订书面劳动合同，每月支付2倍工资的起算时间为用工之日起满1个月的次日，截止时间为补订书面劳动合同的前1日；用人单位自用工之日起满1年未与劳动者订立书面劳动合同的，自用工之日起满1个月的次日至满1年的前1日应当依法向劳动者每月支付2倍的工资，并视为自用工之日起满1年的当日已经与劳动者订立无固定期限劳动合同，应当立即与劳动者补订书面劳动合同。

为保护劳动者劳动报酬权，用人单位未在用工的同时订立书面劳动合同，与劳动者约定的劳动报酬不明确的，新招用的劳动者的劳动报酬应当按照企业的或者行业的集体合同规定的标准执行；没有集体合同的，用人单位应当对劳动者实行同工同酬。

（二）劳动合同订立的原则

▶ 1. 合法原则

合法原则即劳动合同必须依法订立，不得违反法律、行政法规的规定，不得违反国家强制性、禁止性的规定。

（1）订立劳动合同主体合法。劳动合同当事人必须具备合法资格，劳动者是年满16周岁、身体健康，具有劳动能力的公民。外国公民在我国就业，就业年龄须年满18周岁；用人单位是依法成立或核准登记的企业、个体经济组织、民办非企业单位、国家机关、事业组织、社会团体，根据法律规定有使用和管理劳动者权利。

（2）劳动合同内容合法。劳动合同内容必须符合国家法律、行政法规的规定，如约定周六加班不付加班费，这种约定无效；如违反婚姻法的规定约定在宾馆工作的年轻女性不得结婚、恋爱，这种约定违法无效。

（3）劳动合同订立程序和形式合法。劳动合同订立程序必须符合法律规定，未经双方协商一致、强迫订立的劳动合同无效。劳动合同必须以书面形式订立。

▶ 2. 公平原则

公平原则即订立、履行、变更、解除或者终止劳动合同时，应公平合理，利益均衡，不得使某一方的利益过于失衡。用人单位和劳动者法律地位平等，由于用人单位在组织上、经济地位上与劳动者存在明显优势地位，且双方信息不对称，劳动者往往在劳动关系中处于劣势。因此，劳动合同立法及执法有必要通过制度设计，加强对劳动者利益的保护，消除事实上的不平等，使劳动者与用人单位利益均衡，以实现结果公平。

▶ 3. 平等自愿、协商一致原则

平等，指在订立劳动合同过程中，双方当事人的法律地位平等，有双向选择权，任何一方不得凭借事实上的优势地位强迫对方接受不合理、不公平、不合法的条款；自愿，指劳动合同的订立及其合同内容的达成，完全出于当事人自己的意志，是其真实意思的表示，任何一方不得将自己的意志强加于对方，不允许第三者非法干预；协商一致，指经过双方当事人充分协商，达成一致意见，签订劳动合同。以欺诈或威胁手段强迫劳动者签订的劳动合同或未经协商一致签订的劳动合同为无效劳动合同。

▶ 4. 诚实信用原则

诚实信用原则是指劳动合同的双方当事人订立、履行、变更、解除或者终止劳动合同中，应当讲究信用，诚实不欺，在追求自身合法权益的同时，以善意的方式履行义务，尊重对方当事人的利益和其他人利益，不得损人利己。订立劳动合同时劳动者有知情权，用人单位有权利要求劳动者如实说明与劳动合同相关的基本情况，规定用人单位的劳动规章制度应公示或者告知劳动者等内容。

(三)劳动合同的条款

劳动合同条款分为必备条款和可备条款。必备条款是法律规定劳动合同必须具备的条款。必备条款不完善会导致合同不能成立,《劳动合同法》第81条规定,用人单位提供的劳动合同文本未载明本法规定的劳动合同必备条款或者用人单位未将劳动合同文本交付劳动者的,由劳动行政部门责令改正;对劳动者造成损害的,应当承担赔偿责任。

必备条款包括:①用人单位的名称、住所和法定代表人或者主要负责人;②劳动者的姓名、住址和居民身份证或者其他有效身份证件号码;③劳动合同期限;④工作内容和工作地点;⑤工作时间和休息休假;⑥劳动报酬;⑦社会保险;⑧劳动保护、劳动条件和职业危害防护;⑨法律、法规规定应当纳入劳动合同的其他事项。

可备条款,即劳动合同的约定条款,指除法定必备条款外劳动合同当事人可以协商约定、也可以不约定的条款。约定条款不得违反法律、法规的规定。劳动合同的约定条款一般包括以下内容。

(1) 试用期条款。劳动合同的试用期是劳动者和用人单位为相互了解、选择而约定的考察期。试用期满,被试用者即成为正式职工。劳动合同法规定:①不能任意约定试用期的长短。劳动合同期限3个月以上不满1年的,试用期不得超过1个月;劳动合同期限1年以上3年以下的,试用期不得超过2个月;3年以上固定期限和无固定期限的劳动合同,试用期不得超过6个月。②限制试用期的约定次数。同一用人单位与同一劳动者只能约定一次试用期。劳动者在同一用人单位调整或变更工作岗位,用人单位不得再次约定试用期。③规定不得约定试用期的情形。以完成一定工作任务为期限的劳动合同或者劳动合同期限不满3个月的,不得约定试用期。非全日制用工不得约定试用期。④规定试用期不成立的情形。试用期包含在劳动合同期限内。劳动合同仅约定试用期的,试用期不成立,该期限为劳动合同期限。⑤保障试用期内劳动者的劳动报酬权。劳动者在试用期的工资不得低于本单位相同岗位最低档工资的80%或者劳动合同约定工资的80%,并不得低于用人单位所在地的最低工资标准。⑥试用期内劳动者的各项劳动权利受法律保护。试用期内用人单位为试用者提供的劳动条件不得低于劳动法律、法规规定标准,用人单位应为试用者缴纳社会保险费。⑦对在试用期中的劳动者,用人单位不得滥用解雇权。除有证据证明劳动者不符合录用条件、劳动者有违规违纪违法行为,不能胜任工作等情形外,用人单位不得解除劳动合同。用人单位在试用期解除劳动合同的,应当向劳动者说明理由。⑧违反试用期规定应承担行政责任和赔偿责任。用人单位违反劳动合同法规定与劳动者约定的试用期无效,由劳动行政部门责令改正;违法约定的试用期已经履行的,由用人单位以劳动者试用期满月工资为标准,按已经履行的超过法定试用期的期限向劳动者支付赔偿金。

【案例】用人单位与劳动者之间的劳动合同期限为2年,该用人单位与劳动者约定的试用期是6个月,试用期内的月工资为2 000元,试用期满后的月工资为3 000元,如果劳动者在该单位按照合同约定完成了6个月的试用期工作,而且用人单位按照合同规定支付了试用期的全部工资,那么用人单位与劳动者约定的试用期期限是否合法?如果违法,用人单位与劳动者最多可以约定试用期的期限为多长?用人单位实际应当承担的成本为多少?

【解析】用人单位与劳动者约定的试用期违反《劳动合同法》规定。按照《劳动合同法》第19条规定,劳动合同期限1年以上不满3年的,试用期不得超过2个月。因此用人单位与劳动者最多可以约定2个月的试用期。劳动者按照合同约定履行6个月试用期,其中4个月是违法试用期,那么用人单位除了不能索回劳动者已经获得的6个月的试用期工资12 000元外,还必须按照试用期满后的月工资标准3 000元,再向劳动者赔偿这4个月的工资12 000元。

(2) 保守商业秘密和与知识产权相关的保密事项条款。用人单位与劳动者可以就商业秘密和与知识产权相关的保密事项的范围、保密期限、保密措施、保密义务及违约责任和赔偿责任等进行约定。劳动者因违反约定保密事项给用人单位造成损失的，应承担赔偿责任。

(3) 竞业限制条款。竞业限制条款是双方当事人约定劳动者在劳动关系存续期间或在解除、终止劳动合同后的一定期限内不得到与本单位生产或者经营同类产品、从事同类业务的有竞争关系的其他用人单位，或者自己开业生产或者经营同类产品、从事同类业务。竞业限制的期限最长不得超过2年，在竞业限制期限内，用人单位按月给予劳动者一定的经济补偿。竞业限制人员限于用人单位的高级管理人员、高级技术人员和其他负有保密义务的人员。竞业限制范围、地域、期限、经济补偿的标准由用人单位与劳动者约定，不得违反法律、法规的规定。劳动者违反竞业限制约定的，应当按照约定向用人单位支付违约金。

(4) 服务期限协议。服务期是指法律规定的因用人单位为劳动者提供专业技术培训，双方约定的劳动者为用人单位必须服务的期间。法律规定用人单位为劳动者提供专项培训费用，对其进行专业技术培训的，才可以与该劳动者订立协议约定服务期，并约定劳动者违反服务期约定的，应当按照约定向用人单位支付违约金。但由于用人单位有违法、违约行为而迫使劳动者在服务期未满的情形下辞职的，不属于违反服务期的约定，劳动者无须向用人单位支付违约金。

(5) 违约金条款。劳动合同法规定只有在用人单位与劳动者约定服务期限、约定保守用人单位的商业秘密和与知识产权相关的保密事项、约定竞业限制条款时，才能与劳动者约定违约金，且对因劳动者违反服务期限协议而约定的违约金的数额不得超过用人单位提供的培训费用，用人单位要求劳动者支付的违约金不得超过服务期尚未履行部分所应分摊的培训费用。

三、劳动合同的效力

劳动合同依法成立，签订劳动合同之日，就产生法律效力；双方当事人约定须公证方可生效的劳动合同，生效时间始于公证之日。劳动合同的公证采取自愿原则，公证不是法律规定的劳动合同生效的必经程序。

劳动合同的无效是指当事人违反法律、法规，订立的不具有法律效力的劳动合同。劳动合同无效的情形有：①以欺诈、胁迫的手段或者乘人之危，使对方在违背真实意思的情况下订立或者变更劳动合同的；②用人单位免除自己的法定责任、排除劳动者权利的；③违反法律、行政法规强制性规定的。对劳动合同的无效或者部分无效有争议的，由劳动争议仲裁委员会或者人民法院确认。

无效劳动合同的法律后果有：①停止履行。无效的劳动合同，从订立时起，就没有法律效力。劳动合同被确认无效后，正在履行的应当停止履行，尚未履行的不再履行。②支付劳动报酬、经济补偿、赔偿金。③修正劳动合同。劳动合同部分无效，有效部分可以继续履行，对部分无效条款应予以修改，使其合法能够依法继续履行。④赔偿损失。《劳动合同法》第86条规定，劳动合同被依法确认无效，给对方造成损害的，有过错的一方应当承担赔偿责任。不具备合法经营资格的用人单位被依法追究法律责任的，给劳动者造成损害的，应当承担赔偿责任。个人承包经营违反劳动合同法规定招用劳动者，给劳动者造成损害的，发包的组织与个人承包经营者承担连带赔偿责任。

四、劳动合同的履行与变更

（一）劳动合同的履行

用人单位与劳动者应当按照劳动合同的约定，全面履行各自的义务。履行劳动合同应保障劳动者劳动报酬权的实现，用人单位应当按照劳动合同约定和国家规定，向劳动者及时足额支付劳动报酬；用人单位拖欠或者未足额支付劳动报酬的，劳动者可以依法向当地人民法院申请支付令，人民法院应当依法发出支付令；用人单位安排加班的，应当按照国家有关规定向劳动者支付加班费。劳动合同应依法履行，用人单位应当严格执行劳动定额标准，不得强迫或者变相强迫劳动者加班；劳动者拒绝用人单位管理人员违章指挥、强令冒险作业的，不视为违反劳动合同。劳动者对危害生命安全和身体健康的劳动条件，有权对用人单位提出批评、检举和控告；用人单位变更名称、法定代表人、主要负责人或者投资人等事项，不影响劳动合同的履行；用人单位发生合并或者分立等情况，原劳动合同继续有效，劳动合同由承继其权利和义务的用人单位继续履行。

（二）劳动合同的变更

劳动合同的变更是指当事人双方对尚未履行或尚未完全履行的劳动合同，依照法律规定的条件和程序，对原劳动合同进行修改或增删的法律行为。用人单位与劳动者协商一致，可以变更劳动合同约定的内容。变更劳动合同，应当采用书面形式。变更后的劳动合同文本由用人单位和劳动者各执一份。如原劳动合同经过公证的，变更后的劳动合同也应当经过公证，方为有效变更。

五、劳动合同的解除和终止

（一）劳动合同的解除

劳动合同的解除是指劳动合同当事人在劳动合同期限届满之前依法提前终止劳动合同关系的法律行为。劳动合同解除分为协商解除、用人单位单方解除、劳动者单方解除等。

▶ 1. 协商解除

用人单位与劳动者协商一致，可以解除劳动合同。只要双方达成一致，内容、形式、程序没有违反法律禁止性、强制性规定，该解除行为有效。但如果是由用人单位提出解除动议的，用人单位应向劳动者支付解除劳动合同的经济补偿金。

▶ 2. 用人单位单方解除

用人单位单方解除即具备法律规定的条件时，用人单位享有单方解除权，无须双方协商达成一致意见。用人单位单方解除劳动合同，应当事先将理由通知工会。用人单位违反法律、行政法规规定或者劳动合同约定的，工会有权要求用人单位纠正；用人单位应当研究工会意见，并将处理结果书面通知工会。用人单位单方解除劳动合同有以下三种情况。

（1）过错性解除。劳动合同法对过错性解除的程序无严格的限制，且用人单位无须支付劳动者解除劳动合同的经济补偿金，但在解除的条件上有限制性规定，劳动者有下列情形之一的，用人单位可以解除劳动合同：①在试用期间被证明不符合录用条件的；②严重违反用人单位的规章制度的；③严重失职，营私舞弊，给用人单位造成重大损害的；④劳动者同时与其他用人单位建立劳动关系，对完成本单位的工作任务造成严重影响，或者经用人单位提出，拒不改正的；⑤因劳动者以欺诈、胁迫的手段或者乘人之危，使对方在违背真实意思的情况下订立或者变更劳动合同的情形致使劳动合同无效的；⑥被依法追究刑事责任的。

(2) 非过错性解除。劳动者本人无过错，由于主客观原因致使劳动合同无法履行，用人单位在符合法律规定的情形下，履行法律规定的程序后有权单方解除劳动合同。适用于劳动者有下列情形之一的：①劳动者患病或者非因工负伤，医疗期满后，不能从事原工作也不能从事由用人单位另行安排的工作的。医疗期根据劳动者工作年限的长短确定为3~24个月。②劳动者不能胜任工作，经过培训或者调整工作岗位，仍不能胜任工作的。③劳动合同订立时所依据的客观情况发生重大变化，致使劳动合同无法履行，经用人单位与劳动者协商，未能就变更劳动合同内容达成协议的。对非过错性解除劳动合同，用人单位应履行提前30日以书面形式通知劳动者本人的义务或者以额外支付劳动者1个月工资代替提前通知义务后，可以解除劳动合同。用人单位选择额外支付劳动者1个月工资解除劳动合同的，其额外支付的工资应当按照该劳动者上1个月工资标准确定。用人单位还应承担支付经济补偿金的义务。

(3) 裁员，指用人单位为降低劳动成本，改善经营管理，因经济或技术等原因一次裁减20人以上或者裁减不足20人但占企业职工总数10%以上的劳动者。用人单位提前30日向工会或者全体职工说明情况，听取工会或者职工的意见后，裁减人员方案经向劳动行政部门报告，可以裁减人员。裁员的法定情形限定为：依照企业破产法规定进行重整的；生产经营发生严重困难的；企业转产、重大技术革新或者经营方式调整，经变更劳动合同后，仍需裁减人员的；其他因劳动合同订立时所依据的客观经济情况发生重大变化，致使劳动合同无法履行的。为保护劳动者的利益，法律规定用人单位裁减人员时，应当优先留用下列人员：与本单位订立较长期限的固定期限劳动合同的；与本单位订立无固定期限劳动合同的；家庭无其他就业人员，有需要抚养的老人或者未成年人的。用人单位依法裁减人员，在6个月内重新招用人员的，应当通知被裁减的人员，并在同等条件下优先招用被裁减的人员。用人单位应当依法向被裁减人员支付经济补偿金。

为保护劳动者的合法权益，根据《劳动合同法》第42条规定，劳动者有下列情形之一的，用人单位不得依据《劳动合同法》第40条非过错性解除劳动合同的规定、第41条裁员的规定单方解除劳动合同：①从事接触职业病危害作业的劳动者未进行离岗前职业健康检查，或者疑似职业病病人在诊断或者医学观察期间的；②在本单位患职业病或者因工负伤并被确认丧失或者部分丧失劳动能力的；③患病或者非因工负伤，在规定的医疗期内的；④女职工在孕期、产期、哺乳期的；⑤在本单位连续工作满15年，且距法定退休年龄不足5年的；⑥法律、行政法规规定的其他情形。

▶ 3. 劳动者单方解除劳动合同

劳动者享有单方解除权，无须双方协商达成一致意见，也无须征得用人单位的同意，有三种情况。

(1) 预告解除。预告解除有两种：劳动者提前30日以书面形式通知用人单位，可以解除劳动合同；劳动者在试用期内提前3日通知用人单位，可以解除劳动合同。

(2) 随时通知解除。用人单位有下列情形之一的，劳动者可以解除劳动合同：①未按照劳动合同约定提供劳动保护或者劳动条件的；②未及时足额支付劳动报酬的；③未依法为劳动者缴纳社会保险费的；④用人单位的规章制度违反法律、法规的规定，损害劳动者权益的；⑤因以欺诈、胁迫的手段或者乘人之危，使劳动者在违背真实意思的情况下订立或者变更劳动合同的；⑥法律、行政法规规定劳动者可以解除劳动合同的其他情形。

(3) 立即解除。在用人单位有危及劳动者人身自由和人身安全的情形时，劳动者有权立即解除劳动合同。用人单位以暴力、威胁或者非法限制人身自由的手段强迫劳动者劳动的，或者用人单位违章指挥、强令冒险作业危及劳动者人身安全的，劳动者可以立即解除劳动合同，不需事先告知用人单位。

(二) 劳动合同的终止

劳动合同的终止，指符合法律规定情形时，双方当事人的权利义务不复存在，劳动合同的效力即行消灭。劳动合同终止不存在约定终止，只有法定终止。用人单位与劳动者不得在劳动合同法规定的劳动合同终止情形之外约定其他的劳动合同终止条件。

有下列情形之一的，劳动合同终止：①劳动合同期满的；②劳动者开始依法享受基本养老保险待遇的；③劳动者死亡，或者被人民法院宣告死亡或者宣告失踪的；④用人单位被依法宣告破产的；⑤用人单位被吊销营业执照、责令关闭、撤销或者用人单位决定提前解散的；⑥法律、行政法规规定的其他情形。

《劳动合同法》对某些劳动者特殊保护，劳动合同期满，有第42条禁止解除劳动合同规定情形之一的，劳动合同应当续延至相应的情形消失时终止。在本单位患职业病或者因工负伤并被确认丧失或者部分丧失劳动能力的劳动者的劳动合同的终止，按照国家有关工伤保险的规定执行。

(三) 解除或终止劳动合同的后合同义务

▶ 1. 用人单位的义务

(1) 出具解除、终止劳动合同证明书并送达劳动者。

(2) 3日内结清工资。

(3) 15日内转移职工档案和社会保险关系。

(4) 工作交接后支付经济补偿金。

(5) 对已经解除、终止的劳动合同文本至少保存2年备查。

▶ 2. 劳动者的义务

劳动者应当办理工作交接。并遵守双方约定，负有保密义务的应当继续为用人单位保守商业秘密。

(四) 经济补偿金

经济补偿金是用人单位解除或终止劳动合同时，给予劳动者的一次性货币补偿。

▶ 1. 补偿标准

经济补偿按劳动者在本单位工作的年限，每满1年支付1个月工资的标准向劳动者支付。6个月以上不满1年的，按1年计算；不满6个月的，向劳动者支付半个月工资的经济补偿。月工资是指劳动者在劳动合同解除或者终止前12个月的平均工资。劳动者工作不满12个月的，按照实际工作的月数计算平均工资。劳动者在劳动合同解除或者终止前12个月的平均工资低于当地最低工资标准的，按照当地最低工资标准计算。劳动者月工资高于用人单位所在直辖市、设区的市级人民政府公布的本地区上年度职工月平均工资3倍的，向其支付经济补偿的标准按职工月平均工资3倍的数额支付，向其支付经济补偿的年限最高不超过12年。

▶ 2. 支付经济补偿金的法定情形

(1) 因用人单位违法、违约迫使劳动者依照《劳动合同法》第38条解除劳动合同的。

(2) 用人单位依照《劳动合同法》第36条规定向劳动者提出解除劳动合同并与劳动者协商一致解除劳动合同的。

（3）用人单位依照《劳动合同法》第 40 条规定解除劳动合同的。

（4）用人单位以裁员的方式解除与劳动者的劳动合同的，用人单位应向劳动者支付经济补偿金。

（5）除用人单位维持或者提高劳动合同约定条件续订劳动合同，劳动者不同意续订的情形外，在劳动合同期满时，用人单位以低于原劳动合同约定的条件要求与劳动者续订劳动合同，而劳动者不同意续订的，用人单位须向劳动者支付经济补偿金。反之，用人单位则不必向劳动者支付经济补偿金。

（6）用人单位因被依法宣告破产，被吊销营业执照、责令关闭、撤销或者用人单位决定提前解散而终止劳动合同的，用人单位应向劳动者支付经济补偿金。

（7）以完成一定工作任务为期限的劳动合同，双方履行完毕而终止的，用人单位应当依法向劳动者支付经济补偿金。

（8）法律、行政法规规定的其他情形。

▶ 3. 用人单位违法解除或终止劳动合同的法律后果

用人单位违反法律规定解除或者终止劳动合同，劳动者要求继续履行劳动合同的，用人单位应当继续履行；劳动者不要求继续履行劳动合同或者劳动合同已经不能继续履行的，用人单位应当依照《劳动合同法》第 47 条规定的经济补偿标准的 2 倍向劳动者支付赔偿金。

六、集体合同

（一）集体合同的概念

集体合同，是企业职工一方与用人单位通过平等协商，就劳动报酬、工作时间、休息休假、劳动安全卫生、保险福利等事项订立的书面协议。劳动合同与集体合同的关系体现在以下方面：

（1）集体合同中劳动报酬和劳动条件等标准不得低于当地人民政府规定的最低标准；用人单位与劳动者订立的劳动合同中劳动报酬和劳动条件等标准不得低于集体合同规定的标准。

（2）劳动合同对劳动报酬和劳动条件等标准约定不明确，引发争议的，用人单位与劳动者可以重新协商；协商不成的，适用集体合同规定；没有集体合同或者集体合同未规定劳动报酬的，实行同工同酬；没有集体合同或者集体合同未规定劳动条件等标准的，适用国家有关规定。

（3）用人单位未在用工的同时订立书面劳动合同，与劳动者约定的劳动报酬不明确的，新招用劳动者的劳动报酬按照集体合同规定标准执行；没有集体合同或者集体合同未规定的，实行同工同酬。

（二）集体合同的订立

集体合同主要是由代表劳动者的工会或职工代表与企业签订。尚未建立工会的用人单位，由上级工会指导劳动者推举的代表与用人单位订立。企业职工一方与用人单位可以订立劳动安全卫生、女职工权益保护、工资调整机制等专项集体合同。在县级以下区域内，建筑业、采矿业、餐饮服务业等行业可以由工会与企业方面代表订立行业性集体合同，或者订立区域性集体合同。

集体合同订立后，应当报送劳动行政部门；劳动行政部门自收到集体合同文本之日起 15 日内未提出异议的，集体合同即行生效。

（三）集体合同争议处理

用人单位违反集体合同，侵犯职工劳动权益的，工会可以依法要求用人单位承担责任；因履行集体合同发生争议，经协商解决不成的，工会可以依法申请仲裁、提起诉讼。

七、劳务派遣

劳务派遣，指劳务派遣单位与劳动者订立劳动合同后，由派遣单位与实际用工单位通过签订劳务派遣协议，将劳动者派遣到用工单位工作，用工单位实际使用劳动者，用工单位向劳务派遣单位支付管理费、劳动者工资、社会保险费用等而形成的关系。劳务派遣是典型的"有关系无劳动，有劳动无关系"，造成了劳动力的雇佣和劳动力的使用分离。

（一）劳务派遣单位

劳务派遣单位是将劳动者派遣到实际用工单位的企业法人。经营劳务派遣业务，应当向劳动行政部门依法申请行政许可；经许可的，依法办理相应的公司登记。未经许可，任何单位和个人不得经营劳务派遣业务。劳务派遣单位注册资本不得少于200万元。

（二）劳务派遣岗位的范围

劳动合同用工是我国的企业基本用工形式。劳务派遣用工是补充形式，只能在临时性、辅助性或者替代性的工作岗位上实施。

（三）劳务派遣单位对派遣劳动者的法定义务

（1）应当与被派遣劳动者订立2年以上的固定期限劳动合同，按月支付劳动报酬。

（2）应当与接受以劳务派遣形式用工的单位（用工单位）订立劳务派遣协议。

（3）应当将劳务派遣协议的内容告知被派遣劳动者。

（4）不得克扣用工单位按照劳务派遣协议支付给被派遣劳动者的劳动报酬。

（5）劳务派遣单位和用工单位不得向被派遣劳动者收取费用。

（6）不得以非全日制用工形式招用被派遣劳动者。

（7）用工单位应当履行规定的义务，维护被派遣劳动者的合法权益。

（四）用工单位的义务

（1）执行国家劳动标准，提供相应的劳动条件和劳动保护。

（2）告知被派遣劳动者的工作要求和劳动报酬。

（3）支付加班费、绩效奖金，提供与工作岗位相关的福利待遇。

（4）对在岗被派遣劳动者进行工作岗位所必需的培训。

（5）连续用工的，实行正常的工资调整机制。

（6）不得将被派遣劳动者再派遣到其他用人单位。

（7）不得设立劳务派遣单位向本单位或者所属单位派遣劳动者，即不得自己出资或者其所属单位出资或者合伙设立劳务派遣单位，不得向本单位或者所属单位派遣劳动者。

（五）被派遣劳动者的权利

（1）参加和组织工会的权利。

（2）解除劳动合同的权利，被派遣劳动者可以依照劳动合同法与用人单位协商一致解除劳动合同，在用人单位有违法、违约情形时，被派遣劳动者有权与劳务派遣单位单方解除劳动合同。

(3) 享有与用工单位的劳动者同工同酬的权利，用工单位无同类岗位劳动者的，参照用工单位所在地相同或者相近岗位劳动者的劳动报酬确定。

(4) 依法获得经济补偿的权利等。

八、非全日制用工

非全日制用工，指以小时计酬为主，劳动者在同一用人单位一般平均每日工作时间不超过 4 小时，每周工作时间累计不超过 24 小时的用工形式。非全日制用工的法律规定主要有以下内容。

(1) 非全日制用工可以订立口头协议，也可以采取书面协议。

(2) 非全日制用工的劳动者可以与一个或者一个以上的用人单位订立劳动合同，即允许从事非全日制用工的劳动者建立双重或多重劳动关系。后订立的劳动合同不得影响先订立的劳动合同的履行。

(3) 非全日制用工不得约定试用期。

(4) 非全日制用工双方当事人任何一方都可以随时通知对方终止用工。终止用工的，用人单位不向劳动者支付经济补偿。

(5) 非全日制用工小时计酬标准不得低于用人单位所在地人民政府规定的最低小时工资标准。

(6) 非全日制用工劳动报酬结算支付周期最长不得超过 15 日。

第三节　劳动基准法

劳动基准就是劳动条件的最低标准。劳动基准法就是在劳动法中规定和确认系列劳动标准，用人单位必须遵守，要求用人单位向劳动者提供的劳动条件只能等于或优于劳动基准，以保证劳动者权益的实现。劳动基准法主要由规定劳动标准的各项法律制度所构成，包括工时标准、最低工资标准、职业安全卫生法等。

一、工作时间和休息休假

(一) 工作时间的概念和种类

工作时间又称劳动时间，指法律规定的劳动者在一昼夜和一周内从事劳动的时间，包括每日工作的小时数，每周工作的天数和小时数。工作时间的种类如下。

▶ 1. 标准工作时间

标准工作时间是指法律规定的在一般情况下普遍适用的，按照正常作息办法安排的工作日和工作周的工时制度。我国的标准工时为劳动者每日工作 8 小时，每周工作 40 小时，在 1 周(7 日)内工作 5 天。实行计件工作的劳动者，用人单位应当根据每日工作 8 小时、每周工作 40 小时的工时制度，合理确定其劳动定额和计件报酬标准。

▶ 2. 缩短工作时间

缩短工作时间是指法律规定的在特殊情况下劳动者工作时间长度少于标准工作时间的工时制度，即每日工作少于 8 小时。缩短工作日适用于：①从事矿山井下、高山、有毒有害、特别繁重或过度紧张等作业的劳动者;②从事夜班工作的劳动者;③哺乳期内的女职工。

▶ 3. 延长工作时间

延长工作时间是指超过标准工作日的工作时间,即日工作时间超过8小时,每周工作时间超过40小时。延长工作时间必须符合法律、法规的规定。

▶ 4. 不定时工作时间

不定时工作时间是指无固定工作时数限制的工时制度。适用于工作性质和职责范围不受固定工作时间限制的劳动者,如企业高级管理人员、外勤人员、推销人员、部分值班人员,从事交通运输的工作人员以及其他因生产特点、工作特殊需要或职责范围关系,适合实行不定时工作制的职工等。

▶ 5. 综合计算工作时间

综合计算工作时间是指以一定时间为周期,集中安排并综合计算工作时间和休息时间的工时制度,即分别以周、月、季、年为周期综合计算工作时间,但其平均日工作时间和平均周工作时间应与法定标准工作时间基本相同。对符合下列条件之一的职工,可以实行综合计算工作日:①交通、铁路、邮电、水运、航空、渔业等行业中因工作性质特殊,需连续作业的职工;②地质及资源勘探、建筑、制盐、制糖、旅游等受季节和自然条件限制的行业的部分职工;③其他适合实行综合计算工时工作制的职工。

(二)休息休假的概念和种类

休息休假是指劳动者为行使休息权在国家规定的法定工作时间以外,不从事生产或工作而自行支配的时间。

▶ 1. 休息时间的种类

(1)工作日内的间歇时间,指在工作日内给予劳动者休息和用餐的时间,一般为1~2小时,最少不得少于半小时。

(2)工作日间的休息时间,即两个邻近工作日之间的休息时间,一般不少于16小时。

(3)公休假日,又称周休息日,是劳动者在1周(7日)内享有的休息日,公休假日一般为每周2日,一般安排在周六和周日休息。不能实行国家标准工时制度的企业和事业组织,可根据实际情况灵活安排周休息日,应当保证劳动者每周至少休息1日。

▶ 2. 休假的种类

(1)法定节假日,指法律规定用于开展纪念、庆祝活动的休息时间。我国劳动法规定的法定节假日有:元旦1月1日,放假1天;春节农历除夕和正月初一、初二,放假3天;清明节农历清明当日,放假1天;端午节农历端午当日,放假1天;中秋节农历中秋当日,放假1天;劳动节5月1日,放假1天;国庆节10月1日、2日、3日,放假3天;法律、法规规定的其他休假节日。

(2)探亲假,指劳动者享有保留工资、工作岗位而同分居两地的父母或配偶团聚的假期。探亲假适用于在国家机关、人民团体、全民所有制企业、事业单位工作满1年的固定职工。

(3)年休假,指职工工作满一定年限,每年可享有的带薪连续休息的时间。根据劳动法的规定,机关、团体、企业、事业单位、民办非企业单位、有雇工的个体工商户等单位的职工连续工作1年以上的,享受带薪年休假。单位应当保证职工享受年休假。职工在年休假期间享受与正常工作期间相同的工资收入。职工累计工作已满1年不满10年的,年休假 5 天；已满 10 年不满 20 年的，年休假 10 天；已满 20 年的，年休假 15 天。国家法定休假日、休息日不计入年休假的假期。

（三）加班加点的主要法律规定

加班是指劳动者在法定节日或公休假日从事生产或工作。加点是指劳动者在标准工作日以外延长工作的时间。加班加点又统称为延长工作时间。任何单位和个人不得擅自延长职工工作时间。

▶ 1. 加班加点的规定

用人单位由于生产经营需要，经与工会和劳动者协商后可以延长工作时间，一般每日不得超过 1 小时；因特殊原因需要延长工作时间的，在保障劳动者身体健康的条件下延长工作时间每日不得超过 3 小时，但是每月不得超过 36 小时。劳动法规定在下述特殊情况下，延长工作时间不受《劳动法》第 41 条的限制。

（1）发生自然灾害、事故或者因其他原因，威胁劳动者生命健康和财产安全，或使人民的安全健康和国家资财遭到严重威胁，需要紧急处理的。

（2）生产设备、交通运输线路、公共设施发生故障，影响生产和公共利益，必须及时抢修的。

（3）在法定节日和公休假日内工作不能间断，必须连续生产、运输或营业的。

（4）必须利用法定节日或公休假日的停产期间进行设备检修、保养的。

（5）为了完成国防紧急生产任务，或者完成上级在国家计划外安排的其他紧急生产任务，以及商业、供销企业在旺季完成收购、运输、加工农副产品紧急任务的。

（6）法律、行政法规规定的其他情形。

▶ 2. 加班加点的工资标准

（1）安排劳动者延长工作时间的，支付不低于工资的 150% 的工资报酬。

（2）休息日安排劳动者工作又不能安排补休的，支付不低于工资的 200% 的工资报酬。

（3）法定休假日安排劳动者工作的，支付不低于工资的 300% 的工资报酬。

二、工资法律制度

工资是指用人单位依据国家有关规定和集体合同、劳动合同约定的标准，根据劳动者提供劳动的数量和质量，以货币形式支付给劳动者的劳动报酬。

（一）工资分配原则

（1）工资总量宏观调控原则。

（2）用人单位自主分配、劳动者参与工资分配过程原则。

（3）按劳分配为主体、多种分配方式并存原则。

（4）同工同酬原则。我国《宪法》第 48 条规定："国家保护妇女的权利和利益，实行男女同工同酬。"

（5）工资水平随经济发展逐步提高原则。

（二）工资形式

（1）计时工资，是按单位时间工资标准和劳动者实际工作时间计付劳动报酬的工资形式。常见的有小时工资、日工资、月工资。

（2）计件工资，是按照劳动者生产合格产品的数量或作业量以及预先规定的计件单价支付劳动报酬的一种工资形式。

（3）奖金，是给予劳动者的超额劳动报酬和增收节支的物质奖励，主要有月奖、季度奖和年度奖；经常性奖金和一次性奖金；综合奖和单项奖等。

（4）津贴，是对劳动者在特殊条件下的额外劳动消耗或额外费用支出给予物质补偿的一种工资形式，主要有岗位津贴、保健性津贴、技术性津贴等。

（5）补贴，是为了保障劳动者的生活水平不受特殊因素的影响而支付给劳动者的工资形式。它与劳动者的劳动没有直接联系，其发放根据主要是国家有关政策规定，如物价补贴、边远地区生活补贴等。

（6）特殊情况下的工资，是对非正常工作情况下的劳动者依法支付工资的一种工资形式，主要有加班加点工资，事假、病假、婚假、探亲假等工资及履行国家和社会义务期间的工资等。

（三）工资支付保障

（1）工资应以法定货币支付，不得以实物及有价证券代替货币支付。

（2）工资应在用人单位与劳动者约定的日期支付。工资一般按月支付，至少每月支付一次。实行周、日、小时工资制的，可按周、日、小时支付。

（3）劳动者依法享受年休假、探亲假、婚假、丧假期间，以及依法参加社会活动期间，用人单位应按劳动合同规定的标准支付工资。

（4）工资应该付给劳动者本人，也可由劳动者家属或委托他人代领，用人单位可委托银行代发工资。

（5）工资应依法足额支付，除法定或约定允许扣除工资的情况外，严禁非法克扣或无故拖欠劳动者工资。

（6）对代扣工资的限制。用人单位可以代扣劳动者工资的情况有：用人单位代扣代缴的个人所得税；用人单位代扣代缴的应由劳动者个人负担的社会保险费用；用人单位依审判机关判决、裁定扣除劳动者工资。依照人民法院判决、裁定，用人单位可以从应负法律责任的劳动者工资中扣除其应负担的扶养费、赡养费、抚养费和损害赔偿等款项；法律、法规规定可以从劳动者工资中扣除的其他费用。

（7）对扣除工资金额的限制。因劳动者本人原因给用人单位造成经济损失的，用人单位可以按照劳动合同的约定要求劳动者赔偿其经济损失。经济损失的赔偿，可从劳动者工资中扣除，但每月扣除金额不得超过劳动者月工资的20%；若扣除后的余额低于当地月最低工资标准的，则应按最低工资标准支付。

（8）用人单位依法破产时，劳动者有权获得其工资。在破产清偿顺序中用人单位应按企业破产法规定的清偿顺序，首先支付本单位劳动者的工资。

（四）最低工资保障

最低工资是指劳动者在法定工作时间内提供正常劳动前提下，用人单位应支付的最低劳动报酬。劳动者因探亲、结婚、直系亲属死亡按照规定休假期间，以及依法参加国家和社会活动，视为提供正常劳动，用人单位支付给劳动者的工资不得低于最低工资标准。劳动者与用人单位形成或建立劳动关系后，试用、熟练、见习期间，在法定工作时间内提供了正常劳动，用人单位应当支付其不低于最低工资标准的工资。

最低工资不包括下列各项：①加班加点工资；②中班、夜班、高温、低温、井下、有毒有害等特殊工作环境条件下的津贴；③国家法律、法规和政策规定的劳动者保险、福利待遇；④用人单位通过贴补伙食、住房等支付给劳动者的非货币性收入。

最低工资的具体标准由省、自治区、直辖市人民政府规定，报国务院备案。综合参考下列因素：①劳动者本人及平均赡养人口的最低生活费用；②社会平均工资水平；③劳动生产率;④就业状况;⑤地区之间经济发展水平的差异。最低工资标准应当高于当地的社会救济金和失业保险金标准,低于平均工资。最低工资标准发布实施后,如确定最低工资标准参考的因素发生变化,或本地区职工生活费用价格指数累计变动较大时,应当适时调整,但每年最多调整一次。

三、职业安全卫生法

(一)职业安全卫生法的概念和特点

职业安全卫生法,指以保护劳动者在职业劳动过程中的安全和健康为宗旨,以劳动安全卫生规则等为内容的法律规范的总称。职业安全卫生法的立法目的是减少和避免因工伤亡事故以及职业危害、职业中毒和职业病。

职业安全卫生法与其他劳动法规相比有其特有的特征。

(1)保护对象的特定性。职业安全卫生法保护的对象是特定的,即保护的是劳动者在生产、劳动过程中的生命安全和健康。

(2)法规内容具有技术性。职业安全卫生法主要由劳动安全、劳动卫生技术规程和标准组成,是具有技术性的法律规范。

(3)法律规范多为强制性和禁止性规范。

(二)职业安全卫生法律制度的内容

▶1. 职业安全卫生工作的方针和制度

职业安全卫生,包括职业安全、职业卫生两类。职业安全是为防止和消除劳动过程中的伤亡事故而制定的各种法律规范,职业卫生是为保护劳动者在劳动过程中的健康,预防和消除职业病、职业中毒和其他职业危害而制定的各种法律规范。我国职业安全卫生工作方针是:安全第一,预防为主。

职业安全卫生制度主要包括职业安全卫生标准制度、安全生产保障制度、职业卫生与职业病防治制度、职业安全卫生责任制度、职业安全教育制度、职业安全卫生认证制度、安全卫生设施"三同时"制度、安全卫生检查与监察制度、伤亡事故报告处理制度等内容。

▶2. 女职工的特殊劳动保护

为保护女职工的身体健康,法律规定禁止安排女职工从事矿山井下作业、国家规定的第四级体力劳动强度的劳动和其他禁忌从事的劳动;不得安排女职工在经期从事高处、高温、低温、冷水作业和国家规定的第三级体力劳动强度的劳动;不得安排女职工在怀孕期间从事国家规定的第三级体力劳动强度的劳动和孕期禁忌从事的劳动;对怀孕7个月以上的女职工,不得安排其延长工作时间和夜班劳动;女职工生育享受不少于90天的产假;不得安排女职工在哺乳未满1周岁的婴儿期间从事国家规定的第三级体力劳动强度的劳动和哺乳期禁忌从事的其他劳动,不得安排其延长工作时间和夜班劳动。

▶3. 未成年工的特殊劳动保护

未成年工是指年满16周岁未满18周岁的劳动者。对未成年工特殊劳动保护的措施主要有:①上岗前培训。未成年工上岗,用人单位应对其进行有关的职业安全卫生教育、培训。②禁止安排未成年工从事有害健康的工作。用人单位不得安排未成年工从事矿山井下、有毒有害、国家规定的第四级体力劳动强度和其他禁忌从事的劳动。③提供适合未成年工身体发育的生产工具等。④对未成年工定期进行健康检查。

第四节 劳动争议

一、劳动争议的概念和分类

劳动争议,又称劳动纠纷,指劳动关系双方当事人因实现劳动权利和履行劳动义务而发生的纠纷。劳动争议发生在劳动者与用人单位之间。

劳动争议按照不同的标准,可划分为以下几种。

(1) 按照劳动争议当事人人数多少的不同,可分为个人劳动争议和集体劳动争议。个人劳动争议是劳动者个人与用人单位发生的劳动争议;集体劳动争议是指劳动者一方当事人在3人以上,有共同理由的劳动争议。发生劳动争议的劳动者一方在10人以上,并有共同请求的,可以推举代表参加调解、仲裁或者诉讼活动。

(2) 按照劳动争议的内容,可分为因确认劳动关系发生的争议;因订立、履行、变更、解除和终止劳动合同发生的争议;因除名、辞退和辞职、离职发生的争议;因工作时间、休息休假、社会保险、福利、培训以及劳动保护发生的争议;因劳动报酬、工伤医疗费、经济补偿或者赔偿金等发生的争议;法律、法规规定的其他劳动争议。

下列纠纷不属于劳动争议:①劳动者请求社会保险经办机构发放社会保险金的纠纷;②劳动者与用人单位因住房制度改革产生的公有住房转让纠纷;③劳动者对劳动能力鉴定委员会的伤残等级鉴定结论或者对职业病诊断鉴定委员会的职业病诊断鉴定结论的异议纠纷;④家庭或者个人与家政服务人员之间的纠纷;⑤个体工匠与帮工、学徒之间的纠纷;⑥农村承包经营户与受雇人之间的纠纷。

二、劳动争议的解决方式及处理程序

劳动争议处理的方式有协商、调解、仲裁、诉讼等四种方式。

(一) 协商

发生劳动争议,劳动者可以与用人单位协商,也可以请工会或者第三方共同与用人单位协商,达成和解协议。但和解协议无必须履行的法律效力,是由双方当事人自觉履行。协商不是处理劳动争议的必经程序,当事人不愿协商或协商不成,可以向本单位劳动争议调解委员会申请调解或向劳动争议仲裁委员会申请仲裁。

(二) 调解

发生劳动争议,当事人不愿协商、协商不成或者达成和解协议后不履行的,可以向调解组织申请调解。

▶ 1. 劳动争议调解机构

劳动争议调解委员会(以下简称调解委员会)是依法成立的调解本单位发生的劳动争议的群众性组织。我国的劳动争议调解委员会主要有企业劳动争议调解委员会,依法设立的基层人民调解组织,在乡镇、街道设立的具有劳动争议调解职能的组织。

▶ 2. 调解程序与调解效力

劳动争议调解由当事人提出调解申请(书面或口头申请),调解组织促成双方当事人达成调解协议。经调解达成协议的,应当制作调解协议书。自劳动争议调解组织收到调解申请之日起 15 日内未达成调解协议的，视为调解不成，当事人可以向当地劳动争议仲裁委员会申请仲裁。调解书仅具有合同性质，不具有强制执行的效力。因支付拖欠劳动报酬、工伤医疗费、经济补偿或者赔偿金事项达成调解协议，用人单位在协议约定期限内不履行的，劳动者可以持调解协议书依法向人民法院申请支付令。人民法院应当依法发出支付令。调解不是劳动争议解决的必经程序，调解应始终贯彻自愿协商的原则，不得强迫当事人达成调解协议。

（三）仲裁

仲裁是劳动争议案件处理必经的法律程序。发生劳动争议，当事人不愿调解、调解不成或者达成调解协议后不履行的，可以向劳动争议仲裁委员会申请仲裁，也可直接向劳动争议仲裁委员会申请仲裁。

▶ 1. 仲裁机构

劳动争议仲裁的机构是劳动争议仲裁委员会。劳动争议仲裁委员会按照统筹规划、合理布局和适应实际需要原则设立，省、自治区人民政府可以决定在市、县设立，直辖市人民政府可以决定在区、县设立。直辖市、设区的市也可以设立一个或者若干个劳动争议仲裁委员会。劳动争议仲裁委员会不按行政区划层层设立。劳动争议仲裁委员会由劳动行政部门代表、工会代表和企业方面代表组成。劳动争议仲裁委员会组成人员应当是单数。仲裁委员会处理劳动争议案件，实行仲裁庭制度，即按照"一案一庭"的原则组成仲裁庭，审理劳动争议案件。仲裁庭的组织形式有独任制和合议制两种。

▶ 2. 仲裁管辖

劳动争议仲裁主要实行地域管辖。劳动争议仲裁委员会负责管辖本区域内发生的劳动争议。劳动争议由劳动合同履行地或者用人单位所在地的劳动争议仲裁委员会管辖。双方当事人分别向劳动合同履行地和用人单位所在地的劳动争议仲裁委员会申请仲裁的，由劳动合同履行地的劳动争议仲裁委员会管辖。

▶ 3. 仲裁程序

（1）申请和受理。当事人申请仲裁应当提交书面仲裁申请。仲裁委员会收到申请书之日起 5 日内做出受理或者不予受理的决定。决定不予受理的，应自做出决定之日起 5 日内制作不予受理通知书，送达申请人。

（2）组成仲裁庭。仲裁委员会决定受理的劳动争议案件，应自立案之日起 5 日内组成仲裁庭。

（3）开庭程序。仲裁庭在开庭 5 日前，将开庭日期、地点书面通知双方当事人。申请人收到书面通知，无正当理由拒不到庭或者未经仲裁庭同意中途退庭的，可以视为撤回仲裁申请。被申请人接到书面通知，无正当理由拒不到庭或者未经仲裁庭同意中途退庭的，可以缺席裁决。

（4）仲裁调解。在查明争议事实的基础上，由仲裁庭或仲裁员主持，对劳动争议案件先行调解。调解书经双方当事人签收后，发生法律效力。仲裁调解书具有法律效力，自送达之日起具有法律约束力，当事人须自觉履行，一方当事人不履行的，另一方当事人可向人民法院申请强制执行。调解不成或者调解书送达前，一方当事人反悔的，仲裁庭应当及时做出裁决。

（5）仲裁裁决。受理后，应当在收到仲裁申请的 45 日内做出仲裁裁决。案情复杂需要延期的，经劳动争议仲裁委员会主任批准，可以延期并书面通知当事人，但是延长期限不得超过 15 日。逾期未做出仲裁裁决的，当事人可以就该劳动争议事项向人民法院提起诉讼。裁决应当按照多数仲裁员的意见做出，少数仲裁员的不同意见应当记入笔录。劳动争议仲裁委员会对下列案件实行一裁终局。

① 追索劳动报酬、工伤医疗费、经济补偿或者赔偿金，不超过当地月最低工资标准12个月金额的争议。

② 因执行国家劳动标准在工作时间、休息休假、社会保险等方面发生的争议。上述案件仲裁裁决为终局裁决，裁决书自做出之日起发生法律效力。劳动者对一裁终局的仲裁裁决不服的，可以自收到仲裁决书之日起15日向人民法院起诉。而用人单位对一裁终局的仲裁裁决，不能再向法院起诉，也不能申请再次仲裁，但在具备法定情形时，用人单位可以向人民法院申请撤销。除一裁终局的仲裁裁决以外的其他劳动争议案件的仲裁裁决，当事人不服的，可以自收到仲裁裁决书之日起15日内向人民法院提起诉讼。

③ 期满不起诉的，裁决书发生法律效力。一方当事人逾期不履行，另一方当事人可以向人民法院申请强制执行。受理申请的人民法院应当依法执行。

▶ 4. 劳动争议仲裁的时效

《劳动争议调解仲裁法》第27条规定：劳动争议申请仲裁的时效期间为1年。仲裁时效期间从当事人知道或者应当知道其权利被侵害之日起计算。劳动关系存续期间因拖欠劳动报酬发生争议的，劳动者申请仲裁不受上述仲裁时效期间的限制；但是，劳动关系终止的，应当自劳动关系终止之日起1年内提出。仲裁时效和诉讼时效一样适用时效中断、时效中止。仲裁时效的中断，因当事人一方向对方当事人主张权利，或者向有关部门请求权利救济，或者对方当事人同意履行义务而中断。从中断时起，仲裁时效期间重新计算。仲裁时效的中止，因不可抗力或者有其他正当理由，当事人不能在法律规定的仲裁时效期间申请仲裁的，仲裁时效中止。从中止时效的原因消除之日起，仲裁时效期间继续计算。

▶ 5. 举证责任

劳动争议仲裁案件举证责任原则上遵照民事诉讼"谁主张，谁举证"原则。但因用人单位做出的开除、除名、辞退、解除劳动合同、减少劳动报酬、计算劳动者工作年限等决定而发生的劳动争议，用人单位负举证责任。

▶ 6. 先行裁决和先予执行

仲裁庭裁决劳动争议案件时，其中一部分事实已经清楚，可以就该部分先行裁决。仲裁庭对追索劳动报酬、工伤医疗费、经济补偿或者赔偿金的案件，根据当事人的申请，可以裁决先予执行，移送人民法院执行。

▶ 7. 劳动争议仲裁不收费

劳动争议仲裁委员会的经费由财政予以保障。

(四) 诉讼

劳动争议诉讼的机构是人民法院。劳动争议诉讼案件由用人单位所在地或劳动合同履行地的基层法院管辖；劳动合同履行地不明确的，由用人单位所在地的基层法院管辖。

▶ 1. 经由仲裁的起诉

一般劳动争议的处理，必须先裁后审，即当事人必须先申请劳动仲裁，不服仲裁裁决，才可以自收到仲裁裁决书之日起15日内向人民法院提起诉讼。劳动争议仲裁委员会不予受理或者逾期未做出受理决定的，当事人可以就该劳动争议事项向人民法院提起诉讼。仲裁庭逾期未作出仲裁裁决的，当事人可以就该劳动争议事项向人民法院提起诉讼。

▶ 2. 不经仲裁的起诉

对于拖欠工资的案件,劳动者手中有明确证据的,可以不经过仲裁直接起诉。当事人在劳动争议调解委员会主持下仅就劳动报酬争议达成调解协议,用人单位不履行调解协议确定的给付义务,劳动者可以直接向人民法院起诉。

▶ 3. 对终局裁决的起诉

对终局仲裁裁决,劳动者不服的,可以自收到仲裁裁决书之日起15日内向人民法院提起诉讼。仲裁裁决被人民法院裁定撤销的,当事人可以自收到裁定书之日起15日内就该劳动争议事项向人民法院提起诉讼。

人民法院审理劳动争议案件实行两审终审制。人民法院一审审理终结后,对一审判决不服的,当事人可在15日内向上一级人民法院提起上诉;对一审裁定不服的,当事人可在10日内向上一级人民法院提起上诉。经二审审理所做出的裁决是终审裁决,自送达之日起发生法律效力,当事人必须履行。

复习思考题

一、单项选择题

1. 《中华人民共和国劳动合同法》由第十届全国人大常委会第二十八次会议于(　　)通过,(　　)起施行。
   A. 2007年6月29日;2008年1月1日
   B. 2007年6月29日;2007年6月29日
   C. 2007年6月28日;2007年10月1日
   D. 2007年6月28日;2008年1月1日

2. 用人单位自(　　)起即与劳动者建立劳动关系。
   A. 用工之日　　　　　　　　　B. 签订合同之日
   C. 上级批准设立之日　　　　　D. 劳动者领取工资之日

3. 已经建立劳动关系,未同时订立书面劳动合同的,应当自用工之日起(　　)内订立书面劳动合同。
   A. 15日　　　　　　　　　　　B. 1个月
   C. 2个月　　　　　　　　　　 D. 3个月

4. 以下属于劳动合同必备条款的是(　　)。
   A. 劳动报酬　　　　　　　　　B. 试用期
   C. 保守商业秘密　　　　　　　D. 福利待遇

5. 劳动合同期限一年以上不满三年的,试用期不得超过(　　)。
   A. 1个月　　　　　　　　　　 B. 2个月
   C. 半个月　　　　　　　　　　D. 一个半月

6. 劳动者在试用期的工资不得低于本单位相同岗位最低档工资或者劳动合同约定工资的(　　),并不得低于用人单位所在地的最低工资标准。
   A. 30%　　　　B. 50%　　　　C. 60%　　　　D. 80%

7. 用人单位应当按照劳动合同约定和国家规定，向劳动者（　　）支付劳动报酬。
   A. 提前　　　　　　B. 及时分期　　　　C. 提前足额　　　　D. 及时足额
8. 职工患病，在规定的医疗期内劳动合同期满时，劳动合同（　　）。
   A. 即时终止　　　　　　　　　　　　　B. 续延半年后终止
   C. 续延一年后终止　　　　　　　　　　D. 续延到医疗期满时终止
9. 关于非全日制用工的说法，下列选项不符合《劳动合同法》规定的是（　　）。
   A. 从事非全日制用工的劳动者与多个用人单位订立劳动合同的，后订立的合同不得影响先订立合同的履行
   B. 非全日制用工合同不得约定试用期
   C. 非全日制用工终止时，用人单位应当向劳动者支付经济补偿
   D. 非全日制用工劳动报酬结算支付周期最长不得超过15日

二、多项选择题

1. 下列有关集体劳动合同的签订的表述，正确的有（　　）。
   A. 依法签订的集体合同对企业和企业全体职工具有约束力
   B. 集体合同的草案应提交职工代表大会或全体职工讨论通过
   C. 集体合同签订后应报送劳动行政部门批准
   D. 劳动行政部门自收到集体合同文本之日起15日内未提出异议的，集体合同即行生效
2. 某公司欲解除与职工李某之间的劳动合同，其所提出的如下解约理由或做法中，有法律依据的是（　　）。
   A. 李某经过培训仍不能胜任现工作
   B. 李某不满25周岁而结婚，违反了公司关于男职工满25周岁才能结婚的规定
   C. 公司因严重亏损而决定裁员，因此解除与李某的劳动合同
   D. 李某非因公出车祸受伤住院，公司向李某送去3个月工资并通知其解除劳动合同
3. 对于无固定期限的劳动合同，下列说法错误的是（　　）。
   A. 无固定期限的劳动合同以某项工作或工程的时间长度为准，当某项工作或工程完成后，劳动合同自行终止
   B. 无固定期限的劳动合同无论出现何种情况都不得解除、终止
   C. 劳动者在同一用人单位连续工作满10年以上，当事人双方同意续延劳动合同的，如果劳动者提出订立无固定期限的劳动合同，应当订立
   D. 若出现法律、法规规定或双方约定的可以解除、终止劳动合同的条件，该劳动合同就可以解除、终止
4. 某甲与某国有企业乙签订劳动合同，合同未到期，甲欲单方解除劳动合同，遂向乙递交了调离申请。递交调离申请的第二天，未经乙同意，甲即到某私营企业丙工作，但未与丙签订劳动合同。现乙向劳动争议仲裁委员会申请仲裁，要求甲承担违约责任，下列表述正确的是（　　）。
   A. 甲应赔偿乙为其支付的培训费
   B. 甲享有法律规定的自主择业权，且已递交调离申请，故不应负赔偿责任
   C. 丙虽招用甲，但未与之签约，不应与甲一道承担赔偿责任
   D. 甲擅离岗位，致乙生产受损，甲应赔偿乙因其违约对乙造成的损失

5. 下列关于劳动争议解决的表述不正确的有（　　）。
   A. 劳动争议仲裁委员会由劳动行政部门代表、同级工会代表、用人单位方面的代表组成，主任由劳动行政部门代表担任
   B. 提出仲裁要求的一方应当自劳动争议发生之日起60日内向劳动争议仲裁委员会提出书面或口头申请
   C. 劳动争议当事人对仲裁裁决不服的，可以自收到仲裁裁决书之日起15日内向人民法院提起诉讼
   D. 因履行集体合同发生争议，当事人协商解决不成的，可以自争议发生之日起15日内直接向人民法院提起诉讼
6. 劳资双方建立劳动合同后，应遵守合同，但在下列情形下（　　），劳动者可以随时通知用人单位解除劳动合同。
   A. 在试用期内
   B. 劳动者不满用人单位提供劳动报酬的
   C. 用人单位未按照劳动合同的约定支付劳动报酬或者提供劳动条件的
   D. 用人单位以暴力威胁或者非法限制人身自由的手段强迫劳动的
7. 根据《企业劳动争议处理条例》，下面有关仲裁裁决的表述，正确的是（　　）。
   A. 仲裁裁决只有在调解未达成协议的前提下才能做出
   B. 仲裁裁决自做出之日起具有法律效力
   C. 当事人对仲裁裁决不服的，自收到裁决书之日起15日内，可以向人民法院起诉
   D. 发生法律效力的仲裁裁决书，一方当事人逾期不履行的，另一方当事人只能申请人民法院而不能申请仲裁委员会强制执行
8. 在下列（　　）情况下，用人单位不得解除劳动合同。
   A. 职工李某因工负伤而丧失劳动能力
   B. 职工王某因偷窃自行车1辆而被公安机关给予行政处罚
   C. 职工徐某因与他人同居而怀孕
   D. 职工陈某被派往境外逾期未归
9. 关于当事人订立无固定期限劳动合同，下列选项符合法律规定的是（　　）。
   A. 赵某到某公司应聘，提议在双方协商一致的基础上订立无固定期限劳动合同
   B. 王某在某公司连续工作满10年，要求与该公司签订无固定期限劳动合同
   C. 李某在某国有企业连续工作满10年，距法定退休年龄还有12年，在该企业改制重新订立劳动合同时，主张企业有义务与自己订立无固定期限劳动合同
   D. 杨某在与某公司连续订立的第二次固定期限劳动合同到期，公司提出续订时，杨某要求与该公司签订无固定期限劳动合同

三、判断题

1. 劳动者在试用期的工资不得低于本单位相同岗位工资或者劳动合同约定工资的80%，并不得低于用人单位所在地的工资标准。（　　）
2. 劳动者违反服务期约定的，应当按照约定向用人单位支付违约金。约定违反服务期违约金的数额不得超过用人单位提供的培训费用。用人单位要求劳动者支付的违约金不得超过服务期尚未履行部分所应分摊的培训费用。（　　）
3. 禁止用人单位招用未满16周岁的未成年工。（　　）

4. 休息日安排劳动者工作应当支付不低于工资的200%的工资报酬。（　　）

5. 集体合同由工会代表职工与企业签订，故只有建立工会组织的企业才能实行集体合同制度。（　　）

6. 竞业限制的原则适用于用人单位任何职员。（　　）

四、案例分析题

1. 老王多年前下岗失业，街道办事处给老王介绍了一个工作，到一家公司做保洁工。公司人力资源部的负责人告诉老王，你做的保洁工是非全日制的临时工，每天工作8小时，主要工作是保持工作环境整洁及主管安排的其他工作，不上保险，工资按月发放；该人力资源部要求老王签订了一份劳务合同，并向老王解释说，非全日制用工人员与公司是劳务关系，所以签劳务合同。老王刚上班不久，却发生了意外。一天，老王在擦楼梯时，一不小心踩空，从楼梯上摔了下来，造成骨折，花去医药费8 000多元。伤愈后，老王回到公司上班，却被告知他与公司的劳务关系已经解除了，老王很纳闷，决定找到人力资源部的负责人理论。但人力资源部负责人对老王说，你可是非全日制用工，与公司是劳务关系，你没给公司做好工作，我们还没找你呢，你还来找我们要说法。老王非常气愤，却感到公司说得似乎也很有道理，毕竟合同白纸黑字都写好的，只好忍气吞声、自认倒霉。

请对老王与该公司建立的"非全日制临时工"的关系做分析。

2. 2013年7月，小李托找朋友好不容易进了A公司，当时没有签合同，进入公司后工作岗位不固定，干的活很杂，每月工资也不一样。2014年8月，他多次与公司协商签订劳动合同，想把工作岗位、内容、工资等各方面固定下来，而公司总以"我们需要的就是一个能干杂活的人""公司效益不固定工资也不能固定""如不想干就另谋高就"等各种理由予以推托。结果，小李干了一年多，合同也没签成，后被公司新老板辞退。

根据上述资料及法律制度的相关规定，回答下列问题。

（1）A公司与小李是否构成劳动合同关系？小李能否要求A公司给予工资补偿？为什么？

（2）A公司能否辞退小李？有无法律依据？

3. 2014年3月，深圳市某科技有限公司公司刊登广告，招聘一名部门经理，要求有计算机专业硕士以上学位。李某应聘，双方签订了3年劳动合同。8月5日，李某一次工作失误引起公司对其专业水平的怀疑，遂将其硕士学位证书送交有关部门鉴定，结果发现是伪造的。该公司遂解除了与李某的劳动合同。李某要求则该公司支付其解除劳动合同经济补偿金，并赔偿其未提前一个月书面通知的代通知金。公司拒绝，李某向深圳市劳动争议仲裁委员会申请仲裁。请问，该案例应当如何裁决？

4. 2014年，张某与A劳务派遣公司签订了一份劳动合同。合同约定：A公司将胡某派至B建筑公司工作，由A公司每月支付工资2 000元，派遣期限2年。后A公司又与B公司签订劳务派遣协议，约定B公司每月10日前按照2 000元/（人·月）向A公司支付劳务派遣人员工资，A公司收到款项于每月10日向被派遣劳动者支付工资，A公司不得克扣B公司支付给劳动者的报酬。2014年3月，B公司未按期向A公司支付劳动者工资，A公司也就一直拖欠被派遣劳动者工资。张某等劳动者遂与A公司交涉未果，B公司同样拒绝了张某等人要求，张某等便向劳动争议仲裁委员会申诉，要求A公司支付工资。

请问：本案应如何处理？请运用所学知识进行综合分析。

参考文献

[1] 陈领会,杨加洪. 新编经济法[M]. 北京:电子工业出版社,2009.
[2] 陈鼎庄,丁敏. 经济法教程[M]. 厦门:厦门大学出版社,2010.
[3] 朱崇实,卢炯星. 经济法[M]. 2版. 厦门:厦门大学出版社,2013.
[4] 国家统一法律职业资格考试辅导用书编辑委员会. 国家统一法律职业资格考试辅导用书[M]. 北京:法律出版社,2015.
[5] 中国资产评估协会. 经济法[M]. 北京:经济科学出版社,2013.
[6] 全国税务师职业资格考试教材编写组. 涉税服务相关法律[M]. 北京:中国税务出版社,2018.
[7] 中国注册会计师协会. 经济法[M]. 北京:中国财政经济出版社,2019.
[8] 财政部会计资格评价中心. 经济法[M]. 北京:经济科学出版社,2019.
[9] 财政部会计资格评价中心. 经济法基础[M]. 北京:经济科学出版社,2019.
[10] 达建彬等. 经济法教学参考与习题解答[M]. 北京:北京理工大学出版社,2008.

教师服务

感谢您选用清华大学出版社的教材！为了更好地服务教学，我们为授课教师提供本书的教学辅助资源，以及本学科重点教材信息。请您扫码获取。

❯❯ 教辅获取

本书教辅资源，授课教师扫码获取

❯❯ 样书赠送

公共基础课类重点教材，教师扫码获取样书

清华大学出版社

E-mail: tupfuwu@163.com
电话: 010-83470332 / 83470142
地址: 北京市海淀区双清路学研大厦 B 座 509

网址: http://www.tup.com.cn/
传真: 8610-83470107
邮编: 100084